国家社科基金项目“和谐人格的
价值生态及其路径选择”(08CZX024)

镇江船舶电器有限责任公司委托项目
“企业中高层管理者心理咨询与培训”(13—546)

江苏省中国特色社会主义理论体系
研究中心项目（2015JDZD07)

江南大学马克思主义理论一级学科博士点培育基金

2015年度江南大学学术专著出版基金

当代中国青年的价值困惑与出路

陈绪新　著

中国社会科学出版社

图书在版编目(CIP)数据

当代中国青年的价值困惑与出路／陈绪新著．—北京：中国社会科学出版社，2016.12

ISBN 978-7-5161-9724-0

Ⅰ．①当…　Ⅱ．①陈…　Ⅲ．①青年—价值论（哲学）—研究—中国　Ⅳ．①D432.62

中国版本图书馆 CIP 数据核字(2017)第 010529 号

出 版 人　赵剑英
责任编辑　王莎莎
责任校对　张爱华
责任印制　张雪娇

出　　版　中国社会科学出版社
社　　址　北京鼓楼西大街甲 158 号
邮　　编　100720
网　　址　http://www.csspw.cn
发 行 部　010-84083685
门 市 部　010-84029450
经　　销　新华书店及其他书店

印　　刷　北京君升印刷有限公司
装　　订　廊坊市广阳区广增装订厂
版　　次　2016 年 12 月第 1 版
印　　次　2016 年 12 月第 1 次印刷

开　　本　710×1000　1/16
印　　张　20
插　　页　2
字　　数　324 千字
定　　价　76.00 元

目　录

论品格：一种积极伦理学的视角

道德是一个历史的范畴，农业社会的道德规范已经失去了存在的基础，而工业社会的文明还没有进入正轨，或是没有成熟。因此，传统的农业社会向现代工业社会急速转型这一特殊历史时期出现的道德松弛现象，与其说是社会道德败坏的征兆，不如说是处于这种痛苦而又可喜的转变过程中的一种状态。[①] 更进一步讲，在传统农业社会向现代工业社会急速转型的特殊历史时期，出现貌似道德松弛甚至道德败坏的现象，并不能说明人性的真善美就因此而减损或泯灭，最多也只能说是人性的真善美因为传统向现代急速转型过程中释放出来的经济冲动力和权力冲动力而暂时被遮蔽。道德领域出现的各种问题并不是当下人类社会的独善，当下中国出现的各种道德松弛甚至道德败坏现象也并不是中国的独善。我们决不能因为道德松弛甚或道德败坏而惶惶不可终日，更不可人人自危。我们唯一能做的，或者更确切地说，我们唯一的正确选择就是，持守一种具有长远目光的乐观态度或许可以用来关照我们今天处于变化中的社会道德现象，站在一种积极的态度或立场上，进行一次全方位的道德开蒙运动，实现道德领域的健康整合。

一　道德开蒙：从“敬重规则”到“善生活”

当下开展道德领域突出问题的专项教育和治理，开展全方位的道德开蒙运动，其核心目标之一就是唤醒或培育现代社会和现代人对规则的敬重心。道德是社会规则（就像法律是强制性的行为规范一样），充当社会告

① 杜兰特：《历史的教训》，倪玉平等译，中国方正出版社 2015 年版，译者序言。

诫者的角色，借以劝诫社会成员或社会团体，在行为上要与社会秩序、安全、发展等公共理性和公共利益相一致。① 无论是在中国人还是犹太人聚居的地方，人们都靠着严格而细致的道德准则（严格意义上讲，还不能称为准则，有的只是善性良心或者约定成俗），就能保证社会生活的连续性和社会成员间的相安无事。这种生活历史的连续和社会内部的和平，几乎不需要从国家或法律中获得帮助。稍有史识的人都会认为并且强调道德规范的普遍性，并断定它的不可或缺。稍有史识的人都十分清楚，不需要国家和法律的帮助，几乎所有的中国人都会因为“己所不欲，勿施于人”而约定成俗地过活着（中国儒家伦理思想是以孝为家庭、社会和谐稳定的基础，强调善事父母、尊敬长辈），并且相安无事；几乎所有的宗教信徒们都会超越基督教、犹太教、佛教、道教、伊斯兰教等藩篱，不约而同地秉持着“你希望别人怎样对待你，你就怎样对待别人”这一“黄金法则”；而康德所言说的“按照你认为可以成为普遍行为准则的准则去行事”那个“绝对命令”则完全超越种族和信仰。剩下来的只有一件事可以做，那就是如何让这些约定成俗的道德规则（无论是人性之固有的“善端”，还是社会之约定成俗的“好”）内化为社会成员的道德情感，外化为他们的道德行为，然后通过道德实践再一次内化为他们的道德信念，进而完善他们的道德人格，提升他们的德性品性，最终固化为他们的道德信仰。这就是道德教育的力量。

现在问题是，无论是在日常生活还是著述家们的字里行间，一事谈及“伦理”“道德”，人们习惯于将它们与节制、禁欲、规范、约束、绝对义务、切勿等消极被动的话语联系起来，很少与自主、自足、自决、自觉、自洽、怡然等积极主动的语词相关联。无论是其地位或功用，伦理学尤其是应用伦理学略显消极被动，给人的印象常常是“迟来大仙”或“事后诸葛”。与积极心理学一样，积极伦理学旨在从积极的角度研究传统伦理学，研究人的善性良心、善行品行和对规则的敬重心，旨在引导人们过上幸福生活，实现人生价值。因此，从积极伦理学的角度出发，品德教育的目的就只有一个，那就是“幸福”，也就是使人们都能够过上幸福生活。从积极的角度研究传统伦理学，道德不再是外在的人为的“配享”，而是

① 杜兰特：《历史的教训》，倪玉平等译，中国方正出版社 2015 年版，第 53 页。

道德主体对伦理的积极“分享”，是道德主体对伦理的“造诣”。积极伦理学旨在培育“人性向善、美德目的、德福一致、他者立场、自我立法、生命和谐”为一体的价值体系；践行“修身养性、行善积德、德得相通、包容他者、敬重规则、生命体认”为一体的路径方法；构设“个体、家庭、职场、社区、国家、世界、网络、生态”为一体的命运共同体背景；彰显“行为自决、立法自主、精神自足、心理自洽、体认怡然、文化自觉”等精神品质；形塑“人与自然和谐共生、人与人和谐共存、身与心和谐共进”的积极人格。[①] 重塑现代社会和现代人的高尚的品格与崇高的精神，是开展道德领域突出问题专项教育和治理，是开展全方位的道德开蒙运动的另一个核心目标。从积极伦理学的视角出发，开展品格教育的终极目标就是追求善的生活与幸福，就是以一种积极乐观的心态、充满阳光的双眼去追求真，践行善，发现美。

二 品德修养：一个人懂得如何生活

品德修养，就是人们常说的“励志”，其目的就是教导人们应该如何生活，也就是应有什么样的人生态度，如何使自己的人生过得有意义，如何在顺境中警醒自己，如何在逆境中鞭策自己，如何与身边的人、周边的社会和周遭的环境和谐相处，从而使自己有限的人生体现出最大的价值。虽然这些有关励志的话语貌似老生常谈，但其实不然，人们越是思考它，就越是觉得历久弥新。

古今中外，人类不乏励志的思想资源。先秦时期的诸子百家既纵论君王之道，也饱含人生智慧。古希腊“三贤”苏格拉底、柏拉图、亚里士多德的思想就不用多说了，古罗马时期的政治家和哲学家西塞罗的《论老年》《论友谊》《论责任》大概是存留至今早期比较纯粹的励志类书籍。“一个人在经历了情欲、野心、竞争、仇恨以及一切激情的折腾之后，沉入筹思，享受超然的生活，这是何等的幸福啊！实际上，如果有一些研究能力或哲学功底的话，世界上再也没有比闲逸的老年更快乐的了。”[②] 人

① 陈绪新：《积极伦理学的体系与方法》，《中国社会科学报》，2013 年 10 月 28 日。

② 斯迈尔斯：《品格论》，徐静波等编译，复旦大学出版社 2011 年版，译者序言。

生只要有终结，那就算不得长久，因为大限一过，过去的一切都将消逝——唯有一样东西可以存留，那就是你用美德和正义的行为所应得的声誉。此外，奥勒留的《沉思录》、培根和蒙田的随笔、卢梭的《忏悔录》和《遐思录》以及斯迈尔斯的《品格论》等都是西方励志类书籍的佼佼者。

在中华文明发展史中，励志类的思想智慧更可谓是源远流长，俯拾皆是。比西塞罗作品更为久远的《论语》堪称一部不朽的著作。“富与贵，是人之所欲也，不以其道得之，不处也；贫与贱，是人之所恶也，不以其道得（此处的‘得’当作‘去’解）之，不去也。”而孔子的“三人行必有我师焉，择其善者而从之，其不善者而改之”正是对“品格”的“品”字的最好诠释。孔子曰：“吾日三省吾身：学而时习之，不亦说乎？有朋自远方来，不亦乐乎？人不知而不愠，不亦君子乎？”这是通过为学、为友、为事等平凡琐屑的行为举止来表达和实现一个人的高尚品格。“益者三友，损者三友。友直，友谅，友多闻，益矣。友便辟，友善柔，友便佞，损矣。”更是完整地表达了善生活与慎交友的关系。老子曰：“知人者智，自知者明。胜人者有力，自胜者强。”《道德经》上下五千言，上善若水、功成身退、不争之争、无为而为、言善信等字字珠玑，处处闪烁着思想的光辉。《论语》和《道德经》基本上是语录体，虽然言简意赅，鞭辟入里，有时可能难以充分展开，尔后的《孟子》《庄子》《国语》《战国策》乃至《韩非子》《墨子》《荀子》等，善于将人生的哲理透过一个个故事或寓言阐发出来，更加灵动生活，更易于被一般民众所理解、接受。中国人的价值观，尤其是传统儒家的价值体系，更多是强调男子当以“治国平天下”为己任，但其前提是“修身齐家”。所谓“一屋不扫何以扫天下”。因此，个人的道德修行是人生的第一课。而翻开中国的历史画卷，此一类的册本可谓是汗牛充栋。《颜氏家训》就是最具代表作之一。只是训诫的色彩较为浓厚。相比之下，曾国藩的家书却显得清新自然得多。虽也不乏训诫，但却语意恳切，曾国藩的人格魅力使他的家书格外具有感染力。而明代的《菜根谭》，格调相对比较低下，虽算不上什么励志，但也是警句格言迭出；虽不能说是字字珠玑，但也由很多可供人细细嚼味之处。古今中外的励志类经典，令人掩卷之后，低回沉思不已，反攻内省之后，促人奋进向上。虽经历了时光的大浪淘沙，它们的价值依然没有销蚀。前人嘉言懿行，确实可以作为自己人生的一面镜子；所谓见贤思齐，就是我们每一个人应该奉行的人生态度。古今中外有关“品格”和道德修养的思想智慧，都是为了引导人们懂得如何生活。

三　品格教育：唤醒人们积极面对生活

品德教育的核心任务就是引导一个人如何以积极的态度面对和迎接生活。唤醒人们更加充满热忱地生活。我们在观察一个事物或者现象的时候，是看它光明的一面，还是阴暗的一面呢？这完全是由我们自己来选择的。因此需要我们从更高的角度来审视自己。比如说，在工作中出了差错的时候，有的人会勇敢地面对，并积极地暗示自己“以后再也不会重蹈覆辙”。对于这样的人而言，他或她必定有一天会感谢这一次的失败。反之，也有人会觉得这次失败就如同末日一般，充斥其脑海的完全是眼前的失败，这样的人是无法从失败中得到有益的教训。由于想法（更确切地说是“心态”）和行为方式不同，即便同一件事也会引发迥异的反应。倘若是这样的话，选择更加明智的生活方式或人生态度，就是做人的一种智慧。

人生可以根据自己的选择而改变其形态。在这个世界上，人可以根据自己的选择而改变自己的精神状态。真的想要掌握这个世界的人，他的性格一定是活泼开朗的，因为他能够在每一天的生活中发现快乐，享受这样的快乐，并且传递这样的快乐。相反，那些终日焦躁不安且不知满足的人，很容易陷入各种莫名的烦恼和痛苦之中，无法获得幸福和内心的安宁。不仅如此，整日精神焦躁不安的人，会把这种不良情绪传染或传递给周围的人。就青年大学生而言，系统学习了某种专业知识，系统接受了专业领域训练，积累了较为丰富专业技能，只能说明他们具备从事某种专门性职业的能力，但是最终决定他们的事业成功与否，以及他们的生活幸福与否，在某种意义上和他们所接受的专业训练没有什么太大的关系。一个人的事业成功与否，一个人的生活幸福与否，往往取决于他对世事的明察，对时势的洞察，对自我的准确定位，对人生的正确态度，取决于一个人的洞察能力、判断能力、抉择能力，以及良好的心态。

要获得人生的成功，“才能”是不可或缺的，但“性情”更是具有同等意义的重要因素。人生的幸福会在很大程度上受到保持平静的性格、忍耐力和宽容心以及对于周边人们的善意和同情心的左右。“祈愿他人的幸福，就是寻求自己的幸福。”柏拉图的这句话，从某种意义上来说，可谓是一语中的。在世界上，有一类人他们具有一双善于发现生活乐趣和幸福的眼睛。他们非常乐观，看什么东西都能看到好的一面。在他们看来，世界上不存在会使人受到重大挫折的严重灾难。即使有的话，也可以将此作为契机而转变成幸福。不管天空有多黑，总是可以在云隙间看到透射出来的阳光。即便看不见太阳的光辉形象，但他们相信，太阳只是因为某个良好的目的而戴起了面纱而已。接着肯定会闪耀出灿烂的光辉。他们的双目因喜悦、快活和对知识的探究闪烁着熠熠光辉。他们心中充满着阳光，看到的颜色都会折射出太阳的光芒而显得绚丽多彩，他们生活因此而丰富多彩，就连不堪忍受的重负也能快活地背负在肩，没有郁郁寡欢，没有牢骚满腹，因为他们相信任何抱怨、烦恼、痛苦都无济于事。

有着宽大包容心的优秀人物几乎都是性格豪迈开朗的人，都是洋溢希望和快乐、充满爱心和同情心的人，是值得信赖的人。他们善于从当前的苦难中看到未来的希望，感觉到了痛苦就会为恢复健康而不惜付出巨大努力；他们将考验看作是人生的修行，不断找出自己应该纠正的缺点；他们遭遇到了悲伤和灾难就奋力跃起，充分发挥自己的知识和智慧，勇往直前。

四　品格塑造：播撒一颗善意的种子

开朗豪放虽不是与生俱来的性格，但与其他的习惯一样，也是可以通过训练而养成。是度过充实的一生，还是历尽困厄痛苦的人生之路？是从人生中提炼出欢乐，还是生发出痛苦？这完全取决于个人的努力。是选择光明的一面，还是选择阴暗的一面？是获得幸福，还是甘于不幸？我们完全可以按照自己的意志来决定养成哪种习惯。试图看到事物光明的一面的性格，是可以通过后天努力来习得或者养成。

爽朗的性格是比休息更为重要的“心灵滋补剂”，是“随心所欲”地享受生活的良方。爽朗的性格是给人带来喜悦的源泉，在使自己免受伤害方面发挥着重要的作用。爽朗的性格是培育美德和善行的沃土。它能给予心灵以光明，给予精神以弹性；它产生人性中的爱，培育出忍耐力；它是智慧之母，也是道德和心灵的“最佳强身剂”。一个人拥有了爽朗的性格，心中就永远阳光灿烂，灵魂中总是奏响着美好的旋律。爽朗的性格和休息十分相似，在我们感觉疲惫的时候，也能使我们重新涌现出力量。充满爽朗气质的人总是相信“所有的云层背面都闪耀着金色的光辉”。

具有包容力的心智健全的人，都是心中充满了希望、性格开朗的人。具有“任何人都可以成为朋友的”的包容力。性格开朗的基础是爱，是希望，是忍耐力。爱能唤醒爱，产生慈悲胸怀。爱是一种不顾惜自己的、亲切和蔼的、诚实的品行，能洞察是非善恶、真假美丑。它能将任何事物都引导到光明的一面，永远面向未来，追求幸福。人生的滋味完全在于“自己播撒的种子”，品德教育就是在唤醒人们心中的爱、希望、幸福，播下爱、希望、幸福的种子。正如边沁所说，“一个人为别人付出的越多，自己获得的幸福也就越多”。在他看来，一颗慈爱的心能够唤醒另外一颗慈爱的心，无私地将爱分享给他人，自己也就相应地能够获得幸福。向对方发出亲切的话语，不需要花费您一分钱。温和亲切的话语，不仅能够促使对方，也能促使言语者自己产生亲切友好的行为。即便会有这样的情形发生——不管自己怎样努力，自己的善意都无法获得对方的积极的善意的回应，充满着善意的言行最终会竹篮打水，无法获得相应的回报——也不会怀疑自己所播撒的“善意的种子”。心中充满着善意和包容力的人，坚信自己播撒的“善意的种子”一定能够落到肥沃的大地上，在别人的心田中萌发出爱的精神，坚信不久的将来这些萌芽的精神会逐渐成长，在每一个枝头、每一个人的心田结出幸福的果实。一般说来，我们的幸福取决于自己所爱的人、爱自己的人的数量的多寡。

善良的心灵是这个世界上最伟大的力量。人的全部生活从根本上来说真的是受爱而不是力量的支配。善良亲切，并不意味着向人施恩，而是意味着一个人心灵的宽广和仁爱。由是可见，品格的高度决定着一个人胸襟的广度和仁爱的宽度，最终决定他的生活幸福的程度。我们的社会不乏这样的人，他们把钱财施与了别人，却将自己内心深处的善性良心封闭了起来。如果不是抱有真诚的帮助他人的善意和想法，而仅仅用施与钱财这样的方式来表示善意，并没有太多的价值，有时候甚至还会招来灾祸。因此我们要仔细倾听良心的轻声细语。在履行义务的时候，“良心”会对我们轻轻地发出声音。不管一个人拥有如何出色的理性，但是如果“良心”不对此加以控制的话，就会使他误入歧途。作为精神的道德主宰，良心虽不会高声地对我们发出声音，但是它支配着我们的正确的行动、思考、信仰和生活方式。

五　道德启蒙：打开心灵的一扇窗

恩格斯曾经说过，猜忌是吞噬人的心灵的一条毒蛇。自私、怀疑、任性……这些对人生而言，每一样都是“累赘”。自私自利的人和失去理智的人并没有两样，只是隔着一张窗户纸而已。他或她考虑的只有自己，根本无暇或者不屑顾及他人。无论做什么事，总是觉得自己的意见最有道理，一切的考虑都是以自我为中心。

诅咒命运的人谁也不会顾及他，最糟糕的是那些觉得“做什么都没意思”、根本就不想去尝试改变的人。他们只知道诅咒自己的命运，抱怨自己的运气不好，牢骚满腹。如果心里老是闷闷不平的话，终了就会演变成一种病态，变成一个心灵扭曲的人。这种人的思想和行为很容易畸形偏激。还有一种人，他们老是拿自己的不幸或者是疾病当话题，想以此来博得别人对他的同情心，想以此来吸引别人的注意力，不知不觉地把这些不幸和疾病当成了自己的宝贝，甚至由于长期的自我暗示，这些原本只是为了博得别人的同情心和吸引别人的注意力的所谓不幸和疾病，到头来变成了他的现实。实际上，生活中的很多“不幸”都有可能是被无端地放大。因为，那些自私自利的人，尤其是那些习惯于把一些细小的烦恼无端放大的人，往往都是被无端放大的“妄想”所束缚。日常生活中的那些无端“妄想”的人，会在不知不觉中变成了牢骚满腹、性格乖戾、缺乏关爱心的人。他们渐渐地失去了对别人的宽容心，难以与身边的人、周遭的环境和周边的社会和谐相处。胸口塞满的全是酸楚和痛苦，结果使别人甚至连自己的脖子好像被紧紧地套住一样，身体也动弹不得。

如果我们能永远怀抱着开朗的心情，胸中永远蕴藏着对未来的希望，就一定是找到了能给人生带来幸福和成功的重要钥匙。拯救穷人的最强大的力量就是希望。别人施与的有形财产，无论是多么巨大，与希望能够给予他们的财富相比较，都是那么相形见绌。对于一个人（即便是身体不是很健康、心智不是很健全的人）来说，往往是因为对未来充满了希望，他们才能勇敢地面对所有的考验，进而付出自己所有的努力。可以断言地说，撬动这个世界并使之跃动的，是精神的力量。能够凝聚所有力量的东西，一定是鲁滨孙所言的“伟大的希望”。以培育高尚的品格和崇高的精神为核心目标的道德启蒙，就是要让一个人永远打开心灵的窗户，启动自己最重要的“原动力”——品格。

在这个世界上，“品格”是驱动人的最强大的原动力之一。一个积极乐观、坚持不懈的人，他所具备的品格体现着人性的最高形象。无论是在历史故事里还是日常生活中，一个个能够在人生的每个阶段都真正出类拔萃的（勤勉、正直、具有高尚的情操和纯正的目标）的人物，在不知不觉中得到了周围人的尊重。虽然非凡的才能总会受到人们的赞赏，但杰出的、高尚的品格比任何东西都更能赢得别人的尊重。前者是智力的硕果；后者则是源于精神的力量。从长远的角度看，只有精神才能左右一个人的人生。天才是以他出色的智慧赢得社会关系，而一个品格高尚的人赢得社会关系的“武器”则是良心。在现实生活世界中，人们往往只把赞赏的目光投向天才，而对于一个品格高尚的人，我们则是努力地去相信他的话，信赖他的人品，学习和模仿他的为人。

六　真心诚意：激发一个人的使命感

人生是有使命的，有使命的人生才是幸福的，有意义的。一个能够竭尽全力出色地完成“赋予自己的使命”——抑或是使自己过上好生活，抑或是使自己周边的人过上好生活，抑或是使自己寄居于其中的民族国家过上好生活，抑或是使整个人类社会过上好生活——的人，是这个世界上最强大最幸福的人。为了使自己的人生过得充实而不懈努力奋斗，对任何细微的小事都要怀着真心对待，让自己的一生过得正派、诚实，并且不丧失谦虚的美德。这是每个普通的人都能够做得到的。也就是说，我们每个人都能够在自己所处的环境中，逐一地完成我们的人生使命。完成自己预设的或者社会赋予我们的使命，往往与提升我们的人性和完善我们的品格相关联。也许我们并没有英雄般的华美壮丽，我们大多的人都是在过着极其平凡的日子，但是如果我们也能够抱着一种积极的人生态度，把日常生活细小的事情都能真心去对待，就像勇敢地完成赋予自己的使命一样，即便是处理日常事务，也能体味到一种很大的动力感、支撑感和获得感。其实，对于绝大多数人来说，人生的核心就在于履行日常平凡的义务。

日常生活中所必需的品德具有最高的价值和持久性。脱离日常平凡和一般美德标准的华丽壮美有时也是极其危险的。以华丽夺目为美德、为基础的人，必定是脆弱的、不坚韧的，也是易于堕落的，只要条件具备或时机成熟。判断一个人的品行，不能只看他华丽壮美的外表，不能只听他华丽壮美的词藻，而要看他对自己最贴近的人所显现出来的态度、如何处理日常生活中的平凡琐事这些细小的举止。这些“润物细无声”的、看似朴实无华的细小举止，更能够得出对一个人品格的真实的判断，更能够找到对一个人行为的正确的答案。认真地担当起自己的责任，坚实地履行自己的义务，这是成为品格高尚者所必需的力量，也是成为品格高尚者所必由的路径。即使不具有财富、教养、权力，但是一个品格高尚的人已经具备了刚毅坚强的意志、诚实正直的人品、对履行义务和担当责任所抱有的忠实而丰饶的心灵。①

“诚心诚意”高于那些一知半解的知识和装模作样的教养。知识性的教养，未必一定就与品格的纯粹性和高尚性有关联。就像是一个人的受教育程度与他的品格不一定成正比一样。一点点的好的品行，可以与学富五车相媲美；反之，如果缺少那一点点的好的品行，“学富五车”不仅不能称为一种美，甚至是一种灾难。我在这里不是轻视学问，而是表达，不管具有怎样的学问，都必须同时具备“道德的善”。那些在权贵者面前俯首帖耳、在贫贱者面前倨傲不恭的人，那些像变色龙一样有害的智慧与低劣的品格相联系的情形，日常生活中并不少见。

我们都应该怀有朴素认真的“人生目的”。如果这一目的对于自己而言是正确的，它一定是建筑在规律之上的，那么整个人生中都会对我们有很大的裨益。正确的人生目标必须沿着正确的人生道路，而正确的人生道路又必须建筑在规律之上。规律，无论是自然之规律、社会之规律，还是心灵之规律、道德之规律，它们都是外在于人的，即便是人性固有的善性良心，如果没有经过品德教育，没有经过系统的开蒙，也只是一种不以人

---

① 斯迈尔斯：《品格论》，徐静波等编译，复旦大学出版社 2011 年版，第 21 页。

的意志为转移的、自在存在的状态。外在于人的规律，通过系统的道德教育，内化为人的道德情感；一个人的善性良心，通过系统的道德开蒙，性发为用。只有这样，我们才能怀有明确的人生目的，才能够沿着正确的人生道路前进。我们仅仅做一个诚实的人还不够，我们还必须以正确的原则作为我们人生旅程的目标，在追求人生目标的时候，应该时刻牢记坚守真诚、正直、诚实的原则。一个没有原则的人，就宛如一艘在大海中随风漂泊、失去了方向、没有了指南针的航船。在他那里，一切都可能没有了底线；在他那里，法律、规则、秩序都是那么苍白无力。

结　论

总而言之，最高尚的品格都是需要通过后天的努力来逐渐养成的。永远看清楚真正的自我，不断加强对自我的约束，努力提高自己的自我控制力。在人的一生中，总会有犹豫不决、失足跌倒或者一时受挫的时候。但是，当这一刻真正来临的时候，我们应该勇敢地面对各种各样的障碍和诱惑，一一将其击退，只要我们具有不屈不挠的精神和正直勇敢的心地。努力养成高尚的品格，努力积极进取向上，因为努力本身将会给我们以勇气，激励我们不断前进。

真心诚意，一个人所有优秀品质的基础。真心诚意会很自然地体现在一个人表里如一的行为上，自然地体现在一个人言谈举止中。一个值得信赖的人，一定是“言必行，行必果”。由真心诚意所产生的信赖，就成了一个人赢得人们尊敬和信赖的通行证。在人生中尤其是在职业生涯中所发生的很多事情，聪明才智并不如高尚的品格那么有用，头脑也不如心灵那么有效。即便是非凡的才华，也比不过自我控制力、忍耐心以及由洞察力、判断力、抉择力所调整的行为准则。一个能够充分发挥知识才能的人，一个能够感化别人的人，一个具有品格控制力的人，绝不会将自己的想法强行加在别人的身上，而只是在日常生活的言谈举止中，让人真实地感到他是高尚的和纯洁的。

见贤思齐，以某个历史时期的伟大人物作为自己的人生榜样，引导自己前行。但是，见贤思齐，不是要在物质上追求富裕，而是要在心灵上追求丰富；不是要博得人世间的浮名，而是要追求真正的名誉，是通过自己真心诚意的努力而获致的名誉。成为一个学识渊博的人，更要成为一个道德高尚的人。切不可使自己成为一个借助权力颐指气使、作威作福的表面上的强者，而要以正直、诚实、高尚的品格作为自己的人生目标。高尚的品格会在一个人的行为中自然地流露出来。正确的原则、正直的品性以及富有实效的智慧能够催生、指引和提升一个人的品格。慎重地选择自己前行的路，重视义务甚于名声，不为众人的赞扬和不满所左右，按照良心所认可的旨意去行动，不松懈，不怠惰。

一个人的品格是在每个人日常生活中应对、处理各种各样的细小琐碎的事情的过程中逐渐形成的。不管是好事还是坏事，一个人的日常生活是不可能不受规矩的左右。不管是多么无聊琐屑的事情，行为必然会产生结果。行为、思想、感情都会在一个人的秉性、习惯、判断力的养成上产生作用，而且还会在他今后人生中的所作所为上产生难以避免的影响。不管是朝着好的方向还是坏的方向，品格总是会在变化中不断形成。力学领域的“作用力与反作用力大小相等”法则，在道德领域也同样适用。行善，善也会反作用于自己身上。“赠人玫瑰”必然会“手留余香”！

就当下中国社会而言，在传统的农业社会向现代工业社会急速转型的历史进程中，出现前所未有的道德松弛现象，但这并不意味着真、善、美的东西有所减损，充其量也只能说是人性固有的美德和社会的公共道德被现代社会迸发出来的经济冲动力和权力冲动力给暂时遮蔽。职是之故，我们亟须进行一次全方位的道德开蒙或启蒙运动，旨在唤醒人性固有的善性良心，塑造人们高尚的品格和崇高的精神，使现代社会和现代人能够真正过上“善生活”。积极伦理学从“道德是对伦理的造诣”及“道德是对伦理的分享而不是配享”基本立场出发，从积极的角度研究伦理学，研究人的善性良心、善行品行和对规则的敬重心，旨在引导人们过上幸福生活，实现人生价值。从积极伦理学的视角出发，开展以品格教育为核心任务的道德开蒙运动，就是为了打开人们心灵的窗户，播撒一颗颗善意的种子，以积极的态度、坚强的意志力、勇敢的进取心、宽广的忍耐心，以及真心诚意去实现自己的人生目标，塑造自己高尚的品格和崇高的精神，使自己真正过上善生活，享受人生幸福。

第一章　导论

作为个体的人，其本质属性是一种“关系的存在”，只有在这种“关系的存在”中，一个有理性的人才会意识和思考自己生命存在的真实性及其意义、自我与他者关系的真实性及其意义、自我和他者寄身于其中的人类社会整体与外在于人类同时又为人类的生产和生活提供人居条件和物质资料的自然生态系统间关系的真实性及其意义。只有这样，亚里士多德所称谓的作为人性固有的品质或“优秀善”存在的个体美德和作为获得性的品质或“有效性善”的社会公德才能获致，进而体系化为规约人与自然、人与人、人与自身关系及行为的道德规范。

一　人格界定的语义考辨

“人格”是一个耳熟能详、使用频率很高的名词。但是，语境不同，其涵义也不尽相同。针对这样一个被心理学、伦理学、法学、哲学、社会学等多学科共同使用的范畴。虽然有关人格的语义考察和概念辨析学术界莫衷一是，但相比较而言，刘娟在其博士学位论文《人格尊严及其实现——道德与法的双重考量》中给出的厘定和辨析是全面的、翔实的，而且较为准确的。①

作为上述众多学科的基本概念，“人格”一词歧义颇多。对其词源即

---

① 刘娟：《人格尊严及其实现——道德与法的双重考量》，河北师范大学博士学位论文，2010 年 5 月，第 14—20 页。（以下很多观点和文字系直接引用自该论文，特此说明）

该词到底是来自拉丁文 persona[①] 还是派生于希腊语[②]，语言学家尚存有争议。但争议双方都承认，该词的原意为“戏剧表演中演员使用的假面具”。可以说，众多现代学科所共同使用的“人格”概念，其内涵都或多或少演绎于当初这个“面具”。例如，心理学把面具引申为人格，暗示人有两面——公开可见的一面及隐藏其后不为人知的一面。这个意义上的“人格”指人的外显行为与内在自我。同样，最早使用“人格”一词的罗马法，用“persona”一词表示某种身份。舞台上，演员可以用不同的假面具代表剧中的不同角色；法律上，persona 表示着权利义务主体的各种身份[③]。随着西方语言学的发展，“人格”被不断扩展、引申而逐渐演变为一个抽象多义、被众多人文社会学科广泛使用的概念。我国古代汉语中没有固定的“人格”一词。有学者认为，中文“人格”一词来自英文[④]，也有学者认为其系由近代日文引入，而日文中的人格是对英文 personality 的意译[⑤]。还有人认为，它不是外来词，而是一个“新造词”，“人”字与“格”字的“搭配”乃中国近代语体文的杰作[⑥]。

无论如何，我们都应该承认，中国古代语文中确实没有现代意义上

---

① ［美］赫根汉：《现代人格心理学历史导引》，文一、郑雪、郑敦淳译，河北人民出版社 1988 年版，第 1 页；陈仲庚、张雨新：《人格心理学》，辽宁人民出版社 1986 年版，第 1 页；［美］马塞勒：《文化与自我——东西方人的透视》，任鹰等译，浙江人民出版社 1988 年版，第 27 页；罗晓明：《大思想：人格本位》，中国社会出版社 2004 年版，第 5 页；叶奕乾：《人格心理学》，青海人民出版社 1990 年版，第 8 页；柳友荣：《新编心理学》，安徽大学出版社 2000 年版，第 164 页；洪炜：《医学心理学》，北京医科大学、中国协和医科大学联合出版社 1996 年版，第 53 页；邢莹、吴敏：《大学生心理健康教育》，郑州大学出版社 2002 年版，第 204 页；唐平：《医学心理学实用教程》，四川科学技术出版社 2005 年版，第 49 页。

② 张厚粲：《大学心理学》，北京师范大学出版社 2001 年版，第 242 页；龚耀先：《心理评估》，高等教育出版社 2003 年版，第 204 页。

③ 周枏：《罗马法原论》，商务印书馆 1996 年版，第 97 页。

④ 贾馥茗：《人格教育学》，五南图书出版有限公司 1999 年版，第 218 页；朱义禄：《从圣贤人格到全面发展：中国理想人格探讨》，陕西人民出版社 1992 年版，第 9 页；黄希庭：《心理学》，上海教育出版社 1997 年版，第 30 页。

⑤ 朱义禄：《儒家理想人格与中国文化》，复旦大学出版社 2006 年版，第 6 页；陈岸涛、王京跃：《思想道德修养与法律基础》，人民出版社 2005 年版，第 246 页；杨明：《儒家人格理想及其现代价值》，载王殿卿《东方道德研究》（第 3 辑），《东方伦理与青少年思想道德》，中华工商联合出版社 1999 年版，第 75 页。

⑥ 罗晓明：《大思想：人格本位》，中国社会出版社 2004 年版，第 6 页。

“人格”一词的完整形式，也不存在像西方那样由“面具”向人格的转化情况，但对人格相关问题的探讨却源远流长。孔子的“性相近也，而习相远也”、孟子的“人之所以异于禽兽者”、荀子的“人之所以为人者”等都是在探讨人格问题。可以说，在人格这一概念传入之前，中文使用的“品”“格”等字都与人格涵义极为接近。此外，人心、天性、品格、品德等词也曾被古人用来表达今天意义上的“人格”涵义。这些近义词，均包含着依道德规范对人的评价味道与成分，都泛指一个人的内在状况和外在表现。这些评价成了这个人的“表征”和“信号”，或者说是这个人的“格”。可见，与西方注重个体独特存在状态的人格涵义不同，汉语中“人格”一词包含做人的法式、标准或资格等涵义。其对“人格”一词的理解基本上是从道德和个人修养的层面来认同的。

总之，中国现代语言中呈现多义的“人格”一词到底出现于何时，已经无从考证①，收词止于1840年的《辞源》并未收入该词。如果说“人格”一词是属于对旧词的演绎，出处已难以考证；如果说其来自英文翻译，也无人细究我国将英文的“personality”翻译为人格，到底是对旧词的沿用，还是根据它本质涵义的创新？但可以肯定的是，虽然中国出现同于西方人格涵义的“人格”一词是很晚近的事情，但是对人格问题的讨论却古已有之。

现代人格理论对“人格”的研究已远远超越了“面具”的最初认识，经过众多学科的广泛应用，“人格”一词已演变为一个具有丰富内涵与外延的词汇。对此，从《现代汉语词典》和《辞海》对“人格”一词的解释中可见一斑②。为避免迷失在这个术语的空泛词义之中，有必要对其进

---

① 有学者认为是梁启超、蔡元培等最早在文章中使用“人格”一词，后逐渐流播开来。（罗晓明：《大思想：人格本位》，中国社会出版社2004年版，第25页）

② 《现代汉语词典》在人格目下列了三种含义：①人的性格、气质、能力等特征的总和；②个人的道德品质，如人格高尚；③人的能作为权利、义务的主体资格。中国社会科学院语言研究所词典编辑室：《现代汉语词典》（第5版），商务印书馆2009年版，第1144页。这主要是从心理学、伦理学、法学三个角度的解释。《辞海》（1989年版）对人格的解释是：①个人的尊严、价值和道德品质的总和。是人在一定的社会中的地位和作用的统一。在社会主义社会，每个公民的人格平等，公民的人格尊严受到法律保护；从个人来说，以主人翁的态度从事生产劳动，在社会生活中发挥积极作用，自尊自爱，提高道德水平，才能成为高尚的人格。②在人格主义哲学中，指具有自我意识与自我控制能力，即具有感觉、情感、意志等机能的主体。③在心理学上，即“个性”。

行适当的梳理。

1. 心理学中的人格范畴

“人格”是心理学中一个备受争议的核心概念，截至今日，心理学界仍未形成一致的“人格”概念界定，也没有形成划分人格类型的统一标准。尽管不同定义在表述方面不尽相同，但却都存在一定共性，即心理学上的人格研究均侧重人类心理现象的个别性及人与人心理特点的差异性，这种侧重使人格在心理学上成为了个性的同义词①。心理学家大都认为，每个人的行为、心理都存在着一些特征，这些特征总和就是人格。可见，心理学上的人格侧重探讨个体间的差异，并不包含对人的评价尤其是道德评判因素。这个意义上的人格只会有“健康”“健全”“正常”“成熟”与“病态”“不良”“异常”“不成熟”之分，却不存在“有”“无”“高”“下”之别。每个人都会具有心理学意义上的这种人格。在心理学视阈中，人格与人的生理、生命相关联，与人的道德品质无关。其对人格进行研究的落脚点就是要区别不同人格的正常与异常，并试图纠正异常以归于正常。

2. 伦理学中的人格范畴

伦理学从人与人之间的关系入手，联系人的本质、价值和生活方式研究人格。伦理学家大都认为，人格不仅与人的生理相关联，更与人的品质密切相关。他们认为，人格“就是指人与其他动物相区别的内在规定性，是个人做人的尊严、价值和品质的总和，也是个人在一定社会中的地位和作用的统一”②。可见，伦理学意义上的人格是对个人德性的比较完整的称谓，“是对一个人的稳定品格的总体地、全面地描述”③。

具体而言，由于伦理学上的人格概念包含应然与实然两个维度，所以人格具有广义与狭义之分。广义的人格概念指人应然具有的、区别于动物的规定性，即人独具的使人与禽兽区别开来的品格和价值；狭义的人格概

---

① 甚至有人主张西方心理学上的人格（personality）应该翻译为汉语术语“个性”。我国的《大百科全书（心理学卷）》中就有人格即个性的提法。

② 罗国杰：《伦理学》，人民出版社1989年版，第438页。

③ 唐凯麟：《伦理学》，高等教育出版社2001年版，第182页。

念则指人后天实然形成的、个人独有的、有别于他人的道德规定性，即个人独具的品格和价值。前者是所有人类一分子都应当共同具有的人之为人的地位和资格，但是由于这种有别于动物的“格”需要以人性为基础，所以它可能丧失，并不必然与人形同在。“如果一个人在后天的行为实践中不断地丧失人性、助长兽性，不以人道待人，势必最终丧失人格。”①这样就由于个人修为的不同形成了狭义人格所指向的个人品行。它所呈现的差异会使人与人区别开来。这种个人独有的道德规定性构成了一个人比较稳定的内在精神结构，“并由此产生出比较稳定的或一贯的行为倾向和生活态度”②，其人格据此得以确认和判断。可见，伦理学上所言人格具有应然与实然两重属性。应然的人格与生俱来、人人平等，但在现实生活中，由于某些社会个体自身人性的欠缺、人性伟大的丧失而会使自己丧失人应有的品格，丧失人格，即实然人格的可能丧失。“当人被贬为无人格时，就意味着他没有在行动中体现出人之为人的价值规定，而退化为如同动物一般的自然生成意义上的人”③。相较而言，人格的实然含义在伦理学上更具意义，因之才使道德规范、道德评价、道德教育等有了依托与归宿。从伦理学上所说人格的双重内涵尤其是狭义内涵来看，伦理学上的“人格”与人的道德品质密切相连，包含有强烈的道德评价因素。

可见，与心理学上的人格不同，伦理学上的人格侧重指一个人形成的比较固定和稳定的道德行为模式，指个体人格具有的应然与实然的道德规定性，使用中大多出于褒义。“人格”还经常会与“道德”连用形成“道德人格”一词，甚至两者通用。有学者指出，“道德人格就是道德主体在道德生活中，意识到自己的道德责任、道德义务和人生价值，树立起理想目标，参与道德生活，从而具有做人的尊严、价值和品格”④。简言之就是具体个人的道德性规定。这基本与狭义人格含义相吻合。据此，每个人都会以自己的道德人格同他人相区分，并存在道德人格的有与无、高尚与卑下之差别。“那种丧失了最起码的人类道德，处在最低道德人格层次或低于最低道德人格层次的人，可以称之为‘衣冠禽兽’，也就是说他丧失

① 罗国杰：《伦理学》，人民出版社1989年版，第439页。

② 唐凯麟：《伦理学》，高等教育出版社2001年版，第182页。

③ 余潇枫、张彦：《人格之境——类伦理学引论》，浙江大学出版社2006年版，第6页。

④ 宋希仁：《道德观通论》，高等教育出版社2000年版，第186页。

了人格"[①]。可见，伦理学总是把个人的人格同其社会道德活动相关联，用以分别人格的善和恶、高尚与卑下，并力图改变卑下以归于、趋于高尚。伦理学从该角度看待个体人人格之间的差别，其人格概念也就成了道德人格的同义语。道德人格作为一个人道德认识、道德情感、道德意志、道德信念和道德习惯及其过程的集合体，集中体现着个体道德的各种规定性及发展状况。伦理学对个体道德发生、发展的研究，也正是以塑造、完善个体的道德人格为目标的。

3. 法学中的人格范畴

"人格"这一术语在法学上亦有多种涵义，其人格概念界定，学者见解不一。有学者认为，"人格"相当于"权利能力"，指能够成为法律上权利义务主体的资格[②]。

也有学者认为，当"人格"与"法律"二字连用构成术语"法律人格"时，指人的法律主体资格，即人享有法律规定的权利和承担法律规定义务的资格，相当于"权利能力"；而当其表达为"人格关系"或"人格权"时，则指人作为自然的存在及社会的主体，其自身所包含的"在现代社会生活条件下受法律保护的各种自然的和社会的因素"[③]。如自然人作为自然的生命，其人格中包含了自然具备的身体、生命、健康等自然因素；作为社会生活的主体，其人格中又包含了社会赋予的姓名、肖像、名誉、自由、隐私等社会因素。还有学者认为法律上的人格有三种含义：其一，指具有法律地位的权利主体，与"主体"同义；其二，指作为权利主体法律资格的民事权利能力，与"权利能力"同义；其三，指受法律保护的各种利益，如生命、健康、名誉等，与"人格利益"同义[④]。

对这种全方位的立体描述仍有学者表示反对，认为"法律上的人格

---

① 罗国杰：《伦理学》，人民出版社1989年版，第440页。

② 《德国民法典》出现"权利能力"一词后，通常将之视为人格的同义语，因为权利能力就是指主体享受权利承担义务的资格，没有权利能力也就没有享受权利承担义务的基础。由于这种资格是法律赋予的，所以与"法律人格"同义。如江平、米健：《罗马法基础》，中国政法大学出版社2004年版，第108页。

③ 李开国：《民法总则研究》，法律出版社2003年版，第9—10页。

④ 王利明、杨立新、姚辉：《人格权法》，法律出版社1997年版，第2—3页。

既不是指权利主体本身，也不是指权利能力，更不是指人格利益”[①]。该学者认为，自然人的“人格”应该是一个宪法上的概念，指人在法律上的根本地位，表现自然人依宪法规定生而有之的一种在法律上的主体资格或基本法律地位[②]。

日本学者对此也有分歧，有人认为人或法律人格是法律关系的归属点，其与生活中的个人是两个层面上的不同概念，亦有人认为法律人格并非指人的整体，而是人的某个方面，是人在法律舞台上扮演的角色，是象征性的意味着人的某个侧面的概念[③]。罗马法和以《法国民法典》为范本的西方早期大陆法系国家民法典曾广泛使用“人格”一词。虽然“是罗马人最先制定了……抽象人格的权利”[④]，但是，最早出现法律上人格概念的罗马法的人格与自然意义上的人是分离的，自然意义上的人不一定具有法律上的人格，比如奴隶就不具备人格，他们只是权利标的而非权利主体，具有人格的只是那些生而自由的人。罗马法规定，只有拥有自由权、市民权和家族权的人才有完全的人格，人格可以自由转让。父死，则其人格转移于子。可见，罗马法从个人的社会等级和财产隶属关系方面来表述人格，充分反映了古罗马社会人与人间的不平等。其后的“资产阶级学者把利益和意思视为人格的基础”[⑤]，即必须要有独立的财产利益和独立的意思表示才能成为拥有人格的独立主体。可见，早期法律上的人格与自然意义上的人不是同一的，自然意义上的人不一定都具有法律意义上的人格。

1804 年《法国民法典》第 8 条规定“所有法国人均享有民事权利”，意指一切自然人均具有同等的法律人格。这一规定被视为法国 1789 年《人权宣言》在民法上的具体重申。1900 年《德国民法典》在法律主体部分不仅规定了自然人，还规定了法人。法人制度在法律上的出现使法律人格概念不仅指向自然人，还指向了法人这种无生命的组织。可见，伴随着人类文明的进步，法学研究及相关立法不仅承认了全体自然人的法律人

---

① 尹田：《民事主体理论与立法研究》，法律出版社 2003 年版，第 3 页。

② 同上。

③ ［日］星野英一：《私法中的人》，王闯译，中国法制出版社 2004 年版，第 19—20 页。

④ 《马克思恩格斯全集》（第 1 卷），人民出版社 1956 年版，第 382 页。

⑤ 江平：《西方国家民商法概要》，法律出版社 1984 年版，第 33 页。

格，并且还在此基础上，对一定的组织作出了法律人格的承认。借此，法律发展史在法律主体问题上完成了从“人可非人”到“非人可人”的历史进程。①

所以，人格在法律上就是指人的法律存在。“人格脱离了人，自然就是一种抽象”②，这种抽象人格概念在法律中的使用，使人的概念被形式化，使法律制度可以将人的概念适用于法人这样的形成物。虽然这些组织并不是伦理学意义上的人，不具备人的伦理属性，但法律却可以通过相关制度规定赋予其人格，使其获得以主体身份参与法律生活、享受权利、承担义务的资格。法人制度的出现，意味着无生命的组织也可以获得与自然意义上的人同等的法律资格。这进一步说明人格这个名词只“是意味着并不一定与人性有联系的法律上的特别的资格”③。

可以说，承认所有人都具有完全平等的法律人格，是近代私法把握人的方法方面的首要特色。近代法律通过对一切自然人具有平等且不得剥夺人格的无条件普遍确认，不仅使人类摆脱了封建的等级与特权，而且保证了进步社会平等、自由、安全等理想目标的进一步实现。我国《民法通则》虽然没有使用“法律人格”一词，但规定了公民和法人的民事权利能力与民事行为能力，并在其第 10 条明确规定：“公民的民事权利能力一律平等”。可见，我国法律不仅确认了所有自然人一律平等的法律人格，还赋予了法人这种社会组织以法律人格。

总之，法学中的人格概念与心理学、伦理学上的人格概念有很大不同，它指向的不仅仅是个人，还可能是一个没有生命的、拟人化的组织；它与人的个性和道德状况无关，而与人的法律地位、主体资格等密切相联。法律人格这种自然人参加社会生活所必要的法律地位是人们获得应有尊严与尊重的基本标志和重要保障。如今，人格平等已成为了现代法律的一项基本原则，人格保护也已成为了法律的主要目标之一。

除了为心理学、伦理学、法学关注外，人格问题还是哲学、社会学研究的对象。社会学从社会、从个人的社会化而不仅仅是个人的角度研究人

① 奴隶是自然意义上的人，却不是法律意义上的人；法人不是自然意义上的人，却可以获得法律意义上的人格。

② 《马克思恩格斯全集》（第 1 卷），人民出版社 1956 年版，第 277 页。

③ ［日］星野英一：《私法中的人》，王闯译，中国法制出版社 2004 年版，第 21 页。

格，哲学从对人的本质的抽象概括和人与外部世界关系的角度展开人格探讨。马克思早就指出，人格既不是纯生物学的自然特质，也不是超越现实社会关系的，像黑格尔所说的那样只是抽象的概念，而是人的社会特质即社会关系的反映与体现。“人的本质不是单个人所固有的抽象物，在其现实性上，它是一切社会关系的总和”①。不同学科领域中的人格概念既有一定共通性，也有很大差异性。

就人格研究的现有成果来看，所谓人格，就是现实的并具有特色的个人，它是人经由社会化而获得的具有内在统一性和相对稳定性的个人特质结构，也是一个人的思想和行为的综合。具体地讲：第一，个人的生理、心理机能整合而成的独特的身心系统是人格构成中最基本的基础；第二，作为社会存在物的体现，人格是个人在其社会行为中所充当或承诺的社会角色的社会表象；第三，从更为本质的层面讲，人格是各种自我特征的整合即完整的自我；第四，作为超越自我的自我，人格又是内在化和个体化的文化精神。从本质上讲，人格是人类的社会性特质在个体身上的凝结。这种本质并不意味着人格都是整齐划一、同一模式的，它可能是丰富多彩、各不相同的，这主要是由人们所处的特定社会关系系统决定的，其中物质的社会关系的决定作用更为重要。此外，人格与社会文化之间有着相互影响和交互作用的关系，社会文化是孕育人格的基础和养料，而不同的人格又成为塑造不同文化风貌的主体因素。

二　和谐人格的价值生态

从现世生活的本真看，作为一种“关系的存在”，以“自我”为中心必然现实地存在或生成三种最基本的关系位，即生态关系位（人与自然构成的物我关系）、人态关系位（人与人、人与社会构成的人我关系）和心态关系位（身与心、性与灵构成的我我关系）。因是，和谐人格的价值生态必然融涉“人与自然的和谐共生、人与人的和谐共存、身与心的和谐共进”为一体。

马克思指出，人始终是主体，历史活动不外是人的活动而已。作为社

① 《马克思恩格斯选集》（第1卷），人民出版社1995年版，第56页。

会发展的核心、最具根本力量的人，不仅是构建和谐社会的能动的主体，而且还是构建和谐社会的根基和目标。因为人是社会发展的主体，人的和谐发展是社会和谐发展的根本前提，而人自身的和谐就是要有健全的人格，有正确的世界观、价值观和人生观，才能理性地处理个人与自然、个人与社会的关系，做到融入自然、融入集体、融入社会。①

作为有理性的存在者，无论是个体的还是社会的，他的生命体认与安顿、道德认知与建构、人性提升与人格完善、美德修习与践行，都必须在与“他者”——相对于“自我”而言——共同（自发地或者自觉地）构筑的实体性关系即“共同体背景”中才能达成或获致。人与自然、人与人、人与自身关系共同构筑的伦理实体生态，不仅形塑了人格的完整性、美德的实践背景，而且悬设了和谐人格的价值生态，其表征为本体世界的“自然、必然和应然同构”，意义世界的“知、情、意三位一体”，生活世界的“人与自然和谐共生、人与人和谐共存、身与心和谐共进”。

1. 本体世界的“自然、必然、应然同构”

麦金太尔教授认为，伦理学或道德哲学是一门认识和理解个体、群体和人类社会从一种存在状态向另一种状态转化或迈进的科学，它预设了对个体潜能与行动、对作为理性动物的人的本质以及更为重要的对人的目的的某种解释。从本体的角度看，人性是这样一种“三重架构”的存在：一是“未经教化的偶然所是的人性”。可以被理解为作为个体性存在的人的“自然王国”，是身、心、性、情、欲、命的存在，一种本体的存在，是人的自然属性，由此而产生人的目的是一种道德本体论的阐发，其人生法则或原理是以自然法则出现的，其形塑的是个体的“性格”，是人的自在存在状态。二是“实现其目的而可能所是的人性”。可以被理解为作为个体的人的“目的王国”，是灵与魂、意义或符号的存在，一种精神性的存在，是个体的精神属性，由此而发的人的目的是一种终极性的理想的道德目的，其人生法则或原则则是个体永远向其进发的一个鹄，也就是几近所有的宗教所宣称的“来世”，其形塑的是个体的“品格”，是人的自在

---

① 张青兰：《马克思主义“和谐人格”思想的当代解读》，《华南师范大学学报》（社会科学版）2008 年第 1 期。

自为存在状态。三是“作为这两者转化之手段的理性的伦理学训诫”。这是个体的人的具体而现实的存在，可以被理解为“必然王国”，也就是说，在这一世界中，个体的人是要受自然法则和伦理法则——康德所谓的自然规律与道德规律——的双重制约，他是生活在由必然规律所编织成的王国之中，他的自由是相对的，是个体的生与存。在这个世界中人性是以社会关系呈现出来的，即人的社会属性，由此而产生的人的目的是一种现实的伦理道德诉求。这是人的生活世界，也就是几近所有的宗教所宣称的“尘世”，其形塑的是个体的“位格”，是人的自为存在状态。黑格尔也同样认为，人格是“自我——意识到自己是作为一个有理性的存在主体的‘我’——在有限性中知道自己是某种无限的、普遍的、自由的东西。”①无论是个体、集体还是整个人类社会，这种“三重架构”式的存在状态，共同构成了个体人格的同一性及其认同基础，构成了伦理学进行道德判断与价值评价的基始与核心。

2. 意义世界的“知、情、意三位一体”

在意义的世界里，人格是什么？蔡元培先生认为，人格就是为“人之品格”，是智或知、情、意的统一，并揭臬出幸福论者或快乐学说，以及道德主义有关人格规定的褊狭。“快乐说者，以达其情为鹄者也；克己说者，以达其智为鹄者也。人之性，既包智、情、意而有之，乃舍其二而取其一，皆以为人生之鹄，不亦偏乎？必也举智、情、意三者而悉达之，尽现其本性之能力于实在，而完成之，如是者，始可以为人生之鹄，此则实现说之宗旨，而吾人所许为纯粹之道德主义者也。”② 意思是说，快乐主义或幸福主义论主张，人格只是以满足或达到人的自然情欲或物欲为鹄，为目的；而在道德主义论者——他们多以“克己内省”为修持方法——那里，人格只是以为人们提供为人处世的智慧为鹄，为目的，也因为如此，所以中国人被称为道德主义者。事实上，人格是“知、情、意三位一体”，舍其二而择其一，并作为人性或人生的目的，这样做有失偏颇。正确的做法是知、情、意三者“悉达”，只有这样才能尽显或尽现人

① 黑格尔：《法哲学原理》，范扬、张企泰译，商务印书馆1979年版，第45页。

② 蔡元培：《中国伦理学史》，商务印书馆2000年版，第215页。

的存在的本质性，尽可能挖掘人性的潜能，来达至人格的实现或完成。也只有这样，才可以称得上是人生的完整目的。“人性何由而完成？曰：在发展人格。发展人格者，举智、情、意而统一之光明之之谓也。”① 盖吾人既非木石，又非禽兽，则自有“所以为人之品格”，是谓“人格”。发展人格，不外乎“改良其品格”而已。人格是极具尊严的，因为，“人格之价值，即所以为人之价值也。世界一切有价值之物，无足以拟之者”，人格如此可贵，所以一个人要想发展、提升或完善自己的人格，就应当“不以富贵而淫，不以贫贱而移，不以威武而屈。死生亦大矣，而自昔若颜真卿、文天祥辈，以身殉国，曾不踌躇，所以保全其人格也。人格既堕，则生亦胡颜；人格无亏，则死而不朽。”所以孔子说“朝闻道，夕死可矣。”② 不仅如此，蔡元培还进一步强调指出，一个人生前的人格境遇在其死后仍然是无止境的，就像孔子虽为桓魋所杀、苏格拉底虽饮毒而死，然其人格却流芳百世。“人格者，由人之努力而进步，本无止境，而其寿命，亦无限量焉。向使孔子当时为桓魋所杀，孔子之人格，终为百世师。苏格拉底虽饮毒而死，然其人格，至今不灭。人格之寿命，何关乎生前之境遇哉。”③ 发展人格之法，即人格的具体实现，则是因人而异，不必苟同，每个人都可以通过自己独特的家庭生活、社会生活和公民生活以及由其所承担的家庭角色、社会角色和公民角色来分享之，完成之，“光明之”。而人格发展之个中关键是一个人在特定关系中角色的担纲和职责的履行，这是因为一个人不能离群索居，他必须生活在具体的与他者——自然界、他人、人类社会甚至包括内心深处的那个“我”——的关系之中，而且其人格发展也与他者的发展相一致；也就是说，人是不能“独善其身”的，即便是独处的时候。总之，蔡元培先生从人格即“人之品格”的规定出发，主张人格是“知、情、意三位一体”或有机统一，“舍其二而择其一”，都有失偏颇；人格之发展，因人、因时、因地而宜，贵在持修之、光明之；一旦达至理想之人之品格，就会永无止境，流芳百世。从他的诠释中，我们可以看出，人格既是一个人“人之品格”，更是

---

① 蔡元培：《中国伦理学史》，商务印书馆2000年版，第215页。

② 同上书，第216页。

③ 同上。

一个人社会关系的角色担纲，而且只有通过个体的角色担纲才能使人格得以发展，得以完成，得以光明。值得一提的是，蔡元培先生有关人格的规定也未能走出“人伦”实体的单一性，我们只要将其拓展延伸至生态、人态和心态更加宽宏的生态学视野上来即可，进而定位和反思人与自然关系及其意义、人与人关系及其意义、个体生命的身与心关系及其意义。

3. 现实生活世界的“人与自然和谐共生、人与人和谐共存、身与心和谐共进”

从现世生活的本真看，作为一种“关系的存在”，以“自我”为中心必然现实地存在或生成三种最基本的关系位，即生态关系位（人与自然构成的物我关系）、人态关系位（人与人、人与社会构成的人我关系）和心态关系位（身与心、性与灵构成的我我关系）。因是，和谐人格的价值生态必然融摄“人与自然的和谐共生、人与人的和谐共存、身与心的和谐共进”为一体。

人与自然的和谐共生即“物我和谐”。人与自然的关系是一个古老而弥足常新的话题。自然孕育了人类的生命和灵性，为人类进步和发展提供物质资源与生存空间。“共生”一词原本是一个生物学概念，指的是不同种类的生物共同生活在一起的自然现象，后被引申和发展成为共生理论。[①] 它是由美国生物学家马古利斯等人在“盖亚假说”[②]（Gaia hypothesis）的基础上提出来的，主张生命并不像新达尔文主义所假说的那样，消极被动地“适应”物理化学环境，而是主动地形成和改造它

---

① 万中航等：《哲学小辞典》，上海辞书出版社2003年版，第386页。

② “盖亚假说”是由英国大气学家拉伍洛克（James Lovelock）在20世纪60年代末提出的，后来经过他和美国生物学家马古利斯（Lynn Margulis）共同推进，逐渐得到西方科学界的重视，并对人们的地球观产生越来越大的影响。同时“盖亚假说”也成为西方环境保护运动和绿党行动的一个重要的理论基础。“盖亚假说”至少包含5层含义：地球上的各种生物有效地调节着大气的温度和化学构成；地球上的各种生物体影响生物环境，而环境又反过来影响达尔文的生物进化过程，两者共同进化；各种生物与自然界之间主要由负反馈链连接，从而保持地球生态的稳定状态；大气能保持在稳定状态不仅取决于生物圈，而且在一定意义上为了生物圈；各种生物调节其物质环境，以便创造各类生物优化的生存条件。前两层被称为“弱盖亚学说”，后三层被称为“强盖亚学说”。“盖亚假说”的核心思想就是认为地球是一个生命有机体（http://baike.baidu.com/view/800264.htm？fr = ala0_ 1）。

们生存的环境。由此想象出人类社会与自然界之间是一种相互依存、和谐统一的共生命运关系。正如马克思所说，人置身于现实世界，不是在唱“独角戏”而是在跳“交谊舞”。① 文艺复兴运动以降，在工业革命的推引下，人类社会在享受着以牺牲环境和消耗自然资源为代价的物质便利的同时，却逐渐失去了自己赖以生存的美好家园。自然环境恶化、自然资源濒临枯竭以及由此而产生的无休止的战争与冲突，严重威胁到人类的生存与发展。人与自然和谐共生，就是倡导和树立人们爱护自然环境、合理而充分地利用自然资源的理念，加快资源节约型和环境友好型社会建设，从而达致生产发展、生活富裕、生态良好的理想状态；就是倡导和树立起一种尊重和善待自然、保护和拯救自然以及遵循自然之道的理念，最终达致人与自然和谐共生的价值目标。② 其实早在19世纪，面对人与自然二元对立的日益加剧，美国自然主义哲学家梭罗就清晰理智地告诫说，人类与自然的关系理应从二元对立变成和谐统一，不应该视人类为自然的主宰，人类和自然之间应该建立一种类似于人际关系的“温柔的关系”，彻底抛弃“人类中心主义”，人与自然是和谐共生的有机体。梭罗吁求人类，首先要领悟自然。因为自然是美丽的，自然也是智慧的，人们要善于发现自然中的美，更善于感悟自然，这样才是真正取得和大自然的和谐。自然给予人类的价值不仅仅在于提供衣、食、住、行的资源，更在于它给予人类的审美价值和生存的价值支撑。其次要呵护自然。自然是有生命的，生命是平等的。人对待自然应该像对待自己一样。所以人与自然环境的关系不仅仅是功利上的，还应该包括情感、伦理、审美等方面。人类必须学会呵护自然，要像保护人一样保护自然。最后要回归自然。马克思说，社会既是人与人的现实统一，又是人与自然的现实统一。梭罗也同样认为，一个人生活在大地上不仅需要精神上的超凡脱俗，实现精神和心灵的回归自然，同时又在与自然的和谐共生

---

① 侯庆双：《共生：“为我而存在”的当代阐释》，《吉林广播电视大学学报》2008年第2期。

② 李茂平、彭月英：《人与自然和谐共生：环保民间组织的价值诉求》，《社会科学家》2008年第9期。

中感悟自然的妙处，进而领略人生的真谛。[①]

人与人的和谐共存即“人我和谐”。马克思认为，社会也无非是“个人彼此发生的那些联系和关系的总和”[②]。社会“不过是处在相互联系中的个人”，“社会本身，即处于社会关系中的人本身”[③]。人是社会的人，社会是人的社会，人的存在不是单一和孤独的，而是现实地存在于不同层次、不同种类的“关系”中，也就是存在于以“我”为圆点的同心圆中，即不同的集体或共同体之中。因此，每个人都是一个社会存在物，他强烈地追求着亲情、友情、爱情、尊重等心理需要，并以此作为维系人际关系的纽带。然而，令人遗憾的是，生理的需要、物欲的膨胀、利益的驱使，赤裸裸的金钱关系渐渐吞噬了人与人之间心灵和情感的相互托庇，亲情、友情、关爱、尊严、伦理价值被消解甚至抛弃，代之以可以相互利用的功利、手段和工具。而人在被消解了感情、价值、特殊性和多样性之后，变成了机器——对人的价值的一种工具性的利用。[④] 人与人、人与社会的和谐共存的最根本原则就是“相互尊重”。黑格尔认为，市民社会中人与人之间和谐相处必须遵循这样的原则，即“成为一个人，并尊敬他人为人”[⑤]。“成为一个人”和“尊敬他人为人”是互为因果的关系。一个人只有把自己当人看，尊重自己的生命，善待自己，懂得自尊、自信和自爱，才有可能将心比心地把他人当人看，尊重他人的生命，善待他人，懂得尊重他人的人格、信任他人、关爱他人；反过来说，一个人只有“尊敬他人为人”，才会真切地感受到自己生命的真实存在及其价值，才能在“尊敬他人为人”的基础上获得他人的尊重，进而获得并迸发出生命的力量和生活的激情，体悟人格的尊严和人生的价值。人本主义心理学家马斯洛认为，尊重是一个有理性的人的较高层次的社会需求，表现为社会生活中的人们对自我评价和自我尊重以及社会评价和社会尊重的渴望。被别人尊重往往让人感受到快乐、有信心和充满力量。反之，则容易使人产生悲

---

① 钟翔：《“和谐共生”：论梭罗人与自然和谐相处伦理思想》，《吉林省教育学院学报》2008 年第 11 期。

② 《马克思恩格斯全集》第 46 卷（下），人民出版社 1979 年版，第 220 页。

③ 同上书，第 226 页。

④ 陈祖楠：《心有他人：人际和谐的道德基础》，《绍兴文理学院学报》2009 年第 9 期。

⑤ 黑格尔：《法哲学原理》，范扬、张企泰译，商务印书馆 1979 年版，第 46 页。

伤、自卑和无能的消极情绪。以“成为一个人，并尊敬他人为人”为根本价值原则，构建人与人、人与社会和谐共存的关系实体，就必须打破以自我为中心的本位主义，克服主观偏见，避免猜疑和妒忌；就必须全面客观地认识自己和社会，正确对待他人，多一些理解与宽容，学会尊重他人。①

身与心的和谐共进即“自我和谐”。健康从“心”开始，心态决定一切，心平才能气和，内和才能外顺；和谐社会从“心”开始，内心的和谐向外、向社会释放出来便是向心力、亲和力和凝聚力。对于人自身和谐的探讨，可追溯到古希腊时期。柏拉图在其《理想国》里就指出，个体生命的和谐乃在于人的理智、激情和欲望的友好和谐，互不干涉，其中激情和欲望服从理智的领导和牵引而不反叛。亚里士多德认为，只有营养灵魂、感觉灵魂、理性灵魂三方面有机结合，才能造就完整的人。古圣先贤早已将身与心的和谐统一作为衡量人生命的意义和价值的标准。用平和宁静的心态思考问题，以乐观豁达的情怀对待生活，用理解宽容的态度悦纳他人。于己要内省自察，要有自知之明；于人要多施善行，要见贤能思齐；于社会既要有“出淤泥而不染，濯清涟而不妖”的生存之道，又要有恪尽职守、乐于奉献的精神；于历史和时代要用发展的眼光看待现实中存在的问题，以包容的心态面对新生事物，以积极的姿态紧跟时代步伐，常怀感恩之心、责任之心，为社会的发展进步做出自己的贡献。然而，市场经济的等价交换原则几乎充斥现代社会生活的所有领域，缺乏信仰的支撑、仁爱的根基和情感的激励的现代人被“物化”了，生命存在、历史存在、社会存在的链条被割裂了。而这种生存的链条一旦被割裂之后，具有路径依赖的文化传统、伦理精神及其赖以生成的叙事背景被虚掷，使现代人和现代社会出现了前所未有的文化传统认同危机、社会关系即共同体认同危机、人格同一性认同危机。人作为生命系统的特殊生命体，自身就是一个小宇宙，需要进行内外部物质和精神的交流与平衡，以达到自身和谐状态即个体各部分之间的和谐。从某种意义上讲，一个人只有实现了内在精神的和谐，才能与他人、与自然和谐相处。②

---

① 张洪民：《浅谈影响人际关系和谐的因素及对策》，《人才资源开发》2009年第8期。

② 赵洁：《自我和谐是和谐社会的基点》，《山东社会科学》2009年第7期。

三　当代中国青年群镜像

“当代中国青年”是一个时代性特别明显的范畴，有关“当代中国青年”的所有话题是常论常新。因此有必要对其做特殊的历史时期和时代范围的界定。笔者这里的“当代中国青年”特别限定为“‘80后’与‘90后’”这个特殊的群体。

1. “‘80后’与‘90后’”群体特征的积极一面

第一，思想活跃开放。“‘80后’与‘90后’”青年群体成长在我国改革开放的新时期，他们幸运地赶上了新中国成立以来最稳定的经济发展时期，他们是改革开放成果的最大受益者。他们是与中国的“经济建设时代”共同成长的一代，所以他们敏感而可塑的心灵总是能最先触摸时代跳动的脉搏和社会进步的节奏。随着改革开放的不断深入，我国思想界、理论界的“禁区”不断被打破，“‘80后’与‘90后’”青年群体生活在从未有过的思想开放的环境中，他们不拘泥陈规，思想开阔，对外来文化不抱成见，具有较强的消化能力。西方社会思潮、学术理论的大量引进，大众传播媒介的迅速发展，极大地丰富了他们的精神生活和内心世界。现代交通、通信技术的发展，特别是国际互联网在我国的发展和普及，扩大了“‘80后’与‘90后’”青年群体认识世界的视野，增强了青年的全球意识，拓展了青年获取信息的途径与渠道，使他们的思想更加活跃、更加开放。从2008年中的汶川抗震救灾、奥运志愿服务活动中不难看出，处于社会转型期的“‘80后’与‘90后’”总体上呈现出主流稳定、进取务实、健康向上的态势，他们认同主流价值观，对国家的发展前景充满信心，并能够将自身价值和国家与社会的需要密切结合起来，爱国主义情怀仍然是其价值观念中的主旋律和基本背景。

第二，社会参与意识浓厚。随着我国社会主义市场经济的深入发展，社会经济成分、组织形式、就业方式、利益关系和分配方式的日益多样性，为青年的全面发展创造了更加广阔的空间，与社会进步相适应的思想观念、社会意识、价值取向等正在丰富着青年的精神世界，最为突出的表现就是“‘80后’与‘90后’”青年群体的社会参与意识明显增强。正是由于青年社会参与意识浓厚，他们对青年志愿服务抱有积极的参与心态、热切的参与动机。折射出当代青年身上强烈的热心公益、提升自我、社会责任心的社会参与意识。“‘80后’与‘90后’”青年群体无论是对于国家的宏伟蓝图还是个人的前途，都具有积极的参与热情和心态。可以这么说，强烈的社会参与意识与竞争意识，是当代青年主观能动性的最显著表现，是“‘80后’与‘90后’”青年群体对高速变化的社会生活环境的积极回应。随着时代的发展、多元文化的繁荣，我们应该摘掉观念上的有色眼镜。生活中“‘80后’与‘90后’”的青年，别看他们中的一些人不是光头就是长发披肩，头发不是染红就是染黄，穿着黑亮亮的皮夹克，戴着墨镜和臂上文身，一群群飙起摩托来横冲直撞、惊天动地、烟浪滚滚，活脱脱就是一个“痞子相”。其实，他们的为人处世还是不乏友善。他们身上的社会责任感和公益参与意识并不比其他社会群体差多少；相反，有时候他们比谁都超凡脱俗。伴随“‘80后’与‘90后’”青年群体的心智成熟，他们对改革开放和社会发展进行的思考将更为实际，大多数人将努力使自己的选择、自我价值的实现与社会发展目标和规范要求相一致，逐步走自我实现和服务社会相统一的明智之路。

第三，站在时代与创新前沿。青年意味着创新，意味着挑战。我们关注的重点是，在时代与创新的关系中“‘80后’与‘90后’”青年群体扮演的角色。伴随着“网络”成长起来的“‘80后’与‘90后’”青年群体，紧随日新月异的新科技，拥有较为系统的知识技能，成为现代科技进步的代言人，成为当今中国创业的新主体，他们是备受关注的群体。以“‘80后’与‘90后’”青年择业创业的角度出发，我们不难发现，他们所从事的职业或创业领域普遍具有较高的知识科技含量、较复杂的职业技能、较高的收入、较大的风险等特征，他们热衷于创业的领域主要表现在：一是知识创新、科学技术业。包括基础研究、应用技术开发、管理、制度、组织的创新活动等。它为人类社会的知识产业进步提供着动力源。二是人力资本形成业。包括教育、培训等。如今的世界已进入终身学习时代。这将使文化教育与培训成为21世纪的最大产业之一。三是知识创造、传媒业。包括图书出版、报纸期刊、广告、文学、艺术、曲艺、影视、戏剧、音乐、广播电视、通信、信息机械（计算机、现代通信技术、自动控制系统、信号装置）等。四是专业服务、咨询业。包括金融、法律工程、建筑、物业、医疗保健、会计、审计及档案储存、贸易谈判、专门策划建议等。联合国教科文组织在《对当今科技时代世界青年问题的分析报告》中指出："青年一向是变革的动力，重大的社会变革都是在他们身上并通过他们实现的。事实上正是在培养性格的年代里，一个人才最容易在新的问题面前形成勇于创新的考虑问题的态度和作风"。由于信息网络的普及和内容丰富的各种媒体的影响。"'80后'与'90后'"青年群体在获取知识的渠道上要明显地优于其他成人群体。在这些有利条件下。越来越多的青年已成为掌握高新技术的骨干力量，成为社会发展需要的创新人才。可以说，日趋成熟的"80后"与正在崛起的"90后"青年群体正在或必将成为我国先进生产力的代表，成为我国中国特色社会主义事业的中坚。

第四，追求前卫和新潮。"'80后'与'90后'"青年群体的生活方式和行为举止往往是孕育社会流行生活之前兆。"'80后'与'90后'"青年群体置身于新技术革命带来的全球化发展与物质丰裕，更乐意接纳一切有关青春、时尚的东西，他们是社会中消费量最大的群体。当现代消费意义超越了维持基本生存而拥有享受、表现自我等内涵后，消费生活在他们眼中就有了特别的社会学意义。"'80后'与'90后'"青年群体已不再把消费仅仅作为生存需要的必需，而是当作展现自我、向社会展示我已长大，我很新潮、特前卫。他们勇敢地阐释自己的精神追求。他们的选择标准就是同别人不一样。他们用各自喜欢的发型、五花八门的服饰和不加掩饰的神情宣布："我有我的风格"。但标新立异只是外表，我们不反叛什么，我们只想做自己喜欢的事，喜欢不停地尝试新东西，只是拒绝被同化。"'80后'与'90后'"青年群体生活在越来越开放的社会，没有信息封闭的精神苦闷，没有错综复杂的政治负累，中国的现代生活方式和他们同步成长，其生存和发展的特殊环境又令他们一帆风顺，造就了"很我"的生活与处世风格。甚至有人把"'80后'与'90后'"青年群体生活方式的变革称作"悄悄进行的革命"。当今"'80后'与'90后'"青年群体在生活方式上追求前卫和时尚的特点主要表现在：一是追星。他们中一些有较高收入的"金领"阶层，如歌星、影星、体育明星等被社会关注的人物，在其当红之时，青少年中的追星族可谓无不对其顶礼膜拜，趋之若鹜。为了表现自己与众不同而标新立异，用自己独创的服饰、发型等方式首创出令服务业为之兴奋的生活方式，引领社会消费的潮流。

二是一些经济虽不富裕但感知敏锐、想象丰富的“‘80后’与‘90后’”青年，能够超前预示社会变化带来的生活时尚，并将此预示告知有关企业，成为企业开发流行商品的信息资源。因此，成为生活时尚的首创者与倡导者，以自己独特的文化品位引领社会生活潮流是“‘80后’与‘90后’”青年群体生活方式的重要表现形式之一。一些时尚、健康、低碳、环保的生活方式正在青年群体中流行并成为主流。①

此外，“‘80后’与‘90后’”青年群体具有较强的国家认同。国家的强盛及国际地位的提升，能够直接地触及国民内心的情感，增强国民对于国家的向心力。上海社科院针对“‘80后’与‘90后’”青年群体发展状况的调查报告显示，被调查者中89.1%表示“我为自己是中国人而感到自豪”，充分体现出由于“‘80后’与‘90后’”青年群体的成长历程与中国的崛起之路相互交叠，对于国家有着较强的认同感。与此同时，“‘80后’与‘90后’”也渐渐形成了较强的群体意识，他们不仅拥有一些约定俗成的表达方式（如“火星文”），更标新立异地将自己定义为中国未来的“粉红一代”，用欲红而嫩、潜力无限的“粉红力”来为自己做出好的注解。当然，群体观念不等同于团队协作意识，上海社科院的杨雄教授在进行相关研究时发现，“‘80后’与‘90后’”群体在实践中相对缺乏一种对团队组织的忠诚感，更多是以个人和个性作为追求和崇尚的目标，反映出“‘80后’与‘90后’”的团队观念和协作能力有待加强。②

2. “‘80后’与‘90后’”群体特征的消极一面

第一，道德失范不容乐观。历史地看，道德失范是人类生产方式和社会制度转型时期道德生活的一种现象，在现实层面表现为道德生活的失范和无序，在精神层面表现为道德信仰的危机与冲突，以意义系统的危机为内容，以行为层面的越轨为现象。当下，“‘80后’与‘90后’”青年只关注就业情况、未来收入，以及社会地位等个人问题，淡化了对国家和民族的忧患意识，“天下兴亡，匹夫有责”似乎成为过时的名言。他们漠视个

① 余逸群：《“80后”青年群体特征的解读》，《山东省青年管理干部学院学报》2009年第3期。

② 于家明：《“90后”青年群体的思想行为特点》，《思想政治工作研究》2010年第4期。

人责任与社会责任，摆不正个人与社会的关系，导致责任意识的狭隘与近视。当代青年对婚恋的态度日益开放、自我和随意，呈现出恋爱观价值多元化、形式多样化的趋势，忽视了爱情的道德与责任。在大学校园里，许多学生并不是走在人行道上，而是晃荡在路中央。入学教育时，我们强调，走人行道且靠右走的规则在大学里依然适用，而且缺乏改革的紧迫性。毕业教育时，我们则担心学生肆意放纵的情感、粉身碎骨的暖瓶和激情燃烧的课本。知识的工具化得到最大化的表达，价值层面越来越被遮蔽，正义成为稀缺资源。在自律方面，一般来说，"'80后'与'90后'"在熟人圈内能够保持较好的自律，而在圈外，各种不文明的行为便会频繁发生，很少有人以内省的方式审视自己的行为是否遵循自律原则。在市场经济社会中，资本主体是自觉的，交易过程是讲求平等和规约的，最大价值是通过创新获得的，金钱作为交易媒介提到了前所未有的地位，消费过程在市场尤其在买方市场中是最核心的环节。这些市场准则都体现出思想上的价值倾向，如即时消费、崇尚创新、拜金主义、自我意识、平等契约等，这些价值取向都可以概括为消费主义思想，这是后工业社会的典型特征，各种观念都以消费为中心形成或被消费观念引领，再泛化到经济、政治、文化、社会等各个方面。"'80后'与'90后'"有时也被称作"零储蓄一族"，为了及时行乐，享受生活，他们甚至拒绝成熟，拒绝婚姻，这似乎就是他们的生活哲学，并正在向各个领域泛化渗透，并通过行动或具体的诉求来得以确证。但这个过程在社会现实尤其是公共政治领域中受阻，被阻滞压抑的冲动只得转而在私人生活领域寻求发泄。因此表现得畸形膨胀，这既是一种反抗姿态，也体现了其脆弱的本质和颓废的心态。此外，他们的思想特征呈现出解构思维、顽劣心态和民族情结。着眼当下，尽情享乐，活出自我。①

第二，价值取向的二重性。随着社会主义市场经济的不断发展和国际国内形势发生的新变化，"'80后'与'90后'"青年的思想观念和价值判断受到来自世界各地的思想文化交融和冲撞。价值观念的绝对性、一元性已经动摇，取而代之的是一幅相对性、多元性的价值观图景。在这一时

---

① 祝耸立、闫峰：《当代青年的思想特征及其社会原因》，《乐山师范学院学报》2006年第8期。

代背景下，“‘80后’与‘90后’”青年的价值观嬗变不定，呈现出崭新的特点，其中非常重要的一点就是他们的价值观具有二重性特点。在建设社会主义和谐社会的过程中，面对千姿百态的社会思潮和青年思想状况，用社会主义核心价值观引领青年树立正确人生方向，观察分析复杂多变的社会现象愈显重要。“‘80后’与‘90后’”青年中很多人缺乏应有的价值观念体系，在价值选择判断上迷茫不定，缺乏行动目标。在价值活动中，往往是多种价值尺度并存或交替使用，时而表现出积极的一面，时而表现出消极的一面，呈现出明显的二重性。“‘80后’与‘90后’”青年中许多人总是试图同时拥有事物对立面两个方面的利益，在价值取向上存在着明显的钟摆现象。比如，有些青年厌倦政治，并对权威意识深为不满，但又由衷地流露出强烈的从政需求。又如，有的青年对社会拉关系、走后门等不正当行为厌恶，又信奉社会上的关系取向，在需要的时候也不择手段利用这些社会关系，成为新腐败现象的制造者。再如，有的青年既奉行个人利益至上的原则，又要求社会公平公正地对待自己。现实生活中有些“‘80后’与‘90后’”曾踏入到不正当竞争的行列中，但如果失败即转为对这一竞争行为的无限愤懑与鞭笞，并通过互联网、电视、报纸等渠道进行投诉、曝光与举报。殊不知这些行为的背后有很多都隐盖着过分强调自我不顾他人利益的倾向。还如在爱情价值观上也呈现出二重性，特别是有些男青年表现尤甚，有的一方面要求找处女作为妻子；另一方面在谈恋爱时又奉行性自由主义。目前互联网上有一个传得沸沸扬扬的真实故事，当过老总秘书的女白领8次相亲均失败，美女秘书相亲为何8次被拒？这固然是“小蜜”文化肆意刻画和表现女秘书“被潜规则”造成的，是“小蜜”文化不断放大、不断暗示的结果，但与当代青年二重性的爱情价值取向也不无瓜葛。在价值评价方面，喜欢或厌恶、赞赏或批评、亲近或排斥等并存。①

第三，价值取向与行为脱节。改革开放以来，随着经济的发展，外来文化的冲击，大众传播的膨胀，社会分层的加剧，使原本相对单一的价值体系逐渐被多元的价值体系所取代，传统的价值观念与现代价值理念、社

① 莫飞平：《当代青年价值观的二重性及导引机制探略》，《中国青年研究》2009年第12期。

会主义价值体系与西方价值观念正发生着激烈的冲突与碰撞。社会价值体系的分化使当代青年的价值观正经历着选择、重构，甚至蜕变的痛苦历程。一方面，社会价值体系的不完善使社会价值导向具有不稳定性，导致当代青年价值取向的不稳定，甚至平添迷茫，容易在价值行为上无所适从，形成不利于青年价值观健康发展的局面。另一方面，社会急剧变化，青年在社会中所遇到的问题远远多于他们在自然成长中所遇到的问题，而有相当部分层面的问题来不及妥善解决。因此，在社会价值冲突加剧和各种价值意识激烈交锋面前，青年的反应欠灵敏，认知较迟缓，很难做到价值选择上的泾渭分明。混沌的价值取向，必然会导致混沌的价值表现和行为选择，导致了青年的行为选择与价值观念本身的脱节，社会价值对青年行为的支配变得乏力。一是具有强烈的时代特征，但缺乏社会责任感和使命感。当代青年的价值观念与行为选择具有多样性和复杂性，但其思想观念发展的主流是健康和进步的，而且具有鲜明的时代特征。主要表现在冲击传统、反对封闭守成、主张标新立异等特征，这些在客观上起到了推动社会变革和观念变革的积极作用。但是在社会价值与个人价值、集体利益与个人利益的重重矛盾中，有些青年的社会责任感和社会义务感、使命感进一步下降，越来越不关心社会和集体的事物，甚至滋生了过度的享受主义和极端利己主义，一切以自我的人生快乐为准则，“理想”“信义”“节操”都被从精神殿堂中放逐出去。二是价值判断与价值选择实现的冲突。在竞争日益激烈的市场经济的社会环境下，当代青年对价值的判断与选择产生了偏差。一方面，他们信奉集体主义，反对个人主义；认同奉献精神，反对利己主义；但另一方面他们在价值与行为的选择上却强调个性化和自我化，一味地追求个人利益、个人需求、个人价值的实现。他们忘记了个人的发展须以社会的进步为前提条件，甚至抛弃了原来认同的社会价值观念。三是价值标准的认识与行为的不协调。在社会多元价值体系中既有现实标准，又有传统标准；既有本土化评价标准，又有外来文化评价标准。当价值评判标准不再是唯一的而新的社会价值体系尚未完善的时，青年的思想出现了迷茫和失落；当参与热情高涨而参与的渠道不通畅时，青年中出现了情绪的浮躁和行为的失范；当多元价值观念纠缠不清时，青年感到眼花缭乱，表现出重情感轻理智、重否定轻甄别的特征。这些均导致了青年认知的脱节，观念与行为之间的差距越来越大。原因是多方面的，

“‘80后’与‘90后’”青年在理想与现实之间存在着应然与实然的差异，存在着传统性与现代性的冲突，存在着自我与社会的矛盾与冲突，以及“‘80后’与‘90后’”青年的社会地位长期被边缘化的现实，等等。①

四 和谐人格重构八路径

一个人寄身于其中的具有道德属性的共同体，就构成了其人性提升与人格完善的伦理实体背景。对于绝大多数人来说，人性提升与人格完善的伦理实体背景很少有单一的存在，人性提升与人格完善的伦理实体背景是多重叠加的复合体，融摄以身心关系为纽带的个体生命共同体、以血缘关系为纽带的家庭命运共同体、以生活关系为纽带的社区命运共同体、以职业为纽带的职场命运共同体、以文化认同为纽带的民族国家命运共同体、以生命关系为纽带的生态命运共同体和以主权尊重为纽带的人类命运共同体。

以社会主义核心价值观为引领，加强道德领域突出问题专项教育和治理，使当代中国青年走出价值困扰，使他们的信仰不再缺失、选择不再困惑、时空不再错位、认同不再危机，实现人与自然的和谐共生，人与人、人与社会的和谐共存，身与心的和谐共进。以家庭为核心，重新构筑融个体、家庭、社区、职场、国家、生态为一体的、稳定的、真实的关系共同体，重新回归真实的人的世界，拥有一个健全的人格，能够过上和谐的生活。

一是加强个人品德建设，构筑以身心关系为纽带的个体命运共同体。中国传统伦理精神尤其重视和强调个人品德的知、情、意、行的统一。“知”，道德知识的学习；“情”，道德情感的培养；“意”，道德信念的坚守；“行”，道德行为的践履。知、情、意、行的关键是一个社会有没有一个科学的、自成一体的道德规范体系、核心价值体系与核心价值观；有没有一个有利于青少年知、情、意、行道德规范体系、核心价值体系与核心价值观的社会环境、文化氛围；有没有一个有利于青少年通过重学慎

① 王雯娜：《当代青年价值取向与行为选择的脱节及其对策》，《广东青年干部学院学报》2009年第6期。

思、克己自省、知行合一、积善成德形成良好个人品德的有效途径和方法。

二是加强家庭美德建设，构筑以血缘关系为纽带的家庭命运共同体。家庭是社会的细胞，是人类社会生活的基础组织形式，是其他一切社会关系的“养成所”。改革开放以来，中国家庭的结构与功能发生了根本性变化：家庭模式的多样化、家庭功能的社会化、家庭成员地位关系趋于平等化。过去归属于家庭的生产、关怀、道德教育、赡养等功能逐渐由服务性社会组织来完成。家庭功能的社会化或式微现象，并没有改变家庭作为社会细胞在道德情感培育、道德行为养成以及社会关系生成等方面的基础作用。营造平等开放的新型家庭伦理关系，将当代中国道德建设基础路径重新拽回到以家庭美德建设为根基的轨道上来。

三是加强社会公德建设，构筑以生活关系为纽带的社区命运共同体。无论社会生活怎样变迁，公共生活准则都是规范公共交往、协调社会秩序、维系社会稳定的重要力量。现代社会，公共生活领域不断扩大，人们相互交往日益频繁，社会公德的作用更加突出，成为公民个人道德修养和社会文明程度的重要表现。然而，社会正义感的缺失、对优秀传统文化的抛弃、规则意识的淡漠以及网络新媒体对核心价值观的消解等严重影响和危及我国当下社会公德建设。加强社会公德建设，关键是要培育平等精神，养成尊重态度，练就责任意识。

四是加强职业道德建设，构筑以职业关系为纽带的职场命运共同体。加强“爱岗敬业、诚实守信、办事公道、服务群众、奉献社会”为主要内容的职业道德建设，有利于部门间的互相配合、彼此兼顾、顾全大局、避免纠纷，同事间的团结互助、礼貌相待、和睦共处、增进感情，上下级的相互沟通、理解、尊重；有利于协调社会关系、促进社会风气向文明方向发展，带动社会公德和家庭美德建设；有利于一个人步入社会、进入职场时，树立积极的职业理想信念，养成良好的职业道德习惯，促进人的社会化，使人走向成熟。

五是加强公民意识培育，构筑以文化认同为纽带的国家命运共同体。公民意识是社会成员对于公民角色及价值的自觉反映，体现在公民对于自身在政治和法律上的地位、自身的权利和义务以及公共政治参与的感受、认知和评价。培育当代中国青年的公民意识，增强他们的公民身份认同和国家认同：培育公民主体意识，实现人的全面发展；培育公民国家认同意识，提升全民族的归属感；培育公民政治意识，实现政治生活社会化；培育公民法治意识，加快推进依法治国；培育公民道德意识，全方位提高我国社会文明程度。

六是加强生态意识培育，构筑以生命关系为纽带的生态命运共同体。自然环境恶化、资源濒临枯竭，以及由此而产生的无休止的战争与冲突，严重威胁到人类的生存与发展。加强生态文明建设，培育生态文明意识，倡导和树立爱护自然环境、合理而充分地利用资源的理念；倡导和树立起一种尊重和善待自然、保护和拯救自然，以及遵循自然之道的理念，加快资源节约型和环境友好型社会建设，实现人与自然和谐共生的终极目标。领悟自然，因为自然是美丽的，自然是智慧的，自然给予人类的价值不仅仅在于提供衣、食、住、行的资源，更在于它给予人类的审美价值和生存的价值支撑。呵护自然，自然是有生命的，生命是平等的，人类应该像保护自己一样来保护自然。

七是培育世界公民意识，构筑以主权关系为纽带的人类命运共同体。要积极融入世界，泱泱大国就不能“夜郎自大”，不能“唯我独尊”，不能“各自只扫门前雪，哪管他人瓦上霜”，不仅做一个对自己国家负责的人，还要做一个对世界负责的人。现代社会的价值取向，是做世界公民，不做“小国寡民”，把人的责任和义务，摆放在世界的天平上。现今世界，交通的极大便利，早已使距离不是问题，“千里江陵一日还”已是现实；而信息的快捷和通畅，让人真真切切有了“天涯若比邻”之感。地球越来越“小”，人们生活在“地球村”里。既然我们和世界的距离如此之近，和世界的沟通如此频繁，这就不仅要求中国成为一个负责任的大国，也要求中国人成为一个对世界负责的人。这是中国经济总量跃居世界第二后，我们应该具有的担当。

八是强化“互联网＋”思维，构筑安全共享的网络空间命运共同体。当今时代，以信息技术为核心的新一轮科技革命正在孕育兴起，互联网日益成为创新驱动发展的先导力量，深刻改变着人们的生产生活，有力推动着社会发展。互联网真正让世界变成了“地球村”，让国际社会越来越成为你中有我、我中有你的命运共同体。同时，互联网发展对国家主权、安全、发展利益提出了新的挑战，迫切需要国际社会认真应对、谋求共治、实现共赢。以互联网为代表的信息技术日新月异，引领了社会生产新变革，创造了人类生活新空间，拓展了国家治理新领域，极大提高了人类认识水平，认识世界、改造世界的能力得到了极大提高。互联网让世界变成了"鸡犬之声相闻"的地球村，相隔万里的人们不再"老死不相往来"。完善全球互联网治理体系，维护网络空间秩序，必须坚持同舟共济、互信互利的理念，摒弃零和博弈、赢者通吃的旧观念。"天下兼相爱则治，交相恶则乱。"互联网虽然是无形的，但运用互联网的人们都是有形的，互联网是人类的共同家园。"凡益之道，与时偕行。"

第二章　一个人究竟应该怎样活着?

人性，在某种意义上讲，是人生而固有的或与生俱来的；而人格则不同，人格可以被视为是或理解为“人性之格调”或者“人性之情调”。人性可以生而有之，共同之；但人格却是因人、因事、因时、因地而迥异。生活在不同的地域环境、不同的文化背景、不同的社会制度、不同的历史时期、不同的具体情境中的人们，可能拥有相同或相近的人性特征。这就是所谓的“人之初，性本善”也。但另一方面，在不同的地域环境、不同的文化背景、不同的社会制度、不同的历史时期、不同的具体情境中的人们，却有着各自不同的情调和格调，德性操守，即便是面对同样的事物或现象，也会表现出孑然迥异的行为表征和道德征候。即所谓“性相近，习相远”也。因此可以这么说，“人格是对人性的造诣”，就像“道德是对伦理的一种造诣”一样。人性若有善恶，那么不同的人们由于对善恶的造诣不同，而表现出不同层次和程度的善恶境界。客观地说，人性没有绝对的善，也没有绝对的恶。那么，为什么人们常说而且不带有任何疑异地认为在现世生活世界里永远是好人多一些？从“经济人假设”出发，我们都熟知人性有其自私自利的一面。那么自私自利的人们为什么在绝大多数情况下和平共处、相安无事呢？人们为什么总会做出趋利避害、惩恶扬善的选择呢？

一　人究竟是个怎样的存在

人的本质是一种“关系的存在”，一种“类存在”。从本体世界经由生活世界再到意义世界亦如是。正是因为我们是一种“关系的存在”，我们在与他者间的彼此关系中，发现了人性善的一面，人性光辉的一面，同时为了增进我和他者的事业（生命的或功业的），我们需要光明人性固有之善的一面，贬抑或摒弃人性固有之恶的一面。与此同时，我们会循着人性固有善的一面的发扬光大的路径，塑造自己的人格及其同一性，构设社会的基本架构及其共同善。为了社会全面进步和人的全面发展之人类永恒不变的追求，我们选择待在各种关系及其基础上建构起来的共同体之中——家庭的、城邦的，职场的、社区的，民族国家的、世界历史的。只有这样才能定位自己的角色和责任，体认生命的意义和价值，获得爱并懂得爱，在尊重他人中获得自尊，在奉献社会与服务他人中提升和完善自我。由是可见，一个人对自己生命的体认，对社会存在的认知，对外在于人类其他自然物的认同，都是而且只能是在“关系的存在”中获致的。这种“关系的存在”是道德生活的源头活水，是伦理精神的发育发端之地。它就是伦理学家或道德哲学家所称谓的“伦理实体”。

值得一提的是，传统意义上伦理实体的规定往往只停留在“人与人之间的关系”即人伦关系之上。这种基于“人伦”单一性的伦理实体设定及其基础上发育发端出来的伦理道德精神和规范难免会常常忘记人类以外的其他生命的真实存在及其意义，常常会忘却内心深处的常年陪伴着我们的那个精神的东西的存在及其意义。因此，伦理学需要新突破。走出“伦理实体”规定之“人伦单一性”，站在生态、人态和心态这样一种更加宽宏的视野上，从本体世界、生活世界和意义世界层面，对伦理实体做出新规定。伦理是人伦之理，是人类为了更好地在“关系中生存”，在约定成俗中为自己设定的行为价值标准，从源头上讲，“人为自己立法”有两种途径：一是道法自然（譬如中国道家之“师法自然”）；一是人为悬设（譬如康德的“绝对命令”和罗尔斯的“无知之幕”）。

概而言之，人格是对人性的造诣，是经由性发为情、情发为用、用后而提升性的路径不断地螺旋递进。造诣不同，人格殊异。人格的核心是价值，而价值则是我在人伦关系中意识并且获知的，同时也只有在人伦关系中得到我的实践，在实践中进一步提升和完善。人格在人伦关系中生成，并随着人伦关系的改变而改变。

我作为一种关系的存在，是由我出发，以我为原点，发育或者获致的关系实存，其内部结构陈杂多变，呈现出融物我、人我和我我为一体的关系生态。物我关系即我与自然的关系。对我与自然的关系以及这种关系基础上的“我”和外在于我的那个“自然”的真实存在的定位、实践和意义的认知，共同成就了外在于我又内化为我的内心信念的价值观念体系，即我的自然观、生命观、生态观和世界观——是我从我的角度、在我的认知范围内意会并体悟到的，是用我自己特殊的或者普适性的即“一般化他人”认同和采用的意义和价值符号来规定的。自然科学研究（科学发明和发现）的使命就是对我和自然界的关系、对自然界、对人的生命作本体意义的探索，揭示自然界、生命体，以及不同生命体间关系的奥秘；社会科学研究（社会认知和治理）的使命就是揭示人与人、人与社会之间的关系、分析社会基本结构范式、揭示人类社会发展规律，促进人的全面发展与社会的全面进步；心理科学研究（思维及其发展规律）的使命就是探求人的思维及发展规律，探究人的心理奥秘，进而构建身与心的和谐共进，达致怡然幸福状态。

作为一种社会性的存在，只有将自己的行为作为某个社会群体的行为，一个个体的行为才能得到理解，因为他的个体性活动都包含在更大的、超出他自己的范围之外的社会活动之中，而且后者还涉及这个群体的其他成员。但是，作为一个社会性或“群性”存在的同时也是一个独特的文化有机体的自我，我称为文化自我，与文化他者的对话与沟通，是以文化自我在共同体的一般化原则的立场上经验自我或理解自我为前提的。也就是说，文化自我只有在理解或认同了与文化他者进行沟通与对话的共同体内的一般化他人的态度，即共同体的文化或行为，以及超越该共同体在更高更广泛的层次上，与其他共同体及其成员的沟通与对话的语境的基础上，才能够与文化他者进行卓有成效的沟通与对话。一个人如果把自己独自关在一个房间里，并且观察其他任何人都无法观察到的东西。这个人在这个房间里所观察到的就将是他自己的经验。这样一来，以这种方式在这一个体方面所发生的任何事情就都是其他任何人无法观察到的。但是，即便是那个将自己独自关在房间里的人，也并没有中断与他人的沟通，只不过此时的沟通方式是他与他自己在内心深处假设的另一个自我或者以前经验过的某个或某群他人进行这对话或沟通。这种独白或慎独实际上是一种更高层次的沟通。

心理学家经常关注的“孤独的价值”，其实就是在一个个体独自相处的过程中，他始终没有停止与自我之外的感性世界的对话，只不过这种对话或沟通是在与自己良心或自己想象中的一般化他人之间进行的。即使一个人在独处的时候，他也知道如果他所具有的与自然界有关、与享受一本书有关的经验能够得到其他人分享，那么，这些有可能被我们认为纯粹是个体经验的经验，就可能被个体自我泛化为社会性的、一般化的经验。譬如当我们在阅读各种书籍尤其是类似于故事情节的描述时，我们往往沉醉于故事的情节、人物的描述、气氛的渲染、情节的冲突等，仿佛自己行走于其中，有了一种身临其境的感觉。这种感觉是作者或编剧们为我们虚构的事实。在这种虚构的事实中，我们在与作者和编剧对话，我们在虚构而且真实的故事中寻找可以对应自己的角色，并且在作者或编剧虚构的仿佛真实的语境中与其他角色进行有效的沟通与对话，即便这种对话与沟通有时是在冲突或对抗的情形下进行的。

之所以坚持一种“对话的视野”（dialogic－horizon），那是因为：首先，“对话的视野”是道德和同一性生成的基础。道德是以人际关系为基础的，道德事务中的任何推理都是与另一个人一起进行的。这个直接或间接与我们交往的他人既可能是同时代的，也可能是前代的，而且在很多情形下以与“自我”相对的“客我”的形式出现，是一种“内在的声音”。我们每天都在同“内在的声音”和外在的“重要的他人”进行着对话，有关生命的本真和生活的意义都是在这样的对话的而不是独白的背景下获得的，虽然这些对话有时是愉快的，有时是不愉快的，甚至是相互诋毁和抗衡的。“内在的声音”、传统脉搏和现时代的“重要的他人”共同塑造了一个可理解的“说话的语境”。在与别人的比照中，我们获得了差异性和特殊性，从而定义自我。有关“意义的同一性”认识，只有在群体中或者是以自身之外的某个东西为背景才能获得。对群体生活的投入性参与，可以使一个人解开一己之私的禁锢，与群体融为一体，获得同感之感，获得对存在的新认识，在群体价值目标的指引下，个体有了身份认同，人格同一性的基础。我们生活的目标也必须以某个在自身之外东西为背景，来表达或满足我们的欲望和希望。如果我们能够感觉到自然环境和荒野加于我们的要求，那么回避生态灾难就有可能。即便是出于对人类自身的福利的生态关怀，也是必要的，就像商人为了赢得更多的顾客而不得不恪守“童叟无欺”的诚实原则一样。其次，“对话的视野”是现代文明竞相生长的舞台。现时代是一群伟大文化组成的戏剧，每一种文化都以原始的力量从它的土壤中勃兴起来，都在它的整个生活期中坚实地和那土生的土壤联系着，每一种文化各有自己的观念、自己的情欲、自己的生活、愿望和感情，自己的死亡。文化是一有机体，各种文化是价值相等的，在现实中可以竞相生长。树木只有在茂密的树林中，各为争取阳光而竞相生长，才能长得高大笔直，如果孤立地生长在空旷的地上，让它任意伸枝，它反而长得低矮弯曲。最后，“对话性视野”能够重铸现代人“存在之链”。人是历史的人。“一个人是委身于它的，并以他的全部存在委身于它。”人类在扫荡旧的行为和意义系统之后，不再有昔日的神圣性精神结构，社会安排和行为模式在某种意义上嬗变由人，失去了历史的“存在之链”。汤因比说：“人类是生活在时间的深度上的，现在的行动的发生不仅在预示将来，而且也是根据了过去。假如你随意忽视过去，不去思考甚或损伤过去，那么你就妨碍自己在现在去采取有理智的行动。”此外还应该放眼未来，借用世界文明的最新成果，找到一个既有文化底蕴又有现实根基的最佳应对策略，重铸现代人的“存在之链”。

对话不仅是个体的，行为的，更是文化的。更确切地说，每一种交互平等的对话与沟通实质上是文化的对话与沟通。史蒂芬·罗在《再看西方》一书中指出：“对话是这样一种实践：我们也许可以（把一个文化组成部分）当作不同的声音，每一个声音都表达了对世界的独特的、有限的理解，都表达了人的自我理解的独特方法。这些声音在对话中、也只有在对话中才能汇聚起来，形成一个文化。”① 在传统的农业社会里，人们几乎都是在一个单一的文化中出生、生活、死亡。“生于斯，卒于斯”。与文化他者的沟通与对话是不成问题的。因为彼此间不仅共享着同一共同体的文化或价值，而且与共同体内部其他成员的交往或沟通是经常性的，他们本来就是风雨同舟的。两千多年来世界都是围绕着排他的团体认同感组织起来的，这种认同感以为“我们的”团体居于历史或宇宙的中心，因而其他所有的团体，要么是未开化的，正在竭力向我们看齐的；要么是我们的敌人。由于那时普遍存在的地理分割的实际情况，这种认识上的排列在那个时代多少是有效的。地理分割使一个文化在和其他文化交往的时候，可以用判决、殖民、战争或者干脆不予理会的方式来达到对他者的否

---

① 史蒂芬·罗：《再看西方》，林泽铨译，上海译文出版社 1998 年版，第 64 页。

认。但如今这再也行不通了。地理分割已经告终，边界已经不复存在。在这个地球上再没别的地方可去，“汪洋大海再也不能像过去那样提供阻隔，侵略的武器已经变得过于致命，那些我们过去从未认识的人现在已跟我们共同生活，地球再不能被视为一块在其上面我们可以自视为高人一等的地方，一块在其上面我们视地球本身为‘他性’的地方。因为地理分割的终结，我们现在必须把他性作为真正位于我们的世界观之内的事物来面对，而不是某种可以凭借标签或战争而予以否认或拒之门外的事物。”①

二　做一个有道德理性的人

传统—实践—共同体—幸福生活是西方美德伦理的基本生存图式，修身—躬行—生活—成人构成了东方伦理文化的典型——儒家德性伦理的自我生存图景。德性是一种引导成功的好品质，是人之为人的内在规定，是实现人与自然、人与社会、人与自己相和谐的内在动力。德性伦理就是指以个体或共同体品质为核心，以社会关系中的人为本位，以实现人的幸福生活为目的，以和谐为最高范畴的伦理道德体系。可见，中西德性伦理都强调“人”和“人的好生活”是德性伦理的终极价值目标；都强调“实践”或“社会实践”在德性生成和发展过程的重要作用；都认为德性的实践条件、背景和评价是社会性的；都把人看成是在历史传统中生成的，是连接着过去、现在、未来的整体性的人。德性伦理的目标是在共同体中成就有德之人，具备符合共同体所要求的美德品质，达到和实现个体的内在好与社会的共同善的趋于和谐统一。由此，中西德性伦理的真谛是“要做一个有德性的人”，做一个理性自觉的道德人。

1. 为什么要做一个有德性的人？

首先，追求幸福是人类生活的目的。“德性是人类为了幸福、为了兴旺发达、生活美好所需要的特性品质”②，德性在使人获得幸福的过程中起了至关重要的作用。人类应当如何生活，怎样的生活才是有意义的？伦

---

① 史蒂芬·罗：《再看西方》，林泽铨译，上海译文出版社 1998 年版，第 86 页。

② Rosaland Hurst House, *On Virtue Ethics*, Oxford, 1999, p. 29.

理史上著名的“苏格拉底的问题”，就是关于“应当如何生活的大问题”。苏格拉底强调，未经省察的生活，对人来说是没有意义的。儒家经典则十分注重“省察”之功夫。可谓是殊途同归。伦理学关注和考察的核心问题就是一种生活方式或生活态度最终是否会引导人们达致最高幸福。“德得相通”是中国伦理精神尤其是经典儒家伦理精神的源头活水；是古希腊时期的智者们沉思的核心问题，是困扰着康德等德国古典哲学家的价值难题。可以说，一种伦理学就是一种好的生活的学说：它教出一种好的生活道路，遵从它我们就能获得至善和幸福。由此可见，幸福就是人类生活的目的。对于一个人来说，最重要的东西就是幸福地生存着（being - happy）。评价生命的唯一标准就是它所包含的幸福的数量和质量。幸福可以作为关于一个人的生活的善的评价；同时也是作为这种善的生活的一种感受而出现。①

概而言之，伦理学就是以人的幸福为旨归的学问，是为了人的幸福的学问。德性伦理一个重要的特点就是德福一致、德得相通。德性的目的在于达致幸福，幸福就是合乎德性的生活。一切行为的最终目的、最高善到底是什么呢？亚里士多德说：“几乎大多数人都会同意这是幸福。”② 他认为，幸福是终极的，人们是为了幸福本身而选择幸福的；幸福是完满的，有了幸福，人们就再也不缺少什么东西了。所以，幸福就是最高的目的，即最高的善。最好的生活即是幸福的生活，而幸福就是“灵魂的合乎德性的实现活动”③。德性是幸福的前提，是构成幸福的首要因素。由优秀的品质而行动即是幸福，德性或品质构成幸福生活必要和核心的部分。“依德性理论，一个没有德性的人根本就无法获得幸福。与此同时，一个幸福的人就不可能没有德性。”④

其次，德性是人区别于动物的根本。德性是做人的根基，德性理论为人的幸福提供根基性的依据。人是德性的存在，德性是人所独有的内在品质，以德性来规定人的本质。德性使人成其为人，德性是一个人的真正的

---

① 高国希：《道德哲学》，复旦大学出版社2005年版，第35页。

② 亚里士多德：《尼各马科伦理学》，苗力田译，中国人民大学出版社2003年版，第11页。

③ 同上书，第20页。

④ 陈根法：《德性论》，上海人民出版社2004年版，第3页。

徽标，也是人之所以异于禽兽的关键所在。至少从道德的角度上看，没有德性就没有真正的人性，没有德性的根基人性就会沦为兽性。[①] 儒家德性思想则认为，人与动物的区别不在于人有理性，而在于人有德性。人有仁义道德，而动物没有。是仁义道德把人与动物区别开来的。《八佾》子曰："人而不仁，如礼何？人而不仁，如乐何？"就强调"仁"对作为人的重要性。《里仁》子曰："不仁者不可以久处约，不可以常处乐。"孔子把德性视为人存在的意义和本质，德性指导着日常的道德行为，缺乏稳定的德性品质，则往往很难保持行为的善。《尽心下》孟子曰："仁也者，人也。""仁"是作为人的最本质的规定性。在孟子看来，"人之所以异于禽兽者凡希"，人与动物的区别不是很多，主要就是仁、义、礼、智四德。正是有了仁、义、礼、智四德，人才成其为人。因此，德性是人之根本，是做人的根基。德性在儒家看来就是人之为人的品格，是通过成人、成己而达到的道德理想境界。德性既是人性存在的来源，也是成就人性的标准；既是成己的内心信念，也是成人的行为品格。

一言以蔽之，追求幸福是人类生活的目的，德性人类获取幸福所需要的品质，是做人的根基，德性理论为人的幸福提供根基性的依据，德性伦理强调福德一致。因此，成为一个有德性的人是中西德性伦理的真谛。而要成为有德性的人，离不开社会共同体生活，诚如亚里士多德所言，只有在城邦内并通过城邦生活，德性才能得到运行，离开了城邦特别是好的城邦所承担的教育，人类在理性所要求的德性方面就是无能的。[②]

最后，美德是人类共同生活的纽带。相对于自然力量而言，人天生就是非常脆弱的，正是这种脆弱性和苦痛使我们对他人有着难以根除的依赖性。所以，人要想生存下去，就需要互助的美德。在麦金太尔看来，现代道德哲学过多地强调人的自主性和独立性而完全忽视了人的脆弱性和依赖性。当然，现代道德哲学强调个人的自主性和独立性并非不恰当，只是这种独立不能摆脱人和人之间的相互依赖。"从他人那里我们需要的是那些关系，那些对于培养评价、改变或放弃我们自己实践判断的能力是必要的

---

① 陈根法：《论德性的意义与价值》，《复旦大学学报》（社会科学版）2002 年第 3 期。

② 高国希：《道德理论形态：视角与会通》，《哲学动态》2007 年第 8 期。

关系；以及追问我们认为是行动的好理由的东西是否是真正好理由的能力；以及能够真实地想象其他可能的将来，从而使之可以进行合理选择的能力；还有能够使我们和欲望保持一段距离，从而能够合理探问此时此地我们对善的追求依赖于什么，以及为了实现我们的欲望，应当怎样指导我们的欲望，并且如果必要的话，怎样再塑我们的欲望。"[①] 如果一个人的欲望得到了正确的指导，那么，构成他行动的最好理由是：他这样的行动有益于他的善，并且将有益于他作为一个人而言的兴盛。如果一个儿童首先要获得重新指导并转换他或她的欲望；其次是指导这些欲望一致性地朝向他或她生命不同阶段的善，则他或她必须发展并维持的品质就是理智的和道德的美德。儿童们获得这些美德当然是通过学习，通过道德教化。正因为这些通过道德教化而习得的美德，使我们实现了从动物理性向人的理智的转换，这是美德在人类生活在特有的地位和功能。

当然，人的理智也会出错。由于理智的错误，我们可能在实践推理的任何一步上会误入歧途。而使我们避免实践推理中出现错误的最好保护是友谊和同事。也就是说，我们无论是成为独立的实践推理者之前、之中还是之后都离不开他者，离不开美德。而美德之所以能使我们成为独立的实践推理者，是因为它们能够使我们参与到一种相互依赖的关系中，这是一种"给予和接受的关系"。"非算计性"的"给予和接受的关系"是人类赖以生存的普遍性关系。这种关系是以人的脆弱性为背景的，正是因为人天生的脆弱和无能，人们才需要这样的关系。在这种关系网络中，我们接受别人的帮助，同时也帮助有需要的人。人类各个层级的共同体就内在地具有这种给予和接受的关系。我们能够依赖这个共同体，是因为有这样一些人的存在，公正的慷慨是他们的美德之一。所以，共同生活本身需要这种美德，这种美德使我们能够超越共同生活边界。我们需要把这种美德扩展到共同体外，使它指向需要帮助的人，而无论他是谁。所以，这样一种美德"扩展了一个人的共同体的关系，把那些他者包括在这些关系中。从现在起要求我们关心他们，关心他们的善就像关心已经在我们的共同体

---

① Alasdair Macintyre, *Dependent Rational Animals—Why Human Beings Need Virtue*, Carus Publishing Company, 1999, p. 83.

内的他人一样"[①]。所谓的"非算计性"主要是指，在接受与给予的关系中，通常存在这样的情况，那些我们希望从他那里接受的人常常不是那些我们给予的人，给予和接受没有严格的比例。我可能不算计在他人已给我的东西基础上我所负的义务。换句话说，我们帮助别人，不是为了回报，而是因为他人需要帮助，更是因为人天生的脆弱性和依赖性，人人都随时可能需要他人的帮助。不仅如此，处于良好秩序中的个人，首先会把共同体的善看作是他自己的善，把他人的善看作是自己的善，在这样的关系中，实现了共同善与个人善的有机统一。

2. 如何才能做个理性自觉的道德人？

从前文的论述中我们不难得出这样的结论：要成为一个有德性的人，成为一个理性自觉的道德人，个体要追求至善（幸福），必须在社会共同体中进行，从而才能达到个体德性与群体德性的统一，实现个人幸福与社会和谐。在共同体中实现德性，必然要求个体的德目要求必须与共同体所要求的美德相符。

首先，要成为一个有德性的人，必须以社会共同体为背景。个人是社会的个人，个体德性的实现必须在社会共同体中进行。每个主体都生活在社会中，是社会和历史的存在。"社会本身，即处于社会关系中的人本身，即处于相互关系中的个人本身。"[②] 德性作为一种人类的高贵品质内在地存在于每一个行为主体之中，需要通过对主体行为的自我约束而发挥其作用。同时，作为主体的人要在社会中生存和发展，必须具备符合社会需要的某种德性，以便能够在特定的社会关系和社会环境中得到认同和支持。德性伦理的本体论和价值论预设就是：生活第一，内好第一，共同体第一，德性是内在的好，这唯有对于共同体生活才是可能的和有意义的。[③] 古希腊德性理论与城邦密切相关，是一种基于个人德性要求的伦理，无论是苏格拉底的"德性即知识"、柏拉图的"四主德"——正直、勇敢、智慧、节制——还是亚里士多德的理智德性与伦理德性，他们都注

---

① Alasdair MacIntyre, *Dependent Rational Animals—Why Human Beings Need Virtue*, Carus Publishing Company, 1999, pp. 125 – 126.

② 《马克思恩格斯全集》第46卷，人民出版社1972年版，第226页。

③ 任剑涛：《道德理想主义和伦理中心主义》，东方出版社2003年版，第128页。

重的是对于城邦这一特定的政治生活共同体中的善的认识与德性的培养。柏拉图认为，个人正义德性的获得必须在城邦这一共同体内诉诸教育来完成。因为，“城邦的目的是优良生活，而人们做这些事情都是为了这一目的。城邦是若干家族和村落的共同体，追求完美的、自足的生活。我们说，这就是幸福而高尚的生活。”① 在这样的社会中，公民的各种德性都得到适当的地位和安排，那就是以城邦为个体的最高生活共同体。一个正义的城邦就是使一个人成为优秀的人和优秀公民的内在保障。亚里士多德也提出，人的幸福或事业的繁荣昌盛和德性的完美统一只能在城邦生活中才有可能实现。因为，城邦生活是人的德性得以实现的唯一生活方式。作为个体，他从事实践活动的理性能力也是通过城邦这一共同体的教育和训练获得的，理智德性和伦理德性都生成于城邦之中。同时，城邦使德性与幸福得以完美结合。“要真正配得上城邦这一名称而非徒有其名，就必须关心德性问题，这是毋庸置疑的；否则城邦共同体就会变成一个单纯的联盟。”② 城邦的目的就在于幸福，生活在城邦中的各个个体，他们的德性都必须围绕至善这一最高目标。德性作为个人品格与道德能力，是在共同体中通过人的实践活动历史地形成的；德性的整体性贯穿于整个人类社会之中，人是一个生活的整体，人的德性与社会共同体是不可分割的。而在马克思那里，德性存在于自由人格与联合共同体的相互联系之中并因此获得更深远的意义。③ 马克思指出：“只有在共同体中，个人才能获得全面发展其才能的手段，也就是说，只有在共同体中才可能有个人自由。……在真正的共同体的条件下，各个人在自己的联合中并通过这种联合获得自己的自由。”④ 保持“自由人格”总是与“自由个性”的历史发展息息相关，而自由个性的发展要求联合共同体，如果“没有共同体，这是不可能实现的”。也就是说，马克思的观点不仅强调了德性与共同体的不可分割，同时也强调了德性必须在共同体中才有存在的意义和价值。

其次，要成为一个有德性的人，必须以现时代核心价值为皈依。特定的历史时期和特定的现实情境下的人们，其所处的社会关系和社会环境是

---

① 亚里士多德：《政治学》，吴寿彭译，商务印书馆 1965 年版，第 90 页。

② 同上书，第 88 页。

③ 杨建祥：《走向文明的深处——对德性生存论期望》，《山东社会科学》2004 年第 2 期。

④ 《马克思恩格斯选集》第 1 卷，人民出版社 1995 年版，第 121 页。

特定的。一方面，作为主体的人要在社会中生存和发展，必须具备符合社会需要的某种德性，以便能够在特定的社会关系和社会环境中得到认同和支持。在以共享现时代核心价值为基础的社会关系共同体中实现个体德性，才能达到个体德性与群体德性的统一，实现个人幸福与社会进步的相和谐。同时，德性作为一个价值学词语，内在地包含着对主体品质的价值判断，这种判断不仅仅是主体的自我体悟和自我认同，而且还必须得到社会的普遍认可，起码是在主体的生存共同体内部产生共识。因此，德性的内容要求必然要与共同体所普遍要求的德目（核心价值）相符。从个体与群体关系的角度看，人自身的存在形式具有双重性，即作为个体的个人存在和作为群体的类存在。从个体的角度讲，人们追求生活中的美好、善良，好的生活和好的行为，直至最后实现德福统一。从群体的角度讲，人是社会中的人，个人对德福一致、德得相通的追求必然涉及社会、国家的稳定和谐。当然，作为一个独立个体需要的德性与作为一个共同体成员所需要的德性之间也会有冲突。当这种冲突发生时，德性伦理强调个人必须依赖并服务于共同体，公共善优于个体善，社会美德高于个人美德。[①] 因此，要实现个体德性与社会德性的统一，实现个人幸福与社会和谐，就必须是个体与共同体（群体）所要求的德性相符合。

概而言之，中西德性的真谛就是“做一个有德性的人”。成为一个有德之人的目的是实现个人和社会的至善（幸福），达到个人德福一致，实现社会和谐发展。德性是一种引导成功的好品质，具有不同的美德德目，德性内容就是符合社会共同体要求的各种美德品质的养成。德性必须在共同体中进行，共同体是德性养成的环境，在共享核心价值基础的共同体中实现个体德性，从而能达到个体德性与群体德性的统一，实现个人幸福与社会和谐。既然德性是一种品质，一种引导成功的好品质，具有不同的美德德目，那么必然与品格有着密切的关系。德性或美德是通过道德教化而习得的。因此，一个人德性的养成必然与品格教育这种道德教育模式密切相关。可以说，品格教育是个体德性实现的有效途径。[②]

最后，要成就有德性的人，必须重构集体主义价值原则。西方自由主

---

① 黄伟合：《欧洲传统伦理思想史》，华东师范大学出版社 1991 年版，第 68 页。

② 蔡春：《德性与品格教育论》，复旦大学博士学位论文，2010 年。

义和个人主义思潮已风行数百年，时至今日依然有很大的市场。然而反思今天欧美发展中所出现的伦理困境，可以发现个人主义的潜在危机已明显显现出来。中国在向社会主义市场经济体制转轨的过程中，自由主义和个人主义思潮对市场的微观主体影响甚巨。随着市场经济的发展，中国已经出现了大批“经济人”。如果缺乏正确的引导和制约，其后果可想而知。在高度开放、个性化和市场化的今天，集体主义不但没有过时，而且比以往任何时期都显得难能可贵，迫切需要重新唤起全社会的集体主义精神，与时俱进，重塑集体主义原则。

众所周知，人并不是生活在真空之中，也并不是仅仅作为一个个体而活着。最朴实的“我为人人，人人为我”这一处事原则告诉我们：人是一种群体性存在。因此，集体主义原则要解决的一个问题就是走出“我”的藩篱，回归“我们”的生存状态与价值取向。只有在集体主义原则下、只有在集体或共同体的内部，我们才能真正体会到黑格尔“成为一个人，并且尊重他认为人”的真谛。集体主义原则本身也要发展以适应理论与实践的挑战。因此，我们要重构集体主义价值取向并赋予集体主义原则以新的内涵，建构“新集体主义”。①

一是义利统一原则，即权利和义务相统一原则。它要求人们树立正确的义利观，坚持既注重经济效益又注重社会效益的价值取向。邓小平同志曾经指出：“不重物质利益，对少数先进分子可以，对广大群众不行，一段时间可以，长期不行。”② 义利统一原则不是压制人们对物质利益的占有欲，而是正确引导人们把追求个体的物质利益和幸福与人类的社会发展的进步有机结合起来。

二是集体与个人双向互动原则。新集体主义要求人们坚持集体与个人融合互动，把两者置于一个有机融合的“共同体”之中。在这一“共同体”中集体与个人双向制衡：一方面，集体给个人提供生存与发展的有效的真实空间，并在不改变融合体性质的前提下给个人以最大的张力；另一方面，集体又制约着个人的发展方向和性质，规定着个人利益的获取不违背集体的愿望。因此，“共同体”原则所实现的就是个人与集体的有机

---

① 王岩：《试论社会主义市场经济条件下的集体主义重构》，《哲学研究》2003 年第 3 期。

② 《邓小平文选》第 2 卷，人民出版社 1995 年版，第 146 页。

统一，不是让"我"消融在"我们"之中，更不是使"我们"成为"虚幻的共同体"。

三是理想性与现实性兼具原则。集体主义作为社会主义和共产主义的道德原则，有着与时俱进的品质。就其内涵而言，必须有着一定的理想导向性，但是在其发展过程中又必然体现出时代性和现实性。由于当前我国社会主义初级阶段的生产力水平呈现多层次性，所有制形式和分配方式呈现多样性和复杂性，这些都必然使集体主义呈现出层次多样性。"大公无私"是理想层，"先公后私"是现实层。前者可以范导后者，但不能取代后者；而努力建构后者，则是提升前者的必要条件。

三　一种积极伦理学的视野

1. 道德治理的学理论争

党的十八大报告明确指出，"开展道德领域突出问题专项教育和治理"，"道德治理"这一范畴开始受到学术界的广泛关注。

从学术层面上看，"治理"一词的使用和治理理论的兴起始于 20 世纪 80 年代。"治理"一词的基本含义是指官方或民间的公共管理组织在一个既定的范围内运用公共权威维持秩序，满足公众的需要。治理的目的是在各种不同的制度关系中运用权力去引导、控制和规范公民的各种活动，以最大限度地增进公用利益。① 时至今日，"治理"一词几乎被滥用，政府治理，公司治理，环境治理，非营利组织治理，大学治理，全球治理，等等，而"道德治理"却鲜有提及。最早将"道德治理"作为学术议题进行论述的是王露璐的《试论环境建设中加强道德治理》② 和周丹的《道德治理的新生主体与法制的扶助与互助》③。

从实践层面上看，"道德治理"源出于党的十七届六中全会公报——《中共中央关于深化文化体制改革 推动社会主义文化大发展大繁荣若干重大历史决定》中的"深化政风、行风建设，开展道德领域突出问题专项

① 俞可平：《全球治理引论》，《马克思主义与现实》2002 年第 1 期。

② 王露璐：《试论环境建设中加强道德治理》，《江苏大学学报》（社会科学版）2003 年第 2 期。

③ 周丹：《道德治理的新生主体与法制的扶助与互助》，《党政论坛》2003 年第 3 期。

教育和治理”。党的十八大报告在论述扎实推进社会主义文化强国建设时再一次重新强调“深入开展道德领域突出问题专项教育和治理”。从此以后，“道德治理”才正式受到学术界的广泛关注。2012 年 10 月 13 日，《道德与文明》杂志社主办了“道德治理与道德文化建设——纪念《道德与文明》杂志创刊 30 周年学术研讨会”；2012 年 11 月 1 日，上海市伦理学会举办了“道德治理与社会风气”专项学术研讨会；2013 年 10 月 12 日，由河北经贸大学承办的“中国伦理学会第八次全国会员代表大会暨学术研讨会”更是将会议主题确立为“伦理治理与社会秩序”。[①]

从词源学的角度看，“治理”与“管理”的区别就在于：“管理”是使一个良性运行或相对有序的社会继续沿着有序的方向前进；“治理”是使一个已经失序或正在失序的社会重新回到有序的方向上来。在旧的秩序被打破、新的秩序尚未建立的社会转型期亟待需要进行“社会治理”。简单地说，就是当某一个领域出现严重问题之后，才有“治理”的必要。

目前学术界有关“道德治理”的缘起基本达成共识，即是：当下中国社会出现了严重的道德失范和社会失序现象。而至于“道德治理”是“道德本身出了问题需要进行治理”，还是“社会肌体出了问题需要进行道德治理”；是“维护社会公共秩序、促进社会公共利益需要以道德为手段来进行治理”，还是“以道德治理来弥补法理治理的限度与不足”，等等，争论不休。

总体来看，学术界有关“道德治理”的理论研究仍旧停留在对现实层面的意义解读上，尤其是停留在道德治理的概念论争以及道德治理与法的治理、道德治理与以德治国的内涵与关系的争辩上。仍旧停留在社会失序、道德失范的现象表征梳理、产生诱因考辨，而尚未能对“道德治理”作范式建构与制度构设尝试。

不仅如此，“道德治理”虽然已经不再是什么新鲜话语，但“道德治理”总是给人以“犹抱琵琶半遮面”的感觉，无论是其地位或功用，始终都是消极被动的，扮演着“马后炮”“事后诸葛”的角色。因此，对“道德治理”作积极伦理学范式研究不仅必要而且可行。

---

① 廖小平：《“道德治理”辨析》，《中国伦理学会第八次全国会员代表大会暨学术讨论会论文集》，2013 年。

2. 传统伦理学及其命运

在传统的有关伦理学的理论研究、道德教育及其实践中，无论是在日常生活中还是在著述家们的字里行间，一谈及“伦理”“道德”，人们习惯于将它们与诸如节制、禁欲、规范、约束、绝对义务、切勿等消极被动的话语联系在一起，而很少与像自主、自足、自决、自觉、自洽、怡然等积极主动的语词相关联。

众所周知，个体的人，作为有理性的存在者，从本质上说是一个“关系的存在”。正是在这样一种“关系的存在”，我们意识到了“自我”，并且同时意识到与“自我”同样存在的许许多多“他者”的存在——在某种意义上，对于“他者”的意识往往先于对“自我”的认知，换句话说，对“自我”的意识或规定是建立在对“他者”存在的确认或认知基础之上的。正因为如此，理性的“自我”不是孤独或孤立的存在，“自我”存在于由“自我”与“他者”共同寄身于其中的共同体之中，故而，“自我”的一言一行、一举一动、所作所为、所思所想都无不关涉“他者”的利益和感受。这样一来，“伦理”就产生了。

从“伦理”的意义上讲，“自我”与“他者”是一个竞相生长、同存共荣的有机体，他们之间相互确认、相互规定、不容分割。一个有理性的人类生命个体如果能够做出上述关系定位并建构自己的人格的话，他就会在追求自我生存所必需的物质和精神条件的同时，时刻告诫自己行为的“合宜性”，他会抱着一颗感恩的心，善待自然界其他生物，善待社区和邻里关系中的其他人，维持生命体存在的同时善待或照顾精神的存在。他不再视自然、他人和社会为客体，视其为与自我对立的“他者”，而是将“他者”摆到与“自我”同等重要的位置，进而自觉地意识到，善待自然就是善待人类，善待他人就是善待自己。

具有这样一种积极的道德人格和生命体认的人，他就不会因为自己的幸福和快乐而有意伤害其他生命物种，不会因为自己的幸福和快乐而有意甚至是无意伤害其他人，不会因为自己的肉体幸福和快乐有意或无意造成自己心灵的伤痛或成为精神上的无家可归者。

众所周知，某个领域的应用伦理学的产生，都是因为在这一领域出现了因为人为因素而获致的与人的关系的紧张以及因为人类的过度开采或滥用而导致这一领域的实际问题和价值危机，当且仅当这一领域出现的矛盾、问题和危机严重威胁到人类自身的生存与安全的时候，这一领域、该领域与人类的关系才会被提升到新的高度，这一领域本身存在的尊严和意义、该领域与人类关系及价值的重要性才会进入人类关注的视野。

土地原本就是人类社会赖以存在和发展的自然基础。然而，正是由于人类不合理的使用，已出现了严重的土地问题，人地之间的关系不断恶化，我们才不得不思考在道德的层面上人类应该如何对待土地？按照伦理的要求我们应该如何合理地利用土地、如何改善人与土地的关系进而实现土地资源的可持续利用？伴随着这些问题的提出，“土地伦理”才因应而生。也就是说，自然资源的几近被消耗殆尽、自然环境的严重污染和破坏以及由此而产生的自然环境对人类的灾难性报复，环境伦理和生态伦理重又进入人们的视野。①

经济原本就是伦理，或者至少是以伦理为皈依、为觇标、为视阈的。而经济伦理之所以出现，完全是因为经济学理论、经济行为逐渐背离伦理学或道德哲学，变成了纯粹“二元函数式的经济模型”；经济行为不再需要伦理或道德约束，蜕变成一匹脱缰的野马，任意驰骋。当经济学家的经济模型无法解决经济和社会发展过程中出现的经济问题，当这匹“脱缰的野马”变成了一头“跛足的驴”“一头犟劲十足可能拉也拉不回来的驴”② 的时候，经济学与伦理学的关系问题、经济行为的道德合理性问题才重又进入人们的视野，被经济学家、企业家、资本家、政治家提上议事日程，“经济伦理学”这个消防队员的身影才会出现。但也只能起到一个暂时的消防队员的作用，火灾被消灭之后会不会再发生、问题被暂时解决之后会不会再重演那就很难说。

从这意义上讲，伦理学尤其是应用伦理学始终像是个“迟来大仙”“事后诸葛”，放放“马后炮”，做个“和事佬”；或者仅仅是“案头摆设”，顶多也是个“自我安慰”的“花瓶”。我们不禁要诘问：伦理学特别是应用伦理学能否走出“大道废，有仁义；慧智出，有大伪；六亲不

---

① Jennifer Welchman. Hume, Callicott, and the Land Ethic: Prospects and Problems, *The Journal of Value Inquiry*, (2009) 43: 209 - 220.

② 阿玛蒂亚·森：《经济学与伦理学》，王宁、王文玉译，商务印书馆2001年版，第7页。

和，有孝慈；国家昏乱，有忠臣"① 的消极被动与后致性命运呢？

近现代以来，伦理学的上述这种消极被动与后致性命运因为资本主义文化及其伦理精神的宰制性、现代主流经济学的"伦理不涉"而加剧。资本主义文化秉持着"非此即彼"的"主客二分"价值原则，"以自我为中心"，漠视"他者"的存在及意义，使"自我"与"他者"出现分离，标榜着"自我"对"他者"的征服、侵略和掠夺。在"资本无限扩张与积累"的号角鼓吹下，演绎着赤裸裸的"从牛身上榨油，从人身上赚钱"的金钱逻辑。其结果是：人与自然的分离和对生态环境的破坏导致了前所未有的"生态危机"；人与人、人与社会的分离和对"他者"的利益侵占与掠夺导致了前所未有的"人态危机"；身与心的分离导致了前所未有的人格分裂和"心态危机"。

为资本主义和自由市场经济奔走呐喊的现代主流经济学，基于"行为标准化"原理进行"人性假设"，只看到人性之中"追求自我利益最大化"之"自私"和"精明"的一面，而对人性的复杂性视而不见。他们习惯于或"钟情于""经济简约论思想"，将自然环境简约化为"自然资源"，不见了生态的多样性；将社会关系简约化为"社会资本"，不见了生活的真实性；将生命个体简约化为"人力资本"，不见了人性的善性良心；将文化道德简约化为"文化和道德资本"，不见了文化的神圣与美德的纯洁。

3. 一种积极伦理学的视野

开展道德治理的积极伦理学范式研究，旨在使伦理学摆脱消极被动与后致性命运，使现代性道德谋划走出资本主义的文化悖论，使现代主流经济学远离"道德贫困化"或"伦理不涉"，最终将伦理学尤其是应用伦理学重新拽回到"人性固有的善端"（孟子语）这个道德世界的本源意义上来，使其真正走出黑格尔所隐忧的消极和被动命运。②道德治理的积极伦理学范式研究涵盖如下七个方面内容：

（1）道德治理的概念界定

道德治理的提出背景、制度供给、举措机制；"治理"与"管理"的

① 《道德经·第十八章》。

② 黑格尔：《精神现象学》（下），商务印书馆 2010 年版，第 30—37 页。

质的区分；“道德治理”内涵界定的四个维度，即：道德本身出了问题需要治理；社会秩序失范需要以道德的方式治理；以道德治理来弥补法治在社会治理中的不足；道德治理与以德治国的区别与联系。传统伦理学在“道德治理”中的消极被动与后致性命运。

（2）道德世界的三重境界

道德之本体世界是以人的心性本体存在为源头，道德特别是道德精神是人性美好的表现，这种纯乎天理、创化不已的心性存在就是道德之本体世界。纯乎天理、创化不已的心性本体存在外化为现象世界，性动而发所生的生活万象就是道德之生活世界。理性的人用自己的心智给予本体世界和生活世界以概念、意义和规定进而形成相应的规范，即为道德之意义世界。

（3）道德世界消极与积极之分

伦理学的学科态度与方法是否存在“积极主动”抑或是“消极被动”的分野？诸如道德修养、人性提升和人格完善是“无待外求”还是“有待外求”？道德是对伦理的“分享”还是“配享”？美德的践行力量是源自于人性固有的“善端”或“优秀”（good）还是出于现世生活的“正当”或“权利”（right）？道德行为的发出是意志的“自决”还是外力的“强迫”？道德法则是先致性的还是后致性的？等等。

（4）积极伦理学的概念与特征

积极伦理学旨在走出传统伦理学之外在规范屈抑、消极被动的视野偏狭，在复归“人性向善”的原初假设基础上，探究一个有理性的人，如何在共同体内部，站在“一般化他人”的立场上，自己为自己立法，敬重法则，安伦尽分或尽职尽责，最终达致德福一致、德得相通的人生境界，进而体认生命和谐共生的怡然状态。其主要特征有：行为的自决性、立法的自主性、精神或价值的自足性、心理的自洽性、体认的怡然性、文化的自觉性。

（5）传统伦理思想的积极成分

诸如道德是对伦理的分享；美德是人性固有的善端；美德需要人们积极主动地发掘和开蒙，即“发现之、光明之”（蔡元培语）；规则与美德之间有一种关键性联系；敬重规则也是一种美德；诸如“己所不欲，勿施于人”（经典儒家的“忠恕之道”）“你希望别人怎样对待你，你就怎样对待别人”（宗教普适的“黄金法则”）“按照你认为可以成为普遍行为法则的那个准则去行事”（康德的“绝对命令”）都不是他人的强迫而是出于“我的自觉”，我“自己为自己立法”，等等。

（6）积极伦理学范式之体系建构

“人性向善论、美德目的论、德福一致论、他者立场论、自我立法论、生命和谐论”互为条件、环环相扣、螺旋上升的六个要件共同构成了积极伦理学体系内容，旨在人性提升和人格完善的征程上来形塑个体“人与自然的和谐共生、人与人或人与社会的和谐共存、身与心或性与命的和谐共进”的积极人格。

（7）积极伦理学范式之方法悬设

悬设与该上述该体系相对应的积极伦理学方法的六个维度，即：修身养性、行善积德、德得相通、包容他者、敬重规则、生命体认。悬设积极伦理学的实践或共体背景：生命共同体、家庭共同体、职场共同体、生活或社区共同体、国家或世界共同体、泛生态共同体。

4. 积极伦理学的思路与方法

客观分析“道德治理”提出的背景，准确界定和辨析“道德治理”的内涵，尝试以积极伦理学范式走出“道德治理”的传统伦理学偏狭。在此基础上，梳理和圭臬出传统伦理学理论研究、课程教学、日常生活领域存在着诸如“外在悬设、消极被动、规范屈抑、德福相悖”等视野或方法的褊狭。进而导引出基于“人性固有、积极主动、自我立法、德福一致”的积极伦理学概念界定、体系建构、方法悬设的学理必要性和现实可行性。通过对不同文化传统及其内蕴的伦理精神、不同伦理学流派的思想理论观点、日常生活中道德样态进行跨文化、跨学科、跨时空的历史叙事和梳理，分析整理出传统伦理学理论及其实践的消极因素和积极因子。旨在对积极伦理学概念做出科学界定，在此基础上建构融合“人性向善论、美德目的论、德福一致论、他者立场论、自我立法论、生命和谐论”的积极伦理学体系。并进一步悬设与该体系内容相对应的积极伦理学方法，即修身养性、行善积德、德得相通、包容他者、敬重规则、生命体认。最终建构道德治理之积极伦理学范式及其实践的伦理实体背景或共同体背景，即以人格为纽带的生命共同体、以血缘为纽带的家族共同体、以职业为纽带的职场共同体、以生活为纽带的社区共同体、以文化为纽带的国家共同体、以主权为纽带的世界共同体、以生命为纽带的泛生态共同体。

由于开展道德治理的积极伦理学范式研究涉及概念的界定与意义诠释，东西方文化及其内蕴的伦理精神比较，不同伦理学流派、体系和方法的叙事梳理。以积极伦理学为视角开展道德领域突出问题专项教育和治理，形塑当代中国人尤其是青年人的和谐人格，离不开以下几种研究手段与方法。积极伦理学的体系与方法在此不做赘述，将其列为笔者下一阶段研究与思考的主题。

首先是词源学方法。从词源学的角度对“道德治理”与“积极伦理学”进行概念界定与辨析，尤其是对“道德治理”做四个维度的区分与辨析，并对“治理”与“管理”做语义辩解，借用“积极心理学方法”比附积极伦理学。

其次是比照分析法。对不同文化传统及其内蕴的伦理精神、不同伦理学流派的伦理思想观点、日常生活道德层面中的伦理学理论研究、道德教育、日常践行进行比较分析，导引并区分出其中的消极与积极的成分。

再次是跨文化视角。对传统伦理学在理论研究、道德教育和日常生活层面存在着的诸如“外在规制、消极被动、规范屈抑、德福相悖”等消极性一面进行跨文化、跨流派、跨时空的梳理与比较，引出传统伦理学需要新突破的必要性和紧迫性。

最后是历史叙事法。站在积极伦理学的视野和立场上，对不同文化传统及其内蕴的伦理精神、不同伦理学流派的伦理思想观点、日常生活道德层面中积极伦理学的特质、内容、方法进行历史叙事和梳理，在“人性向善论、美德目的论、德福一致论、他者立场论、自我立法论、生命和谐论”六个维度上构建积极伦理学的体系与方法。

概而言之，开展道德治理的积极伦理学范式研究，旨在全社会吁求一种全新的伦理观，一种走出传统的“人伦关系”的单一性同时融摄人与自然、人与人、人与自身为一体的新型伦理观；一种走出“非此即彼”或“主客二分”的狭隘立场同时构筑人与自然、人与人、人与自身和谐共生的新型伦理观；一种摒弃“自我利益最大化是以他者利益最小化为前提”的传统思维模式同时倡立“自我与他者合作共赢”的新型伦理观；

一种照顾到“最少受惠者的最大利益”（罗尔斯的第三原则，即“差别原则”）的新型伦理观。积极伦理学视角下和谐人格形塑的思维理路如下图所示：

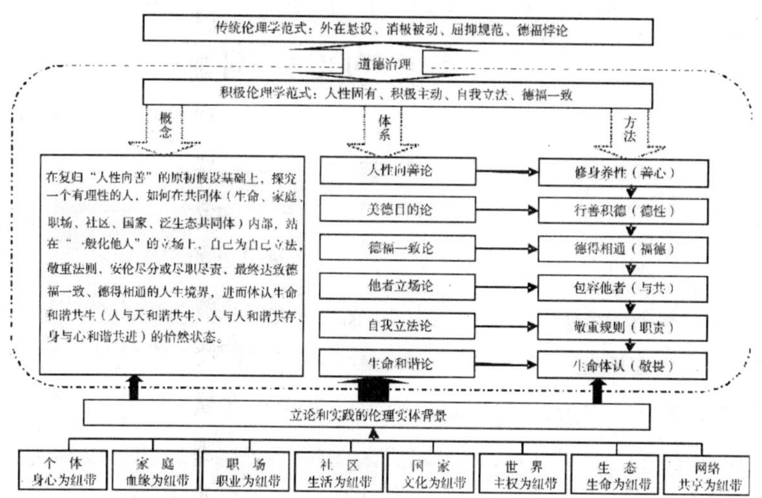

小　结

道德治理已经不是什么新鲜话语，只是道德治理总是“犹抱琵琶半遮面”，无论是其地位或功用，始终都是消极被动的，扮演着“马后炮”“事后诸葛”的角色。开展道德治理的积极伦理学范式研究，旨在走出传统伦理学之外在规范屈抑、消极被动的视野褊狭，在复归“人性向善”的原初假设基础上，探究一个有理性的人，如何在共同体（生命、家庭、职场、社区、国家、人类、泛生态）内部，站在“一般化他人”的立场上，自己为自己立法，敬重法则，安伦尽分，最终达致德福一致、德得相通的人生境界，体认生命和谐共生（人与自然和谐共生、人与人和谐共存、身与心和谐共进）的怡然状态。构设由“人性向善论、美德目的论、德福一致论、他者立场论、自我立法论、生命和谐论”互为条件、环环相扣、螺旋上升的六个要件共同构成的积极伦理学体系，并悬设与之相对应的积极伦理学方法的六个维度，即：修身养性、行善积德、德得相通、包容他者、敬重规则、生命体认。

第三章　现代化视阈下中国青年的道德困惑

中国人从家庭、家族和单位中走出来，涌进城市，步入工厂，走进陌生人组成的社区，传统意义上“尊尊亲亲”的“五伦”关系正面临着被消解的危机。中国正处在传统“乡土社会”向现代“市民社会”急剧转变的历史进程中，“公民意识”开始而且也必须在每一个中国人尤其是青年人的心田生成、发展和壮大。以悠久的传统文化为底托，以勤劳智慧和革故鼎新为源动力，以海纳百川的开放胸襟，当代中国青年一定会不辱自己的民族责任和历史使命。当代青年只有心中存留对来时路的眷顾、对现世路的关切，“乘风破浪”时才不至于迷失方向，更不会生活在心灵的孤岛上，被孤寂、恐惧和莫名的无奈笼罩着。

马克思、恩格斯在《共产党宣言》中明确地指出：“一切固定的古老关系以及与之相适应的素被尊崇的观念和见解都被消除了，一切新形成的关系等不到固定下来就陈旧了。一切固定的东西都烟消云散了，一切神圣的东西都被亵渎了。人们终于不得不用冷静的眼光来看待他们的生活地位、他们的相互关系。”①

“现代”作为一个历史分期，是从16世纪末17世纪初开始的。现代性意指现代社会的基本属性，它包含了一套相互关联的基本观念和原则。按照瑞士著知名学者汉斯·昆的说法，“现代”这个术语“最初用于17世纪法国启蒙主义，它用以表明西方由怀旧的文艺复兴阶段进展到一个充满乐观向上精神的历史时期”②。“现代”是与中世纪相对立而言的，现代社

---

① 马克思、恩格斯：《共产党宣言》，人民出版社2010年版，第23页。

② 汉斯·昆：《神学：走向后现代之路》，王岳川主编《后现代主义文化与美学》，北京大学出版社1992年版，第159页。

会的基本观念和原则仍然与中世纪的思想观念有着共同点。在中世纪宗教文化里，上帝是那个时代的基本观念，《圣经》是一切知识的源泉和行动的指南。真理、道德和价值都源出于上帝。但随着社会世俗化的发展，上帝在15世纪左右开始遭到欧洲人的冷漠甚至批判，以至于最后宣称“上帝死了”。主流文化的渐退，亟须重新确立真理、道德与价值的源泉和基础。

一 现代性之隐忧

《现代性之隐忧》一开篇，查尔斯·泰勒就如数珍宝地向我们呈现出有关现代性的三个隐忧之处，即自我实现的个人主义、工具主义理性和温和的专制主义。

隐忧之一：自我实现的个人主义。自我实现的个人主义认为，“我们生活在这个世界，人们有权利选择自己的生活方式，有权利以自己的良知决定各自接受哪些信仰，也有权利以他们的先辈不可能驾驭的整套方式决定他们自己生活的形态”[①]。它有三种表现形式：一是相对主义。其基本立场是“一个人不应该挑战另一个人的价值”。相对主义又可分为柔性的相对主义和中立的自由主义两种。柔性的相对主义坚持人民有责任真实地对待自己，寻求他自己的自我实现，任何别的人都不能或都不应该试图规定其内容；中立的自由主义则认为一个自由的社会必须在关于善的生活由什么构成问题上保持中立，如果政府在这个问题上表态，那它就没有做到不偏不倚，没有给所有公民同等的尊重。二是道德主观主义。其信条是“道德立场决非基于理性和事物的本性，而最终只是取决于我们每个人，因为我们发现我们自己被它们所吸引”。[②] 三是“常规样式的社会科学解释”。这种解释方法将社会变化视为“工业化、更大的流动性或城市化的派生品”。自我实现的个人主义由于缺乏“重要的或有价值的理解”而畸变为“人类中心论”，对自我之外的问题和事务的相对封闭和漠然，其结果必然是生活平庸化和狭隘化。现代人不再有崇高，不再有彼岸世界，只

---

① 查尔斯·泰勒：《现代性之隐忧》，程炼译，中央编译出版社2001年版，第3页。

② 同上书，第21页。

剩下世俗的此岸世界中的“渺小的粗鄙的快乐”，生命意义不再留有任何的抱负，只有“可怜的舒适”。过去服务于我们的那些可靠的、持久的、总是意味深长的东西，正在让位于那些堆积在我们周围的快捷的、廉价的、可替换的商品。由于害怕每一个表态都会有失公允，政府只能保持中立的立场，没有道德教育的义务，对不道德行为不闻不问，由此也就失去了它存在的合理性和必要性，最终滑向无政府主义和虚无主义。“常规样式的社会科学解释”完全援引的是“非道德的动因”，已经普遍回避对道德理想的求助，将个人主义和工具主义理性的扩散归因于“社会变革的副产品”。

隐忧之二：工具主义理性。工具主义理性指的是一种我们在计算最经济地将手段应用于目的时所凭靠的合理性，一切都逐渐演绎为可以用二元函数进行量化分析并以经济生活的“帕累托最优”为度量衡。本应该由其他标准来确定的道德事情，却按照效益或“代价—利益”分析来决定；应该规导我们生活的那些独立目的，却要被产出最大化的要求所遮蔽。经济增长的要求用来为非常不平等的财富和收入分配辩护，同样的要求使我们对环境的需要甚至对潜在的灾难无动于衷。人类社会的行为模式和意义系统全都让位于工具理性和技术理性。旧秩序被扫荡一空之后，人们又开始重新设计它们，目的也只是为了增进个人的福祉安康。平庸、狭隘、浅薄和自由放任的人们由于缺乏真实性的伦理理想，而被那些科学的名望或某种畸变的灵性所笼罩，被五花八门的自封专家和导师趋之若鹜。科学名词成了不法商贩骗人的新招术，缺乏对“自我之外关怀”的科技专家也成了商家骗人的帮凶。医学中对技术的可靠的依赖已经将治疗放在第一位而将护理摆在一边。计算机这种“人工智能”使人类如虎添翼，可自从装上了这种“天翼”，我们就再也离不开它了。周围的一切不再是和我们朝夕相处的平等的神的创造物，而是人们计划或个人福祉的原材料和工具，成了我们征服改造的对象。人类在经济利益的驱动下对自然物的滥施滥用，极大地破坏了自然之链的平衡以及人与自然的和谐。能源短缺、环境污染、原材料匮乏、人口膨胀等问题接二连三地涌现出来，使“天人”不再“合一”。技术理性和工具理性加速了人类的自我膨胀，违背物理的和道德的规律，僭越“名分”，行为出“格”，忘乎所以地演绎着“人定胜天”的闹剧。①

隐忧之三：温和的专制主义。如果人民最终成为那种“封闭在自己的中心”的个人，那么几乎没有一个人愿意主动参与自我管理（Self - government）。② 他们将宁愿待在家里享受私人生活的满足，只要当时的政府能够生产使他们满足的手段及广泛地分配这些手段。这就为一种“温和的”现代专制主义的危险敞开了大门。一切都要靠“监护系统”来驱动，而人民将无法控制该权力。任何个人或集团的力量都无力与之抗衡，只能寄希望于政府洁身自好。反过来说，如果个人或组织的反抗足以摧毁这种权力和控制，最终也会直接或间接地损坏个人和组织的切身利益，甚至会彻底失去来之不易的自由，因之，人们又不愿与这种专制主义抗衡，他们太需要它了，而且这也是他们一直寄予希望并亲手打造出来的。现代人和现代社会就这样进退维谷，忍受着“又爱又恨”的情感折磨。人们为了摆脱这种折磨，只好选择熟视无睹或习以为常。进也好退也好，最终都是一个恶性循环的结局。与之抗衡的“进”，会摧毁这种权力，他们不愿意；熟视无睹或习以为常的“退”，又会纵容这种权力，从而失去对自己的政治命运的控制，最终威胁我们“作为公民的尊严”。意味着生活中的很多选择不再是我们作为公民所做出的，而可能是由不负责任的监护权力做出的。③

二 真实性被解构

从文化和意义的角度看，伴随着西方现代性的降临，“真实性”的道德理想正在被低级、放纵的个人主义的庸俗形式所遮蔽。所谓“真实性”是指一个关于什么是较好的或较高的生活模式的概念，它提供了一个关于我们应该欲求什么的标准。查尔斯·泰勒指出，西方现代性道德谋划之所以掩盖“真实性”作为一个道德理想，主要有三个原因：一是对真实性

---

① Murray Bookchin, *Defending the Earth: A Dialogue Between Murray Bookchin and Dave Foreman.* Boston: South End Press, 1991.

② The Best - “known is Neil Postman” Technopoly: *The Surrender of Culture to Technology*, New York: Vintage, 1993.

③ 查尔斯·泰勒：《现代性之隐忧》，程炼译，中央编译出版社 2001 年版，第 11 页。

的信奉采取一种柔性相对主义的形式，即对自我实现采取宽容态度的文化，回避了某些生活形式高于其他形式的主张，认为任何生活方式不再有什么区别，个人对此可以自由选择，信奉“一个自由社会必须在关于善的生活由什么构成的问题上保持中立”①，政府亦应尊重公民的选择，从而不再承认有一种为真实性理想支配的生活高于其他一切生活形式，真实性被否定了。二是我们的文化中对道德主观主义的坚持，认为“道德理想决非基于理性或事物的本性，而最终只是取决于我们每个人……理性不能判定道德争端”②。三是以常规样式的社会科学解释个人主义和工具理性的扩散，认为它是社会变革的副产品，而非从道德理想意义上去理解它。这样，当代文化批评家们“贬低了这种理想，甚至将它与一个非道德性的不受干预的为所欲为的欲望混淆起来”，其结果是“加深了围绕真实性道德理想的黑暗”③。选择自我实现而不考虑真实性的两个要求：(A)我们与他人关联的要求和(B)真实性理想的自身要求，就等于摧毁了实现真实性的本身条件。④ 我们每个人都有一个属于自己的独一无二的原创的做人方式，只有这样才能发现自己之所是、之所在和之所为。通过重新阐述，通过“解构”早已固定成形的文化与约定成俗的制度模式和惯例，并使其从道德要求的中心里转移出来，真实性文化完成了与道德的脱离和对立，它不再被视为道德理想的手段，而认为自身就具有内在的美感和价值。解构的结果，就是形式、方式获得了独立性和尊严，价值被抛弃，法治亦被否定。脱离了价值，个人主义就蜕变为以自我为中心的“自恋主义”，科学主义蜕变为工具主义理性，民主政体蜕变为可怕的“巨大的监护权力”，温和的专制主义以轻柔、舒缓的方式剥夺了人们的自由。这样，对真实性的解构和对“人类中心论”的迷狂产生了一种可怕的后果：“人类中心论通过摧毁一切重要意义视野，用意义的丧失以及由此而使我们处境琐碎来威胁我们。在某个时候，我们把自己的处境理解为高度悲剧性的，孤独地处在一个死寂的宇宙中，没有内在意义，被判定

---

① 查尔斯·泰勒：《现代性之隐忧》，程炼译，中央编译出版社2001年版，第9页。

② 同上书，第22页。

③ 同上书，第25页。

④ 魏治勋：《真实性、解构及其法治——析查尔斯·泰勒的社群主义法治观》，《山东警察学院学报》2007年第9期。

要去创造价值。但随后，这个相同的学说，凭其固有的偏好，产生了一个平庸的世界，其中不存在什么很有意义的选择，因为不存在任何重要的问题。"①

从社会生活的时间和空间演变来看，伴随着西方现代性的降临，社会生活的空间维度开始受着"缺场"（absence）② 的支配，并通过所有"缺场"的人们之间相互依赖性建构而成的"跨时点"（over－time）或时空分离正在延伸，社会生活空间"脱域"机制产生了。所谓"脱域"指的是社会关系从彼此互动的地域性关联中脱离出来。因此，传统社会向现代社会转变的过程就是一个逐步"脱域"的过程。"脱域"有两种机制类型，它们都内在地包含于现代性社会制度中，一是象征标志（symbolic tokens）；二是专家系统（expert system）。所谓象征标志是指相互交流的媒介，它能将信息传递开来，用不着考虑任何特定场景下处理这些信息的个人或团体的特殊品质。现代人从传统的具有浓厚情感和人格色彩的具体场景或情境中抽身出来，逐渐从人格的真实统一性、共同体的完整性以及文化的价值共享中抽身出来，不仅具体的人和他的生活被抽象化了，人们所寄身其中的社会制度和社会组织也被抽象化了。虽然现代性所开辟的使人获益的可能性超越了其负面效应，但是，现代社会和现代人从未停止过对现代性的反思，特别是道德哲学家和社会学家。马克思认为，阶级斗争是资本主义秩序中产生根本性分裂的根源，同时他还设想了一种更为人道的社会体系即共产主义社会体系的诞生。法国著名社会学家涂尔干则相信，工业主义的进一步扩张能够建立一种和谐而完美的社会生活，并且这种生活将通过劳动分工与道德个人主义的结合而被整合。只有马克斯·韦伯最为悲观，他把现代世界看成是一个自相矛盾的世界，人们要在其中取得任何物质的进步，都必须以摧残个体创造性与自主性的官僚制的扩张为代价。然而，三百年来的西方的现代性，按照韦伯的社会学理论进行构设并依循着韦伯始终为之忧虑的逻辑"一往直前"着，创造出了一个真实的自相矛盾的世界，并勾勒出这样一幅现代人的生活图景：我们每个人都仿佛真实地生活在心灵的孤岛上，被孤寂、恐惧和莫名的无奈笼罩着，周围只有茫茫无际的大

---

① 查尔斯·泰勒：《现代性之隐忧》，程炼译，中央编译出版社 2001 年版，第 78 页。

② 安东尼·吉登斯：《现代性的后果》，田禾译，译林出版社 2000 年版，第 16 页。

海。大海给予我们希望，却又性情暴戾，总有一天会将我们彻底地抛弃或淹没，我们又因此而愈加地孤寂、恐惧和无助，只能封闭在自己的中心里。现代人在自然、他人和自我的挑战面前，疲于奔命。丹尼尔·贝尔认为，工业社会“人的品格和人的社会关系模式在很大程度上是由他们所做的工作塑造成型的”，“前工业社会——这仍然是今日世界大部分地区的状况——其主要内容是对付自然界［game against nature］”，“工业社会，由于生产商品，它的主要任务是对付制作的世界［game against fabricated nature］”，“后工业社会的中心是服务——人的服务、职业和技术的服务，因而它的首要任务是处理人际关系［game between persons］”①。人类无休止地与身外之物展开竞争，只知一味地向前，向前，远离了实存。个体迷失了自我，社会迷失了方向，精神得不到皈依。

三　存在之链断裂

西方现代性及其道德谋划有两个基本支撑，一个是基于个人主义的自由市场经济制度，一个是基于规则主义的官僚科层体系。西方现代性及其道德谋划之所以失败的根本原因也就是在于它的“颠覆传统性”，突出表征为经济的“伦理不涉”和规则的“美德阙如”。伴随着西方现代性的降临，“经济学”逐渐远离了“伦理学”，“规则”不再需要“美德”培源，人类社会存续发展的意义系统、价值传统和道德觇标就这样被“颠覆”了。

从经济学与伦理学的关系来看，诺贝尔经济学奖得主阿马蒂亚·森在《伦理学与经济学》开篇就对现代主流经济学的“道德贫困化”或“伦理不涉”② 给予良多关怀。他认为，秉持标准行为假设和“帕累托最优”的现代主流经济学家，作为个体的他们一定会表现出实足的友善，但是在其积极建构的经济模型中，却假设人类行为的动机是单纯的，以保证其模型不会受亚当·斯密在《道德情操论》一书中所崇扬的内心的友善、同情心等道德情操的干扰。经济学家和其他领域的专家一样，几乎弃绝任何的“感情用事”。因此，为了纯粹理性的研究，为了用尽可能少的原理说明

① 丹尼尔·贝尔：《资本主义文化矛盾》，生活·读书·新知三联书店1989年版，第101页。

② 阿马蒂亚·森：《伦理学与经济学》，王宇等译，商务印书馆2001年版，第8页。

一切表面现象，为了能在实验室里推算和建构自己的“效用函数”或经济模型，他们不得不把复杂的事情搞简单了。人类社会因标准行为假设而变成了一个典型的泰勒主义式的工作流程，变成了一个不停运转的“机器”，每个人实际上成了这个机器系统的“零部件”，甚至更微小化为一个“螺丝钉”。经济学家们似乎特别钟爱多元价值的一元性还原。对于这种“特别的钟爱”，被其追随者尊为“经济学之父”的亚当·斯密就曾经指责伊壁鸠鲁等人说：“通过把各种美德都归结为一种行为规范，伊壁鸠鲁纵容了一种倾向，这种倾向对所有人都是自然的，但是哲学家特别钟爱培养这种倾向，并以此作为征实自己聪明才智的手段，这就是用尽可能少的原理来说明一切表面现象的倾向。”① 但是，具有讽刺意味的是，斯密本人也被他的崇拜者们誉予了这种“特别的钟爱”，被尊称为“自利的宗师”。斯密的信奉者们之所以只见他的“自利”和“精明”而不见其“同情心”，是因为在他们立论的过程中引用最多的斯密的一段话就是：“我们每天所需要的食物和饮料，不是出自屠户、酿酒家和面包师的恩惠，而是出于他们自利的打算。我们不说唤起他们利他心的话，而说唤起他们利己心的话，我们不说我们自己需要，而说对他们有好处。”② 由此可见，斯密以后的绝大多数经济学家都没有能够超越斯密的“屠户和酿酒师的故事”。一言以蔽之，在现代主流经济学的辩护下，在资本家们经济冲动力的驱策下，在现代民主政府的政治偏袒和保护下，昔日的自由市场经济像一匹“脱缰的野马”，任意驰骋。现如今，这匹“脱缰的野马”变成了一头“跛足的驴”，而且可能是一头拉也拉不回的犟劲十足的驴。

从美德与规则的关键性联系看，美国当代著名伦理学家麦金太尔教授不止一次地批判罗尔斯（美国当代另一位著名伦理学家）不但漠视了美德及其与道德规则不可分割的联系，而且也误解了伦理学本身的特性。在麦金太尔看来，无论外在的规则多么周全，如果人们不具备良好的道德品格或美德，也不可能对人的行为发生作用，更不用说成为人的道德行为规范了。他说：“在美德和法则之间还有另一种关键性的联系，因为只有对

---

① 亚当·斯密：《道德情操论》，蒋自强等译，商务印书馆1997年版，第299页。

② 亚当·斯密：《国富论》上卷，商务印书馆1997年版，第26—27页。

于拥有正义美德的人来说，才可能了解如何去运用法则。”① 西方现代性及其道德谋划一直囿于这样一条原则，即：没有任何有效论证能够从全然事实性的前提（规则或法则）推演出任何道德的或评价性的结论（道德或美德）。这条原则一旦被接受，就成为他们全部道德及其合理性筹划的墓志铭。这条原则在休谟那里就是著名的“休谟难题”，即“是”（to be）与“应然”（ought to be）的“不可公度性”②；而在康德那里，这一原则则是以肯定的普遍性的道德申言而非问题式的道德疑问的方式提出来，这就是康德的“定言命令”或“绝对命令”③。然而，无论是有关“是”与“应然”的不可公度性的“休谟命题”，还是康德的“绝对命令”，都不能从根本上解决事实性前提与评价性道德判断、规则与美德之间的矛盾，也就是说，这些道德哲学家有关从事实性前提推演出道德的或评价性的结论的努力或尝试都必然摆脱不了失败的命运。麦金太尔认为，现代性道德谋划之所以会摆脱不了失败的命运，其根本原因就在于对古典的亚里士多德主义即美德主义的抛弃或背离，因为，在亚里士多德以及亚里士多德主义道德探究传统那里，“是”与“应然”、规则与美德、事实性前提与道德的或评价性的结论之间是有着紧密的联系的，一种“关键性联系”④。并且，当且仅当这一古典传统在整体上遭到拒斥的时候，道德论证才改变了它的特性，以至于落入“‘是’前提不能生‘应该’结论”的原则范围之内。道德世俗化，使自我从所有那些被视为“过时了”的社会组织形式中解放出来，“这种决定性的变化被新自由个人主义视为解放或向自律的转化而本质意义上却是自我和社会的统一性或整体性的丧失抑或是向失范（anomie）的过渡”⑤。事实上，“休谟命题”只是一个虚假的命题，因为古典的亚里士多德式的道德探究传统早已给出过结论说，正是“人”这一概念所特具的“本质目的性”意义使“人”与“善

---

① 麦金太尔：《追寻美德：伦理学理论研究》，译林出版社 2003 年版，第 152 页。

② 麦金太尔：《不可公度性、真理和儒家及亚里士多德主义者关于德性的对话》，彭国翔译，万俊人校，《孔子研究》1998 年第 4 期。

③ 康德：《道德形而上学原理》，苗力田译，上海人民出版社 2001 年版，第 38 页。

④ 陈绪新：《信用理论及其道德哲学传统研究》，中国社会科学出版社 2008 年版，第 31 页。

⑤ 丹尼尔·贝尔：《资本主义文化矛盾》，生活·读书·新知三联书店 1989 年版，第 75 页。

(好) 生活”的关系构成了伦理学探究的“基始”和“本原”。麦金太尔据此得出如下的结论：启蒙运动以来的道德谋划的失败，不仅是寻找一种普遍化的、非人格的、道德论证的“客观公度性”标准或相容性尺度的失败，而且是对人类道德生活本身理解的失败；是建构伦理学体系和寻求道德的合理性论证的种种尝试的失败。现代性道德特别是功利主义论者和新自由主义伦理学之所以会出现规则对美德的背离以及囿于“是”与“应然”不可公度的“休谟难题”，是因为，它们的道德论证样式都是一种以“人的权利”为核心概念，并以此来制定社会公共道德规则。职是之故，规则成了道德生活的首要概念，而人的美德却被忽略，成了某种“按照相应道德原则而行动的欲望”或“按照基本正当原则而行动的强烈而通常是有效的欲望”①。

四 规则背离美德

现代人、现代社会从传统社会抽身或被抽象化的过程，就是个体的去人格化、社会关系的工具化以及文化传统的颠覆或意义的丧失的过程，实质上也是规则与美德相背离的过程。这是因为，现代人的道德堕落以及现代性道德谋划失败的关键，就是美德的阙如。现代性及其道德谋划的过程所凸显的规则对美德的背离或者说美德的阙如，既是启蒙运动以降西方现代性道德谋划的学理进路使然，也是整个人类社会现代性实践的宏大背景使然。

在传统社会里，机会主义行事的可能也并不比现代社会少很多，只是因为，在狭小的熟人圈子里，人们对于机会主义行事的人的惩罚往往是一种“株连九族”式的连带行为，也就是人们通常所说的，“跑得了和尚跑不掉庙”。一旦有人不讲信用，或行欺诈骗术，找不到他本人的话，他的家人，他所在的家族或宗族，或者他所寄身的行会等，会为他承担一定的义务或责任。不过，他的家庭、家族或宗族以及行会等社群在为之承担连带责任之后，此人将会遭遇诸如被逐出家门、断绝父子关系或不让把他的名号续在家谱中以及取消他的行会成员资格等惩罚。这是一种集体惩罚，因为，一旦某人不讲信用或做了诈欺骗人的事情，他的家庭、他的家族或

---

① 约翰·罗尔斯：《正义论》，中国社会科学出版社 1988 年版，第 436 页。

宗族、他所在的行会以及他的家人、族人、行会中的其他成员也会因为他的不当行事而蒙受耻辱，并影响到了他们的社会声誉。在传统社会里，时点总是相对一致的，因为，对大多数人来说，在绝大多数情况下，社会生活的空间维度都是受“在场”（presence）——一种彼此间情感的、人格的互动情势——的支配，即受地域性活动支配的。

其实，在传统社会里，影响人们相互信任的地域化情境有四类，分别是：亲缘关系或血缘关系、地域性社区、宗教宇宙观和传统本身。第一类情境是亲缘关系。人们通过可以（在不同程度上）依赖亲戚们去承担各种义务。更有甚者，亲缘关系的确还经常提供一种稳定的温暖或亲密的关系网络，它持续地存在于时间—空间之中。总体来说，亲缘关系所提供的，是一系列可信赖的社会关系网络，它既在原则上也常常在实践上建构起了组织信任关系的中介。第二类情境是地域性社区。它是以地点（place）的方式组织起来的地域化关系，没有被延伸了的时间—空间关系所改变。同现代交通工具所提供的恒常而密集的流动形式相比，传统社会里的绝大多数人则处于相对凝固和隔绝状态。这种地域性社区既是本体性安全的焦点，也有助于本体性安全的构成，但是在现代性条件下，这种地域化的本体性安全实际上已经被消解掉了。第三类情境是由宗教宇宙观提供的。宗教的宇宙观在伦理或道德实践方面为人们提供了对个人和社会生活（以及还有对自然界）的解释，而这些解释向其信仰者们所描绘的是令人感到安全的环境。对超自然的存在或力量（如上帝、耶稣、释迦牟尼等）的信念之所以能够为不同宗教信仰提供共同基础，那是因为诸神与宗教力量提供了可依赖的天意般的支持，神职人员同样也具有这样的作用。最为重要的是，宗教信仰将可信赖性嵌入事件与环境的过程之中，并且构筑起解释这些事件与环境（并对它做出反应）的框架。当然，宗教对前现代社会中人们的日常生活的影响是双重性质的。宗教的信仰和实践，一方面能够提供躲避日常生活之种种苦难的避难所；另一方面也会成为焦虑和精神忧郁的内在源泉。也许，被韦伯称为“救世宗教”的宗教信仰与实践的种种形式，最易于将存在性焦虑或恐惧带入日常生活，其法力所致，造成了今生原罪与来世拯救之许诺之间的张力。第四类情境是传统本身。吉登斯认为，传统是可以跨越空间的，是“可逆性的”（reversible）而且是受重复性的逻辑——“过去是组织未来的手段”——所支配。

传统是惯例，它内在地充满了意义，而不仅仅是“为习惯而习惯的空壳”。时间和空间不是随现代性的发展而来的空洞无物的维度，而是脉络相连地存在于活生生的行动本身之中。①

现代性的降临，社会生活的空间维度都受着“缺场”（absence）——场所完全被远离它们的社会影响所穿透并且地点逐渐变得捉摸不定——的支配并通过所有缺场的人们之间的相互依赖性建构而成。“跨时点”或时空分离及其延伸，就构成了吉登斯所谓的社会生活空间的“脱域”机制的产生。所谓“脱域”指的是社会关系从彼此互动的地域性关联中脱离出来。因此，传统社会向现代社会转变的过程就是一个逐步“脱域”的过程。“脱域”有两种机制类型，它们都内在地包含于现代性社会制度中。一种是象征标志（symbolic tokens）的产生；一种是专家系统（expert system）的建立。所谓象征标志是指相互交流的媒介，它能将信息传递开来，用不着考虑任何特定场景下处理这些信息的个人或团体的特殊品质，现代人从传统的具有浓厚情感和人格色彩的具体场景或情境中抽身出来，逐渐从人格真实统一性、共同体的完整性以及文化的价值共享中抽身出来，不仅具体的人和他的生活被抽象化了，人们所寄身其中的社会制度和社会组织也被抽象化了。在前文笔者不止一次地提及过，虽然现代性所开辟的使人获益的可能性超越了其负面效应；但是，现代社会和现代人从未停止过对现代性的反思，特别是社会学家。马克思认为阶级斗争是资本主义秩序中产生根本性分裂的根源，同时他还设想了一种更为人道的社会体系即共产主义社会体系的诞生。涂尔干则相信工业主义的进一步扩张能够建立一种和谐而完美的社会生活，并且这种生活将通过劳动分工与道德个人主义的结合而被整合。只有马克斯·韦伯最为悲观，他把现代世界看成是一个自相矛盾的世界，人们要在其中取得任何物质的进步，都必须以摧残个体创造性与自主性的官僚制的扩张为代价。然而，三百年来现代性，更确切地说是西方的现代性，正是按照韦伯的社会学理论所构设的同时也是他为之忧虑的逻辑“一往直前”，并创造了一个真实的自相矛盾的世界。我们通常所称谓的现代性是相对于传统性而言，简单地说，就是人们利用现代科学技术，全面地改造自己生存的物质条件和精神条件的过程，

---

① 安东尼·吉登斯：《现代性的后果》，田禾译，译林出版社2000年版，第90—92页。

如经济领域的工业化、政治领域的民主化、生活方式现代化以及人的现代化等。在价值层面上，现代性突出表现为自我实现的个人主义凸显与张扬、工具主义理性的兴起与延展以及自由民主的历史进步观的显发与实践三个方面。现代性理论及其实践使人类以前所未有的动力和勇气摆脱了中世纪黑暗统治，从自然的束缚和封建专制统治的桎梏中解放出来，在科技革命推引下，创造了人类丰富的物质文明、精神文明和制度文明，同时也导致个人利益至上主义、技术统治和温和的专制主义。对传统价值的颠覆、社会失序、道德失范以及工具主义理性和技术主义对现代制度结构的强大控制和统治，勾勒出这样一幅现代人的生活图景：我们每个人都生活在心灵的孤岛上，被孤寂、恐惧和莫名的无奈笼罩着，周围只有茫茫无际的大海。大海给予我们希望，却又性情暴戾，总有一天会将我们彻底地抛弃或淹没，我们又因此而愈加地孤寂、恐惧和无助，只能封闭在自己的中心里。现代人在自然、他人和自我的挑战面前，疲于奔命。人类无休止地与身外之物展开竞争，只知一味地向前，向前，远离了实存。

五 人格裂变可能

西方现代性及其道德谋划主导下的这个世界是自相矛盾的，其在个体身上凸显为个体性的丧失和去人格化；在社会生活领域彰显为技术或知识—经济—官僚为一体的操纵性——韦伯谓之“牢笼”；在文化和道德层面则造成了传统的断裂、美德的阙如、意义的丧失，它们共同造就了现代社会和现代人的“认识论危机”，其核心是人格认同危机，是寄身于现代社会中的现代人对以“我”为中心而生发的人与自然关系及其意义、人与人关系及其意义、人与自身关系及其意义的定位和认同产生了“认识论危机”。现代人缺乏完整的人格认同——常常遗忘心性的内在目的或个人美德；缺乏充分的群体认同——常常忘记“他人”和共同体；缺乏真正普遍意义上的生命认同——常常忘记人类以外生命有机体的存在。①

就个体性丧失或去人格化来说，现代经济、技术和政治形成的合力共

① Ira Newman, Learning from Tolstoy: Forgetfulness and Recognition in Literary Edification, *Philosophia*, 2008, pp. 43—54.

同塑造了一种新型的人，一般化了的、抽象化了的“自由人”。这些自由人为了各自的权利或利益之需，借助于一种我们称为契约（无论是人际交往或商业交换中的契约形式，还是卢梭所谓的现代民主国家契约形式）的这一工具，形成了一种相互依赖性的共同体，市民社会。个性的丧失和人的沉沦，意味着迅速变动的历史关头放弃责任，随波逐流，后果是不堪设想的。当代人比以往任何时代的人都更为迫切地渴望知道我是谁？我从哪里来？我将到哪里去？当代人强烈的寻根意识正是来自这种深深的焦虑和渴望。每个时代都有自己的焦虑和渴望，可以说，当代人的焦虑是对前途未卜的焦虑，当代人的渴望是对认识自我的渴望。现代社会是诸神打着“非人格化”的旗号进行着无休止的战争或论战的过程。正是这一过程导致了现代人的人格分裂以及由此造成的人格认同危机，进而延伸到文化认同危机和社会认同危机。正因为如此，哈贝马斯呼吁，“应该在思想上重建在社会上被消灭了的、打碎了的、被分散在部分性体系中的人”，这样做的目的或理由是，“人作为自身完美的总体，他内在地克服了或正在克服着理论与实践、理性与感性、形式与内容的分裂；对他来说，他要赋予自己以形式，这种取向并不意味着是一种抽象的、把具体内容扔到一边的理性；对他来说，自由和必然是同一的。”①

就现代社会抽象体系导致的社会关系的工具性来看，现代社会的抽象体系的极度扩张（包括商品市场的扩张）改变了传统社会关系的友谊般性质。现代性及其道德谋划造就了这样一个我们实际生活的镜像：“我们人与人之间的相互关系摇摆不定，内心存有某种麻木不仁，精神深处出现了理想和取向的空白，以致我似乎忘记了该怎样去过一种人的生活。”②现代人——即使是在最先进的社会里——的人际关系与农业社会相比，人情明显淡漠，亲切感和聚合力不强，以及一种难以衡量和估计的孤独感。更为危险的是，现代人心理的基本逻辑就是“移情”③，即转移自己的良好的或不良的情绪状态或能量，这种逻辑必然导致人性的向外扩张，从而达致人与人之间持续永恒的斗争。正如丹尼尔·贝尔所隐忧的那样，征

① 哈贝马斯：《交往行为理论》，世纪出版集团2004年版，第344页。

② 史蒂芬·罗：《再看西方》序言，上海译文出版社1998年版，导论。

③ 车文博：《心理咨询大百科全书》，浙江科学技术出版社2001年版，第85页。

服、掠夺、索取成了他们人性和社会发展的主旋律。

就文化或道德层面的价值阙如或意义丧失来看，德国社会学家乌尔里希·贝克则认为，现代化不仅仅导致了国家力量的集权、资本的集中、更紧密细致的劳动分工和更复杂多变的市场关系网络，以及快速的流动性和超前的大众消费，它们还一同导致了现代人的一种三重的个体化倾向："脱离，即从历史地规定的、在统治和支持的传统语境意义上的社会形式与义务中脱离（解放的维度）；与实践知识、信仰和指导规则相关的传统安全感的丧失（祛魅的维度）；以及重新植入——在这里它的意义完全走向相反的东西——亦即一种新形式的社会义务（控制或重新整合的维度）。这三个因素——脱离（或解放）、稳定性的丧失和重新整合——自身都包含着无数的误解，从而构建了一个普遍化的、分析式的、非历史的个体化倾向。"① 现代性研究奠基人、英国著名社会学家布莱克更是主张，正在迅速变化的社会面临的问题是来自公认的制裁手段被削弱，家庭被解体，极端个人主义的产生，以及对社会关系和文化传统的认同产生的不安感，所有这一切会给社会成员造成巨大的精神紧张。不仅如此，在有关现代性社会诸领域的研究中，许多人习惯于急于抛出自己包罗万象的"假设"和"理论"，却很少有人注意到对各个特定社会进行比较研究，也不注意对不同自然生态系统和传统文化土壤中发育和勃兴起来的文明进行政治的、经济的、社会的、文化的比较研究。②

小 结

生活在现代社会的现代人情愿或不情愿地选择待在"技术—经济—政治"三位一体、共同打造的"牢笼"之中，只是因为我们认知的有限和个体力量的弱小与无助，而将自己的权利和权益拱手交给了那些我们自认为值得信赖而且也是不得不信赖他们的"守夜人"和"牧羊人"。当华尔街神话轰然倒塌，金融危机席卷全球的时候，我们才扪心自问自己到底

---

① 丹尼尔·贝尔：《资本主义文化矛盾》，生活·读书·新知三联书店 1989 年版，第 156 页。

② 西里尔·E. 布莱克：《比较现代化》，上海译文出版社 1996 年版，第 18 页。

应该相信谁；我们才意识到因为“情愿”选择——“不情愿”的话，我们将寸步难行——待在“牢笼”之中而变得麻木不仁；我们才豁然开朗地觉察到，原来经济学离我们很远，它只不过是少数经济学专家的案头摆设，而又被“从牛身上榨油，从人身上赚钱”（韦伯援引的）的资本家们奉为“圣经”。

第四章　虚拟生活的人格认同危机

现代人面临诸多现实世界中自我难以解决的矛盾和困惑时，期许能在电子“伊甸园”中找回自我价值和精神皈依。然而，虚拟空间并非想象中的天堂，类似“面具”的交流形式遮蔽着许多本真的存在，消解了现实世界的核心价值；游离在虚拟和现实之间的自我与社会脱离；对网络的过度依赖性导致人格的异化；方向感的迷茫和自我定位的偏差，使得价值追求从崇高滑向流俗甚至恶俗。数字化生存方式正颠覆着传统生活方式和现实生活世界的诸多价值标准，而信息崇拜的推波助澜，更使人们产生了一种莫名的幸福被剥夺的感觉。

一　我的虚拟世界

有一点毋庸置疑，那就是信息技术革命“加速度”地拓展了人类对本体世界、意义世界和生活世界的认知界域，使得人类对自然界、人类社会和个体生命的认识沿着宏观、中观和微观三个基本维度或路向不断地向纵深方向发展，日新月异，永无止境。

1. 数字化的生存方式

从个体存在的本真来看，信息技术的发展使人类生存于两个世界，现实世界和虚拟世界。在现实世界中，个体人格认同主要通过人与人之间的真实交往，适时的角色定位与角色转换来体现自我的价值和人格的认同，是在共同体内部交往中通过“他者”来认同和强化个体自我及其价值，进而达致人格的统一和完整；虚拟世界的生存虽也是实存的，但它有别于“原子式的”现实世界的生活，以“想象力＋感性”为特征的虚拟空间在很大程度上宽容着人性“恶”的一面。伴随着信息技术的迅猛发展，诸如数字化生存（Being Digital）、网络为王、一网打尽、信息革命、e—伊甸园等全新概念和网络术语走进我们的生活。网络拓展了人类的生存空间、网络的虚拟性可以“相识不相见”以及“计算不只和计算机有关，它决定着我们的生存”，使得越来越多的人处于数字化生存状态。人们开始游走在真实的现实空间和虚拟的“真实”空间之间。

从纯粹技术的角度来看，“虚拟”就其本身而言，可以说是“数字化生存方式”的代名词或真实写照。这是因为，“虚拟”是通过数字化的生存方式为人类提供了一个虚拟空间，而这一虚拟空间与网络、计算机、信息技术相结合，为人类的发展提供了一个前所未有的数字世界——既不同于物理空间，也不同于精神空间。虚拟世界既不是“实存”的物理世界，也不是纯粹的虚无或虚假。虚拟世界是一个特殊的空间存在，它使物理世界和心理世界变得模糊不清。在某种意义上讲，“虚拟”是物理世界与心理世界之间的一个介质——联结着客观世界与人造世界的中介。“虚拟”也是人类思维的产物，它是一种超越现实的创造性思维活动，这种超越，在付诸实践之前是一种想象，是现实状态下的非真实，作为思维形式的虚拟首先是对现实的反映，并在此基础上实现对现实的超越，它是人类通过技术手段来不断拓展现实的空间，从而创造出无限放大的超现实的远景，即虚拟的现实。

虚拟的现实空间构成了虚拟世界的本真。从狭义上讲，虚拟世界是由人工智能、计算机图形学、人机接口技术、传感器技术和高速并行的实时计算技术等集成起来而生成的一种交互式人工现实，是一种高度逼真地模拟人的现实世界行为的“模拟的世界”。从广义上讲，虚拟世界，不仅包含狭义的虚拟世界的内容，而且还包括随着计算机网络技术的发展和相应的人类网络行动的呈现而产生出来的一种人类交流信息、知识、思想和情感的新型行动空间，是一种动态的网络社会生活空间，它是一种“人工的现实”或“人造的世界”。在虚拟世界中，一切都是以有规律的数字 0 和 1 来代表，虚拟世界中的信息，归根到底都是“数字信息”，数字化是虚拟世界的本质特征。只有对真实世界的事物进行观测并进行数字化，然后利用数字化形成的数据流确定参数生成能够被感知的图像和声波等信息形式才能产生虚拟世界。

2. “我”的虚拟世界

“虚拟现实”（Virtual Reality）一词是由美国VPL公司的创建人之一加隆·雷尼尔（Jaron Lanier）在20世纪80年代初正式提出来的。它是由虚拟技术生成的不同于客观实在的一种新的实在，是通过计算机软件、硬件和传感器的支持，对五官在真实情景中才能接受到的信息，以人身与机器“对话”的方式，直接为人创造一个并不存在的虚拟世界，使人产生一种身临其境的感觉，而人又难以或不能觉察到它与真实世界的区别。这种技术与符号融合的虚拟现实究竟是物质的，还是意识的，引起了众人的关注。美国网络空间专家迈克尔·海姆认为：“虚拟实在是实际上而不是事实上为真实的事件或实体。”① 虚拟现实作为“一种超越现实的创造性的思维活动”的物化形式，“使现代思维的客体系统和主体系统发生巨大变化，强有力地推动着思维方式的现代转换。”② 虚拟是对于现实的“否定之否定”。

一方面，虚拟世界是虚拟的。一般来说，虚拟世界有三种不同的存在形式，即对现实的模拟和抽象、对现实超越性的虚拟和对现实背离的虚拟。“对现实的模拟和抽象”是指对象性的虚拟或现实性的虚拟，是一种与模拟相似的虚拟，还没有脱离现实性范畴或框架的现实性虚拟，是虚拟世界的低级状态；“对现实超越性的虚拟”是一种可能性的模拟，与现实相关同时又有某种程度的超越，由于现实性本身尽管有各种可能性，但现实性的发展只能选择一种可能性，而虚拟的现实则是各种可能性的任意呈现；“对现实背离的虚拟”是指对现实的不可能的虚拟，是在虚拟空间中形成的对于现实性来说不可能的那种可能性，类似于荒诞的、悖论的、梦幻的虚拟。这就是“虚拟世界的我”。

另一方面，虚拟世界又是人的世界，“我”的虚拟世界。人的认识过程实际上是将主观加之于客观的实践的过程，人对客观知识掌握的局限性决定了人对客观世界信息的把握只能是主观的。在虚拟世界中，事物的一

---

① 迈克尔·海姆：《从界面到网络空间虚拟实在的形而上学》，上海科技教育出版社2000年版，第114页。

② 汪建、汪业周：《虚拟世界与人类文明》，《扬州大学学报》（人文社会科学版）2001年第1期。

切性质完全是由人赋予的，从而受到人的认识水平的限制。因此人对客观世界的虚拟，也只能是人自身对客观世界的一种虚拟的理解。这就是“我的虚拟世界”。故而，虚拟世界的生存状态就是“虚拟世界的我”寄生于“我的虚拟世界”，游离于虚拟和现实之间的人们不可避免地出现了虚实交错的感觉。这是因为：首先，网络化的虚拟世界实现了人们跨时间和空间的互动，使人们摆脱了现实世界交往中的时空障碍，可以任意设计时空的界限，实现不同区域的人在同一时间共同工作、娱乐，“面对面”地异地交流思想和情感，形成“近在咫尺”和“远在天边”的空间错位，也可以实现现在人与自己虚拟的过去或未来之间的交流，即跨越时间和空间实现时空的二维交错。其次，虚拟世界是利用信息技术对现实世界进行的臆想化模拟，在实存的现实世界和臆想的虚拟世界之间架起了桥梁，实现了人身处现实世界但又能意识到自己已经融入过去或未来的臆想世界之中。现实具体的主体在计算机上实现和变换自己所期望的角色及发展意愿，同时虚拟地改变现实生活中主体的各种属性，这样就使得主体的现实意识模糊化、角色意识的虚拟和真实相混淆，从而产生了现实和臆想、虚拟与真实的错位。最后，现实环境与心理环境的虚实交错。虚拟世界出现以前人们真切地感受着身心的现实一体化。但是，网络技术的发展使这种现实一体化可以随时被改变，二者之间的界限也开始模糊。虚拟世界的虚实交错使现实环境与心理环境发生分裂，主体可以随时被“切换”到不同世界，即现实主体和虚拟主体间的虚实交错。

二 虚拟世界的我

自从数字技术可以模拟现实生活以来，人类就可以进入计算机的“虚拟空间”，产生“虚拟空间”里的心理感受，使得虚拟具有了与现实同样的功能，即从人的意识上实现了主体的自身价值和意义等功能。

1. 虚拟人格的样态

虚拟世界的虚拟具有双重属性。一方面，虚拟意味着人们不以自己的真实身份出现在交流语境中，这使得人们对交流对象的身份和角色的真实性保持怀疑和否定的态度，影响交流的内容并产生下意识的防范态度。另一方面，虚拟空间里的“人格的面具化”即身份和角色的虚拟可以消除人们的现实顾虑，使人无所顾忌地展现真实的自我和真实的想法。在虚拟空间中，人退到了终端的背后，人们在现实交往中备受关注的身份、相貌、地位等在虚拟空间借助于虚拟技术而充分得到了隐匿和篡改，交往行为实现了“虚拟化”和“非实体化”。正如前文所说，网络信息技术的发展和普及，使人们的社会活动空间两重化了，即传统意义的现实生活空间和人工构造的“虚拟生活空间”，使人处于虚与实的空间、虚与实的生存之中。虚拟空间的生存方式主要是通过虚拟技术和人机互动来形成和实现的。虚拟世界中的虚实交错的存在状态使得游离于虚拟和现实之间的人们即“虚拟世界的我”出现了前所未有的去中心化、身份多重、多元交融和平等交互等感觉。

首先是去中心化。在虚拟社会，由于“匿名制”而使现实生活中的身份、地位等隐退，所谓的中心或权威荡然无存，人的个性得到充分张扬，平等性也得到充分体现，人人处于平等而又自由的地位，无须听命于任何权威，能自由地进入或退出网络社会和自主地决定与他人发生或中断关系，致使“中心”消解。保罗·莱文森称之为“处处皆中心就是处处无中心”[①] 的状态，或者说，人人都是中心，又都是边缘。虚拟空间的非集中化、去中心化，使个体活动的自主性放大，同时也给数字化时代的社会控制带来前所未有的难题。

其次是身份多重。还是因为“匿名制”的实施，人们可以按需要改变自己登录时的身份、职业、容貌、健康、地位甚至包括性别在内，以寻求并体验“另类生存”的空间。虚拟社会中人际交流的多重身份就出现了。

再次是多元交融。网络空间是开放性、多样性和兼容性的有机统一。互联网成立就是本着自由、平等和开放的基本精神，这种精神构建了人们开放和宽容的态度。开放的网络语境有极强的包容性；不同的文化和多元的价值观及相异的政治观点和态度等都可以在此求同存异。

最后是平等交互。利用互联网技术建立起来的交往和交换平台倡立并张扬平等的理念，不同年龄、性别、民族、宗教信仰，持有不同的价值观

---

① 保罗·莱文森：《手机》，中国人民大学出版社2004年版，第45页。

和政治立场的人们都能够在网络虚拟空间自由来往，都可以平等地获取和传播信息。网络环境的超时空性，突破传统的地缘藩篱、权威宰制及各种现实生活中的“人为壁垒”和“潜规则”的局限，使上网者能够随时随地自主地进行信息的交流和沟通，按照自己的需要进行一对一、一对多、多对一等形式不同的平等交互式交流，只要他自觉遵守一些必要的网际法则即可，而这是现实世界无法体验的。

2. 虚拟世界的“我”的人格认同危机

人格或自我的同一性是美国著名社会心理学家埃里克森提出的最重要的概念，他认为人格或自我的同一性至少具有四个基本条件，即人格的同一性与整合和自我相关，是心理健康的基础；人格的同一性是指人们经历的所有不同的自我的综合，可理解为对自身发展的一种强烈的一致性和连续性的主观感觉，以及他者对于自己的一致性和连续性的知觉和意识；人格同一性的形成是一个社会化的过程，即通过自我与他人交往过程中的相互模仿和认同来反映社会；人格或自我同一性是一个自我调节的系统。可以这么说，人格同一性就是一个有理性的人通过不断地自我调整，使自己的人格始终保持一种相对的连续性、整体性及基于差异性认同的统一性。因此相应地，人格认同危机就是人格的连续性断裂、整体性或统一性分裂以及差异性认同困难，它一般缘起于社会生活的急剧转型和个体生命存续状态的突然改变。

具体地说，所谓的“人格认同危机”是指自我否定了原有的未分化的自我，尚未找到新的自我，自我处于矛盾与冲突之中，过去与现在之间出现了不连续状态。这种现象在现实生活中可理解为传统人格“失效”、现实人格“失范”以及理想人格“失落”。人格认同危机的实质是意义世界的被遮蔽。置身于危机之中的人们有一种“严重的无方向感”，缺乏一种确切的框架或视景以确定自己到底是谁，什么值得做，什么不值得做，什么是有意义的，什么是无意义的，等等。一旦这种在现实生活世界里无法解决的矛盾困惑能够在虚拟的生活空间得到一定的缓解和自我满足，那么这种短暂而虚幻的满足首先是依赖于计算机界面而存在，是被虚拟化了期待，离开了网络虚拟空间，这种满足感的即刻消失，期待变成了失望。此外，生活在虚拟空间的人们尤其是青年往往以工具性压倒目的性的存在，即网上生活的主要目的是追求另类的生活体验，而对现实世界里的矛盾与困惑有意识地逃避，进而颠覆现实生活的核心价值。人在虚拟空间中极易分化为多个不同的自我，这种角色的多重扮演，使得多个相互冲突的自我陷入诸多的困惑和矛盾之中，难以整合且丧失它的同一性和真实性。自我这种“碎片化”就是虚拟空间中人格的异化。

三 信息技术崇拜

今天的信息已经被资本家和经济学家“简约化”为资源、商品、资本甚至流通货币，业已成为各行各业中最有价值的商品，在整个信息社会或知识经济时代中拥有至尊的地位。“信息”已超越技术的边界而成为整个社会的中轴。然而不容忽视的是，对于信息技术推崇的极端化，就会陷入信息崇拜。可以说，虚拟世界中虚拟生活的主要影响就是来自信息崇拜。

1. 何谓信息崇拜？

美国加利福尼亚州立大学的历史学教授西奥多·罗斯扎克是用这样的一个形象比喻来诠释信息崇拜的，他认为：“信息被用来与传说中用来纺织皇帝轻薄飘逸的长袍的绸缎具有同样的性质：看不见、摸不着，却备受推崇。”① 当然，说到崇拜就免不了有极端、盲目甚至愚蠢的成分在里面。人为地炒作、人为地操纵以及媒体的过度渲染是导致信息技术崇拜的根本诱因，其具有明确的功利性目的或商业目的。正如罗斯扎克认为的那样，正是托夫勒、奈斯比特这样的庸俗的“未来学者”的“迎合时好的言语、荒唐可笑的陈词滥调和骇人听闻的大惊小怪，华而不实的诱人预言”，“正符合寻求花哨诱人的‘方便食品’去填充大众头脑的商业界和官员的需要，因此，很容易在他们之间流行”。② 而在网络信息时代，尼葛洛庞蒂的《数字化生存》一书给人们描绘了一幅无所不能的比特世界，即“计算不再只和计算机有关，它决定着我们的生存”。原本只是虚拟世界

---

① 罗斯扎克：《信息崇拜》，中国对外翻译出版公司 1994 年版，第 5 页。

② 同上书，第 19 页。

的某一方面的真实写照，却被过度地渲染，进而使信息崇拜向大众化迈进，给人一种“欲罢不能”的感觉。“信息崇拜”给企业和网络商提供了广阔的市场，他们进行大肆地煽动和渲染，把信息的功用盲目地夸大，将信息视为压倒一切的物质商品，并成为我们的基本资源且不以人的意志为转移。信息作为一种新的资本形式，被视为一种对未来经济来说比金融资本更为重要的资本。在人们还不知道信息和网络为何物时，便迫不及待或者糊里糊涂地购机、上网，可是又不知在网上该干什么，因此网上聊天就成为许多人上网后的唯一选择。

2. 信息崇拜对核心价值的消解

对网络信息技术的过分依赖或信息崇拜的负面影响是多方面的，其中最根本的是对现实世界之核心价值体系的影响。

首先，信息崇拜是翻版的技术至上论。“信息崇拜”的深层次原因是来自由来已久的技术至上的影响。技术至上是一种人与机器的不正常关系的极端体现。因为人有一种惯性即乐于把幸福、希望和尽善尽美的主观愿望及想象寄托在新奇、新鲜事物之上。蒸汽机、火车、飞机等流行一时就是典型的写照和象征。这种由某种技术所引起的狂热随着每一次的发明和投资的新浪潮在多变的工业经济中似乎或确切地找到了一席之地后，而后又随即飘然离去，人们又不得不把希望寄托在新的技术发明之上，以计算机和网络为平台的信息技术自然而然地迎合了当下的这种新希望。“信息崇拜”是技术主义在网络社会的翻版，是技术主义以一种全新的形式出现在信息时代。

其次，信息崇拜催生了享乐主义。虚拟的网上生活使得游弋其中的人们有着一种类似于游牧式的心态，让人们仿佛有了一种穿越时光隧道的感觉，既可以回到从前，也可以畅游未来。其生活的真实目的就是“现在”，就是“及时行乐”。于是把现实生活中要做的事顺延至人生的“下一站”，一味地只注重感官上即时的感受与满足，现世生活只剩下消极等待。沉溺于网络游戏，整日无所事事，就是许多人尤其是年轻人生活的真实写照。

最后，信息崇拜加剧了行为的主观任性。由于信息崇拜是以一种彻底的外在化、符号化的方式来对待真实社会，人与人之间的交往比以往任何时候都显得困难。缺乏"面对面"的社会沟通，没有了人与人之间基于丰富情感或真实表情的心灵交汇，网上交友甚或网恋等也只能是纸上谈兵，只会纸上谈兵，痴心妄想地把网络世界当成现实生活。

3. "反客为主"致使人格异化

网络对人的控制正是"反客为主和工具性压倒目的性"的异化现象。电脑网络本来是受人控制的一种工具，当人盲目迷信网络，任由网络和电脑对自由的束缚和摆布，放弃了人的"最终控制和判断权"把电脑网络控制权当成"最终控制权"就难免不出现异化现象。从实质上看来，并不是网络对人的控制，而是人在网络技术面前失去了理性，失去了自己的主体地位。正常人格所具有的多重要素被唯一的网络生存方式所扭曲了，使得原有的现实人格逐渐异化枯竭。正如一个网络迷恋者所说："网络人主体意识的丧失，现实感的丧失，被自己创造的工具和对象奴役，产生行尸走肉的感觉。"①

虚拟世界的人格认同危机或者说人格在虚拟空间的异化，滋生了道德虚无主义、价值相对主义以及不负责任的个人主义，其突出表现为普遍的快节奏、狂热的消费、传统的摒弃，上网者似乎制造出了一个没有过去和将来的"永恒现在"。个体自我异化主要包括在自我认知、个体性格、个体道德价值观、个体责任感以及个体人际交往等方面的异化。学者李伦认为道德人格异化的原因在于："人格的形成是个体社会化发展的过程，是个体与社会相互作用的结果，是个体适应社会环境的稳定的心理特征。网络成瘾就是阻碍人的社会化的发展。同时，由于网络行为的符号化和网络身份的可变性，使人们可以轻易改变自己的网上角色。这种角色的不稳定性和多面性，使人们常常处于矛盾的、互相冲突的道德选择和转换之中，给道德人格的形成和发展带来很大的压力，从而容易导致道德人格的异化。"② 现实空间与网络空间的差异，使人们在现实空间与虚拟空间角色转换时出现障碍，导致个体自我同一性的分解，形成"双面人"：现实人

---

① http：//blog. sina. com. cn/s/blog_ 4c9d65bb01000831. html.

② 李伦：《鼠标下的德性》，江西人民出版社 2002 年版，第 17 页。

格和虚幻人格。

4. 对“温柔控制”的深信不疑

一方面，网络催生包括“免费文化”在内的网络亚文化；另一方面，“免费文化”等不良的网络亚文化又进一步强化了对网络信息技术的崇拜。信息时代是崇尚速度、效率的时代，而速度和效率的标准就是低成本和高产出的有机结合，最好就是无投入的产出。所以，“不劳而获”便是最大的赢家。这种痴人说梦般的幻想在虚拟的网络空间却是大行其道，“免费的午餐”似乎充斥着网络空间的每一个角落，免费的且可以任意下载的软件、邮箱、游戏、音乐、信息、视频、图片甚至论文等，比比皆是，不一而足。让人觉得，免费就是好！但殊不知，“天下没有免费的午餐”，因为免费的背后至少存有三种隐忧：其一，它消解了诚实劳动和勤劳致富等核心价值，滋生了人们的依赖、等待等惰性心理；其二，它在无形之中耗去了上网者的大量宝贵时间，越是免费，越需要比较，不仅如此，几乎所有的网站都打着免费的招牌，大做广告，强行推出与上网者需要毫不相关的内容和链接；其三，“免费”的内容时常和病毒绑定在一起，让人心存疑虑，忐忑不安。概括地说来，这种“免费的午餐”文化致使现实中的人们更加崇拜网络信息技术，沉溺于网络生活，虽时常有一种被蒙骗、被操纵、被催眠、被剥夺的不畅快感，但最后还是欲罢不能。因为被信息技术操控着的人们是没有退路的，是无法知晓自己网上命运的方向的。不止如此，为了唤起网民对其网站或网页的关注，获得“眼球经济”① 的效益，各网站可谓是煞费苦心，变换着不同的方式，以图片、音频、视频、文字等技术手段，甚至不惜以游戏、暴力、色情、另类、甚至变态的手法，用把上网者的感性与感官“享受”发挥到极致的伎俩来留住网民的注意力，极具诱惑力，让人难以抗拒。此外，在信息社会里，信息即是权力。信息作为一种新型的主宰方式和力量，是以更为“温柔”

---

① 所谓“眼球经济”是指依靠吸引公众注意力获取经济收益的一种经济活动，在现代强大的媒体社会的推波助澜之下，“眼球经济”比以往任何时候都要活跃。电视需要眼球，只有收视率才能保证电视台的经济利益；杂志需要眼球，只有发行量才是杂志社的经济命根；网站更需要眼球，只有点击率才是网站价值的集中体现。

的强制方式实现其技术统治的。工业社会精心打造的“牢笼”[①] 式的、基于知识或技术—财富或经济—政治或官僚“三位一体”的社会基本结构范式所具有的宰制性和操控性，在信息时代或网络社会中非但没有被削弱，反而被进一步强化。这种操控性和宰制性超越时空的藩篱，无时无处不在，与我们如影随形。不仅如此，工业社会出现的因为“理性无知”[②]（rational ignorance）的麻木不仁，到了信息社会完全变成了“深信不疑”。因为广大网民深信网络是最“铁面无私”的，其实不然。

小 结

现代信息技术的发展，拓宽了类的生存空间，改变了人类的生存环境，基于数字化的生存方式在一定程度上颠覆着传统生活方式和现实生活世界的诸多价值标准。现代人尤其是青年人在现实世界中面临着诸多自我难以解决的矛盾和困惑，并期许能够在电子“伊甸园”中找回自我价值和精神皈依。然而，贴着“自由、平等、开放”为标签的虚拟空间并非想象中的天堂，因为这种类似“面具”的交流形式遮蔽着许多本真的存在，“错位”现象时有发生，致使像网络诈骗、网络犯罪、网络黑客、网络病毒等问题日益凸显。由此可见，人们在虚拟空间实现自我价值的愿望在一定程度上只能成为一厢情愿的幻想，虚拟空间的生存方式消解了现实世界的真实性。特别是价值标准的多元化和自我主体性的丧失，使得虚拟空间中的主要群体——青年在人格认同方面出现了危机。青年人游离在虚拟自

---

① 韦伯“理性铁笼”的隐喻是西方韦伯学的一个基本概念，如同马克思的“异化”、卢卡奇的“物化”或者哈贝马斯语境中的“生活世界殖民化”一样，也是社会理论尤其是现代性问题研究的著名隐喻。“理性铁笼”预示着现代人的命运，从“宗教—神本位”的理性主义解脱出来的现代人，因为失去了灵魂与心灵的依托，使得整个生活状态处于没有根的“漂浮状态”，职业的分化造就了一批“没有灵魂的专家”，而完全专业化、非人格化的资本主义社会运作，使得现代人受到了“为赚钱而赚钱”的经济秩序的奴役，同时还受到了科层制普遍化的奴役，人不仅成为只顾赚钱的行尸走肉，也成为组织机器中的无生命螺丝钉。

② 生活在现代社会中的现代人情愿或不情愿地选择待在“技术—经济—政治”“三位一体”、共同打造的“牢笼”之中，只是因为我们认知的有限和个体力量的弱小与无助，而将自己的权利和权益拱手交给了那些我们自认为值得信赖而且也是不得不信赖他们的“守夜人”和“牧羊人”，希冀着他们能够尽心尽力地看护好我们的家园，经营好我们的土地，用好管好我们的钱财，真心实意地维护好、实现好、发展好我们这些“羔羊”的最根本利益。

我和现实自我之间，致使自我与社会脱离；对网络的过度依赖性导致人格的异化；“自我中心主义”的个性凸显与张扬，造成了虚拟自我和现实他我的对立。核心价值的丧失和道德框架的断裂，方向感的迷茫和自我定位的偏差，价值追求从崇高滑向流俗，甚至恶俗。消费文化的强势和相对主义、功利主义、道德虚无主义、自我中心主义、信息崇拜等的推波助澜，使人们产生了一种莫名的幸福被剥夺的感觉。“颠覆”之余急需“重树”，“解构”之后意味着“重构”，“危机”之中寓含着“转机”。借助自我主体性的确立、真善美和谐统一、慎独的道德主体自律、德法之并治以及思政教育之教化的“五位一体”，来“重树”因虚拟生活“颠覆”了的核心价值，“重构”因虚拟生活“解构”了的人格同一性，以期实现青年人因虚拟生活出现的人格认同危机出现新的“转机”。

第五章　人格同一性认同的共同体背景

现代人之所以不再轻易地相信或信任他人，之所以不再轻易地向他人许诺什么，主要是因为，随着社会关系的高度分化，诸如家庭、城邦、教会等共同体解体及其内在统一性的消逝，美德的道德实践背景不见了，人格及其同一性赖以存在的伦理实体不见了。再加上由此而产生的传统的断裂，使得人与人之间出现了前所未有的存在性孤独，感情融洽，价值共享，生命共存的共同体生活及其一贯性被打破，代之以原子式的以自我为中心的个体的“自我实现”，或者是物质的和精神的正当利益的满足，社会人伦关系的稳定性不见了。人们彼此间不再熟知，也没有了情感，传统意义上的伦理道德追求逐渐被形式的无表情的规则和契约关系所取代。

我们的道德是以我们的社会性行为举止为中心而逐渐形成的。我们只有作为社会性存在，才是有道德的存在。在这种道德的存在中，我们一方面是使自我成为可能的社会；另一方面则是使一个经过充分组织的社会成为可能的自我，这既是个体道德的社会化、外在化过程，也是社会伦理规范的个体化、内在化的过程。只有作为社会性存在尤其是作为共同体成员的存在，我们的行为举止才是反思性的，因为，我们会惯常性地不断采取那些明确的、包含着我们与其他人关系的态度原则。在我们生命的每一天，我们都始终在不断重建我们所直接从属的社会，自觉地或不自觉地。重建我们从属的共同体或社会的过程也同时是重建自我或人格及其同一性的过程。人格重构与共同体重构、社会关系重构是休戚相关的。

一　共同体与人格同一性认同

人之所以是有理性的存在，是因为他是一种社会性存在。我们的判断所具有的、为康德所极力强调的普遍性，是一种从下列事实中产生的，即我们采取了整个共同体的态度、采取了所有其他有理性的存在者的态度。我们通过与其他人的关系，才成为我们现在这个样子。而一个人之所以有一个人格，就是因为他属于某个共同体。

1. “一般化他人”的立场

作为一种社会性的本体存在，我们的行为举止，不论是从它的目的和内容观点来看，还是从它的具体形式来看，都必然是为了某种社会性目的。社会性（sociality）使各种伦理判断具有了普遍性，并且支持下列流行的陈述，即所有人的声音也就是具有普遍性的声音；也就是说，“它是任何一个能够理性地充分认识这种情境的人都会赞同的声音。”① 而一个人之所以有一个人格，就是因为他属于某个共同体，没有共同体生活或社会性存在，没有相对于其他人同类的比照，就不会有人与人之间的彼此的差异，也就没有人之所以异于禽兽的社会本质属性的存在，而正是这种把自己与他人区别开来的差异性以及人的共同属性奠定了我们人格的基础。因为他接受这个共同体的各种规章制度（institutions）——只有当共同体对个体的这种反作用以我们所谓的制度形式表现出来的时候，这个共同体的发展就会出现一种最重大的进展——并且使它们转化成他自己的行为举止。换句话说，一个人要想成为一个真实的完整的自我，就必须成为某个共同体的成员。共同体的各种制度，使其成员获得了他行动的原则，也就是使每个人都把自己置于一般化的他人的位置之上。正因如此，这样一个由共同体原则所指导的或采取一般化的他人的态度而做出一组有组织的反应的人，也就是我们从道德上所说一个有品德的人。一个人因为从属于一个具体真实且具有结构和文化或规则整体性和连续性的共同体而获致的社会角色以及与该角色相匹配的美德或良好品质，就构成了他或她的人格，并且他或她也因此获致了其人格的同一性。有关人格的同一性或完整性和道德认同的问题，会引起人们对“我是谁?”“我的道德核心是什么?”的疑问。个体性的自我只有将自己置于一个具有向心力的共同体或社团内部，消除因归属感的丧失而获致的人格的暂时性分裂，从而重构人格的完

① 乔治·赫伯特·米德:《心灵、自我与社会》，霍桂桓译，华夏出版社 1999 年版，第 407 页。

整性和统一性，只有这样，我们才会学着按照共同体的原则或者是共同体内其他人可能一致性采取的态度去行动。

2. **特性角色与人格塑造**

那么，共同体又是如何塑造人格和人格同一性的呢？共同体成员是通过他们的特性角色（characters）扮演来塑造人格及其同一性的。所谓特性角色，是指某一特殊的共同体的特定文化所规定的特定的社会角色（social roles）。对于一个社会来说，辨别这些特定角色的能力是至关重要的。因为有关这些特定社会角色的知识，能够为那些承担了这些角色的社会个体的各种行为提供一种解释。之所以如此，恰恰是因为那些个体已经运用了非常相似的知识来引导和建构他们的行为。因此，我们绝不能把特定角色混同于一般的社会角色。在特性角色中，是把某种道德束缚置于那些角色承担者的人格之中。在特性角色中，角色与人格以一种特殊的方式融合在一起，因为在特性角色中，界定行为的可能性的方式比一般情形要有限得多。正是这些特性角色以及对于形塑它们的文化的路径依赖，使得不同文化呈现出关键的区别。此外，特性角色还有另外一个引人注目的特性维度。可以说，特性角色是其文化的道德表征，这是因为，通过这类特性角色，道德和形而上学的观念与理论在社会世界即现实生活世界中呈现为一种具体化了的存在。特性角色可以说是道德所戴的面具。个人和角色都能够并且实际体现各种道德的信念、学说与理论，只不过方式各不相同罢了。个人是通过其意向来表达行为中所包含的多种道德信念的。这是因为，所有意向都以复杂程度或高或低、融贯性或强或弱、清晰度或大或小的道德信念为其前提条件的。而某类社会角色可以以一种截然不同的方式体现各种信念，因为一个人的真实信仰与他所扮演的角色行为所表现出来的信仰有可能完全不同。特性角色为共同体成员提供一种文化或道德的理想和思维模式。这就要求在此类情况下，角色与人格必须融为一体，社会生活形态与个体或人格心理形态相吻合。因此，特性角色使一种社会存在模式获得了道德上的合法化，它们为特性角色的承担者们的思想和行为提供道德上的论证。① 也正如在前文中已经提及过的那样，没有什么人

---

① 麦金太尔：《追寻美德——伦理学理论研究》，宋继杰译，译林出版社 2003 年版，第 35—37 页。

能在稍长一点的时期内单靠自己而很好地活动或行动，他们都需要由其伙伴的反应来激励和控制。人完全是因为与其伙伴的个人联系才在智力上、道德上、文化上和情感上不断成长的。实际上，对绝大多数人来讲，孤立无援、无人知晓、众叛亲离的境地都是最难以忍受的。

二　共同体与美德的三重架构

美德是古今思想家尤其是道德哲学家思考的最重要的主题之一。一般来说，对于美德的伦理学规定主要有三种观点：第一种观点认为，美德是一种使个人能够履行其社会角色的品质；第二种观点认为，美德是一种使个人能够朝实现人所特有的目的运动的品质，无论这一目的是自然的抑或是超自然的；第三种观点认为，美德是一种有利于获得尘世或天国的成功的品质。而我认为，既然美德与人格密不可分，那么与人格的三重架构相对应，我们也应该可以对美德作三个层次的意义解读，并由此揭示出美德实践与建构人格同一性之间的内在关联特质。

1. 获得性品质

对于个体来说，美德是一种获得性人类品质，对它的拥有与践行使我们能够获得那些内在于实践的利益，而缺乏这种品质就会严重地妨碍我们任何诸如此类的利益。这个定义已经阐明了美德在人类生活中的地位。因为不难证明，没有这些主要的美德，就会妨碍我们获得实践的内在利益。在我们与其他实践者相关的实践中，我们只有委屈自己才能获得实践的利益。因为我们不得不学会承认什么东西应归于什么人；我们不得不冒险去做实践过程中所要求的任何可能危及自我的事情；并且，我们也不得不认真聆听他人对我们自身不足的指责并同样认真地晓之以事实。因此，从实践所赖以维系的那些关系类型的角度看，诚实、正义与勇敢——或许还有其他——乃是真正的优秀，是我们界定自己和他人所必须依据的美德，而不论我们个人的道德立场或我们寄生于其中的社会的具体准则可能是什么。同时我们也承认，不同的社会有且已经有不同的诚实、正义与勇敢的准则，但是这两种认识完全可以相容共存。换句话说，实践可以在有着非常不同的准则的各种社会里盛行；但实践绝不可能在这样一些社会里兴盛，在这些社会中，美德不被重视，虽然为统一的目标服务的各种社会事业机构与专门技术可能会持续良好地发展。实践永远没有亘古不变的目标，相反，各种目标本身却被实践活动的历史所改变。因此，每一种实践均有其自身的历史。因为这一历史维度与美德有着至关重要的联系，所以它不同于技术进步的历史。进入一种实践就是进入一种关系，这种关系不仅涉及其当代实践者们，而且也涉及先于我们进入这一实践的那些人，尤其是将美德的实践范围扩展到目前这个程度的那些人。

因此，在个体美德的层面上，人格同一性就是“对其他人而言，我在任何时候都永远是我已经是的那个东西——并且我在任何时候都可能被要求对此负责——无论我现在可能发生怎样的变化。我的同一性或同一性的阙如决不能建立在自我的心理连续性或不连续性的基础之上。自我占据一个其统一性是作为一个角色的统一性被给予的角色。”① 而美德就是“我已经是的那个东西”，即我的社会地位以及我所担纲的社会角色的品质或德性，也就是说，“我已经是的那个东西”所内具的品质或美德，就构成了我的存在的全部，即我的人格。麦金太尔所诠释人格与人格同一性，是相对于他人而独立存在的、相对现在已经是的以及一定社会人伦关系中的某一角色的所赋予的。它凸显了人格及其统一性的关系性、历史性以及整体性特征。就人格同一性而言，如果要说一个在两种截然不同的情境中是“同一个人”的话，就要求给予他一种可理解的叙事背景——使我们能够理解何以他在不同的时间、不同的地点却是同一个人并且被作如此不同的描述——是有意义的，自我的这种统一性是由“我已经成为的那个东西”即我的社会角色所内具的美德来理解或表达的。因此，历史叙事中的自我或人格的概念是双重的：一方面，我是在我经历从生到死的故事的过程中被他人所合理地认为是的那个存在；我是一个历史的主体，这个历史是我自己的而不是任何别人的，并且有其自身独特的意义。因此，人格同一性正是角色同一性的先决条件，而角色同一性又是叙事统一性所必需的。没有这种统一性也就不存在任何可被描述的故事的主体。现实性的自我的另一方面与此相关：我不仅能够解释，而且还总是能够要求

---

① 麦金太尔：《追寻美德——伦理学理论研究》，宋继杰译，译林出版社2003年版，第275页。

别人给出一种解释，能够向别人提出这种问题。我是他们的故事的一部分，诸如他们是我的故事的一部分。任何一个人生活的叙事都是相互联结的叙事系列的一部分。追问你的所作所为及其理由，陈述我的所作所为及其理由，考虑到你对我的所作所为的解释与我对我的所作所为的解释之间的差异，反过来，也考虑我对你的所作所为解释与你对你的所作所为的解释之间的差异，这些就是几乎所有最简单、最基本的叙事的本质要素。因此，没有自我的可解释性（accountability），构成所有最简单、最基本的叙事之诸事件的那些连续性就不可能发生；而没有自我的可解释性，叙事就会丧失使叙事以及构成叙事的行为具有可理解性所必需的那种连续性。

2. 共同的善

就个体相对于他人或共同体而言，诸美德就要被理解为这样一些性好，它们不仅能维系实践，使我们能够获得实践的内在利益，而且还会通过使我们能够克服我们所遭遇的那些伤害、危险、诱惑和迷乱而支持我们对善作某种相关的探寻，并且为我们提供越来越多的自我认识和越来越多的善的知识。因此，德目表将包括为维系男人们和女人们能够在其中共同追求善的那种家庭与共同体所需要的诸美德，以及有关善的特征的哲学探究所必需的诸美德。① 在这里，麦金太尔给出了一个有关对人来说的“善的生活”的临时结论，即对人来说善的生活，是在寻求对人来说善的生活的过程中所度过的那种生活，而这种寻求所必需的美德，则是使我们能够更为深入广泛地理解对人来说善的生活的那些美德。通过将美德与对人来说与善的生活相关联而不仅仅与实践相关联，麦金太尔也就完成了我们的美德理论的第二阶段。美德的第二个阶段凸显了它是人们共同追求的善的家庭与共同体所需要的，是与善生活相关联的，也是有关善的特征的哲学探究所必需的。因此，这个层面上的美德意义是超越了人的个体性以及个体关系性的界限，上升到群体生活领域，并从群体的角度来规定人格。那些由共同体内部的一个人与实践有关的善的生活而规定的美德，使人格

---

① 麦金太尔：《追寻美德——伦理学理论研究》，宋继杰译，译林出版社 2003 年版，第 278—279 页。

获得了更高层次的规定性和同一性，也就是社会关系或制度层面上的人格规定性和同一性。

在基本相同或基本稳定的社会情境下，共同体中存在着的某些活动方式，对于任何一个置身于此共同体的个体来说，都是具有自我意志的个体从共同体内其他人的态度那里引出的活动方式。因此在我们所生活的共同体中存在着许多这样的共同反应系列或相互作用系列，这就是制度的形成。制度表现了共同体的所有成员对一种特定情境所作出的共同反应。因此，社会制度就是有组织的社会活动形式或者群体活动形式。由于这些活动形式组织化程度很高，所以，只要社会的个体成员采取其他人针对这些活动的态度，他们就能够进行适当的、符合社会生活之要求的活动。“无论如何，没有某种社会制度，没有构成各种社会制度的有组织的社会态度和社会活动，就根本不可能存在任何完全成熟的个体自我或者个体人格；因为各种社会制度都是一般的社会生活过程之有组织的表现形式，只有当这种社会生活过程所包含的每一个个体，都通过其个体经验反映或者理解了社会制度所体现或者表现的这些有组织的社会态度和社会活动时，这些个体才能发展和拥有完全成熟的自我或者人格。”① 反过来说，个体的自我统一性或者人格的完全成熟，往往标示着整个社会过程所具有的统一性或者社会完全成熟。因此，在共同体内部，“人格”这个术语意味着，个体既存在着使他与其他任何一个人区别开来、使他成为现在这个样子的东西，同时也拥有某些共同的社会天赋（social endowment）；人格是“社会性的自我”与“个体性的自我”的有机整合。亚里士多德也十分重视和强调共同体对人格形塑和完成的重要作用，一个人的善良的特性或德性是从“生长于一种社区中”获得的，这种社区尊重他提出的四种德性或德行——勇敢、公正、智慧、节制——并且训练年轻人依据这四种德行来思考和行事。

由此可见，每个人首先应该过社会生活，始终待在社会中，因为他不这么做，就绝不可能创造任何自相一致，而这对他来说毕竟是绝对命令。谁离群索居，谁就放弃了自己的目的，并且道德的传播对他

① 乔治·赫伯特·米德：《心灵、自我与社会》，霍桂桓译，华夏出版社1999年版，第282页。

来说也就是完全无所谓的了。谁在道德方面只关心自己，谁就连自己也关心不了。“因为他的终极目的应该是关心整个人类。他的德行绝不是什么德行，而是一种甘为奴隶、贪图报酬的利己主义。寻求和创造社会生活，并不是单纯委托给我的工作；假如有谁是在荒野中诞生，则可以让他永远待在那里；但是，每一个熟悉我们的人，则会单纯由于熟悉我们关心的事情，也与我们共同受到委托，去寻求和创造社会生活。”①

在“共同善”的意义上，人格同一性则是指由自我——能够意识到自身存在的那个主体性的“我”，是理性的我——从不同的社会群体或共同体中所获致的角色统一性；而人格的分裂现象是由一个把完整统一的自我分裂成构成这种自我的许多自我的过程造成的。由于自我是一个社会性自我，所以，它是一个通过他或她与其他人的关系而得到实现的自我。譬如说，在现实生活中，人们确实实践其诺言、履行其义务，并且因之为自尊心找到了某种社会情境的基础——这些方面都是在与我们有关的大多数共同体成员中流行的特征。因为，“在这样的社会情境中，存在一个个体与另外一个个体之间的或多或少的认同，价值的认同。因为此时我们已经采取这个人的态度，使自己与这个人等同起来。”② 就像我们对自身美丑的最初想法是由别人的、而不是由自己的身形和外表引起的一样，我们最初的一些道德评论也是针对别人的品质和行为的，并且，我们极其急切地观察各种评论会给自己带来什么样的影响。即便是在功利主义者给出的美德概念中，譬如按照霍布斯的观点，人不得不处于社会的庇护中，不是由于他对自己的同类怀有自然的热爱，而是因为，如果没有别人的帮助，他就不可能舒适地或安全地生存下去。由于这一原因，社会对他来说是必不可少的，并且任何有助于维护社会和增进社会幸福的东西，他都认为具有间接增进自己利益的倾向；相反，任何可能妨害和破坏社会的东西，他都认为对自己具有一定程度的伤害和危害作用。美德是人类社会最大的维护者，而罪恶则是最大的扰乱者。

---

① 费希特：《伦理性体系》，中国社会科学出版社 1995 年版，第 237—238 页。

② 乔治·赫伯特·米德：《心灵、自我与社会》，霍桂桓译，华夏出版社 1999 年版，第 223 页。

3. 美德的形而上学

在形而上学的层面上，有关人格的统一性或完整性和道德认同的问题，会引起人们对“我是谁?”“我的道德核心是什么?”等形而上学的疑问。这些疑问往往会出现在人们面临着诸多的诸如对与错、善与恶、是与非、美与丑之间——更为甚者是面临着对与对或错与错、善与善或恶与恶、是与是或非与非、美与美或丑与丑——这样的道德抉择的时候。当个体在对自己的实践行为作道德抉择时，如果经常性地不能对“我是谁”和“我的道德的核心是什么?”等这样的疑问做出正确而合理的回答——个体往往是很难做出的，特别是个体没有将自己置于一个具有向心力的共同体或社群内部——时，就不能消除因归属感的丧失而获致的人格的暂时性分裂。另一个值得我们思考也一直令亚里士多德烦心的课题，那就是社会和文化对人格——相对于共同体的或个体的那个人格而言——的形塑。这就是“我”的道德判断的自信。因此，要知道如何按照普遍规则思考和行为，就必须首先“认识我自己或你自己”。那么，如何来认识或正确地描述“我自己”呢?那只能是在共同体内部、在与他人的相互作用中来描述“我自己”，这是一个“关系中的自我”(relationship self)。约瑟夫·巴达拉克对这个“关系中的自我”作了极尽周详的概括：“我是一些人的儿子或女儿，是一些人的兄弟表姐妹或是叔叔；我是这个或那个城市的居民，是这个或那个同业互助会或行业中的一员；我属于这一群体，这一国家。我继承着我的家庭、我的城市、我的群体、我的国家的过去，继承着各种各样的债务、遗产，以及正确的期待和义务，这些构成了我生命的前提，我的道德的出发点。这是赋予我与众不同的只属于我的道德的部分。”① 事实上，人格的这些只属于我的道德部分的属性，是我已经成为的那个东西，只是因为我们不能或者不愿意意识到它们，之所以如此，一方面可能出于外在利益而逃避某种责任；另一方面也是由于我们的知识或认知上的局限而导致的“我”的道德判断力匮乏。

---

① 约瑟夫·巴达拉克：《界定时刻——两难境地的抉择》，经济日报出版社 1998 年版，第 128—129 页。

三　人格与共同体的双向重构

应该说，在很大程度上，我们的认识是从属于道德的，而道德在很大程度上又只是一个自我内省、个人修身的问题。所以当我们说中国人缺乏个体的自我意识时，还应该特别强调，这种缺乏是与我们缺乏对“共同体”、对“他者”的意识密切相关的。而这一点，对我们来说，哪怕仅就一种学理上的探究而言，目前也有着特别的意义。

在一个既定的、有组织的人类社会之诸个体成员之间发生的社会冲突，不仅迫使这些个体为了消除它们而对这个社会进行有意识的或者说明智的重建和修改，而且也同样迫使这些个体对他们自己的自我或者人格进行这样的重建和修改。因此，社会重建与自我重建或者人格重建之间的关系，具有相互性、内在性和有机性；由任何一个有组织的人类社会之诸个体成员进行的社会重建，都需要同时伴随着每一个个体在某种程度上所进行的自我重建或者人格重建，反之亦然。这是因为，每一个个体的自我或者人格都是由他们相互之间的、有组织的社会关系构成的，所以，如果他们不同时在某种程度上重建这种既定的社会秩序——当然，这种社会秩序也是由他们相互之间的有组织的社会关系构成的——那么，他们就无法重建这些自我或者人格。这两种重建类型是同一的，只不过是人们分别从不同的角度或者观点出发、以不同的方式处理问题罢了。简而言之，社会重建和自我重建或者人格重建是同一个过程——人类社会的发展过程——的两个侧面。人类社会的进步包含着人类个体对他们从社会角度得到的自我意识机制的运用——他们既运用这种机制来实现这些进步的社会变迁，也运用这种机制使他们的个体性自我或者人格与这样的社会重建过程保持一致的方式，发展他们的个体性自我或者人格。

1. 重塑人格同一性

共同体内“一般化他人”的态度或立场为个体人格的形成，以及人格的同一性的认同提供了基础，而且也为共同体成员之间的相互沟通和对话以及在此基础上形成的对共同体内部规范的认同或价值共享提供了真实的语境，这样一来，道德就在共同体内生成了。不仅如此，共同体的存在及其运动本身就极具实践特征，一种道德的或美德的实践特征。共同体有一种道德的力量在推动着它的成员，使他们彼此吸引，相互追求，相互联系，并紧密结合在一起。各种形式的人类共同体（家庭、城邦、教会以及企业共同体，同时也包括社会制度机构）的建构与维系本身就是一种与美德的践行有着特殊密切关系的实践所具有的一切特征。

(1) 人格认同的三维一体

与对美德以及美德在塑造人格以及人格同一性方面作了三个层次的意义理解相对应，人格认同的概念必定也有三个基本维度，即：生命体认同、共同体认同和形而上的意义认同。首先，我是一个生命的或肉体的存在，在这一生命有机体中，我不仅仅是拥有一个肉体，而且还是一个具有灵魂或意识的肉体。其次，我作为不止一个共同体的成员，每时每刻都与别人交往，而且因为我在我的共同体内每时每刻都在从事着各种随时间而扩展的谋划，所以个人的道德践履在这种共同体生活中必定有可能得到连续性的说明。因此，我作为同一个人的人格认同就要求我有时要使自己和我的共同体内的其他人能够理解到（像我自己在某些特殊情况下所做的那样去做的话）我是在做什么；也要求我有时要准备在将来的任何时候去根据别人的判断来重估我的行为。这样，要获得我自己的生命体的认同，也就是在我的肉体生活中成为同一个人，就意味着要能够在我所在的诸共同体内向别人持续而可靠地解释我的行为、态度和信念。最后，因为我总是将我的生活理解为一个目的论意义上有序的统一体，一个我必须学会如何去发现其本性和善的整体，所以我的生活作为一种追求就具有连续性和统一性，这一追求的目标就是要发现我人生的真理，而这种真理又是一个完整人生的善之不可或缺的一部分。所以，依照这种观点，我的人生就具有从开始到中段再到结束的一种历史故事的统一性，及由生到死——这时，对于我所成就的善就可以盖棺定论了——的故事。而且，人生之统一性和连续性的第三个方面与其他两个方面不可分割，正如其他两个方面之间以及其他两个方面与第三个方面之间不可分割一样。一句话，生命体或肉体只有在能够将自己的人生理解为一个整体时，才是有意义的。

我们知道，自我与他者之间的内在关系往往体现为现代社会认同的个体性和集体性的关系。一方面，现代认同具有个体性的一面。所谓个体性就是现代认同的个性和独特性；另一方面，现代认同也有社会性和集体性的一面。集体的认同强调的是认同的相似性或相同性，它是诸个体对地位、价值、意义等的感觉的共享。个体的独特认同和集体的社会认同相当于一个镜子的两个方面，社会认同从永远不是单边的。从个体独特的认同这一面，人们可以看到集体的社会认同；从集体的社会认同那一面，人们可以看到个体的独特的认同。个体认同离开了他者的世界是没有意义的，这就预示了自我的另一个关键特征——一个人只有在其他自我之中才是自我。在不参照他周围的那些人的情况下，自我是无法达到描述的。自我总是在一定的社会环境中诞生的，这一事实我们一刻也不曾忽略。应该说，自我总是在人际关系中诞生并成长的。

（2）人格认同的路径依赖

按照麦金太尔的观点，更为重要的是，对于人格同一性及其认同这样的复杂而形上的概念或问题的解决，只是作为且只能作为某一传统的后果而产生。而且，每一种传统的主张都必须而且只有在他自己的语境中才能够被理解为某个通过他或她在某一共同体内的言述，从而使他或她自身成为可解释的人的作品，而该共同体的历史就产生一种理解、评价以及回应那种言述的非常固定的能力。我们不仅知道他或她说了些什么，而且也知道这些言语是在什么样的共同体内得以成为制度化的观点，是在什么样的发展史过程中由谁说和对谁说的，这一切才能成为人们在这种传统内部对这些言述作出充分回应的先决条件，为此，传统本身也就成了某种被鲜明地预设的东西，而非被陈述的东西。从麦金太尔的论述中我们不难看出，人格的同一性及其认同问题，或者说有关人格的重叙问题，不同的传统有着自己不同的主张，这是由生活于该传统内部的他或她所处的语境或历史情境决定，而这种历史情境或言说的语境则是由他或他所寄身于其中的不同共同体以及共同体的文化或意义系统来形塑的。因此，人格认同或人格重塑的问题——在个体生命意义上的、共同体意义上的以及认识论意义上的——其实就是一个个体作为单个的心灵和肉体的存在，通过在不同的共同体中与其他人或“一般化他人”——一般是以制度、规则或团体精神或文化表现出来的——相互作用、相互影响而形成价值共享的基础上，对个体自我、共同体以及个体和共同体的历史连续性的认同。也就是说，人格的认同与重塑是通过他或她所居于其中的共同体以及他或她和共同体的传统来形塑的。这一点也为大多数社会心理学家们所认同。“我们所谓的自我和人格的认同，则是指‘主我’与‘客我’的某种程度的融合。这种融合或认同只有在一个诸如宗教情境这样的社会情境中才能实现，因为只有在这样的社会情境中，所有的人的心灵才似乎得到了某种程度的升华，大都形成了把其他任何一个人当作属于共同体的人来接受的态度。这是一种更高级的社会认同，它只有通过共同行动或群体协作才能实现。”①因此，为了重构人格的完整性和同一性，我们只有学着按照共同体的原则或者是共同体内其他人可能一致性采取的态度来行动。这样一来，我们又不由自主地被引入康德的“绝对命令”上来，即“只按照你认为可以成为普遍规律的道德准则去行动”。但是，如果一个共同体或社群精神涣散，它的离心力不仅会使共同体成员失却人格的完整统一性、行为的稳定惯常性，“而且还会把人们从他的雇主、公司的股东、朋友和良师益友、他的父母甚或是他自己和自己的理想的身边带走，而成为无家可归者。”②

（3）人格重构的共同体背景

从现代认同观念来看，个体的认同和集体的认同始终处于一种恒久的相互塑造关系之中。前者构成了集体认同，没有个人的身份感，集体的身份感也就失去了存在的可能性和基础；同样，集体认同提升了个体认同，引导着个体认同的最终发展方向。合理的现代认同就是形成于二者之间合理的张力。合理的现代认同观念就是在这些相互关系中形成的，当代合理认同是认同的个体性与集体性、对自我的关注和对他者的尊重的辩证统一。黑格尔对市民社会③的规定充分说明了这一点。他指出，个人的生活和福利以及他的权利的定位，都与众人的生活、福利和权利交织在一起，他们只能建立在这种制度——一切方面都相互依赖的制度——的基础上，同时也只有在这种联系中才是实现了的和可靠的。换句话说，我在促进我

---

① 米德：《心灵、自我与社会》，霍桂桓译，华夏出版社 1999 年版，第 297 页。

② 约瑟夫·巴达拉克：《界定时刻——两难境地的抉择》，经济日报出版社 1998 年版，第 24 页。

③ 市民社会是诸个人、诸家庭的聚集，是作为特殊性与差别性的阶段，所以首先凸显为伦理的丧失。即使着重伦理和普遍，也是为了作为满足特殊需要或特殊利益的手段。但伦理性、普遍性归根到底是支配着市民社会的，所以最后在国家中又回到伦理的充分体现。市民社会是由家庭这个小家过渡到国家这一大家的中间环节，是桥梁，桥梁稳固了，社会也就安居乐业了。市民社会的发展又分为三个环节：“需要的体系”、司法、警察和同业公会。（［德］黑格尔：《法哲学原理》，范扬、张企泰译，商务印书馆 1979 年版，第 251 页）

的目的的同时，也促进了普遍物，而普遍物反过来又促进了我的目的，即我的需要、福利和权利，当然同时也促进了他人的目的，即他人的需要、福利和权利。但是，一旦这种社会群体或共同体形成了，任何事物都阻挡不了一种恰如其分的道德生活的演化下去的步伐。这是因为，如果人们没有这种通过密切联系创造出来的整体感，就不能生活在一起，也不可能同舟共济；他们情不自禁地依附于这个整体，与其休戚与共，用行动去报答它、建构它。这种对超出个体范围的事物的依附，对个体所属的群体利益的依附，是所有道德生活的源泉。而且个体也因此在整体根基的庇护下找到自己的优势或归属，并使自己安居乐业。在共同体的道德生活中，对每一个人都遵循基本的道德准则，以自己希望别人对待自己的方式来对待别人。人们所发现的普遍地使人愉悦或有用的东西是什么，将取决于共同体中普遍地拥有和培养的美德是什么。总之，作为一个社会性存在，“我”是作为某个具体的家庭、家族、氏族、部落、城邦、民族、国家的一名成员来面对世界的。除此之外，别无他“我”。正因为“我”始终是一个有序的共同体的一部分，“我”才必须寻求人类共同的善，“而在这种意义的共同体中，孤独的隐士或荒山上的牧羊人和城里的居民一样，都是有关共同体的成员。甚至个人带着他的共同体角色作为其自我的部分定义而进入他的离群索居的状态。”①

2. 共同体重构

共同体不仅是美德生成的基始，更是为美德的践行提供了实践的动力和制度化背景；因为共同体生活或社会性存在，使寄生于共同体内部的每一个成员在相互作用和特性角色担纲过程中逐渐形成了个体独特的人格，并因为共同体结构整体性、价值统一性以及行为的构成性而获致人格的同一性。不仅如此，共同体内“一般化他人”的态度还是各种道德的或法律的制度规则的原始形态，并为美德的生成与实践、人格的发展与认同提供了共享的语境或背景。因此，共同体重构，就成为社会信用伦理现实建构的重中之重。以基督教教会共同体内部认同为例，无论是对基督教、还

---

① 麦金太尔：《追寻美德——伦理学理论研究》，宋继杰译，译林出版社2003年版，第218页。

是对基督教信徒来说，教会内部的身份认同是异常重要的。它不仅仅是基督教及其成员在社会中的位置，意味着特定的权利、义务、责任、忠诚对象、认同和行事规则，同时包括该权利、责任和忠诚存在的合法化理由。由此引出的认同方式即是一种紧密相关的“合法性认同”（legitimizing identity）。它来自于社会的支配性制度以社会行动者为对象来扩展与合理化它们的支配，公民社会即是对应于这种正当化的支配而产生的。例如：教会、工会、政党、公司、民间社团等。基督教团体内部的认同，也是基督教徒个体之间的认同，信仰者身份的确定而已。社会认同则是其他社会赋予某团体、某个人的属性，基本上可以被看作是一个团体组织或者一个人的社会合法性标志。特别是在宗教信仰与身份认同方式之间的差别，基督教团体与其他社会组织之间无疑是不具备合法性认同的普遍性条件的。因为宗教组织的群体认同并不会成为一种党派性的阶级意识，而是不同个体之间的相互支撑。这种认同使他们成为有别于他人的一个群体。宗教群体赋予信仰者一种身份，并且还可能导致不同群体之间的冲突。信徒都能做到“讲你所经历的，经历你所讲的，讲你所信的，信你所讲的，讲你所行的，行你所讲的”作为基督徒，首先我不会去为自己的利益而去骗人。

（1）失去“家”园

中国传统伦理精神特别是儒家伦理精神，是以家—国一体、由家及国这一特殊的社会基本结构为主题的，在其几千年的发展或历史建构的过程中，没有形成超越狭小的或狭隘的以血缘宗法为纽带的家庭或家族关系的、介于国家与家庭之间的中间组织，换句话说，就是没有形成在西方社会已经高度发达的市民社会组织，中国传统的社群生活仅仅局限于家庭以及与家庭有着或多或少联系的社会组织，它们多是以家庭扩展了的形式出现，诸如家族、宗族以及具有家的情感色彩和家的功能的行会，而“国”则是“家”的最高形式，不仅如此，甚至可以“天下一家”。这样一来，从家庭步入社会、从乡村涌进城市、从独具家庭温暖“单位”——在市场经济条件下，中国人出现一系列心理上的不适和不安全感几乎都是与传统意义上的“单位”的消逝有关——组织走向生活社区的人们，成了“漂泊”的“流浪者”，他们在突如其来的物质利益或享受的驱策下，没有了共同体文化的规制和约束，他们可以无视法律的存在，更谈不上对法律的敬重；家庭没有了昔日般的温暖，甚至朋友也成为可以相互利用的工具，如此等等。

在古今中外的伦理思想史中，家庭生活曾经是也依然是道德的核心。那么，究竟是什么原因促使家庭从密切统一和权利平等的状态中脱离出来？对于这一问题的回答，黑格尔与涂尔干虽然意见相左，但是有一点是共通的，那就是他们都主张家庭的解体是由于家庭财产[①]和财富的人格化造成的。只是，涂尔干认为，家庭的统一性，是由于家长的出现。因为，家长变成了一种高高在上的道德和神圣权力，他逐渐享有了凌驾于每个家庭成员之上的优先权。他是家庭人格化的实体。在他的人格中所体现的决不仅仅是人，而是传统和情感。而其他家人所具有的所有道德或宗教意涵，都集中于家长的人格之上。这也为家长赋予了至高无上的地位。于是，"家庭的核心就被取代了，从其所属的物过渡成为既定的人。这样，个体就变成了完整意义上的所有者，因为物已经属于人了，而非相反。"[②]家庭财产的人格化，使个体所有权从集体所有权中分离出来。虽然黑格尔也主张家庭财产或财富的个体化或人格化的过程就是家庭走向解体的开始，但这还不是家庭走向真正解体的最根本原因。他认为，家庭最终走向真正的解体，则是因为子女的教育。因为子女在家庭和社会的抚育和教育下长大成人，直到他们另外组成家庭并能够独立生活的那一天起。这时，作为家庭成员的"家人"就演变成为游离在"家人"和"公民"之间的"市民"，从这个意义上讲，黑格尔也为人格的规定性和人格结构作了"三重架构"，也就是人的三个最基本的社会角色或身份，即家庭中的"家人"、市民社会中的"市民"和国家意义上的"公民"。正是人格的这种三重角色共同体，共同成为现代社会的基本伦理实体或道德基始，它们分别构成了"法哲学"中作为"自由意志的法"的第三个阶段——伦

---

① 何为财产？财产之所以为财产，只是因为它受到了尊重，换言之，它具有神圣的性质。从先验的角度说，我们或许可以认为这种神圣性来源于人，农夫能够与其耕种和劳作的土地进行交流，他所尊重的对象是他自己，他本身就是神圣不可侵犯的。在这种情况下，财产不可能具有道德价值，除非人格能够赋予它这种价值：只有人通过与物发生关系，并将其归己所有，这种价值才会不断扩展，获得某种尊重。（［德］黑格尔：《法哲学原理》，范扬、张企泰译，商务印书馆 1979 年版，第 165 页）

② 同上书，第 172 页。

理——的三个环节，即家庭、市民社会和国家。

(2) 重返“家”园

如何让匆匆离家——绝大多数是被迫的和不情愿的——出走的人们重新过上有组织的生活，使其重新找回久违了的家或单位的归属感，给予他们精神的寄托；同时也是为了使得相互处于高度流动的“陌生人”的行为具有可预见性或可靠性，介于家庭和国家之间的社会中间组织或共同体的重构就显得刻不容缓。在共同体重构过程中，要始终注意如下两个方面：一是共同体重构决不能离开我们已经是的这个文化传统以及该文化传统已经预制的历史背景和情境；一是要尽可能地避免或摒弃西方现代性过程中市民社会的局限特别是道德的局限。这样做主要是因为，共同体重构也存在对文化传统的路径依赖的问题。就像麦金太尔在论述正义和实践合理性探究传统时所指出的那样，“各种正义和实践合理性的理论都以传统的面貌而面对我们。对传统的忠诚要求我们活着的人多少要超出系统具体化了的人类生活形式。因为，每一种传统都有其自身特定的社会关系模式；每一种传统都有它自身对其他传统行为进行阐释和解释的戒律，都有其自己的评价惯例。”① 首先，在共同体重构过程中要坚持以发展人、完善人为目的，为从家庭走出来的人们在新的共同体生活中找回“家”的感觉。共同体的重构要以文化或精神建设为核心，摒弃西方市民社会发展史中的“每个人都以自身为目的，其他一切在他看来都是虚无”② 的无生命、无关怀，不能视他人为达到自己目的的手段。其次，充分发展和壮大行业协会等社会中间组织的行业自律、组织协调、信息传递、文化沟通等功能。在现代国家的条件下，公民参加国家普遍事务的机会是有限度的。但是人作为伦理或道德的实体性存在，除了他私人目的之外，有必要让他参加普遍的或公共的活动。这种普遍物不是现代国家所能经常提供给他的，但是他可以在同业公会等社会中间组织中找到。我们已经看到，在市民社会中个人在照顾自身的时候，也在为别人工作。但是这种不自觉的必然性是不够的，只有在同业公会中，这种必然性才达到了自觉的和能思考

---

① 麦金太尔：《谁之正义？何种合理性?》，万俊人等译，当代中国出版社 1996 年版，第 509 页。

② 乔治·赫伯特·米德：《心灵、自我与社会》，霍桂桓译，华夏出版社 1999 年版，第 177 页。

的伦理。“当然，同业公会必须处在国家这种上级监督之下，否则它就会僵化，故步自封而衰退为可怜的行业制度。但是，自在自为的同业公会绝不是封闭的行会，它毋宁是孤立工商业的伦理化，这种工商业被提升到这样一个领域，在其中它获得了力量和尊严。”[①] 之所以要重构有别于西方市民社会的社群组织或共同体，原因正如黑格尔所批判的那样，因为，“在市民社会中相互对立而又错综复杂的关系，既提供了荒淫和贫困的景象，也提供了为两者所共同的生理上和伦理上蜕化的景象。”[②] 正因如此，“市民社会是可以退出的，但是家庭是绝对不可以也不可能退出。”[③]

(3) 重建“家”园

重返“家”园是为了重建“家”园。因此，在重构生机勃勃的共同体或社会织体中，最后也是最为关键的，就是要重新发挥家庭在经济、社会、文化特别是教育方面的功能，并充分发挥以血缘、情理和入世为核心特征的传统文化和传统伦理精神在现代家庭重构中的导向作用。当然，这并非意味着完全回归到传统意义上以血缘宗法为纽带的家庭共同体，事实上也是不可能的，而是要在现代家庭的建构中复制或者更确切地说是营造具有传统家庭同样功能的道德的或心灵的环境或背景。麦金太尔认为，虽然每一种传统都有其自身特定的社会关系模式或特定的叙事背景，都有它自身对其他传统行为进行阐释和解释的戒律，都有其自己的评价惯例，“但这并不意味着，人们如果没有实际的城邦成员资格，便不能成为亚里士多德论者；或者是，人们不可能在特定的18世纪英国等级制度关系之外成为休谟论者。倘若如此，研究亚里士多德或休谟的理论就只能是古董商的兴趣。真实的意味是，只要城邦的那些特点——即为实施亚里士多德的正义、并为亚里士多德实践推理的先验图式之解释运用，以及行为指导提供关键性语境的那些特点——能够重新体现在人们自己的生活中，体现在人们所处的时空中，他们便能够成为亚里士多德论者。照此推理，只要社会秩序的那些特点——休谟曾按这些特点建构了他关于正义和行为的解释——能够复制，人们就可能实际成为休谟论者。相应地其他探究传统也

① 黑格尔：《法哲学原理》，范扬、张企泰译，商务印书馆1979年版，第251页。

② 同上书，第199页。

③ 同上。

是如此。"①

事实上，家庭生活曾经是，也依然是道德的核心。那么，家庭道德究竟是怎样演化的呢？对于家庭内部道德的生成与演化，涂尔干是这样描述的："家庭是忠诚、无私和道德交流的大学校：我们赋予家庭很高的地位，使我们倾向于去寻找那些可以特别归结为家庭的解释，而非其他。……家庭是一种囊括一切存在条件的群体；什么也摆脱不掉它，任何事物都能在家庭中找到回声。家庭是微型的政治社会。不仅如此，家庭还是塑造社会新群体的模型。"② 在传统社会里，家庭存在就意味着，各个个体以整体的形式生活在彼此隔离的、神圣的小"岛"上，这些小"岛"构成了特定的地域。法律把个体约束在他们从事耕作的这块神圣的土地上，从而将他们本身统一起来。一般而言，那些把家庭领地或财产当作对象的仪式就是这样产生的，这种仪式也是这样在人们的心灵中唤起神圣的荣誉感和敬畏感的。事实上，家庭中共同生活经验不仅唤起了人们心灵深处神圣的荣誉感和敬畏感，而且还为我们营造了宁静安康、和谐友爱的道德氛围。家庭成员和家人间的亲密感情是从长期的接触和深刻的了解过程中演化而来的。家庭是最早的也是最基本的生活集团，因之，它是所有其他社会生活关系和共同体生活的"养成所"。家庭生活中所养成的基本关系，在生活向外推广时，被利用到较广的社会场合上去。在传统社会里，个人在家庭之外去建立社会关系最方便的路线主要是利用原有的家庭关系。这是亲属路线。亲属是一种社会关系，家庭和氏族是两种根据亲属而组成的团体。

四　和谐人格的伦理实体生态

正是每一个有理性存在的个体从"自我"为圆点出发自发或自觉形成的或寄身于其中的各种"关系"，型构了一个人的生命存在及其意义的价值体认、人性提升及其人格的光明完善、生产和生活实践的价值判断及

---

① 麦金太尔：《谁之正义？何种合理性?》，万俊人译，当代中国出版社 1996 年版，第 509—510 页。

② 涂尔干：《职业伦理与公民道德》，渠东、付德根译，上海人民出版社 2001 年版，第 171 页。

其行为规范等赖以生成、维系和发展的真实背景，这个真实性存在的“关系实体”就是人们经常所称谓的“伦理实体”。[①] 不仅如此，作为一个有理性的存在者，他的这个“理性”是在一种“关系的存在”中觉察并获致的，而且只有在这种“关系的存在”中才能意识到并且判断出自己生命存在的意义。作为个体存在的生命体、这个生命体——其他生命体也有着同样的存在和对这一存在属性的意识和价值判断——寄身于其中的那个“关系”即共同体以及这个共同体对内对外的行为一致性约定，是建立在“一般化他人”的立场或态度上的共同约定即“团契”，这种“团契”逐步推演成现代意义上的“制度”或“制度组织”[②]。

在以“自我”为“圆点”的各种“关系的存在”的基础上形成和发展起来的“伦理实体”是丰富多彩和动态发展的。对于“伦理实体”的规定，最具代表性也最具影响力的要属中国传统伦理之“五伦”，那就是夫妇、父子、兄弟、君臣和朋友。在由以自给自足自然经济为条件的传统农业社会向机器化大生产为背景的现代工业社会转变——中国的这个现代化历史进程在某种意义上是被迫的、防御性的，是“现代化的后来者”[③] ——的过程中，许多仁人志士似乎觅见了近代中国之所以落后挨打，以及阻碍中国现代化进程的“文化劣根性”。他们不约而同地把矛头指向了“尊尊亲亲”之“乡土中国”和“熟人社会”的根本属性。中国传统文化及其内蕴的伦理精神发展脉络以及它的实践背景是“亲属路线”。也就是说，中国传统伦理精神是以“亲

---

① 王集权、庞俊来：《黑格尔市民社会理论与中国家国一体伦理传统的价值对勘》，《江海学刊》2011 年第 3 期。

② 一方面，制度是指为一个共同体所共有的并且总是依靠某种惩罚而得以贯彻的规则系统，它们抑制着人际交往中可能出现的机会主义行为。另一方面，为了弥补规则的不完善性，制度还应该包括管理这些规则的各种决策机制或机构，例如立法系统、司法系统、执法系统以及各种负责法律补充的公共服务机构和专家知识系统，即所谓的“制度组织”，以确保制度强制的有效执行。因此，制度是制度和制度组织的综合。（陈绪新：《信用伦理及其道德哲学传统研究》，中国社会科学出版社 2008 年版，第 251 页）

③ 现代化有两种基本形式：一是本土发展起来的“早发内生型现代化”，像英美等西方发达国家；二是外力推动发展起来的“后发外生型现代化”，像印度、巴西、中国等。后一种现代化或者称“现代化的后来者”，是一个社会与“早发内生型现代化”的国家接触后，受到外力的刺激和挑战，而自愿或者不自愿借鉴前者的经验，或者迎头赶上，它是由社会上层设计的一种挽救社会的手段，所以它不是历史的必然，而是历史的中断。（武斌：《现代化离我们还有多远》，中国经济出版社 1999 年版，第 46 页）

缘”——“血缘”以及血缘外化和投射的“地缘”——为基始的，是感情色彩极其浓厚的特殊主义、情理主义和现世主义的伦理道德情感[①]。这种对“亲属关系”的文化路径依赖和伦理道德情感托庇，严重影响和阻碍了中国人与“陌生人”——现代工业社会与传统社会的最本质的区别就在于它是一个“匿名的”“陌生人社会”——进行正常的交往和交换，因为人们习惯地认为“陌生人”不怎么可信和可靠。

正是为了揭示同时也是为了弥补中国传统文化及其内蕴的伦理精神基于“亲属路线”之“伦理实体”规定的不足，著名道德哲学家韦政通先生在传统“五伦”基础上对伦理实体做出了“六伦”之规定，即在传统的“我与亲人的关系”之外增添了“我与陌生人的关系”这个“第六伦”。从传统的农业社会向现代工业社会的转变过程中，中国人开始从家庭、家族以及具有浓厚家庭色彩的公社和单位中走出来，他们涌进城市，步入工厂，走进陌生人组成的社区，传统意义上“尊尊亲亲”的“五伦”实体正面临着被消解，“尊尊亲亲”的情感色彩逐渐被淡化。中国正处在由“乡土社会”向“市民社会”急剧转变的历史进程中，“公民意识”开始而且也必须在每一个中国人的心田生成、发展和强大。其实西方世界也同样经历过一个从极具中国血缘家庭色彩的家族、城邦和教会共同体的“熟人社会”向现代的“陌生人社会”即公民社会转变的历史进程。[②] 只不过它实现转变的历史进程因为中世纪的黑暗统治以及因之而爆发的波及欧洲大陆和北美的文艺复兴运动和宗教改革而较早结束。值得一提的是，韦政通先生为了弥补中国传统伦理实体“五伦”悬设的不足而倡立的“六伦”之伦理实体规定，虽然实现了“熟人社会”向“陌生人社会”转变过程中的伦理学突破，但始终未能走出“人类中心主义”的传统视野，未能走出伦理实体规定之“人伦”单一性，也未能站在人与自然、人与人、人与自身关系这一更加宽宏的视野上。

如果我们沿着麦金太尔教授提出的“历史叙事”的方法和视野去理性地梳理和反思东西方两种不同的文化传统及其内蕴的伦理道德精神的

---

① Hau - siu, C. I. , The Impact of Institutional Context on Human Resource Management in Three Chinese Societies, *Employee Relations*, 2004, pp. 626 - 642.

② 杨铮铮：《传统“五伦”的现代建构》，《湖南师范大学社会科学学报》2009 年第 3 期。

话，我们就不难发现，它们在有关“伦理实体”的规定是共通的，都没能摆脱“人类中心主义”和“文化自我中心主义”的视野的密褊狭。人类社会发展史因为近五百年的资本主义掠夺式发展而日益凸显人与自然、人与人、身与心尖锐的矛盾。无论是作为个体存在的自我，还是作为“类存在”的社会整体，我们都再也不能回避日趋严峻的生态环境危机、社会关系危机和人格认同危机。资本主义生产方式因为它的无限扩张和资本积累的原始本性，使得原本丰富多彩的人的理性被简约化为“经济人假设”之自私自利的单一本性。毋庸置疑，文艺复兴运动以降，资本主义以“从牛身上炸油，从人身上赚钱”的赤裸裸号角为鼓舞，以“科学技术”为推引力，迸发出前所未有的有时甚至是可怕的经济冲动力或热情，创造了丰富灿烂的物质文明和所谓的“精神文明”。特别是原生于资本主义制度内部的，由知识或技术、经济或财富、政治或官僚“三位一体”、共同打造的“牢笼”式的现代社会基本结构范式，使得现代人和现代社会逐渐远离了真实性、完整性及其对意义的体认。秉持“追求自我利益最大化”为唯一价值目标的现代人，在“资源稀缺性”这一永恒主题的渲染和鼓动下，演绎着一场场、一幕幕“与天斗其乐无穷、与地斗其乐无穷、与人斗其乐无穷”“一切人对一切人的战争”①，并且把战火引向了与人类生命存在同等重要也同样有尊严的其他物种身上，最后焚烧的是自己的身躯和灵魂。②

现代性及其道德谋划的一个显著特征就是：人、人类社会、人的生命体甚至心灵都可以用二元函数的方式进行标准化、模型化。这样做的目的只有一个，那就是世间万物都可以被物化来为资本扩张和财富积累服务。将自然环境简约化为“自然资源”，不见了生态的多样性；将社会关系简约化为“社会资本”，不见了生活的真实性；将生命个体简约化为“人力资本”，不见了

---

① 黑格尔认为，市民社会是个人私利的战场，是一切人反对一切人的战场，也是私人利益与特殊公共事务冲突的舞台。每个成员每天所思考的，就是自己的需要，也就是不断争取生存所需的资源。争取资源的过程其实是零和游戏，若一个多得一份，就代表另外一个必须少得一份。人为了生存，会想尽办法争取资源，在资源充足的情况下，人与人之间并不会产生摩擦，但若资源不充足，人与人之间的冲突矛盾就被凸显出来了。这也就是一切人要反对一切人的原因。（黑格尔：《法哲学原理》，范扬、张企泰译，商务印书馆1979年版，第289页）

② LeClair, M. S., Fighting Back: The Growth of Alternative Trade, *Development*, 2003, pp. 66–73.

人性的善性良心；将伦理价值简约化为“道德资本”，不见了美德的纯洁性。[①]这种抽象化、标准化和资本化的过程，使得现代人只要有钱赚，可以不考虑至少是不要过多考虑其他生命的存在。正因为如此，人类社会把自己的幸福和财富积累建立在了生态环境的破坏和其他物种生存权被剥夺的基础之上；发达国家——在稀缺性资源的占有、支配和使用方面处于主导和宰制地位——把自己引以为荣的高尚而又体面的幸福生活建立在对亚非拉贫穷落后国家的侵略、掠夺和殖民之上；富人或特权阶层把自己的自由、奢华而又体面的生活建立在对穷人或社会弱势群体权益的挤占以及他们极具风险——相对于有钱人和特权阶层而言——而又相对不怎么体面的生活之上；更有甚者，现代人把外在的物质欲望的满足（有时外在物质、特权和技术力量能够使一个人甚至一个民族或国家产生一种力量的自我膨胀感）建立在自己人格的裂变、精神的迷失和“无家可归”感等意义虚掷之上。

伦理学需要新突破。这种“新突破”首先要从传统的“伦理实体”规定之“人伦单一性”的囿围中走出来，使有关人性善恶之假设、人性提升之路径、人格完善之阶梯、道德境界之价值预设以及个体和社会美德践行之背景等从特殊的（以中国儒家经典伦理精神为代表）或普世的人伦关系向外延展至以“我”为价值原点的融入与自然、人与人、身与心“三位一体”的泛关系生态。希冀以此能够重新思考和定位人与自然的关系、人与人的关系和个体身与心之间的关系；重新体认个体生命存在的意义或价值，开蒙人性固有的美德；重新构建社会结构基本范式及其伦理规范，找回现代人迷失久远的精神家园；重构一个现代人人性提升、人格完善和美德践行的实践背景。这种超越传统“人伦”单一性的伦理实体生态基础上形塑起来的“人格”理应是和谐的。这样一来，作为有理性的存在者，无论是个体的还是社会的，他的生命体认与安顿、道德认知与建构、人性提升与人格完善、美德修习与践行，都必须在与“他者”——相对于“自我”而言——共同（自发地或者自觉地）构筑的实体性关系即“共同体背景”中才能达成或获致。[②] 正

① 陈绪新：《后金融危机时代必须究诘的几个伦理问题》，《马克思主义研究》2010 年第 8 期。

② 全哲君、张静：《从自我中心主义到他者的伦理认同》，《河南广播电视大学学报》2011 年第 3 期。

是因为这无法回避且日趋恶化的生态、人态和心态的危机，需要人类社会特别是道德哲学家实现视野的转变和方法论的创新，即采用一种生态学的视野和方法。从生态学的视野来看，伦理实体就是作为关系存在或类存在的“共同体”。那么，个体人格及其美德践行的伦理实体便可以区分为人与自然为一体的生态共同体、人与人为一体的社会共同体以及身与心为一体的生命共同体。

小　结

虽然与以传统—实践—共同体—幸福生活为基本生存图式的西方美德伦理相比较而言，作为东方伦理文化的典型，儒家德性伦理的自我生存图景则是修身—躬行—生活—成人，但是中西德性伦理都强调“人”和“人的好生活”是德性伦理的终极价值目标，都强调“实践”或“社会实践”在德性生成和发展过程的重要作用，都认为德性的实践条件、背景和评价是社会性的，都把“人”看成是在历史传统中生成的，是连接过去、现在、未来这一“生存之链”的整体性的人。中西德性伦理虽然在源头活水、生成发展路径及践行的社会实践背景存在一定的差异性，但是它们却有一个共通的真谛，那就是规劝人们“要做一个有德性的人”。

人类只有在真实的共同体——家庭、城邦、教会、寺庙以及职场——内部才会体认自己生命存在的意义，才能体味生活的丰富多彩。这样思考或定位自我的人，他的人格是健全而且是和谐的。他对自己的定位是建立在“人与自然和谐共生、人与人和谐共存、身与心和谐共进”的价值生态预设基础之上的。当下中国的当务之急就是构筑以家庭为核心，融家庭（以血缘为纽带）、社区（以地缘为纽带）、职场（以职业为纽带）、个体（以生命为纽带）为一体的和谐人格规定、发展和完善的伦理实体背景，才能真正实现家庭美德建设、社会公德建设、职业道德建设和个体品德建设“四位一体”的目标。

人格建构及其同一性认同只能在与“他者”的“关系生态”即伦理实体生态（融物我、人我、我我为一体）中获致和完成。人与自然、人与人、人与自身关系共同构筑的伦理实体生态，不仅形塑了人格的完整性、美德的实践背景，而且悬设了和谐人格的价值生态。其表征为本体世界的“自然、必然和应然同构”，意义世界的“知、情、意‘三位一体’”，生活世界的“人与自然和谐共生、人与人和谐共存、身与心和谐共进”。

第六章　当代中国青年和谐人格重构的四功夫

伦理或道德的生活是关于两个或两个以上的行为主体共同生活的价值吁求和行为准则。只有当一个人是作为某个共同体的成员存在时，也就是在他意识到自己的言行可能关乎另外一个或多个与自己有着同样生活命运和价值吁求的时候，这个人才是一个有理性的存在者，才会思虑“一个人应该怎样活着?”这一最根本的人类价值难题，即“苏格拉底问题”。换句话说，也只有在以共同体成员的身份存在的条件下，一个人才会思虑着如何按照普遍的道德行为准则去行事。因此，可以说，伦理或道德是关乎共同生活领域内自我和他者相互感知对方存在及其价值吁求的前提下，使自己的行为和价值吁求不断接受共同体内在美德或外在规则的引导和修正。无论是内在的美德还是外在的规则，都是基于人性固有的善端，都是基于共同体内部的共同善，都是为了使一个有理性的存在者能够崇德向善、包容他者、行为合宜以及对规则的敬重（内在的和外在的），这其中引导和修正人们的行为的终极目标则是使人崇德向善、复归美德。何谓美德?“美德就要被理解为这样一些性好，它们不仅能维系实践，使我们能够获得实践的内在利益，而且还会通过使我们能够克服所遇到的那些伤害、危险、诱惑和迷乱而支持我们对善作某种相关的探寻，并且为我们提供越来越多的自我认识和越来越多的善的知识。不仅如此，美德还是一种获得性的人类品质，对它的拥有与践行使我们能够获得那些内在于实践的利益，而缺少了这种品质就会严重地妨碍我们获得任何诸如此类的利益。”①

---

① 麦金太尔:《追寻美德——伦理学理论研究》，宋继杰译，译林出版社 2003 年版，第 345 页。

一 崇德向善，复归美德

麦金太尔在其《追寻美德——伦理学理论研究》一书中对美德作了这样精湛的论述："首先，将诸美德视为获得实践的内在利益所必要的诸品质；其次，将它们视为有助于整个人生的善的诸品质；最后，显示他们与一种只能在延续中的社会传统内部被阐明与拥有只对人来说的善的追求之间的关系。"①

1. 复归美德何以必要

现代人重视权利而不再重视美德。一方面，现代人觉得不需要过多的美德，过多的美德是浪费；另一方面，现代社会似乎容不下太多具有美德的人。因为，在现代社会或现代人的眼里，只有外在的权利和利益是有用的，而所谓的美德或德性是虚幻的且不真实的，不能给自己带来及时性的幸福或快乐。在他们看来，美德从来都是抑制自己的欲望或利益去成就他人的快乐或幸福。这是现代社会非此即彼、非我即你的二元对立思维定式使然。经济离开了伦理的羁绊，变成了一匹脱缰的野马，任意驰骋，现如今变成了一头跛足的驴，而且是一头拉也拉不回来的犟驴；规则背离了美德，不再是人性固有的善端，成为形式化了的规约工具，借助于现代社会技术或知识、财富或资本、政治或官僚"三位一体"共同打造的"牢笼"似的社会基本结构范式，现代人只能在罗尔斯"悬设"的所谓"无知之幕"——纯粹的"原初状态"——下才能享有的平等的自由或均等的机会等所谓有用等权利或利益。殊不知，这种虚幻的"平等的自由"和所谓的"机会的均等"完全寄希望于专家知识系统、资本财富系统和政治官僚系统以及由他们共同打造的制度抽象系统的合理性和合法性论证为前提。而这些所谓的合理性和合法性的论证如果离开了美德这个"基始"的话，即便是上述"三位一体"、共同打造的现代社会基本结构范式及其创设的制度抽象系统是如何的合理或者合法，也不能排除专家知识系统、资本财富系统和政治官僚系统机会主义用事的可能。规则的局限，以及人们在规则面前有可能的机会主义行为，无不昭示着对人性固有的善端和不

① 麦金太尔：《追寻美德——伦理学理论研究》，宋继杰译，译林出版社 2003 年版，第 347 页。

同层级的人伦实体内部生成对“共同善”的托庇。也就是说，离开了人性固有的美德和共同体内部的“共同善”，外在的规则不仅无法生成，即便生成了也只是一张白纸，形同虚设，更有甚者成为规则的制造者以及它的规制者机会主义行事的借口。这就是麦金太尔教授的不安，即对人类社会现代性及其道德谋划过程所出现的日趋严重的“美德与规则的脱离”的隐忧和不安。“美德与规则的背离”存有四个方面的意义：美德实践力量的衰微；规则的去美德化及其承诺的乏力；规则得不到应有的尊重和有效的应用；美德的优先性让位于规则。

在传统社会里，机会主义行事的可能也并不比现代社会少很多，只是因为，在狭小的熟人圈子里，人们对于机会主义行事的人的惩罚往往是一种“株连九族”式的连带行为，也就是人们通常所说的，“跑得了和尚跑不了庙”。一旦有人不讲信用，或行欺诈骗术，找不到他本人的话，他的家人，他所在的家族或宗族，或者他所寄身的行会，等等，会为他承担一定的义务或责任。不过，他的家庭、家族或宗族以及行会等社群在为之承担连带责任之后，此人将会遭遇诸如被逐出家门、断绝父子关系、或不让把他的名号继续在家谱中以及取消他的行会成员资格等惩罚。这是一种集体惩罚，因为，一旦某人不讲信用或做了诈欺骗人的事情，他的家庭、他家族或宗族、他所在的行会以及他的家人、族人、行会中的其他成员也会因为他的不当行事而蒙受耻辱，并影响到了他们的社会声誉。在传统社会里，时点总是相对一致的，因为，对大多数人来说，在绝大多数情况下，社会生活的空间维度都是受“在场”（presence）——一种彼此间情感的、人格的互动情势——的支配，即受地域性活动支配的。

其实，在传统社会里，影响人们相互信任的地域化情境有四类，它们分别是：亲缘关系或血缘关系、地域性社区、宗教宇宙观和传统本身。第一类情境是亲缘关系。人们通过可以（在不同程度上）依赖亲戚们去承担各种义务。更有甚者，亲缘关系的确还经常提供一种稳定的温暖或亲密的关系网络，它持续地存在于时间—空间之中。总体来说，亲缘关系所提供的，是一系列可信赖的社会关系网络，它既在原则上也常常在实践上建构起了组织信任关系的中介。第二类情境是地域性社区。它是以地点（place）的方式组织起来的地域化关系，没有被延伸了的时间—空间关系所改变。同现代交通工具所提供的恒常而密集的流动形式相比，传统社会里的绝大多数人则处于相对凝固和隔绝状态。这种地域性社区既是本体性安全的焦点，也有助于本体性安全的构成，但是在现代性条件下，这种地域化的本体性安全实际上已经被消解掉了。第三类情境是宗教宇宙观。宗教的宇宙观在伦理或道德实践方面为人们提供了对个人和社会生活（以及还有对自然界）的解释，而这些解释向其信仰者们所描绘的是令人感到安全的环境。对超自然的存在或力量（如上帝、耶稣、释迦牟尼等）的信念之所以能够为不同宗教信仰提供共同基础，那是因为诸神与宗教力量提供了可依赖的天意般的支持，神职人员同样也具有这样的作用。最为重要的是，宗教信仰将可信赖性嵌入事件与环境的过程之中，并且构筑起解释这些事件与环境（并对它做出反应）的框架。当然，宗教对前现代社会中人们的日常生活的影响是双重性质的。宗教的信仰和实践，一方面能够提供躲避日常生活之种种苦难的避难所；另一方面也会成为焦虑和精神忧郁的内在源泉。也许，被韦伯称之为“救世宗教”的宗教信仰与实践的种种形式，最易于将存在性焦虑或恐惧带入日常生活，其法力所致，造成了今生原罪与来世拯救之许诺之间的张力。第四类情境是传统本身。吉登斯认为，传统是可以跨越空间的，是“可逆性的”（reversible）而且是受重复性的逻辑——“过去是组织未来的手段”——所支配。传统是惯例，它内在地充满了意义，而不仅仅是“为习惯而习惯的空壳”。时间和空间不是随现代性的发展而来的空洞无物的维度，而是脉络相连地存在于活生生的行动本身之中。①

现代性的降临，社会生活的空间维度都受着“缺场”（absence）——场所完全被远离它们的社会影响所穿透并且地点逐渐变得捉摸不定——的支配并通过所有缺场的人们之间的相互依赖性建构而成。“跨时点”或时空分离及其延伸，就构成了吉登斯所谓的社会生活空间的“脱域”机制的产生。所谓“脱域”指的是社会关系从彼此互动的地域性关联中脱离出来。因此，传统社会向现代社会转变的过程就是一个逐步“脱域”的过程。“脱域”有两种机制类型，它们都内在地包含于现代性社会制度中。一种是象征标志（symbolic tokens）的产生；一种是专家系统（expert system）的建立。所谓象征标志是指相互交流的媒介，它能将信息传递开

① 安东尼·吉登斯：《现代性的后果》，田禾译，译林出版社2000年版，第90—92页。

来，用不着考虑任何特定场景下处理这些信息的个人或团体的特殊品质，现代人从传统的具有浓厚情感和人格色彩的具体场景或情境中抽身出来，逐渐从人格真实同一性、共同体的完整性以及文化的价值共享中抽身出来，不仅具体的人和他的生活被抽象化了，人们所寄身其中的社会制度和社会组织也被抽象化了。在前文笔者不止一次地提及，虽然现代性所开辟的使人获益的可能性超越了它的负面效应；但是，现代社会和现代人从未停止过对现代性的反思，特别是社会学家。马克思认为阶级斗争是资本主义秩序中产生根本性分裂的根源，同时他还设想了一种更为人道的社会体系即共产主义社会体系的诞生。涂尔干则相信工业主义的进一步扩张能够建立一种和谐而完美的社会生活，并且这种生活将通过劳动分工与道德个人主义的结合而被整合。只有马克斯·韦伯最为悲观，他把现代世界看成是一个自相矛盾的世界，人们要在其中取得任何物质的进步，都必须以摧残个体创造性与自主性的官僚制的扩张为代价。然而，三百年来现代性，更确切地说是西方的现代性，正是按照韦伯的社会学理论所构设的同时也是他为之忧虑的逻辑“一往直前”，并创造了一个真实的自相矛盾的世界。我们通常所称的现代性是相对于传统性而言，简单地说，就是人们利用现代科学技术，全面地改造自己生存的物质条件和精神条件的过程，如经济领域的工业化、政治领域的民主化、生活方式现代化以及人的现代化等。在价值层面上，现代性突出表现为自我实现的个人主义凸显与张扬、工具主义理性的兴起与延展以及自由民主的历史进步观的显发与实践三个方面。现代性理论及其实践使人类以前所未有的动力和勇气摆脱了中世纪黑暗统治，从自然的束缚和封建专制统治的桎梏中解放出来，在科技革命推引下，创造了人类丰富的物质文明、精神文明和制度文明，同时也导致个人利益至上主义、技术统治和温和的专制主义。对传统价值的颠覆、社会失序、道德失范以及工具主义理性和技术主义对现代制度结构的强大控制和统治，勾勒出这样一幅现代人的生活图景：我们每个人都生活在心灵的孤岛上，被孤寂、恐惧和莫名的无奈笼罩着，周围只有茫茫无际的大海。大海给予我们希望，却又性情暴戾，总有一天会将我们彻底地抛弃或淹没，我们又因此而愈加地孤寂、恐惧和无助，只能封闭在自己的中心里。现代人在自然、他人和自我的挑战面前，疲于奔命。人类无休止地与身外之物展开竞争，只知一味地向前，向前，远离实存。

2. 美德的阙如

在麦金太尔看来，现代性道德谋划失败根本原因就在于“规则与美德分离”。他指出，18 世纪以来的西方现代性道德谋划一直囿于这样一条原则，即：没有任何有效论证能够从全然事实性的前提推演出任何道德的或评价性的结论。这条原则一旦被接受，就成为他们全部道德及其合理性筹划的墓志铭。这条原则在休谟那里就是著名的“休谟难题”，即“是”（to be）与“应然”（ought to be）的不可公度性；而在康德那里，这一原则则是以肯定的普遍性的道德申言而非问题式的道德疑问的方式提出来，这就是康德的“定言命令”或“绝对命令”。然而，无论是有关“是”与“应然”的不可公度性的“休谟命题”，还是康德的“绝对命令”，都不能从根本上解决事实性前提与评价性道德判断之间的矛盾，也就是说，这些道德哲学家有关从事实性前提推演出道德的或评价性的结论的努力或尝试都必然摆脱不了失败的命运。麦金太尔认为，现代性道德谋划之所以会摆脱不了失败的命运，其根本原因就在于对古典的亚里士多德主义的抛弃或背离，因为，在亚里士多德以及亚里士多德主义道德探究传统那里，“是”与“应然”、事实性前提与道德的或评价性的结论之间是有着紧密的联系的，也就是在规则和美德之间有着一种关键性联系。并且，当且仅当这一古典传统在整体上遭到拒斥的时候，道德论证才改变了它的特性，以至于落入“‘是’前提不能生‘应该’结论”的原则的范围之内。“‘是’前提不能生‘应该’结论”，既是与古典传统最终决裂的信号，也是 18 世纪在继承传统遗留下来的不再具有融贯性的残章断篇的语境中论证道德合理性的筹划彻底失败的标志。道德世俗化，使自我从所有那些被视为“过时了”的社会组织形式中解放出来，“这种决定性的变化被新自由个人主义视为解放或向自律的转化而本质意义上却是自我和社会的统一性或整体性的丧失抑或是向失范（anomie）的过渡。”①

现代性道德谋划中“规则与美德分离”以及由此导致的摆脱不了的失败命运，不仅源于现代性谋划本身，而且还是 18 世纪以来社会科学方

---

① 丹尼尔·贝尔：《资本主义文化矛盾》，赵一凡译，生活·读书·新知三联书店 1989 年版，第 75 页。

法论对自然科学方法论的比附的结果。道德论证对自然科学方法论的比附突出表现为道德哲学家们几乎都试图按照其所设计的人性概念即抽象的人性假设为道德尤其为道德的戒律或规则提供合理性的论证。而他们所竭力论证的那套道德规则，甚至是其论证本身，又与它所确信的那种人性概念存在着深刻的不相容性（incompatibility）。麦金太尔诘问道，一种完全缺乏社会历史情景解释的、自然化的或“未经教化的人性”如何能认识自身的真实目的？一个只享有此种人性而又不能认识其真实目的的个人又如何去认同、接受和实践非人格的客观道德规则？这是启蒙运动以来道德哲学家们所一直没有真正解决的问题。即便是康德，虽然他在《实践理性批判》中意识到了“一个目的论的构架”之于道德解释的必要性，甚至也为建立这一目的论的构架做出了巨大的努力，但是却在面对休谟式的命题——即“是”（to be）与“应然”（ought to be）之间的联系——时没有给出一种耐心的合理性的逻辑论证，而是诉诸一种申言式的论断。休谟这位热衷于搞“英国化颠覆”的道德哲学家却得意地向人们提出并兜售自己的命题，只把它作为一道伦理学难题摆在人们的面前，自己却存而不论。麦金太尔认为，事实上，“休谟命题”只是一个虚假的命题，因为古典的亚里士多德式的道德探究传统早已给出过结论说，正是“人”这一概念所特具的“本质目的性”意义使得“人”与“善（好）生活”的关系构成了伦理学探究的“基始”和“本原”。美金太尔得出如下的结论说，启蒙运动以来的道德谋划的失败，不仅是寻找一种普遍化的、非人格的、道德论证的客观公度性标准或相容性尺度的失败，而且是对人类道德生活本身理解的失败；是建构伦理学体系和寻求道德的合理性论证的种种尝试的失败。

现代性道德特别是功利主义论者和新自由主义伦理学之所以会出现规则对美德的背离以及囿于“是”与“应然”不可公度的“休谟难题”，是因为，它们的道德论证样式都是一种以“人的权利”为核心概念，并以此来制定社会公共道德规则。职是之故，规则成了道德生活的首要概念，而人的美德却被忽略，成了某种“按照相应道德原则而行动的欲望”或“按照基本正当原则而行动的强烈而通常是有效的欲望”①。对此麦金

① 约翰·罗尔斯：《正义论》，何怀宏等译，中国社会科学出版社 1988 年版，第 436 页。

太尔尤感不满。他不止一次地批判罗尔斯不单漠视了美德及其与道德规则不可分割的联系，而且也误解了伦理学本身的特性。在麦金太尔看来，无论道德规则多么周全，如果人们不具备良好的道德品格或美德，也不可能对人的行为发生作用，更不用说成为人的道德行为规范了。他说：“在美德和法则之间还有另一种关键性的联系，因为只有对于拥有正义美德的人来说，才可能了解如何去运用法则。”①

3. **认识论危机**

这个世界的自相矛盾，在个体的人身上凸显为个体性的丧失和去人格化；在社会生活领域彰显为技术或知识—经济—官僚为一体的操纵性的韦伯名之为“牢笼”的社会制度系统；在文化和道德层面则造成了传统的断裂、美德的阙如、意义的丧失，它们共同造就了现代社会和现代人的“认识论危机。”麦金太尔指出，当某一种传统，通过以它自身的进步的标准来衡量，它已经无法再获得进步了。对关键性问题的各种对立答案的冲突，再也无法得到合理解决。更有甚者，实际上有可能发生这样的情形，即：探究方法和争论形式的运用（通过这种方式，取得了迄今为止的合理性进步），开始产生越来越多地暴露新的不充分的、暴露至今尚未意识到的不连贯性，以及新的问题的后果，而在业已确立的信仰结构内部，似乎没有足够的资源或者根本没有任何资源解决这些新问题。这样一来，“认识论危机”就产生了。现代人或现代社会道德谋划的失败以及由此产生的“认识论危机”，突出地表现为：现代性道德既缺乏完整的人格认同（常常遗忘心性的内在目的或个人美德），也缺乏充分的群体认同（常常忘记“他人”），同时也缺乏真正普遍意义上的生命认同（常常忘记人类以外的存在者）。对于那些生活在一种运作良好的社会与理智传统之中的人们来说，传统的事实——即他们的社会实践活动和理论探究活动的前提预制——本身永远都不是也不可能是关注和探究的对象；而一般说来，的确只有当传统业已失败并已分崩离析时，或者是当它们受到挑战时，它们的信奉者才会意识到它们是传统并开始把它伦理化。发生认识论

---

① 麦金太尔：《追寻美德——伦理学理论研究》，宋继杰译，译林出版社2003年版，第152页。

危机的标志之一，就是对“历史地建构起来的确信的消解”，而且，每一种传统，不管它是否意识到自己“历史地建构起来的确信的消解”的这一事实，都面临着这样一种可能性：“即试图调动该传统之信奉者所能提供的资源之企图，都有可能失败，或者，对于补救该探究传统所陷入的无能与不连贯性无能为力；或者会揭露或造成新的疑难问题，显露出新的缺陷和新的局限。”① 现代社会和现代人的认识论危机，在个体层面表现为人格的裂变和同一性的丧失，在社会及其文化层面则凸显为共同体瓦解、文化的断裂和制度承诺的乏力。

首先，就个体性丧失或去人格化来说，现代世界的经济、技术和政治的力量塑造了一种新型的人，一般化了的、抽象化了的“自由人”。这些自由人为了各自的权利或利益之需，借助于一种我们称之为契约——无论是人际交往或商业交换中的契约形式，还是卢梭所谓的现代民主国家契约形式——的工具形成了一种相互依赖性的共同体——市民社会。个性的丧失和人的沉沦，意味着迅速变动的历史关头放弃责任，随波逐流，后果是不堪设想的。当代人比以往任何时代的人都更为迫切地渴望知道我是谁？我从哪里来？我将到哪里去？当代人强烈的寻根意识正是来自这种深深的焦虑和渴望。每个时代都有自己的焦虑和渴望，可以说，当代人的焦虑是对前途未卜的焦虑，当代人的渴望是对认识自我的渴望。现代社会是诸神打着非人格化的旗号进行无休止的冲突和战争或论战的过程。这一过程导致了人格的分裂以及由此造成的人格认同进而是文化和社会认同的危机。因此哈贝马斯呼吁，“应该在思想上重建在社会上被消灭了的、打碎了的、被分散在部分性体系中的人”，这样做的目的或理由是，“人作为自身完美的总体，他内在地克服了或正在克服着理论与实践、理性与感性、形式与内容的分裂；对他来说，他要赋予自己以形式，这种取向并不意味着是一种抽象的、把具体内容扔到一边的理性；对他来说，自由和必然是同一的。”②

其次，就现代社会抽象体系导致的社会关系的工具性和操纵性来看，

---

① 麦金太尔：《谁之正义？何种合理性？》，万俊人译，当代中国出版社 1996 年版，第 476 页。

② 哈贝马斯：《交往行为理论》，曹卫东译，上海人民出版社 2004 年版，第 344 页。

现代世界的抽象体系的极度扩张（包括商品市场的扩张）改变了传统社会关系的友谊般性质。现代性及其道德谋划造就了这样一个我们实际生活的镜像："我们人与人之间的相互关系摇摆不定，内心存有某种麻木不仁，精神深处出现了理想和取向的空白，以致我似乎忘记了该怎样去过一种人的生活。"① 现代人——即使是在最先进的社会里——的人际关系与农业社会相比，不仅出现了布莱克在《比较现代化》中所描述的明显淡漠、亲切感和聚合力不强以及个人具有一种难以衡量和估计的孤独感。更为危险的是，现代人心理的基本逻辑就是"移情"（西方心理科学一个最为重要的主题），即转移自己的良好的或不良的情绪状态或能量，这种逻辑必然导致人性的向外扩张，从而达致人与人之间的持续永恒的斗争。正如丹尼尔·贝尔所隐忧的那样，征服、掠夺、索取成了他们人性和社会发展的主旋律。

最后，就文化或道德层面的价值阙如或意义丧失来看，现代性价值不仅取代了传统价值，还提供了一种似乎超越传统价值的视角。传统被贴上"老土"的标签，或者染上了种族歧视、性别歧视、阶级歧视等观念色彩。时间效率、瞬间的满足、生产与消费的最大化、机械关系以及通过商业电视、商场、摇滚乐、电子游戏机、电话和长途旅行等传递给我们的"文化"（更确切地说是"文化碎片"），不能为关于自我、世界和上帝的问题提供一致的、有深度的答案。现代社会满足于人的肉体和心理，现代人处于精神饥饿与无家可归的状态之中。丹尼尔·贝尔认为，现代性重视的是现在或将来，决非过去。"不过，人们一旦与过去切断联系，就绝难摆脱从将来本身产生出来的最终空虚感。信仰不再成为可能。艺术、自然或冲动在酒神行为的狂醉中只能暂时地抹杀自我。狂醉终究要过去，接着便是凄冷的清晨，它随着黎明无情地降临大地。这种在劫难逃的焦虑必然导致人人处于末世的感觉——此乃贯穿着现代主义思想的一根黑线。"② 德国社会学家乌尔里希·贝克则认为，现代化不仅仅导致了中央化的国家力量、资本的集中、更紧密的劳动分工和市场关系网络，以及流动性和大

---

① 史蒂芬·罗：《再看西方》，林泽铨译，上海译文出版社 1998 年版，英文版作者序言。

② 丹尼尔·贝尔：《资本主义文化矛盾》，赵一凡等译，生活·读书·新知三联书店 1989 年版，第 97 页。

众消费的发展，它同样导致了一种三重的个体化倾向：“脱离，即从历史地规定的、在统治和支持的传统语境意义上的社会形式与义务中脱离（解放的维度）；与实践知识、信仰和指导规则相关的传统安全感的丧失（祛魅的维度）；以及重新植入——在这里它的意义完全走向相反的东西——亦即一种新形式的社会义务（控制或重新整合的维度）。这三个因素——脱离（或解放）、稳定性的丧失和重新整合——自身都包含着无数的误解，从而构建了一个普遍化的、分析式的、非历史的个体化倾向。”① 现代性研究奠基人、英国著名社会学家布莱克更是主张，正在迅速变化的社会面临的问题来自公认的制裁手段被削弱，家庭解体，在现代化部门中极端个人主义的产生以及对社会和文化的认同产生不安感，所有这一切又给社会成员造成巨大的精神紧张。不仅如此，在有关现代性社会诸领域的研究中，许多人习惯急于想得出包罗一切的“假设”和“理论”，却很少有人注意到对各个特定社会进行比较研究，也不注意对有关的政治、经济和社会指标的发展进行比较研究。②

现代经济活动或商业活动表现出比政治强得多的去道德化倾向。这似乎既与人们对亚当·斯密的误解有关，也与现代经济学的导向有关。斯密在《国富论》中说，每个个人“通常既不打算促进公共的利益，也不知道他自己是在什么程度上促进那种利益……他只是盘算他自己的安全；由于他管理产业的方式的目的在于使其生产物的价值能达到最大限度，他所盘算的也只是他自己的利益。在这场合，像在其他许多场合一样，他受着一只看不见的手的指导，去尽力达到一个并非他本意想要达到的目的，也并不因为是否出于本意，就对社会有害。他追求自己的利益，往往使他能比在真正出于本意的情况下更有效地促进社会的利益”③。现代经济学家认为，斯密揭示的真理就是：市场和社会分工协作体系可以把“个人的不道德行为转变为有益于社会的善举”④，经济活动与高尚道德无关，“正

---

① 乌尔里希·贝克：《风险社会》，何博闻译，译林出版社 2004 年版，第 156 页。

② E. 布莱克：《比较现代化》，杨豫、陈祖洲译，上海译文出版社 1996 年版，第 18 页。

③ 亚当·斯密：《国富论》（下卷），郭大力、王亚南译，商务印书馆 2002 年版，第 27 页。

④ 多蒂等：《市场经济：大师们的思考》，林秀红等译，江苏人民出版社 2000 年版，第 12 页。

直”的商人反而没有那些抓住“每一个可以使其利润最大化的机会”[①] 的商人对社会的贡献大。

人们需要什么，才会追求什么。在现代社会人们觉得不需要过多的美德，认为过多的美德是浪费（品质浪费）。在马克思主义看来，经济活动是最根本的社会活动。亚当·斯密的后继者们认为，在经济活动中过多的美德非但没用，而且会妨碍市场配置资源的最佳时机。人们既然认为不需要那么多美德，于是就不重视美德了！人们觉得不需要那么多美德，这是现代人和现代社会不再重视美德的内在原因。

4. 复归美德何以可能

一种美德何以被人们称为美德？应至少要符合两个基本条件，即两个评判标准：第一，这种美德必须能够使践行它的人的品质至于完善与完美，同时也能够使社会道德风气臻于完善与完美，否则其就不能称为美德。这是从美德的功能的角度来评判的。美德的功能是指美德对人和社会的发展与完善的功效及其意义，美德的功能主要有调控、教育、激励等功能。作为美德，它必须要具备这些功能，否则，其不可能使人与社会得到完善与完美。第二，人们践行或拥有这种德性，能够被别人和社会所认可与赞美。这是从美德有利于个人的价值得到实现这个层面上来评判的。人生活在这个世界上，要有价值，有意义，就必须得到人们与社会的认可与赞美。美德作为一种优良的德性，其有利于人的价值的实现，谁拥有和践行它，谁就会获得社会的最高认可与赞美，他的价值就会得到最高的体现。但如果你的所作所为与之相反，你就得不到人们或社会的普遍认可与赞美，那你有可能是在从恶而不是在行善了，你的价值就无法得到社会的认可或承认了。根据这两个评判标准，我们可以把美德定义为：能够使个人和社会都臻于完善与完美并且被普遍认同、期望和赞美的品德或德性。[②]

美德伦理在当代的复兴，是以反思西方传统伦理思想的面目出现。伊

---

① 多蒂等：《市场经济：大师们的思考》，林秀红等译，江苏人民出版社 2000 年版，第 11 页。

② 戴圣鹏：《美德及其养成》，《华中师范大学研究生学报》2008 年第 3 期。

丽莎白·安斯克姆认为："行为不是为了满足你的任何愿望，而是因为这样做是道德上正当的。"① 作为当代德性伦理回归的代表人物，美国哲学家、社会科学家和教育学家阿拉斯代尔·麦金太尔（Alasdair Macintyre）在他的《德性之后》《谁之正义？何种合理性？》《三种对立的道德探究观》《依赖性的理性动物——为什么人需要德性》等著作中一再强调其美德理论是建立在两个信念基础上的：一是当代的道德思想正处在危机之中；二是在过去所有的伦理学传统中，亚里士多德派的美德理论证明是最好的。他立足于传统德性伦理资源，尤其是亚里士多德的德性伦理模式，主张建构传统共同体式（社群）的日常生活世界，借此复兴德性伦理社会地位。他通过美德伦理唤醒大众对西方社会道德危机的重视，把德性重新建立在人性基础之上，当德性与实践的善与个人生活的统一性以及社会传统结合在一起时，人的行为就能获得统一性。以善为目的来引导人的生活，联结共享善的共同体，这就是实现美德伦理的途径。

（1）复归美德伦理的背景

任何一种伦理思想总是植根于一定的历史背景、社会生活之中，德性伦理的当代复兴也不例外。德性伦理学正是在近现代学者为论证道德合理性而争论不休、相对主义、情感主义盛行以及道德实践处于危机中的情况下兴起的。在麦金太尔看来，由于历史的变迁而拒斥了以亚里士多德为中心的德性传统，当代人类社会的道德实践处于深刻的困惑与危机之中：

首先是情感主义盛行——社会生活中，道德判断的运用是纯主观的和情感性的。麦金太尔指出，当代西方的道德文化是处在以情感主义为代表的道德文化环境中。情感主义伦理学是现代西方元伦理学的典型形态之一，其理论宗旨是把伦理学作为一种非事实描述的情感、态度和信念的表达，认为它不具备逻辑与科学那样的普遍确定性和逻辑必然性。② 即不承认道德价值的普遍合理性，因而造成道德领域的相对主义和自由主义。

其次是表述的分歧及争论的无休止性——个人的道德立场、道德原则和道德价值的选择，是一种没有客观依据的主观选择。麦金太尔在《德性之后》的开篇就警示人们："我们所处的现实世界的道德语言，同我们

---

① 高国希：《道德哲学》，复旦大学出版社 2005 年版，第 247 页。

② 万俊人：《现代西方伦理学史》（上），北京大学出版社 1990 年版，第 342 页。

所描绘的现象世界的自然科学语言一样，处于一种严重无序状态。”① 他认为，造成这种混乱状况的根本原因是由于我们使用的道德关键性词汇已经脱离了历史及文化传统的语境，因而“当代道德言辞最突出的特征是如此多地用来表述分歧，而表达分歧的争论的最显著特征是其无终止性。”② 因此，要彻底医治当代社会和当代人的道德困境，回溯历史是必须的和必要的。

最后是德性伦理“边缘化”——德性从传统的中心地位退居到社会生活的边缘。麦金太尔指出，现代西方社会的历史背景与亚里士多德时代相去甚远，德性伦理的失落是启蒙运动以来近代自我观念取代传统的以德性目的论为特征的道德体系的结果。在亚里士多德时代，德性处在社会生活的中心，而现代西方社会，德性的概念变成了边缘性的概念，在价值地位上被推到了社会生活的边缘，德性被边缘化了。个体权利理念的形成是现代性道德真正逃脱出传统道德伦理范畴的基本标志，也是德性伦理被边缘化的开始。③ 麦金太尔以一种发展的观点阐释了德性概念。他认为，德性的概念需要在诸德性与实践、个人的叙事生活、传统的关系中得以不断深入地阐释和完善。在当代西方社会中，德性传统处于社会边缘的情况下，麦金太尔以一种亚里士多德主义的思路阐释的德性发展理论可以看成是他解决当代德性困境的一种努力。④

（2）道德需要“再开蒙”

对于传统、现代和后现代以超时空压缩的形式共时性地存在——西方社会传统、现代、后现代是一种历时性的存在——的当下中国社会和中国人来说，内心的矛盾和冲突始终伴随着我们。一方面，走出传统的我们虽然带着几分对传统的眷念，甚至不愿意离开家门。尤其对于我们这些匆忙或被逼迫走出家门的人来说，对家的那份眷恋就更是浓厚。可是另一方面，我们还是不得不跟着潮流走出去，去呼吸新鲜空气。但正是由于走得太过于匆忙，也就是还没来得及做好心理准备，所以总是感觉到有些不适应。这种不适应突出地表现为，要么对失去传统的那份不甘心，以至于总

---

① 麦金太尔：《德性之后》，龚群、戴杨毅等译，中国社会科学出版社 1995 年版，第 4 页。

② 同上书，第 9 页。

③ 余涌：《道德权利研究》，中央编译出版社 2001 年版，第 28 页。

④ 蔡春：《德性与品格教育论》，复旦大学博士学位论文，2010 年。

是想回到过去，总是不愿意接受新的事物，不愿意接纳外来的陌生人以及他们寄生于其中的独特的传统，对于我们来说是异域的传统，这样做的后果是“抱残守缺”；要么就是把传统当作“故纸堆”，全盘皆抛，一味地模仿他人，模仿对于我们来说可能是致命的异域传统，甚至把人家的破瓷烂瓦当成爱不释手的宝贝，供奉着，可是经过一段时间的模仿之后，发现自己变成了“四不像”。就这样，我们不停地从这一个极端奔向另一个极端，不仅找不到来时的路，就连我们应该向哪里去，也没有了边际。因此，发生在广州这起出租车“义载遭疑”的现象，只是我们这个社会正在遭遇的信用缺失和信任危机的一个缩影，人们之所以不再轻易相信他人的某种善举——或者是，人们也不再轻易表达自己的某项善举——的根源何在？如果将其归之于传统文化本身所固有的劣根性，或者是中国人人性之弱点，之丑陋，不仅是极其荒谬的，也是极其危险的。实际的情况应该是，在由传统向现代急速转变——对于我们来说，这种转变是非自主的、外在强加的、同时也是没有做好充分的文化、思想和制度的准备——的过程中，传统文化及其道德传统在遭遇异域文化——主要是来自西方的近现代文化传统——及其道德传统的猛烈冲撞下，个体生命的“存在之链”及其连续性、诸如家庭等共同体或社群的历史性和整体性的瓦解以及传统文化本身所遭遇的摧残，致使我们失去了对个体生命和人格的同一性、对共同体或社会关系的整体性与惯常性以及对传统文化的意义或价值的统一性的认同，这就是现代人和现代社会的“认识论危机”。我国传统文化及其伦理精神中的“君子一言，驷马难追”“言必行，行必果”的君子之德，在被用异域文化及其价值的碎片揉搓成的抹布人为地擦拭之后，又罩上了一个“铁笼”并蒙上一层“幕帘”，然后，要么被束之高阁，要么被放归山野，要么被踩埋在脚底下。但是，即便如此，这种传统的信用伦理资源并没有因之消逝，更不像众多论者高呼的那样，我国传统文化及其伦理精神所蕴藏的信用伦理资源，当然也包括其他优秀的传统美德在内，几乎消失殆尽，并因此说“信用”成为当下中国最为稀缺的道德资源。实际情况并非如此，这是因为，信用等社会资源，并不像自然资源那样，随着开采的人多了，必然面临着越来越稀缺的永恒命运——就人类现有的认知能力而言。信用等社会文化资本反而会因为信守或践履的人多了，而日渐丰腴。职是之故，我认为，对于传统文化——既有古代的也有异域的——中的信用等伦理道德资源，仍然重新面临着“开蒙”的问题。

(3) 重构美德与规则之间的关键性联系

在理论和实践上，美德与规则之间就一直有着一种关键性联系，具体地说，就是：美德由于自身的软弱性以及在传统社会向现代社会转变过程中的道德实践力量的式微，需要外在的强制性的正义规则来补充与强化；而契约及其背后的社会制度或规则系统的强制或惩罚的有限性以及它对美德或人格的背离或阙如的不可避免特性，则需要美德来予以支持与保证；而且对社会正义规则的应用、尊重或敬重本身也是一种美德，然而这种美德又是以一个社会或共同体的整体美德的践行为基础和前提的；因此，美德对规则永远保持它在理念上和实践上的优先性，反之弗然。然而，在由传统社会向现代社会转变的过程中，在美德阙如、人类生活的抽象化以及人们从真实且具有整体统一性的共同体生活中抽身出来的过程中，不仅其道德实践力量开始衰微，而且美德对规则或制度的优先性已经完全地让位于后者。制度或规则似乎成为可以脱离人类诸美德的纯粹普遍的形式。规则与美德的关键性联系的“破裂”，导致了现代人在人格认同、社会认同和文化认同方面的“认识论危机”。然而，“分化”意味着一种重新整合（integration）的必要。整合，即平衡由于分化而造成的破坏。整合的目的就是要通过对人格的同一性、社会或共同体生活的整体性以及文化传统本身的连续性的重新建构，以便达到对个体人格、社会关系或共同体生活以及文化传统本身的一种道德合理性解释。也就是哈贝马斯所说的个体、社会以及文化的道德合理性解释。在整合的过程中我们必须保持以下两方面的平衡，即一方面不要紧抱自己的观点，充满戒心，容不得丝毫改变；另一方面不能过分开放，以致因为容纳过多而使整合失效。这样的整合我们称之为“健康的整合”，即是指把价值观组织成指导行动的内在一致的模式的能力，以及所采纳的价值观与行为之间一致性的发展。因此，它是一种有所选择的整合，是对自我和他性来说都是一种“扬弃”的整合。因此，美德与规则的“关键性联系”，不仅为不同的信用伦理探究传统之间的比较与反思提供了可能，而且也为比较与反思基础上的整合与重构提供了具体途径，那就是：通过人格重塑与共同体重构，强化美德的道德实践力量；通过制度的有效功能的发挥，尽可能地规避制度或规则本身的局限性；并且通过道德教育唤醒人们对规则或制度的敬重，增进美德与规则的

“关键性联系”。

契约与规则的限度源于多方面的原因：一是契约和规则本身固有的主观任性；二是契约和规则必须以公平正义的社会基本结构为背景条件，而这种公平正义的背景也只有在罗尔斯所“悬设”的“原初状态”或“无知之幕”的背后才是可能的，这种正义的环境是纯粹假设的，是非历史的和非现实的。因此，无论是契约与规则的生成，还是其功能作用的有效发挥，都离不开个体的美德或人格、共同体道德以及道德原则的支持，不仅如此，契约和规则在本质上都是由美德传统及其社会实践来培育的。我们的日常生活是道德的，而外在的契约、规则甚至法律制度当且仅当有人有意或无意地使自己的行为超出社会生活的道德底线的情况下，才有出现的必要。

概言之，与“美德与规则的背离”相对应在伦理学的视阈中，“美德与规则的关键性联系”至少蕴涵以下四个方面或层次的意义，即：内在美德的脆弱性需要外在的规则给予强化与补充；外在规则的有限性则需要内在美德的支持与培源；敬重规则也是一种美德；始终保持美德对规则的优先性，反之弗然。

5. 复归美德如何困难

在现代社会的文化语境中，由于道德伦理作为现代文化元素的意义和作用，已同其作为传统文化元素的原有意义大相径庭。其中最为关键性的一点是，随着现代社会结构向公共化的转型，以及由其所带来的现代社会生活的日趋公共化和现代社会文化的日趋世俗化、大众化，乃至市场运作的商业化，不仅使得“社会公共生活领域”与“私人生活领域”之间的界限越来越明显严格，而且也使得前者对后者的挤压和冲击不断加剧。在此情况下，个人美德伦理的实践及其目的性价值意义逐渐被忽略，以致常常被现代社会和现代人作为“纯粹的个人私事”而搁置于伦理学的视野之外。职是之故，作为以个体美德及其实践为中心研究主题的美德伦理学也渐渐式微，无法获得足够的理论重视。与此同时，伦理学也同许多其他人文社会科学一样，逐渐被卷入这种“社会结构的公共转型”的大潮当中，寻求具有社会公共性和“普世性”规范功能的“普遍理性主义规范伦理”逐渐成为现代伦理学的中心主题，伦理学或道德哲学逐渐远离了它的学科本性和源头活水。人们不禁要问，美德伦理和美德伦理学是否由于现代社会结构的公共转型而变得无足轻重了？反过来说，一种即便是具有高度普适性的规范伦理是否足以料理现代社会和现代的全部道德伦理生活？答案无疑是否定的。对此问题的回答，万俊人教授强调了如下三点：第一，无论现代社会结构的公共转型有多么彻底，“私人生活领域”都不可能全然消失。因此，美德伦理即使在现代社会的“公共生活领域”不断扩张的情形下，也仍然能够找到自身的再生之地。第二，“现代性”的规范伦理学——无论其理论的“可普遍化”程度多高，其实践的“普适性”多大——都无法充分料理现代人日益稀罕却又日益复杂的“私人”道德生活问题。因此，美德伦理学的研究不仅仅只具有道德史或伦理学史的学术意义，也具有现实生活的实践意义。或者说，美德伦理和规范伦理仍然是现代社会和现代人的合理期待和寄托。不仅如此，伴随着“公共社会领域”与“私人生活领域”的二元区分的日益明显和严格，不仅使得这两种伦理和伦理学的学术分野更加明朗，同时也使得两者间的相互攀缘和相互贯通更加必要。第三，基于前面的分析，无论如何我们都不能因为美德伦理和规范伦理的理论类型学区分，而简单地将前者归诸“传统伦理学”的范畴，将后者归诸“现代伦理学”的范畴，更不能因此误以为“美德伦理”只是一种非规范性的伦理。只有这样，我们才不难明确美德伦理学的现代身份。事实上，美德伦理学并非不关注道德伦理规范的建构和论证，而是更强调在提出和论证道德伦理规范之前，必须首先确认我们依此制定这些道德伦理规范的具体历史语境和文化语境，用麦金太尔的话来说，就是在制定和论证诸如“正义”“合理性”这类伦理原则之前，必须首先弄清楚“谁之正义”“何种合理性”的问题。

(1) 美德伦理合法性危机

当代美德伦理学研究所遇到的最大难题是，如何为美德伦理的现代合法性提供充分有效的理论辩护？换句话说就是，在现代新自由主义看来，美德伦理作为一种个人目的的价值追求，只能料理个体的私人生活和私人行为，因而只能归于“私人生活领域”或属于“纯粹的私人事务”，而现代社会却是一个日趋公共化的开放的社会，它所急需的是社会公共规范伦理而非私人性的美德伦理。由是可见，美德伦理学与“现代性”问题的实质已然演变成了美德伦理学的现代知识合法性问题，即若美德伦理仅仅是囿于私人德性生活和行为等私人事务，而任何有关私人性的情感、信念，目的和行为的价值探讨，都因其个体多样性和内在主观性——按照现代普遍理性主义或现代科学主义的知识论标准——而无法成为普遍有效的伦理学知识或道德理论体系。显然，如果不能成功地回应这种“知识合法性”的质疑和挑战，所谓美德伦理学的研究就难以获得其理论合法性和现实的可接受性。对美德伦理学的上述“知识合法性”质疑主要来源于三个方面：

首先，美德伦理是个体的或私人的事务，无法可普遍化，故而很难证明它的合法性。具体说来，美德伦理只能涉足私人生活领域和私人事务，而由于在私人生活领域里，每个人的私人生活方式、行为目的、价值理想或生活信念，以及每个人自身的情感需求、心理取向、道德意愿和道德姿态等等，都是无法给予理论证明的或不可普遍化的内在主观要素，因而使得美德伦理在现代社会生活条件下，已然丧失了把握人类社会的道德生活的理论力量和学理方式。正如前文所提及的那样，现代社会本质上是一个不断开放和公共化的活动系统。用哈贝马斯的话说，现代社会已然实现了一种“社会结构的公共转型”①，现代社会本质上只能是一个“社会交往行为”的开放互动系统，而不再像传统社会那样相互封闭、隔离，人们之间的互动方式也不再是传统的或一般意义上的人际交往。因此，在这种情形下，作为调理和规范人们交往行为的伦理道德，就不可能依旧保持其传统的美德伦理样式，必须随之改变其伦理方式和理论形态，那就是努力寻求某种可普遍化的、开放的、理性的规范伦理或道义规则系统。这正是包括罗尔斯在内的当代绝大多数西方伦理学家所努力追求和坚持的“普遍理性主义”的规范伦理学理路。

其次，思路的不同带来言路的改变，致使美德目的（论）伦理的话语权让位于权利规范（论）伦理。自 1900 年英国伦理学家摩尔发表其《伦理学原理》以来，西方“元伦理学”异军突起并盛行至今，正是西方主流伦理学从思路到言路全面转型的典型明证。尽管“元伦理学”本身也不是一个严格统一的学派，其间存在着各种各样的理论分歧，但各种形形色色的“元伦理学”在这一点上是相同的：伦理学若想成为一门严密

① 哈贝马斯：《公共领域的结构转型》，曹卫东等译，学林出版社 1999 年版，第 132 页。

的科学，就必须改变传统伦理学仅仅基于“自然语言”和非逻辑推导的论说方式，按照严格的“证实原则”——要么基于严格的逻辑证明原理，要么基于普遍的经验事实（与“纯粹个人的”行为事实相对）证明——来构建一种合乎普遍理性要求的或者是能够得到严格逻辑推理证明的伦理学知识体系。对于一些极端的“元伦理学”学派来说——譬如“情感主义伦理学”（“维也纳学派”、维特根斯坦、斯蒂文森等等）——来说，即使按照这种严密逻辑推理原则所建立起来的伦理学知识体系，也不可能成为一套严格有效的、普遍的行为规范体系。所以，诸如斯蒂文森这样的道德语言学家或伦理学语言研究专家，反复强调必须区分“自然的”与“人工的”道德语言，甚至要建立严格规范的“道德语汇”系统，使得伦理学的话语行为限制在严格科学的或逻辑的道德语言或道德推理范围之内，从而保持伦理学自身的知识科学性。简明地说，“元伦理学”对道德语言或伦理学语言的知识化逻辑化限制，目的就在于排斥一切非逻辑的、自然的道德言论方式。这样一来，一切有关美德伦理的学理探究就被排除在“严格的伦理学知识”的话语范畴之外，沦落到某种只能“意会”不可“言传”的境地，因而也就成了一种不可普遍化的、古老的“道德传说”，不能成为一种合乎现代普遍理性主义及其知识标准的所谓“科学的”学科。

再次，伦理学的思路和言路从美德目的论向权利规范论的改变，实质上既源于人们道德实践方式的历史性转变，同时也在某种程度上预示了人们道德实践和行为方式的未来转变。现当代主流伦理学之所以越来越看轻美德伦理学的现代作用，甚至质疑美德伦理学的知识合法性，其主要原因除了上述“科学认知主义”的偏颇和顾虑之外，更重要的是他们认为并且似乎越来越坚信，现代社会结构的公共化转型必然导致人类道德伦理生活方式的根本转型，进而也导致伦理学研究理路的根本转变，并且这种理路的转变才是导致上述思路和言路变化的社会基础。

现代社会本质上是日趋公共化的、开放的社会。社会公共结构的开放和延展必然提出全新的社会制度化、规范化和普适化的价值要求。现代社会结构的公共化转型使得现代人的基本身份越来越具有社会公民的特征，其“自然人”的特性日趋萎缩。与此相对应的是，现代人的生活也越来越多地具有公共化的特征，甚至可以说，现代人越来越多地生活在“公共生活领域”而非“私人生活领域”。由此可见，现代社会结构的公共化转型乃是导致传统美德目的（论）伦理（学）逐渐式微并陷入深刻危机的最终原因。

导致美德目的（论）伦理（学）陷入其现代合法性危机的上述三个主要根源，从历史和逻辑两个方面来看，都是站不住脚的。首先，尽管在人类文明和文化发展的历史长河里，出现过无数次转折甚至是断裂和跳跃，但正如我们无法截断历史的长河一样，我们也不能割断人类文明和文化的连贯脉络。其次，即使“现代社会结构的公共转型”已然完成，也无论“私人生活领域”与“公共生活领域”的分界如何明确和严格，我们终究无法全然否认和忽视“私人生活领域”的永久存在事实，更不可想象现代人的“公共生活”将会全然取代“私人生活”，正如我们无法想象现代人的“公民身份”将会全然掩盖其作为生命主体的“自然身份”一样。更为重要和关键的是，即使现代人由于其生活和行为不断公共化而出现某种我们所称谓的“制度依赖”或“规范依赖”①，也不能因为现代社会的制度化秩序作用日趋明显而忽视个人道德自律的主体作用。在某种意义上说，“现代性”文化价值理念本身事实上比传统文化价值理念更强调个人的独立和自主，这也是为什么新自由主义论者也在反复强调诸如公民的“道德自律”的重要原因所在。的确，社会生活的不断公共化产生了对于公共制度、秩序和普适规范的日益强烈的需求，但与此同时，公共制度、秩序和规范本身的功能扩张实际上也产生了对社会个体的道德自觉和道德自律的更高要求。麦金太尔教授提醒我们，注意公共法律与个人美德之间的“另一种至关重要的联系”，“因为只有那些拥有正义美德的人才有可能知道如何运用法律”②。由是可见，个体的美德乃是制度、秩序、规范等社会约束体系能够真正产生约束作用的主体前提，对于那些根本不具备基本正义美德的个体——比如无赖、罪犯和道德无知者——来说，正义的制度安排或正义的基本原则都不可能产生任何约束力。

诚如万俊人教授归总的那样，当下现世生活的本真是：任何“人为的产物”既有赖于人的主体目的、意愿、情感和行为，也有赖于人的主

---

① 万俊人：《政治如何进入哲学?》，《中国社会科学》2008 年第 2 期。

② 麦金太尔：《追寻美德》，宋继杰译，译林出版社 2003 年版，第 192 页。

观认知、理解和接受能力，因而，个体的美德本身实际上也是影响人们建构其社会制度和行为规范体系的重要因素。从积极的意义上讲，个人，尤其是那些直接参与社会制度设计、选择和制定的特殊个人的美德，也是人类社会建构其制度和规范体系的价值资源。

我们不单要充分关注制度和规范本身，而且还必须关注那些处在"制度之中"，尤其是那些参与制度运作的公共管理者的个体美德问题。很显然，对于一个私德败坏的官员来说，即使能力再好，制度设计再合理，也很难使制度发挥合理有效的社会约束作用，在通常情况下，还会导致社会制度约束体系的低效、无效、甚至反效应。

无论是公共管理者还是普通公民，都具备双重身份：其一是作为国家公民；其二是作为自然人。既然如此，个人的美德实践就不仅必要，而且必须得到社会和他人的尊重。令人费解的是，一方面，所有的新老自由主义思想家始终都持守着"个人权利神圣不可侵犯"的"自由主义信条"，而这一信条得以建立的先决前提正是对"自然人"的优先预设：只有作为"自然人"，我们才谈得上自由平等和人格平等；作为"社会人"，个人与个人之间实际上常常是处于不平等状态的。可另一方面，现代自由主义的伦理学家们却又似乎在有意忽略个人美德的现代价值意义，直至20世纪末期，即使像罗尔斯这样较为温和的自由主义伦理学家，也有意识地避谈或者明确忽视个体道德目的之于其行为实践的价值意义。这是需要进一步反思和研究的现象。①

（2）伦理学应有的作为

从本体的角度看，人性是这样一种"三重架构"的存在：一是"未经教化的偶然所是的人性"。可以被理解为作为个体性存在的人的"自然王国"，是身、心、性、情、欲、命的存在，一种本体的存在，是人的自然属性，由此而产生人的目的是一种道德本体论的阐发，其人生法则或原理是以自然法则出现的，其形塑的是个体的"性格"，是人的自在存在状态。二是"实现其目的而可能所是的人性"。可以被理解为作为个体的人的"目的王国"，是灵与魂、意义或符号的存在，一种精神性的存在，是个体的精神属性，由此而发的人的目的是一种终极性的理想的道德目的，

---

① 万俊人：《关于美德伦理学研究的几个理论问题》，《道德与文明》2008年第3期。

其人生法则或原则则是个体永远向其进发的一个鹄，也就是几近所有的宗教所宣称的“来世”，其形塑的是个体的“品格”，是人的自在自为存在状态。三是“作为这两者转化之手段的理性的伦理学训诫”。这是个体的人的具体而现实的存在，可以被理解为“必然王国”，也就是说，在这一世界中，个体的人是要受自然法则和伦理法则——康德所谓的自然规律与道德规律——的双重制约，他是生活在由必然规律所编织成的王国之中，他的自由是相对的，是个体的生与存。在这个世界中人性是以社会关系呈现出来的，即人的社会属性，由此而产生的人的目的是一种现实的伦理道德诉求。这是人的生活世界，也就是几近所有的宗教所宣称的“尘世”，其形塑的是个体的“位格”，是人的自为存在状态。黑格尔也同样认为，人格是“自我——意识到自己是作为一个有理性的存在主体的‘我’——在有限性中知道自己是某种无限的、普遍的、自由的东西。”①无论是个体、集体还是整个人类社会，这种“三重架构”——本体世界的“自然、必然、应然同构”——式的存在状态，共同构成了个体人格的同一性及其认同基础，构成了伦理学进行道德判断与价值评价的基始与核心。

为此，伦理学要能够为人类从自在到自为的转变提供一个说明，伦理原则就是行使引导人们获得这个转变的行为准则。在亚里士多德看来，偶然所是的人性最初与伦理学的训诫相左，需要通过实践理性和经验的指导转变为实现其目的而可能所是的人性。但是，启蒙的道德丢失了“实现其目的而可能所是的人”的这一结构，所留下的是一个由两种残存的、其关系已经变得模糊不清的要素所组成的道德构架。一方面是一系列丧失了其目的论语境的普遍的道德规则；另一方面是某种有关未经教化的人性本身的观点。其结果是，启蒙道德哲学家所论证的道德原则与他们所理解的人性概念有着深刻的不相容性。因此，他们所从事的是一项注定要失败的谋划。而这一切都是由于伦理学在其历史变迁中抛弃了人的“目的性本质”。

麦金太尔由此揭示了伦理学本来是内含一个目的论构架的，而且正是“人”这一概念所特具的“本质目的性”意义使得“人”与“善生活”

---

① 黑格尔：《法哲学原理》，范扬、张企泰译，商务印书馆 1979 年版，第 45 页。

联系起来。因为，如果人性被认为有一个目的，那么根据一个人的品性和行为对这个目的的实现所做出的贡献，就可以对其做出价值判断，这样人与“善生活”就联系起来，而且人与“善生活”的关系表现在“什么东西对我来说是善的”和“什么东西对人来说是善的”这样的问题中。不仅如此，也正是在对这样的问题的系统追问中，道德生活获得了它的统一性和终极目的。我们生活的统一性的道德意义表现在从前一个问题向后一个问题的转变。实现这一转变的方式是让人认识到共同善的实现是实现个体善的必要条件，而这必须通过美德教化来实现。在亚里士多德的传统中，个体善与共同体善的统一就是通过个体公民拥有理智美德和道德美德来实现的。因此，麦金太尔在《追寻美德》中指出，美德是一种获得性品质，是一种共同体成员对共同善的追求中必备的品质，是与人的善生活内在相关的品质。这样看来，共同体是价值的一个源泉。

然而，现世世界的本真却是美德处在社会生活和文化的边缘。正如麦金太尔所说，我们目前正生活在一个道德理论与道德实践都处于危机的黑暗时期。要摆脱危机，唯一的出路是追寻美德，其路径是回归亚里士多德的美德传统和历史，重塑美德。但是，传统已经人为地被割断，古代意义上的共同体更是早已瓦解，回归传统何以可能？麦金太尔的答案“明确却又模糊”①。一方面，他认为，追寻美德的可能前提是重建道德共同体，因为，美德的实践离不开共同体的背景。他诉诸亚里士多德的美德传统，就是要吁求国家古典的共同体意义。另一方面，他又不得不无奈地感慨，现代道德的失效正是开始于传统道德共同体的解体，建立在启蒙理性基础上的现代国家，已经失去了传统共同体的意义，不过是个人追求私利的竞技场所而已。那么，寄居于古代共同体的美德在现代社会何以存在？麦金太尔显然也注意到了这一点，因此，他所建构的美德概念，有意淡化共同体这一背景，而将美德与实践的关系凸显出来。实践曾被亚里士多德视为践行美德的基本方式，从而美德被看作是实践智慧的人格化目的实现。儒家伦理思想的精髓就是“德得相通”，康德伦理学的根基是“德福一致”“善恶因果”。麦金太尔视美德为实现实践内在利益（善）的必要条件。只是在现代社会里，实践的履行不再具有美德内涵，因为实践行为所真正

① 万俊人：《正义为何如此脆弱》，河北大学出版社2005年版，第40页。

实现的不是麦金太尔意义上的内在利益或性好（善），而是诸如权力、金钱等的外在利益或有效性善。更何况每个传统都有它特定的历史文化背景，有它自身的解释系统和话语系统，是不可公度的。不同道德传统间尤其是东西方不同文化传统间可以相互对话与学习的共同体语境、共同的纽带何以建构？从古至今都是个难题。

二　行为合宜，追求适度

作为经济学和伦理学两个学科逻辑起点的“经济人”和“道德人”概念，是这样一对基于人性假设的理想模型：如果说“经济人”概念遵循的是马克斯·韦伯所说的工具理性的话，那么“道德人”所遵循的基本上是一种价值理性，两者遵循着不同的逻辑。“经济人”是以“成本—收益”作为理性衡量的标准，有着自己明确的获利预期：而“道德人”则是一种无条件的、对固有价值的纯粹的信仰，他的行为的意向不在于行为之外是否能取得成就，而在于他的这种特定行为方式本身。

1. 人性假设的浪漫与褊狭

在“经济人”看来，“道德人”的行为是非理性的，因为他越是考虑利他行为的固有价值，他就越置这种行为的后果于不顾：当然，在“道德人”看来，“经济人”的行为也同样不够“理性”。经济学和伦理学就是分别在“经济人”和“道德人”的假设基础上不断展开自己的理论体系的。①

作为经济学的基本假设，“经济人”概念指的是追求利益最大化的行为主体，其最基本的假设前提是：人是自利的。此概念源自于功利主义一脉（边沁），而经典的描述莫过于亚当·斯密所提出的：“人本能是自利的动物”，“盘算的是他自己的利益”，“我们每天所需的食料和饮料，不是来自厨夫酿酒家或烙面师的恩惠，而是出于他们自利的打算。”② 在斯

---

① 杨光飞：《“经济人”和“道德人”的分合》，《广西社会科学》2003 年第 12 期。

② 亚当·斯密：《国民财富的性质和原因的研究》，郭大力、王亚南译，上海三联书店 2009 年版，第 28 页。

密来看，人的本性是利己的，每个人都从自己的利益出发，并没有促进他人和公共利益的打算。

虽然“经济人”的概念从古典“经济人”模式经过新古典“经济人”模式阶段又演绎到广义“经济人”模式。由加里·贝克尔、詹姆斯·布坎南等“新经济学家”将“经济人”模式扩展到非商品性领域，把“成本—收益”核算引入非经济行为之中；不断修正和扩大其原本意义上效用的概念，使其超越了原本边沁把利益只狭隘定位于单纯追求金钱和逸乐的范畴，扩大到人们所想得到的一切目的和偏好，包括精神的和物质的，而不局限于追逐个人的物质利益，以期来应对其他学科理论的究诘，但“经济人”假设的理论基石依然是利己或自利，它和“市场均衡”和“偏好稳定”一起构成现代经济学理论的三大基础概念。

与“经济人”假设相对的是作为伦理学范畴的“道德人”概念，主要是指人是有同情心的，具有一定的“道德情操”，有利于他的一面，这个概念也是亚当·斯密提出的，并先于“经济人”概念提出。亚当·斯密在《道德情操论》中说：无论人们认为某人怎样自私，这个人的天赋中总是明显地存在着这样一些本性，这些本性使他关心别人的命运，把别人的幸福看成是自己的事情，虽然他除了看到别人幸福而感到高兴以外，一无所得。这种本性就是怜悯或同情，就是当我们看到或逼真地想象到他人的不幸遭遇时所产生的感情。由是可见，在斯密那里或者说斯密本意，经济与伦理不仅是合二为一的，而且伦理优先于经济，经济依存于伦理的前提，经济行为本就是一种伦理或道德的抉择。只是现代主流经济学家以及他们为之服务的资本家和官僚出于自立的偏好或者研究的便利，故意只见“自利”和“精明”而不见了斯密的“同情心”和“行为合宜性”。

在伦理学看来，无论经济学的效用范围怎样扩大，“经济人”概念也解释不了为什么随着人际距离半径的扩大，还是有许多不求回报的利他行为、无私助人的崇高举动以及超越性的仁义心、奉献精神的存在。正如P. 科斯诺夫斯基所说的，人的行为遵循极为复杂的想象，而其中有关经济的想象只占一小部分，把经济看作是社会的一个独立系统，这只是现代的事情，从曼德维尔开始才让人们认识到。

（1）“道德人”假设的浪漫

无论是西方还是中国，“道德人”的理念假设都要比“经济人”的理念假设早，这种假设有两个层面：一层意思是假定个体先天有利他的一面，所谓的“人之初，性本善”：另一层意思是假定个体经过后天的教化，能够成为“道德人”，经过修炼之后，“人人皆可为尧舜”“人人皆可为禹”。从理论上讲，对“道德人”的倡立与张扬是建立在对个体自利的压抑或屈抑（康德语）基础之上的，西方中世纪灌输的禁欲主义等宗教教条，中国传统儒学宣谕的“君子喻于义，小人喻于利”等思想都意在极力培育“道德人”；而在实际的制度运作中，只假定或鼓吹人性利他的一面，而没有看到人的自利的一面，进而否认个体对私利的合理追求。应该说“道德人”在社会领域中是一种值得提倡的典范，但一旦在经济领域引进这种假设，就会使得建立在“道德人”假设基础之上的制度显得过于浪漫，因为它没有遵循经济领域自身的规律；最终也会使得这种制度安排失效。

这种制度的失效主要在于我们没有从理论上反思我们对于人性假设或改造的浪漫性，它带给我们的教训是：我们不能无视自利的动机，我们必须承认个体自利的动机不可能被外在的社会行为准则（包括道德、宗教等）完全改变；而现行的市场经济的体制结构、产权理论、交易成本等理论之所以是至今仍然有效的一种制度安排，也反映了这种“经济人”假设在制度安排上的现实性和有效性。

可以说“经济人”的假设契合了人的求利本性，它的解释力不断扩张，不完全是这个概念不断强化的结果，它是对人性最真实的一个面相的描述。所以马克斯·韦伯认为一切国家、一切时代所有的人，不管其实现这种欲望的客观可能性如何，全都具有求利的欲望。只不过在前资本主义社会，这种工具理性让位于价值理性、经济行为服从于社会文化罢了①。阿马蒂亚·森也指出：当为了追求个人目标而接受特定社会行为准则的工具价值时，就会造成个人表面上追求的目标与其真实目标之间的模糊性。我们不能否认有纯粹超越的道德行为，与此同时我们也不能排除“道德人”的行为也有工具性行为的嫌疑，尤其在一个把道德品行作为资源分配的重要指标的社会。从经济学的角度看来，传统社会的“道德人”有

① 马克斯·韦伯：《新教伦理与资本主义精神》，生活·读书·新知三联书店 1987 年版，第 40—41 页。

自利和工具理性的一面，只是由于传统社会的文化整合模式使得“经济人”的求利动机受到压抑，或者以各种“歪曲的形式”出现，而不能直接实现，这实际上也背离了对“道德人”的最初构想。

(2)“经济人”假设的褊狭

经济学从道德哲学（事实上，在亚当·斯密及其以前的时代，经济与伦理是一回事，同归于哲学门类）中分离出来并日益成为社会科学领域里一个重要门类，作为经济学大厦之基石的“经济人”概念也在不断扩展其势力范围。例如，加里·贝克尔坚持用“经济人”假设及寻求最大利益的假没，用费用结构的变化等理论来解释原本隶属于社会学、人口学、教育学等学科领域的课题。贝克尔认为，所有人类行为均可以视为某种关系错综复杂的参与者的行为，通过积累适量信息和其他市场投入要素，他们使其源于一组稳定偏好的效用达致最大。甚至贝克尔用“经济人”的利益最大化逻辑来诠释利他主义，认为利他之所以发生，是因为利他行为能够在可见的预期中增加“经济人”自身的消费，也能够增加自我生存的机会，所以利他主义在家庭里较为普遍，而在市场因对“经济人”没有什么收益，故供给就少。[①] 显然，贝克尔是想用“经济人”的假设来解释现实中的利他主义，来不断消解“道德人”假设，不断扩大“经济人”假设的解释力，并企图用“经济人”的假设来诠释人类的一切行为。

在现实生活中，我们发现有很多超越自利性的行为，如社会地位、情感、自尊、公正和闲暇等，这些经验事实迫使有些经济学家试图扩大效用的定义，使其超越逸乐和金钱的范围，借此来弥补这个漏洞。然而，正如弗朗西斯·福山所指出的那样，不论如何改变“效用”的定义，人们都不见得永远都在追求效用，因为人们的行为往往是与生俱来的民族习惯。[②] 布尔迪厄也认为，人们大都处于“无所用心的状态”，遵循着一种习惯，而不是事事出自理性的算计，因为理性意味着人们在考虑所有可能性的选择方案之后，然后选择就长期而言最具效用的方案。“经济人”假设实际上是一种褊狭的假设，连身为经济学家的阿马蒂亚·森也坦言说：

---

① 贝克尔：《人类行为的经济分析》，王业宁译，格致出版社2008年版，第33—49页。

② 弗朗西斯·福山：《信任——对社会财富与繁荣的创造》，彭志华译，海南出版社2001年版，第6页。

“既没有证据表明自利最大化是对人类实际行为的最好近似，也没有证据表明自利最大化必然导致最优的经济条件。”①

不仅道德哲学家，社会学家也在追问：既然经济家承认不同的个体有不同的利益取向，那么导致这种不同利益取向的最终原因是什么呢？为什么不同社会文化环境中的人具有不同的利益偏好？因为在社会学家看来，自利理论大获全胜这一说法所依据的只能算是某种推理而已，更谈不上什么经验性的证明。一个自由市场经济的成功根本不可能告诉我们，潜伏在经济行为主体背后的行为动机到底是什么，事实上日本的经济成功就是“经济人”假定的一种反诘，因为责任感、忠诚和友善这些偏离自利的伦理文化因素在其工业成功中发挥了十分重要的作用。就连新制度经济学派的代表人物道格拉斯·诺斯在《制度、制度变迁和经济绩效》中也对“经济人”的假设进行了反思：人类行为比经济学家模型中的个人效用函数所包含的内容更为复杂，有许多情况不仅是一种财富最大化行为，而是利他和自我施加的约束，他们会根本改变人们实际做出的选择的结果。他认为，新古典经济学的“经济人”假设无法对利他行为做出合理解释。

不仅如此，“经济人”假设从经济领域扩展到人类生存的各个领域，而这些领域原来一直是在市场之外的；在这些领域中，个体的行为显然不仅仅是物质交换行为，个体所遵循的也不单是一种“经济人”理性。按照“经济人”的假设，有时就不能揭示出事实的真相。尤其值得关注的是，有价值的人类关系等将被排斥在经济学的假设之外，崇高的利他行为也会受到贬低，“经济人”理念支配下的市场行为甚至会给利他的道德行为带来巨大的伤害。R. 蒂特马斯在其著作《赠予关系》一书中，对美国和英国组织医用血液的制度作了比较，结果发现，在美国，凡是在没有发达的血液市场的地方，供血就具有了一种不同的、也的确更崇高的意义，而在血液也像其他商品一样具有金钱价值的地方，供血根本就没有这种意义。那些献血者申明，他们认为献血重要，是因为他们认为义务献血是崇高之举，而不在乎它的市场价值，如果认为他们供血是为了钱，他们宁愿

---

① 阿马蒂亚·森：《经济学和伦理学之间》，王宁、王文玉译，商务印书馆2001年版，第4页。

不献。① 由此可以看出，如果我们在人类一切领域都按照“经济人”的假设来运作，不仅有悖于人类行为的真实面目，也无法鼓励利他和合作行为的发生。

（3）呼唤一种开放的视域

华勒斯坦在《开放社会科学》一书中谈到社会科学的重建时提出：如何消除19世纪出现的各学科之间的人为的分离，我们必须面对并必须充分地把这个问题重新提出来，来建立一种开放的社会科学。而建立在“经济人”和“道德人”假设之上的经济学和伦理学同样也面临一定的挑战：“经济人”和“道德人”的各执一端，不仅仅带来了学术上的纷争，例如国内学者有过多次的对“经济学要不要讲道德”的辩论，更严重的是建立在这种分离的假设之上的制度安排也有悖于行为主体的真实选择。经济学家试图把“经济人”假设引进到现实的制度中，用“效率”来评价市场而忽视伦理问题；伦理学家往往蔑视效率考虑而集中思考对市场的道德评价，或者只是根据市场是否满足正义的要求来评价市场，其结果是把人类复杂的行为简单化了，也使得建立其上的制度和个体的选择不能相容。

对于经济学而言，经济学家面临两个反向究诘：一是人们的实际行为是否唯一地按照自利的方式行事；二是如果人们唯一地按照自利的方式行事，他们能否取得某种特定意义上的效率或成功。“经济学忽视了人类复杂多样的伦理考虑，而这些伦理考虑是能够影响人类实际行为的，根据研究人类行为的经济学家们的观点，这些复杂的伦理考虑本身就是基本的事实存在，而不是什么规范判断问题。”② 而对于伦理学而言，也应该反思自己的立场，以前一味强调利他主义，忽视了人有自利的一面；而现在又走向另一个极端，只在经济学内部讨论利他行为的发生。伦理学应意识到，现实生活中个体动机存在着多元性，伦理学既要承认人有自利的一面，又要执着地论证道德哲学对主流经济学所作出的贡献，并令人信服地指出，伦理确实影响了人类实际的行为，当前伦理学的主要任务就是影响人类行为，对经济学进行纠偏和矫正。与经济学所倡扬的工具性影响不一

① 布坎南：《伦理学、效率和市场》，廖申白等译，中国社会科学出版社1991年版，第43页。

② 阿马蒂亚·森：《经济学和伦理学之间》，王宁、王文玉译，商务印书馆2001年版，第20页。

样，伦理学往往是通过内在价值的培育而对纯粹的自利经济学说进行矫正，并进一步影响到现实的制度运作基础。

道德和经济并非是水火不容，这使得一种开放的动机假设成为可能。对于“经济人”来说，利他的道德行为对于经济交易秩序和社会交往也有一定的意义。诚如诺斯所说，道德作为一种非正规约束，能够降低交易成本。而迪尔凯姆也认为，道德作为一种社会连带机制，巩固着社会的内聚力，是人类生活所必需的。

“经济人”和“道德人”的“由合而分”是一种历史的必然，“由分而合”也是一种必然，只不过再次的整合显然不像从前，这是一种更高意义上的辩证综合。如果说第一次的分离是经济从道德文化中脱离出来，那么再次的整合面对的是伦理学和经济学之间的平等对话。经济学要借助一些伦理学的思考，摆脱自己褊狭的眼光。对伦理学而言，一方面应该深入经济内部，和经济学正面对话；另一方面也应针对“经济人”的假设所带来的问题，修正其所带来的负面效应。

实现“经济人”与“道德人”的辩证综合与协调发展，关于“道德”与“经济”的关系模式，著名伦理学家樊浩教授将 20 世纪形成的、关于两者关系认识的理念归纳为“经济决定论”“伦理气质论”和“道德立法论”三种。樊浩教授认为，这三种理念的形上出发点和价值目标都是“原子的观点”；它们的主体品性及价值基础都是“道德世界观”；它们的认识方式是“本体思维”。在对这三种理念进行了哲学层面的考察之后，樊浩教授提出了“第四种理念”——以“原子的观点”走向“实体的观点”、由“道德世界观”走向“伦理世界观”、由“本体思维”走向“生态思维”的“伦理—经济生态”。[①]“第四种理念”或许应该成为我们当代人的正确选择。源于马克斯·韦伯“理想类型”的道德哲学结构“伦理气质论”是把“新教 + 资本主义”当成现代文明的理想类型，将“宗教、伦理、理性经济行为”三要素以“天职”的观念联结为一体，结合了“最强的冲动力”和“最好的冲动力”[②]；在“道德立法论”的关系

---

① 樊浩：《伦理—经济生态：一种道德哲学范式的转换》，《江苏社会科学》2005 年第 4 期。

② 樊浩：《道德体系与市场经济“相适应”的价值资源难题》，《东南大学学报》（哲学社会科学版）2005 年第 1 期。

模式下，道德成为文明发展的唯一目标和最高目标，道德为经济活动立法，道德对经济行为进行评判，道德成为经济的指挥官，推进或限制经济的发展。而“第四种范式”寻找到了超越于“伦理”“经济”之上的“普遍物”是伦理与经济相互关联所形成的实体所追求的价值目标，而作为“经济”与“伦理”的单一物与两者的“普遍物”统一的“精神”，可以被诠释为伦理—经济实体的文明合理性。依照这种理论推理，从外看，个体道德不仅是经济发展所必需的，团体道德（血缘关系团体、非血缘关系团体）、民族道德更是经济发展所必需的；由内看，个体道德意识、团体伦理精神、民族伦理精神对经济的发展更为必需，应从整个民族实体的宏观层次看待经济和伦理道德的相互关系。

那么，如何在道德与经济间发生冲突时进行有意识的合理选择呢？诺贝尔经济学奖得主阿马蒂亚·森是这样回答的，“对于经济学来说，有两个中心问题尤为根本：第一个问题是关于人类行为的动机问题，它与‘一个人应该怎样活着？’（苏格拉底问题——笔者注）这一广泛的伦理道德问题有关。我将此称为‘伦理相关的动机观’。第二个问题是关于社会成就的判断。亚里士多德把社会成就与取得‘对个人有益的东西’这一目标联系在一起，并且，他注意到了社会成就判断中的特殊性：‘就个人而言，某种目标的实现是有所值的，但是，对于一个民族或一个国家来说，这一目标的实现可能有更为卓越、神圣的意义。’我将此称为‘伦理相关的社会成就观’”①。

2. 经济人假设的道德风险

经济分析的洞察力首先表现在经济学对人性的概括上，这就是经济人假设，它是经济分析的出发点。亚当·斯密和约翰·穆勒与其他古典经济学家把追求自身经济利益视作人的天然本性。穆勒更明确地说，在经济活动领域，追求财富是人的主要的公认的目的。新古典经济学家赋予经济人假设更明确的含义，即经济人应具有完全充分有序的偏好，掌握完备的信息，并且具备完全计算能力。在新古典经济学看来，每个人凭借自己的、

① 阿马蒂亚·森：《伦理学与经济学》，王宁、王文玉译，商务印书馆 2000 年版，第 12 页。

假定天生就有的、精良的信息处理能力，就可以实现自身利益的最大化，而且个体最优的总和似乎是整体的最优。

综观“经济人”的演进历史，我们可以看出，“经济人”假设是一种关于对人的普遍行为准则和追求的假定。“经济人”假设是假定人都是有理性的，这个理性可以简单概括为人都会对存在的经济制度给以主动的适应并接受制度约束，尔后又假定人会在特定制度条件下做出于自身为有利的选择，或者至少人会以追求特条件规定上的自身利益最大化为行为目标。这种对制度遵循的理性和对个人利益最大化的追求的假定，便构成经济人的基本内涵。然而，这里就有两个基本问题需要我们讨论，更确切地说是两个不容回避的历史事实：

首先，制度的确立是以一定的道德假设为基础的，而道德是分阶级、民族的。如此看来，制度的合理性、公正性便是由道德规定的。但是，不同的道德体系、不同的价值观规定了不同的道德，因此，制度并不必然都是合理的、正义的，它是有一定限度的。在不同的国家，制度及其依赖的道德体系不同，它们的结果也是迥异的。正如柳之茂先生指出的那样，市场经济体制固然是“经济人”存在的社会制度基础，但我国的社会主义市场经济体制与其他类型的市场经济体制有着本质的不同。不仅如此，支撑制度的道德体系、民族传统和文化脉络也是相异的。所以，用“经济人”假设来解释社会经济行为时，出现困惑是在所难免的。①

其次，“经济人”对财富的追求有无限度问题。到目前以及可以预见的将来，人类的财富都来自对大自然的索取，旧有的经济学理论将它自身的目标定位于如何以最小的人力代价从自然资源中获取最大利益，于是经济增长被视为“财富”的增加，并成为衡量一个国家经济发展的唯一指标。但生态学研究表明：一味地以经济增长为目标的经济行为，已经并必将对人类的自然环境、自然资源造成极大破坏，危及人类长远利益。因此，无限度就意味着“经济人”自身的毁灭。

即使前两个问题都不成问题，那么肯定个人自身利益最大化的假定是不是合乎道德还有待进一步商榷。一是承认人的自身利益最大化的伦理假

---

① 柳之茂：《“经济人”假设的道德分析》，《青海师范大学学报》（哲学社会科学版）2001年第1期。

定是否同时是对“损人”行为的肯定？因为人的劳动差异、成果多寡以及劳动成果的分配是处在社会整体框架内的，成果总量与分配的多寡处在一定的数学规律之内。一方利益最大化必然导致另一方的受损。二是对“个体利益最大化”假定是否排斥利他。显然，在以利己为价值核心的市场经济中，受市场法则的规定，人们的行为动机也不可能把个人行为建立在服从他人利益极大化前提之下，否则，在动机上从一开始就以利他为前提，那么市场经济就不可能存在，更何谈生存竞争、市场竞争。可见，利己与利他、个体与整体间的利益关系在伦理道德准则应如何摆放，显然是一个有待确定的命题。三是人作为有意识的复杂的社会群体存在，除去追逐个人利益最大化“利己”动因，是否还存在着其他追求，即人的经济行为本身是否还有其他伦理冲动和道义支持？

从以上对“经济人”及其假设依循的制度、求利的限度以及求利本身的道德性等问题的讨论，我们不难发现，西方经济学引以为豪的“经济人”假设，虽然包含着马克斯·韦伯如数珍宝的节俭、诚信、进取、自制等经济合理主义的美德，但不能排除其中的“个人为追求自身利益的最大化”而存在的机会主义倾向和道德风险。为了求得自利，经济人的理性会在外部条件约束乏力的情况下，打破诚实、信用原则，代之以欺诈、违约等不道德行为。正如亚当·斯密在《道德情操论》中所言：“牺牲了将来更大的所得，以求一逞于当时，简直极端荒谬”。自制在表面上看似有利他倾向，但实质上与《国富论》中利己主义是一致的。为求得一时满足而牺牲了将来更大的所得，在他看来是极有损于人的利己本性的。但是在不会牺牲将来更大的所得时，自制原则很可能被打破。这种机会主义倾向在经济人假设嬗变历程中一直未被修正。可见，经济人假设的理性与其说是遵守制度的理性，不如说是有目的地追求自身利益的理性。经济人假设不仅存在着机会主义倾向和道德风险，而且它的理论基础也是值得怀疑或质疑的。①

3. 经济人假设的理论质疑

首先是对“利己”假设的质疑。迫使西方经济学修正“经济人”假

① 杨静：《“经济人”假设的反思与评判》，《上海经济研究》2006 年第 2 期。

设的开端对“利己”本性的质疑，它可以说是“经济人”假设遭到的最早质疑和批判。以李斯特（F. List）为首的德国历史学派主要针对斯密的“利己”观展开批判。德国历史学派指责说，如果“经济人”的“利己”性被视为其经济行为的唯一动机，那么人们在受到道德和情感等诸多方面动机激励下去追求的社会利益将被排除在外，这显然是不符合事实和有悖常理的。李斯特强调了历史与文化在形成人的行为动机方面的作用。以庞巴维克（E. Bohm-Bawerk）为首的奥地利学派对这种质疑进行了反击，他们指出，若将道德法律等精神上的因素逐一纳入“经济人”假设中，那只不过是中世纪禁欲主义的再现，而对人“利己”本性的抽象不仅是可行的，尤其从方法论的角度来看还是必要的。这是因为，对人的经济行为的抽象是进行科学研究的基本前提。到新古典经济学时期，新古典经济学家更是将“经济人”的“利己”本性作为基本的假设前提，认为是不需证明的公理，把“利己”本性发展到了极端的个人模式。尤其是“边际革命”的产生，使得“经济人”的行为可以用数学、计量等方法更为精确得以表达，当定量分析经济行为成为可能时，从表面上看，这就使得“经济人”假设显得更为科学、更具有迷惑性。如果说，对“经济人”的“利己”本性算得上完善的话，那么体现在“经济人”向“效用人”假设的转变，贝克尔（Gary S. Becker）对效用函数做出了突出贡献，他把“利他”的行为写进了个人效用函数，指出人在实现自身利利益最大化的过程包含“利他”的行为会更符合实际，并且他运用包含“利他”行为的经济模型分析了其他的非经济行为，这样就可以解释人的经济行为的多样性和人会受到道德、情感等诸多因素束缚的事实，使“经济人”看起来更能接近现实生活中的人，从而拓展了“经济人”的“利己”本性，缓解了“利己”和“利他”间的张力和矛盾。

其次是对“利益最大化”的质疑。斯密创立的“经济人”假设最初是起源于对生产者经济行为的描述，但现实中的人不仅仅是指生产者，人群是由生产者、消费者、家庭、政府等形形色色的个体或团体组成的。面对不同个体和组织，仅用生产者利润最大化理论是不能解释现实问题的。因此，这就要求“经济人”必须能合理解释所有人追求的利益最大化。面对这种指责，西方经济学拓展了追求利益最大化的主体，根据市场行为的不同它们把人划分为生产者、消费者、生产要素所用者以及官员四类，并运用了不同的利益最大化理论来加以解释和说明。具体来说就是，消费者追求效用最大化，生产者追求利润最大化，生产要素所有者追求收入最大化，媒体追求收视率或眼球率最大化（归根结底是在追求利益的最大化），而政府官员在某种意义上追求的往往是选票和支持率的最大化。如此一来，利润最大化理论向涵盖所有行为人的最大化理论扩展，以使“经济人”假设更能接近或契合现实生活。最大化利益在现实生活中能否实现也遭到了质疑，这其中的一个典型案例就是“X效率”对生产者利润最大化假定的驳斥。“X效率”是由莱本斯泰（Harvey Leibenstein）提出的，他抓住新古典经济学有关生产者利润最大化的基本假设与现实不一致的缺点，开始对它进行全面批判，并指明最大化的行为和结果只能是一个特例，人们很难按照接近于完全的计算程序来做出决策，更多的情况下出现了行为的非最大化。莱本斯泰因还创造了一个“努力熵”的概念来度量这种低效率的程度。针对此种非议，正统经济学的捍卫者斯蒂格勒（G. Stigler）、塔洛克（Tullock）等人给予积极的反驳。他们指出，生产者除了出于社会公平、伦理的角度虚伪地不愿承认追求利润最大化的目标外，由于产权、寻租等行为的存在导致出现了低效率，但是这些问题的存在是与新古典经济学的分析框架不相矛盾的，仅以“X效率”理论是不能驳倒新古典经济学“经济人”最大化行为命题的。①

最后是对“完全理性”的质疑。“经济人”的完全理性和完全信息受到了“有限理性”和信息不完全的挑战。赫伯特·西蒙（Simon）是较早地运用“有限理性”对完全理性假定进行批判的先行者之一。西蒙认为“有限理性”理论是“考虑限制决策者信息处理能力的约束理论”。他提议将不完全信息、处理信息的费用和一些非传统的决策者目标函数引入经济分析。西蒙认为，与“有限理性说”相匹配的只能是“令人满意准则”。也就是说，如果完全理性是与最大或最优相对的话，那么有限理性便和次优（满意）为伍。至此，西蒙不仅对完全理性和完全信息提出质疑，同时也批判了“经济人”的最大化理论。新制度经济学在针对完全理性观点的同时，指出了社会因素、历史和政治因素在经济生活中所起的巨大作用，强调采取制度、结构分析方法来说明社会的变动和在经济增长

① 刘小怡：《X效率的一般理论》，武汉出版社1998年版，导论。

中的作用。与新古典经济学相比，新制度经济学的研究视角从单纯的资源配置问题转向了人与人的相互关系问题，提出了“个人选择的社会性”而与“经济人”的“个人性”截然对立，主张用“社会—文化人”取代“经济人”。① 针对西蒙的有限理性理论，卢卡斯（Robert E. Lucas）的理性预期，阿克洛夫（Georgy A. Akerlof）、斯蒂格利茨（Joseph E. Stiglitz）的信息经济学对“经济人”的不完备理性方面做出了重要的修正。卢卡斯的理性预期表明即使人的认识是有限理性的，但是预期的存在可以把有限理性对完全理性的偏离程度最小化。阿克洛夫和斯蒂格利茨的信息经济学则表明，在信息不充分的情况下，“经济人”在进行选择和决策时依然能够遵循最大化的行为原则，即使存在着“道德风险”和“逆向选择”这些不合常理的非理性行为，但这正是参与活动的行为主体的理性选择的结果，不能因为受到信息不完全条件的约束就改变了行为主体的行为动机和决策的标准。②

事实上，无论是“利己”还是“利他”都不能科学地说明人的本质。“利己”本性可谓是“经济人”最基本的特性，无论是古典经济学家还是新古典经济学家均认为“利己”本性是从众多人的经济行为中抽象出来最能说明人经济行为的一般抽象，它是任何社会激励人行动的基本经济动机。但是，“经济人”的这种抽象的“利己”本性是建立在唯心史观基础上的，其实质只不过从人的自然属性出发，把利他行为、集体行为等人的社会性抛开。不仅如此，“利己”的“经济人”还被看作是永恒存在的，是将属于特定资本主义历史阶段中资本家的唯利是图的本性说成是一般人性和共性；建立在唯心史观基础上的抽象人性论必然会采用个人主义的方法论对“经济人”的经济行为进行分析，所谓方法论上的个人主义就是指有效的社会科学的认识来自于对个体现象或过程的研究，“只有个体才能进行选择和行动，而群体本身既不选择又不行动，如果所分析的群体同样进行选择和行动，则就不符合科学的准则。社会总量被认识只是个体所

① 赫伯特·西蒙：《西蒙管理行为》，杨栎、徐立译，北京经济出版社 1998 年版，第 6—8 页。

② 徐虹、林钟高：《分工、组织信任与适度内部控制的研究》，《江西财经大学学报》2010 年第 1 期。

作的选择和采取行动的结果。”① 在这种唯心史观和方法论的指引下，形成了西方经济学一个重要的分析传统，那就是从离群索居孤立个人或者是鲁滨孙似的孤岛生活出发来考察问题，也就是抛开了人的历史性、现实性和社会性来抽象地看待人的本质和人的经济行为。即使后来的新制度经济学派，尽管关注了制度、人和人关系的研究，但是终究没有从根本上背离抽象的人性和个人主义的方法论传统。而对有些西方经济学者将“利他”纳入“经济人”“利己”的分析框架中，最多只不过是为抽象的“经济人”能说明更多人的经济行为找一个托词而已，除了为抽象的人性和传统的个人主义方法论辩护而无其他目的。

4. 马克思主义的科学态度

马克思主义经济学研究社会发展和人性是从唯物主义历史观出发的，而西方经济学的“经济人”假设某种意义上是建立在唯心主义历史观基础上的。唯物史观和唯心史观的根本区别在于对社会历史发展这个基本问题的不同回答上，它们的根本分歧在于是否承认社会存在决定社会意识。唯物史观认为，社会存在决定社会意识，生产力和生产关系、经济基础和上层建筑的矛盾是社会的主要矛盾，是推动社会前进的基本动力；人类社会的发展，是一个自然历史过程，是物质资料生产方式不断变革的发展过程，这个过程是客观的、必然的，不以人的意志为转移。因此在马克思看来，人的本质是人的自然属性与社会属性的统一、人的共性与个性的统一，人是现实中的人，对人本质的研究既不能离开人的共性本性也不能脱离特定历史条件，即要“首先要研究人的一般本性，然后要研究在每个时代历史地发生了变化的人的本性”，只有这样，才能科学地说明人的本质和人的经济行为。而唯心史观却采用了抽象的人性论来揭示人类的本性，认为满足人的共同本性的要求是推动人类历史前进和制度变迁的根本动力。② 在这种历史观的指导下，一些资产阶级经济学家在分析人的本质时，只把人看成是自然人、抽象人、一般人，只看到了人的共性，却没有看到人的现实性，没有看到被特定生产力决定的生产关系所束缚的人，使

---

① 《新帕尔格雷夫经济学大辞典》，经济科学出版社 1992 年版，第 383 页。

② 胡钧：《经济学研究中的历史观问题》，《高校理论战线》2002 年第 10 期。

人成为一种免受社会性和历史性干扰的“免疫人”，因此，他们只抽象地谈论人的“理性”和“需要”等精神和心理上的感受。西方经济学中所说的“经济人”就是建立在这一认识基础之上的，是从人的心理特征中，抽象出“利己”和“理性”这两个主要心理特征作为假设内在特质的。可以看出，唯物史观和唯心史观在看待人本质上存在根本不同，前者看到的是现实中的人，既不否定人的自然属性也不否定人的社会性和历史性，后者则是从主观意识出发，抛开人存在的历史性、社会性，抽象地看待人，这就必然导致“经济人”假设在解释人的本性和人的经济行为时丧失科学的解释力。而马克思所创立的唯物史观已经被历史实践和理论论证证明了其存在的科学性。从唯物史观角度对以唯心史观为基础的“经济人”假设理论进行批判，从而揭示出即使是修正后的“经济人”假设依旧存在着非科学性。①

首先，西方经济学的“经济人假设”是从抽象孤立的人出发而不是从现实的人出发。“经济人”假设是从孤立的人的经济动机出发来描述人的行为，这就必然导致把历史和时间的因素排除在经济学研究的视野之外，给了“经济人”一个永恒的、普适性的化身，以便用其来解释超越任何社会形态和历史阶段的人的行为，最终目的是使资本主义社会存在得到永恒的合理化辩解。要用资本主义所特有的“经济人”行为解释任何社会中的人的行为显然是不科学的。另外，经过抽象孤立的“经济人”也不能为人所处社会中的社会性做出合理的解释。我们可以设想一下，如果只在抽象孤立的人的世界里，不从人和人的社会关系出发，如何能比较出一个人是“利己”还是“利他”的。也就是说，只有将人放在人和人的社会关系的分析框架中才能对人性进行比较。因此，对人的特性进行科学的分析是应该从现实的人出发，正如马克思主义经济学指出的那样，人的本质是社会关系的总和。马克思在强调人的社会性和个人利益社会性的同时，并没有否认人不能追求个人利益，人类要想生存就必须满足个人生存需求、个人利益的实现，这也是人类社会赖以存在的基础，但是个人利益所追求的内容和个人利益的实现程度从根本上来说还是由社会的生产力水平和生产关系所决定。马克思对人的分析是建立在唯物史观基础上的。

---

① 杨静：《“经济人”假设的反思与评判》，《上海经济研究》2006 年第 2 期。

虽然面对纷繁复杂的现实生活中的人以及各种不同的行为动机，马克思对人的行为也运用了一定的“抽象力”，但是，他所运用的“抽象”与西方经济学家研究“经济人”时所用的抽象是不同的，马克思反对把人抽象为永恒不变的范畴，并用这些范畴来演绎历史和现实的过度抽象的方法，并且对形而上学者们认为“进行抽象就是越远离物体就日益接近物体和深入事物的观点”进行了批判。即使将“利他”纳入“经济人”“利己”的分析框架，也不能科学地说明人和社会的对立统一。这是因为“经济人”假设是以个人主义方法论为基础的，在个人主义方法论看来，社会只不过是个人的机械组合，社会只不过是单个人的简单加总，个人的主观动机和由此决定的个人行为是“经济人”的考察问题的出发点，个人的这种主观动机推动了社会的发展。但实际的情形却是，任何个人的经济行为都不可能是完全主观随意的，它必定会受到社会和历史条件的制约，也就是要受到一定生产力所决定的生产关系的制约。虽然人们自己创造自己的历史，但是这种创造并不是随心所欲的，它是人们直接碰到的、既定的、从过去承继下来的条件下限定。也就是说，人们不能自由地选择自己的生产力。马克思主义经济学认为，社会制约个人的选择，个人的选择不能脱离社会而存在。个人与社会是一个对立统一体，既不能片面强调个人利益，也不能将社会利益与个人利益对立起来，只有运用历史唯物主义的观点才能真正科学地看待“利己”和“利他”的辩证关系。

其次，无论是完全理性还是有限理性都不能科学地说明人类社会的真实发展和社会形态的历史变迁。对完全理性的“经济人”来说，可以通过掌握的完全信息做出最优化的选择来推动经济的发展和社会的进步，这就是西方经济学设想的“经济人”推动社会经济发展的逻辑过程。而“有限理性”说则通过不确定性、信息不对称性等诸多方面对完全理性的“经济人”提出了挑战，新制度经济学也不断地将制度的因素纳入经济行为的分析框架中，认为制度在推动社会进步和经济发展中发挥着不可估计的力量，制度创新促动着经济增长。按照罗尔斯和诺斯的观点，所谓“制度”是指一系列被制定出来的规则、守法程序和行为的伦理道德规范，它旨在约束追求主体福利或效用最大化的个人行为。当把“制度”作为决定经济增长最主要的因素的时候，则经济增长主要表现为制度变迁的结果，制度通过产权、国家、意识形态等环节来影响经济增长。事实上，无论是“理性选择”还是“制度变迁”，都不能科学地说明经济的发展和社会形态的更迭。如果按照新制度经济学的观点，封建社会向资本主义社会过渡是制度变迁的结果，那么深究下去人们会问：为何在封建社会中会出现例如佃租、君主等符合封建社会特性的制度，而在资本主义社会中则会出现符合工业化特征的自由契约等制度呢？这仅仅是理性选择或是制度变迁就能简单回答和解决的事情吗？理性的选择是从主观意识出发来考虑问题，制度变迁又脱离不了上层建筑的范畴，而两者产生的最大根源依然没有摆脱唯心史观的指导，社会意识是远远凌驾在社会、存在之上的。真正能够正确解释社会形态更替的答案应该是，理性选择或制度的变迁必须根植在现实生产力的基础之上才具有科学的解释力，脱离生产力决定生产关系的客观规律是不能科学地剖析社会形态更替的。马克思的历史唯物主义即生产力与生产关系的对立统一以及由此而派生的经济基础与上层建筑之间的矛盾运动才是解释社会制度的变迁和社会形态更替的科学理论。新制度经济学派中的政治法律、伦理道德规范等制度归根到底是属于上层建筑所涵盖的内容，它们终究要受到由生产力决定的生产关系的制约，真正能推动社会变革的力量是来自生产力发展的要求。只有当生产力和生产关系、经济基础和上层建筑之间发生了尖锐的矛盾之后，旧的国家制度才能被代表新兴生产力发展要求的国家制度所代替，社会变革的时代才会到来，社会形态的历史更迭才有可能。

最后，无论是“最大化”（最优化）还是“次优化”（满意程度）都不能科学地说明社会阶级现象的存在。西方经济学的最大化理论或是次优化理论，它们都是用来说明人在追求个人利益时所能获得的满意程度。按照他们的理论，任何社会中的人都能追求个人利益，并使个人利益的实现程度趋向于最大化，即使出现不了最大化或次优化的结果，也能根据选择对之进行调整，最终趋向最大化利益的实现。那么，在每一个人达到自己满意程度时，就会对自己在社会中所处的境遇和地位应该感到满意，或者进行选择调整使之满意。可是让我们来看看历史上存在的客观事实，那就是：不同社会分化出不同的阶级。在封建社会，存在地主阶级和农民阶级，在资本主义社会，存在着资产阶级和工人阶级，如果每个人都能像最大化理论所设想的那样能够得到最大化的利益，那么在这些不同的社会又会有谁能甘于沦落到受剥削的农民和工人阶级中，通过所谓的选择农民阶级和工人阶级是否真能改变其社会地位？资产阶级经济学家对于“为何有人能成为资本家而有人成为工人的事实”进行论证时，过去常常采用的解释是：成为资本家的人是通过勤劳的双手、智慧的头脑实现的。而新制度经济学派则采用了“资本具有沉淀成本的特性”等理由来解释资本家所占取大量利润的合理性。“经济人”能够追求并能够实现最大化的利益的理论从根本上来讲，它只能适用于解释资产者、资本家，只有这些人才能够追求并能实现利润的最大化，而工人阶级最多获取的只是他的劳动力价值。在当代社会中，有些人认为不存在阶级划分了，认为社会可以划分为不同的阶层。即便如此，对于不同阶层的人来说，无论是最大化还是次优化都不能科学地解释为何社会能划分为这些阶层。马克思主义认为：阶级乃至阶层划分归根到底还是由生产力和生产关系决定的，不同的生产方式和人们在物质生产方式中的不同地位，形成不同的社会关系和不同的社会阶级或阶层。

三　平等对话，包容他者

1. 自我与他者的相互规定及认同

哈贝马斯认为：“纯粹的交往主体性是由我和你（我们和你们），我和他（我们和他们）之间的对称关系决定的。对话角色的无限可互换性，要求这些角色操演时在任何一方都不可能拥有特权，只有在言说和辩论、开启与遮蔽的分布中有一种完全的对称时，纯粹的交互主体性才会存在。”

在文明开放—冲突的大时代背景下，不同的道德探究传统间在认可彼此相互差异——有的是不可消弭的——的基础上进行平等的有效对话，使得不同的文化自我和文化他者在文化多元对话和交互融合的情景下，形成一种各种文明和不同的文化因子竞相生长的文化生态。不同的民族从各自的立场、观点、视野或方法出发形成独具特色的“认知意向”，进而沿着这一认知意向逐步生成各自的文化传统及其内蕴的民族精神和性格。沿着各自的文化方向走出独具特色的文化路径，并使得行走在这一路向上的每一个成员都或多或少地给自己打上文化烙印，它像生命有机体的生物基因一样，代代遗传，同时伴随着极其微妙的变异。

每个人、每个民族或国家都从各自的立场、观点、视野或方法出发形成独具特色的“认知意向”。换句话说，从各种不同的“先定假设”出发的认知意向都共同地具有对世界——本体的、意义的和生活，客观的和主观的，超验的和现世的——加以条理化的作用，从每一个“先定假设”出发的认知意向，都具有独具一格的对世界的探究和整理方式，建立自己独特的认知世界的“分析架构”，进而形成各种奇葩竞相生长的文明生态。每一种思维传统，每一种“认知意向”，每一种“分析架构”，都会因为自己独特的思维惯性、看问题视角而成就不同的分析架构，因而不能够、也不可能真正做到“兼容并蓄”，总是会因为“文化自我”在“认知意向”上的偏见或“以自我为中心”而漠视甚至鄙夷处于同等地位的“文化他者”的存在。旅美学者孙隆基在他的《中国文化的深层结构》一书中这样写道：

一套由某一种认知意向衍生的分析架构，能够使我们“看到”其他分析架构所不能看到的“现象”。认知意向对客观世界的这种“照明”作用，就好比在暗室中将一盏灯移到某一个角落，去照亮这个暗室中堆满的杂物，并且将这堆杂物的由光暗对比形成的轮廓，从这个特殊的角度去勾画出来一般。然而，正因为这样，任何照明的作用都不能够、也不可能同时“看到”从所有的角度展呈出来的轮廓。

正因为如此，“文化自我”想要获得对世界全貌的真知灼见，就必须尝试着一种人们在日常生活和人际交往中普遍依循的“换位思维”，走出“自我为中心”的文化褊狭，兼收并蓄地吸收各种不同文化传统中的优秀成分，尝试着站在“文化他者”的立场和认知意向上来理性地反观“文化自我”。麦金太尔的“历史叙事方法”无疑为不同的道德探究传统和认知意向反观“文化自我”并理性地与“文化他者”进行平等对话提供了可能。从以上的分析中我们可以得出这样的论断，即：某一种社会科学的思维理路或认知意向，确实能够“看到”其他的社会学说“看不到”的现象，但同时它自己却不可能“看到”由其他的思维或认识视角才能“看得到”的现象。

在人类不同文化传统历经了四百多年的现代性道德论争和谋划之后的今天，比较、对话比以往任何一个时期都显得重要。现代性及其道德谋划的全过程，是人类文明从“圣化性”走向“世俗性”的过程，是道德尤其是美德和宗教的实践力量逐步衰微的过程，也是文化殖民和“自我中心主义”的过程。在没有对话、缺乏沟通和理解的历史进程中，文化传统间相互误解和排斥也就会随之而来。这就为学术活动或者是人类最崇高的理性光辉提供了前所未有的用武之地。理性的反思和学术的论争会因此而呈现出“百花齐放，百家争鸣”良好局面。

何谓学术？学术乃天下之公器！学术的本质和生命在于一个字，思。有“思”就有“路向”，“路向”不同，“思”的方式也就迥异，“思”的产品也就千差万别且各有千秋。在“思”的过程中，对“自我”的“意识”或“认同”都是由“他者”来定义的。正因为如此，从20世纪六七十年代以来，伴随着全球化的浪潮，追求文化在开放—冲突的背景下的多元对话和交互融合，追求普世伦理和全球公共理性，追求一种辩谈或交往伦理、一种平等而又理性的“历史叙事”方法，已经和正在成为全人类的共识。

当然，作为思想者、著述家尤其是道德哲学家，坚持这种比较、对话，绝不是为了论争各种文化传统的长短优劣，而应该站在“世界公民”的高度，以开放的心态吸纳包容不同文明成果中的一切积极因素，用全人类创造的文明成果来丰富、完善、提升我们的精神境界。在地域性和民族性基础上形成和发展起来的不同文化传统，必然存在着不同的风貌。正是由于这些不同，才显示出人类精神文化的丰富多彩、绚丽多姿；正是由于这些不同，才有了进行比较、对话的必要。我们应站在人类整体性的高度，以欣赏、理解、合作的胸襟，博采众长，为我所用，积极借鉴世界各国文化发展、道德建设的成功经验和先进文明成果。

坚持文化自我与文化他者的平等对话的立场和态度，本身就是在坚持一种道德的思维理路或伦理学的方法。那是因为，伦理或道德的生活是关于两个或两个以上的行为主体共同生活的价值吁求和行为准则。只有当一个人是作为某个共同体的成员存在时，也就是在他意识到自己的言行可能关乎另外一个或多个与自己有着同样生活命运和价值吁求的时候，这个人才是一个有理性的存在者，才会思虑“一个人应该怎样活着？”这一最根本的人类价值难题，即“苏格拉底问题”。换句话说，也只有在以共同体成员的身份存在的条件下，一个人才会思虑着如何按照普遍的道德行为准则去行事。因此，可以说，伦理或道德是关乎共同生活领域内自我和他者相互感知对方存在及其价值吁求的前提下，使自己的行为和价值吁求不断接受共同体内在美德或外在规则的引导和修正。

在人们共同或公共生活领域，伦理是沿两种路向来引导与修正我们的行为与要求的。首先，它引导我们诉诸共同的、可接受性的价值标准来判断自己与他人的行为与要求的对和错。我们明确地或隐含地设定一个“他人”，去思索自己的一个行为或要求是否从“他”的角度看也是合理正当的。当我们认为别人的一个行为或要求是不可接受的时，我们也会认为这是一种有力的反对该行为的理由。其次，它引导我们在此种基础上，以约定、舆论、惯例、谅解的方式建立规则，达到相互间的约束和“普遍的立法”，从而实现社会的整体有序。因此我们可以这么说，没有“他者意识”，也就不可能有独立的“自我意识”。这是因为，作为“有理性的存在者”的个体的“我”，在本质上是一种文化的存在，道德的存在，是个体不断地发现和再造自我的社会性存在和运动的过程。他不仅从内部即从“自己眼中的我”、同时也从外部即从“他人眼中的我”进行思考，从而确认自我和他人的独立性、内在的自由，确认自己和他人共有的本体世界、意义世界和生活世界。此外，要吸收他人的文化，也只有在他人的眼中即是把“我”置于外在的位子上，才能够较为深刻地揭示他人的文化，看到文化自身所不能看到的问题。只有我看清他人的文化，也只有他人看清我的文化，才能在各种文化中产生对话，在对话中创造性地理解“他人对自己的了解”和“自己对他人的了解”这两个方面，在对话中展示各自独特的文化底蕴。

2. 合理的现代认同观念

合理的现代认同观念必须是一种成分齐全的认同观念。像任何其他事物一样，认同观念具有数不胜数的内在要素和成分，各种要素和成分的显现方式和表现出来的重要性也不尽相同。就一个合理的现代认同观念而言，认同至少具有四个关键性的构成要素，即：连续性（continuity）、整合性（integration）、同一性（identification）和差异性（differentiation）。

认同的连续性是指一种自我体验和自我经验感，它造就了一种连续性的时间和空间意识。认同的整合性是指人的认同中应当具有的一种整体感，简单地说，就是“我”与整体的动态的整合关系，其功能在于解决如何把他者融入自我之中。认同的同一性就是具有一种与他者保持同样性的感觉，即始终站在“一般化他人的立场上”。认同的差异性成分能够确保在自我和他者之间具有一种界限的感觉，以确保在相互认同的同时应当固守的个体差异性，只有这样才能确保世界的五彩缤纷。一旦这几个关键性要素出了问题，认同危机的发生就是或迟或早，或严重或轻微，或持久或短暂的事情了。

自我与他者之间的内在关系也体现为认同的个体性和集体性的关系。一方面，现代认同具有个体性的一面。所谓个体性就是现代认同的个性和独特性；另一方面，现代认同也有社会性和集体性的一面。集体的认同强调的是认同的相似性或相同性，它是诸个体对地位、价值、意义等的感觉的共享。个体的独特认同和集体的社会认同相当于一个镜子的两个方面，“社会认同永远不是单边的”。从个体独特的认同这一面，人们可以看到集体的社会认同；从集体的社会认同那一面，人们也可以看到个体的独特的认同。个体认同离开了他者的世界是没有意义的，这就预示了自我的另一个关键特征。一个人只有在其他自我之中才是自我。在不参照他周围的那些人的情况下，自我是无法达到描述的。自我总是在一定的社会环境中诞生的，这是一个我们一刻也不能忽略的事实。自我总是在人际关系中诞生并成长的。从这个意义上说，合理的现代认同观念必须给公共理性树立至高无上的权威。认同必须是公共理性指导下的认同，认同中的非理性的属性的作用必须被严格控制在公共理性允许的范围内。

应当说，个体的认同和集体的认同处于一种恒久的相互塑造关系之中。没有个人的身份感，集体的身份感也就失去了存在的可能性和基础；同样，集体认同提升了个体认同，引导着个体认同的最终发展方向。合理的现代认同观念就是在这些相互关系中形成的，合理的认同是认同的个体性与集体性、对自我的关注和对他者的尊重的辩证统一。

由此我们就可以说，没有“他者意识”，也就不可能有独立的“自我意识”。胡塞尔讲“生活世界”和“主体间性”，伽达默尔讲“视野的融合”，讲“善意的决断”（在对话中，一种试图使别人的话更具有说服力的主观愿望，因为只有这样才能得到相互理解），哈贝马斯讲“交往理论”。凡此种种，都说明了“自我”与“他者”的关系就像思维与存在、主观与客观一样，从来就是哲学思辨的一个根本性问题。交流与对话是人的基本的存在方式。人们之间的交往不是独白，不是一方向另一方的灌输和强制接受，而是在平等、民主的对话交流中进行卓有成效的理解，造成意义的增殖与再生。

从时间的序列中看，自我与他者的这种平等的对话形式可以而且也应该超越此时此刻的空间存在。换句话说，自我与他者的对话可以在有过去、现在和将来共同构成时间序列中进行，可以在传统、现代和后现代的文化链条中进行。传统是活的，它以改变了的形式被浓缩在现实之中，成为现实的有机因子，是现实的生存土壤，川流不息的空气。所谓活的传统，就是把过去和现在视为互相关联的统一体；传统是我们存在于其中文化生活的主要成分，所以不是非我的、异己的东西，我们看传统也就不是认识主体去看外在的客体，因为认识主体本身就是这一文化传统中生成的。这样一来，历史的意义与我们现时代的理解就发生了某种密切的关系，历史不再是被客观化的死的对象，而且我们对历史的理解和阐释也就负有一种责任，也就具有一种道德的意义。视传统为活的文化也正是把传统区别于纯粹的过去，是把文化中的一切腐朽的成分剔除掉，以保持其活力与生机。而跨越文化界限来认识我们的传统，为不同文化或传统间的沟通与对话进而形成竞相生长的文明生态，提供了最佳的途径。这同样也为我们正视、理解和接纳异域的传统或文化提供了最佳的途径，从而使文化自我与文化他者在平等对话与沟通的过程中实现健康的整合。

当然，真正的对话不是不加批评地、屈从地接受，或向他人低头，也不是执着自己的优越地位。那么，在不同文化特别是东西方文化相遇的时代背景下，我们到底能够在多大程度上包容他性、重新认识自我，并进而实现自我和他性的健康的整合呢？在文化自我和文化他者的平等对话中，必然会把我们导向对文化自我的进一步反思、关照和透视。在这一过程中，“他者”形象犹如一面镜子，照射了别人，也会反作用于自己。不同文化的差异正是在这种平等对话和比较对照中更明显地展现出来，并实现着彼此间的共享——即使这种共享大多都是以文化论争或道德论争表现出来。[①] 在文化自我与文化他者平等对话或相互比照的过程中，有两个方面

---

① 汪介之、唐建清主编：《跨文化语境中的比较文学》，译林出版社 2004 年版，第 318—321 页。

的平衡需要保持：一方面，不要紧抱自己的观点，充满戒心，容不得丝毫改变；另一方面，不能过分开放，以致因为容纳过多而使整合失效。因此，健康的整合即是指把价值观组织成指导行动的内在一致的模式的能力，以及所采纳的价值观与行为之间一致性的发展。它是一种有所选择的整合，对自我和他性来说都是一种“扬弃”的整合。换句话说，健康的整合是一种平衡，是活生生的和不断发展的。正是在这一点上，才能谈得上新的共识或价值共享，一种超越东西方不同的将来——主要是路向的不同选择——的平等的对话。对话是一种能使我们维持平衡整合、有助于创造发展的相遇和训练的形式。对话对当代人来说不只是传递信息。伦纳德·斯威德勒在谈到对话时指出：“未来有两个选择：死亡或者对话。……今天，如果沿着只顾自己说话而罔顾他人的路子走下去，那么离核战争、生态破坏或别的灾难也就不远了。我们必须竭力摆脱自我中心的自语之思想框架，而与他人进行对话，不是以我们在自语中猜测的样子来认识他人，而是按他或她本来的样子来认识他们，只有这样，我们才能避免这种毁灭性的灾难。简言之：我们必须脱离自说的年代，进入对话的年代。”①

也就是说，作为在自己传统的历史长廊中疾步行走的我们，会不时地与来自其他不同的传统历史长廊的人们进行语言的或肢体的（即便是一个不起眼的眼神）对话与交流，并通过想象性的或概念性的意义或符号，对来往的“他人”进行着自我的理解和评价，疾步行走的我们永远都不是、也不可能是“独步闲庭”。不仅如此，在自我与他者的关系中，我们把或好或坏的思想埋藏在自己的心中，但当这些思想表达为与他人相关的行动时就牵涉到道德问题。对于自己的文化传统的妄自菲薄往往来自于我们习惯于盲目模仿或机械地借鉴文化他性，导致了道德上的认同危机；而我们经常性地甚或是始终忽略了自己的思想对他人影响的可能性，没有意识到这一点，同样也导致了道德问题。

3. 一种平等对话的视野

哈贝马斯的交往行为理论告诉我们，一种互动要想成功地付诸实践，参与者之间就必须达成一种共识，而这种共识又取决于他们对这一互动的

---

① 史蒂芬·罗：《再看西方》，林泽铨译，上海译文出版社 1998 年版，第 210 页。

价值欲求所持的肯定或者否定的立场。交往行为理论以“沟通”为取向。沟通是具有语言和行为能力的主体相互之间取得一致的过程。沟通过程所追求的是共识，这种共识是平等对话的策略行为，因为共识是交往主体间相互信服的前提。具体说来，在互动过程中，某一方试图通过他的言语行为，在对方身上唤起以言行事、以言取效的效果，那么这种互动行为即可被称为以语言为中介的策略行为。①

哈贝马斯还为参与沟通或对话的行为者提出了三种有效性要求或原则，即“所作陈述的真实性”、“与一个规范语境相关的言语行动的正确性”，以及“言语者所表达出来的意向必须是言出心声”。也就是说，言语者要求其命题或实际前提具有真实性，合法行为及其规范语境具有正确性，主体经验的表达具有真诚性。这里面存在着一个说话的语境问题，也就是存在一个衡量言语者陈述的真实性、行动正确性和表达的真诚性的语境或说话背景问题。任何一种沟通或交往过程都发生在文化理解的背景之上。如果背景没有问题，那么这时，剩下的唯一一个特殊问题就是：对方语境的明确与自身语境的明确是具有一定的距离的。因此，对于双方来说，解释的任务就在于：把他者的语境解释包容到自己的语境解释当中，以便在修正的基础上，对“我们的生活世界”与“我们的生活世界”背景下的“他者的生活世界”都加以确定，从而尽可能地使相互不同的语境解释达成一致。只有互动参与者自身可以通过协商，对语境加以明确。对语境的明确造就了一种秩序，依照这种秩序，交往的参与者对三个世界——客观世界、主观世界和生活世界——中行为语境的不同因素进行归整，这一过程就是交往行为的参与者之间的理解和认同的过程，造就一个相互表达心声或意图的语言环境。②

在哈贝马斯的交往行为理论中，“沟通”前提是两个具有言语和行为能力的主体共同理解了一个语言表达。如果听众接受了言语者所提供的言语行为，那么，在（至少）两个具有言语和行为能力的主体之间就形成一种共识。但是这种共识并不仅仅存在于主体间对于单个有效性要求的承

① 哈贝马斯：《交往行为理论》，曹卫东译，上海世纪出版集团 2004 年版，第 274—281 页。

② 同上书，第 100—101 页。

认，相反，这样一种共识同时还涉及三个层面的言语者的意图：一个正确的言语行为、一个真实的命题及有关这一真实命题的真诚表达。

之所以坚持一种“对话的视野”（dialogic - horizon），那是因为：首先，“对话的视野”是道德和同一性生成的基础。道德是以人际关系为基础的，道德事务中的任何推理都是与另一个人一起进行的。这个直接或间接与我们交往的他人既可能是同时代的，也可能是前代的，而且在很多情形下以与“自我”相对的“客我”的形式出现，是一种“内在的声音”。我们每天都在同“内在的声音”和外在的“重要的他人”进行着对话，有关生命的本真和生活的意义都是在这样的对话的而不是独白的背景下获得的，虽然这些对话有时是愉快的，有时是不愉快的，甚至是相互诋毁和抗衡的。“内在的声音”、传统脉搏和现时代的“重要的他人”共同塑造了一个可理解的“说话的语境”。在与别人的比照中，我们获得了差异性和特殊性，从而定义自我。有关“意义的同一性”认识，只有在群体中或者是以自身之外的某个东西为背景才能获得。对群体生活的投入性参与，可以使一个人解开一己之私的禁锢，与群体融为一体，获得同感之感，获得对存在的新认识，在群体价值目标的指引下，个体有了身份认同，人格同一性的基础。我们生活的目标也必须以某个自身之外的东西为背景，来表达或满足我们的欲望和希望。如果我们能够感觉到自然环境和荒野加于我们的要求，那么回避生态灾难就有可能。即便是出于对人类自身的福利的生态关怀，也是必要的，就像商人为了赢得更多的顾客而不得不恪守“童叟无欺”的诚实原则一样。其次，“对话的视野”是现代文明竞相生长的舞台。现时代是一群伟大文化组成的戏剧，每一种文化都以原始的力量从它的土壤中勃兴起来，都在它的整个生活期中坚实地和那土生的土壤联系着，每一种文化各有自己的观念、自己的情欲、自己的生活、愿望和感情，自己的死亡。文化是一有机体，各种文化是价值相等的，在现实中可以竞相生长。树木只有在茂密的树林中，各为争取阳光而竞相生长，才能长得高大笔直，如果孤立地生长在空旷的地上，让它任意伸枝，它反而长得低矮弯曲。最后，“对话性视野”能够重铸现代人“存在之链”。人是历史的人。“一个人是委身于它的，并以他的全部存在委身于它。”人类在扫荡旧的行为和意义系统之后，不再有昔日的神圣性精神结构，社会安排和行为模式在某种意义上嬗变由人，失去了历史的“存在之链”。汤因比说：“人类是生活在时间的深度上的，现在的行动的发生不仅在预示将来，而且也是根据了过去。假如你随意忽视过去，不去思考甚或损伤过去，那么你就会妨碍自己在现在去采取有理智的行动。”此外还应该放眼未来，借用世界文明的最新成果，找到一个既有文化底蕴又有现实根基的最佳应对策略，重铸现代人的“存在之链”。

人是一个社会性的存在。只有将自己的行为作为某个社会群体的行为，一个个体的行为才能得到理解，因为他的个体性活动都包含在更大的、超出他自己的范围之外的社会活动之中，而且后者还涉及这个群体的其他成员。但是，作为一个社会性或群体性存在的同时也是一个独特的文化有机体的自我，我称之为文化自我，与文化他者的对话与沟通，是以文化自我在共同体的一般化原则的立场上经验自我或理解自我为前提的。也就是说，文化自我只有在理解或认同了与文化他者进行沟通与对话的共同体内的一般化他人的态度即共同体的文化或行为以及超越该共同体在更高更广泛的层次上与其他共同体及其成员的沟通与对话的语境的基础上，才能够与文化他者进行卓有成效的沟通与对话。一个人如果把自己独自关在一个房间里，并且观察其他任何人都无法观察到的东西。这个人在这个房间里所观察到的就将是他自己的经验。这样一来，以这种方式在这一个体方面所发生的任何事情就都是其他任何人无法观察到的。但是，即便是那个将自己独自关在房间里的人，也并没有中断与他人的沟通，只不过此时的沟通方式是他与他自己在内心深处假设的另一个自我或者以前经验过的某个或某群他人进行着对话或沟通。这种独白或慎独实际上是一种更高层次的沟通。

心理学家经常关注的“孤独的价值”，其实就是在一个个体独自相处的过程中，他始终没有停止与自我之外的感性世界的对话，只不过这种对话或沟通是在与自己良心或自己想象中的一般化他人之间进行的。即使一个人在独处的时候，他也知道如果他所具有的与自然界有关、与享受一本书有关的经验能够得到其他人分享，那么，这些有可能被我们认为纯粹是个体经验的经验，就可能被个体自我泛化为社会性的、一般化的经验。譬如当我们在阅读各种书籍尤其是类似于故事情节的描述时，我们往往沉醉于故事的情节、人物的描述、气氛的渲染、情节的冲突等，仿佛自己行走于其中，有了一种身临其境的感觉。这种感觉是作者或编剧们为我们虚构的事实。在这种虚构的事实中，我们在与作者和编剧对话，我们在虚构而且真实的故事中寻找可以对应自己的角色，并且在作者或编剧虚构的仿佛真实的语境中与其他角色进行有效的沟通与对话，即便这种对话与沟通有时是在冲突或对抗的情形下进行的。①

对话不仅是个体的，行为的，更是文化的。更确切地说，每一种交互平等的对话与沟通实质上是文化的对话与沟通。史蒂芬·罗在《再看西方》一书中指出："对话是这样一种实践：我们也许可以（把一个文化组成部分）当作不同的声音，每一个声音都表达了对世界的独特的、有限的理解，都表达了人的自我理解的独特方法。这些声音在对话中、也只有在对话中才能汇聚起来，形成一个文化。"② 在传统的农业社会里，人们几乎都是在一个单一的文化中出生、生活、死亡。"生于斯，卒于斯。"与文化他者的沟通与对话是不成问题的。因为彼此间不仅共享着同一共同体的文化或价值，而且与共同体内部其他成员的交往或沟通是经常性的，他们本来就是风雨同舟的。两千多年来世界都是围绕着排他的团体认同感组织起来的，这种认同感以为"我们的"团体居于历史或宇宙的中心，因而其他所有的团体，要么是未开化的，正在竭力向我们看齐的；要么是我们的敌人。由于那时普遍存在的地理分割的实际情况，这种认识上的排列在那个时代多少是有效的。地理分割使一个文化在和其他文化交往的时候，可以用判决、殖民、战争或者干脆不予理会的方式来达到对他者的否认。但如今这再也行不通了。地理分割已经告终，边界已经不复存在。在这个地球上再没别的地方可去，"汪洋大海再也不能像过去那样提供阻隔，侵略的武器已经变得过于致命，那些我们过去从未认识的人现在已跟我们共同生活，地球再不能被视为一块在其上面我们可以自视为高人一等的地方，一块在其上面我们视地球本身为'他性'的地方。因为地理分割的终结，我们现在必须把他性作为真正位于我们的世界观之内的事物来面对，而不是某种可以凭借标签或战争而予以否认或拒之门外的事物。"③

在《再看西方》一书中，史蒂芬·罗的东西方文化互补观点给人留

---

① 赫伯特·米德：《心灵、自我与社会》，霍桂桓译，华夏出版社 1999 年版，第 414 页。

② 史蒂芬·罗：《再看西方》，林泽铨译，上海译文出版社 1998 年版，第 64 页。

③ 同上书，第 86 页。

下深刻的印象。虽然东西方文化传统有时候相互间显得很对立，但潜在于文化中的“他性”（otherness）理念能为不同文化的对话架起桥梁。东西方文化可以而且有必要通过坦诚的交流和对话，寻求人性中“自我”的复兴，寻求人类彼此的交融。与分离、异化、冲突等现代性意识截然不同，后现代意识倡立一种交融、对话、共识的文化精神与性格。

史蒂芬·罗在对后现代意识的积极性作了恰当的肯定的同时，也对这一思潮的各种肤浅的、不负责任的倾向及其行为作了批评。他指出，一个新时代或新世界的文明意味着东西方文化的整合和对传统文化的扬弃，在现代文明的基础上进行复兴。他深信，东西方的对话能导致一个有助于化解彼此都面临着的许多思想和社会问题的精神综合体。东方文化在内在生命动力、创造性以及使个体趋于成熟的方式上，已形成了深邃的智慧，但在论及某些公共性质的方面时，盲点就产生了。东方文化尽管可以在公共事务上展示出令人羡慕的合作和平静，但在处理有关个人权利、政治和经济的公正、寻求良好的社会公共事务时，要么是被动地接受，要么选择麻木不仁。文化取向上的差别，导致东方文化的特点在于关注本体论，而西方文化的特点在于关注价值论。仿佛一个文化近视，而另一个文化远视。其实每一方都或早已意识到，自己需要另一方提供的东西才能更加完整。因为在东方，几乎每一个有活力的文化都承认圆满的觉悟要有对世界的服务，不仅要为独立的个体服务，还要为与塑造个体生命形态有着极大关系的社会结构服务。只是这样的圆满实际上是极少或很难达到的。也就是说，只有极少数堪称圣人君子的人才能做到。相反，西方的民主思想已被人们承认是可以达到的，但是正如现代哲学家穆勒所认为的那样，民主思想只有在“心智成熟”的人当中才能达到。人如果不成熟，就不可能有真正的民主，就不可能拥有一个同时承诺个性得到实现、又能得到公共利益的社会；人如果不成熟，我们往外的发展不是变成巧妙的自我扩张，就是变成浅薄的“自我牺牲”，两者背负的都是自我主义的行囊。①

面对现代性的种种后果，如个人利益至上主义、工具主义理性以及温和的专制主义、对话性视野的暂时模糊以及由此导致的“同一性”的认同危机，西方社会有好几种不同的反应。

---

① 史蒂芬·罗：《再看西方》，林泽铨译，上海译文出版社1998年版，第44页。

第一种反应也是最为流行的，是“无可奈何或者精神麻木”。伴随着精神麻木和无可奈何出现的就是生命内在疑问和敏感的死亡，以及人与人关系或目标期望的肤浅化。这种无可奈何或精神麻木的凸显常常又为物质主义所伴随；这种精神麻木还意味着重视个体的自我而缺乏社会良知或品德。

第二种反应是“保守性”，即文化的“非此即彼”的局面以及上述对它的颓唐无力的反应都被认为是站不住脚的。人们想在过去中寻找出路。它们认为从前的文化和宗教状态非常理想，因而试图要走出去。否定目前就不能面对目前的根本现实，包括令我们走出困境的可能办法和生命力。此外，保守的反应涉及个人的和社会的束缚，因而失去了灵活性，失去了对他人的开放和生活在现在的能力。精神麻木的反应是相对主义的、变动的，而保守的反应则会带来倒退和僵化的绝对主义。

第三种是“崇拜的和法西斯的”反应。这种拒斥当前的混乱、浅薄和颓丧的形式比保守反应还要激进，它可以采取一种逃避到既是理想化的过去又是理想化的未来中去的形式。它们不但要逃避现实，还要逃避整个历史。试图用一种置身于历史之外的神的力量来摆脱历史。

第四种也是最后一种是“对话的或者辩谈的共识反应”。这种反应就是“山只一座，途径多条”，也就是“殊途同归”。简单地说，所有的文化和宗教在种种的差别之下有一个关于人类境况以及该怎么办的共识。“山顶神秘莫测，不能用人的象征系统来完全表白，但我们可以肯定不同的宗教是走上同一座山的多种途径。盲人摸象这个古老的故事也说明了同样的问题：我们都摸到了大象的不同地方，我们神学上表面的差异背后的统一也很类似——也许你描述的是耳朵而我描述的是大腿，但都是同一头动物！”① 历史的发展业已证实，对文化他性问题的回应中，前三种反应是错误的，而且有着致命的危险，只有第四种回应才是切实可行的。

不同文化之间的这种“求同存异”或者是“殊途同归”，是基于如下四方面的事实或条件的：一是重新利用我们的传统。对传统的重新利用需要进行传统的重叙或重述。二是对不可言说的肯定。这就意味着认识到任何文化或传统的意义符号系统都是对等的而且是有限的，它要求我们既要

---

① 史蒂芬·罗：《再看西方》，林泽铨译，上海译文出版社1998年版，第90页。

尊重他人，又要向他人开放。三是对精神发展的关注。作为世俗的人，我们是不完满的、未完成的，尚在发展之中，我们的传统是有生命的，其本身始终处在转化之中。四是对话的能力。那就是我们同时既肯定自己是谁，以及代表什么，又具有向他人开放的能力。[①] 对于拥有五千年悠久文化传统的我们来说，同样存在着如何重新利用传统、尊重文化他性的存在并积极而有选择地向他人开放，从而为个体行为、社会发展以及文化繁荣提供更加合理的力量支持。

老子认为，自我实现就是达到了和谐。而西方思想却有这样一种倾向：他们认为自我的实现也就是在竞争中获胜，也就是把“优秀”简单地等同于“优胜”——这是亚里士多德所一直反对的事情。东方人的哲学是把共同看作是家庭、社会甚至是宇宙的一个成员。西方人则过分关注于培养人的个性。因此，像西方人的那种狭隘的人类中心主义、个人主义的思想，诸如“征服自然”、“力量是正义的”、“适者生存”、“权力意志”之类的思想，决不会成为东方人的那种强有力的哲学。因为，东方人的生活法则是同万物的本性统一起来的，并使之达到与实在的相同一的状态，这就是“民胞物与”、“天人合一”的境界。[②]

文明从冲突走向融合是世界文明史演进的主要趋势和客观规律。尽管在人类历史上，由于文化差异而引起的冲突并不少见，但从人类历史发展的整个历程上看，世界文明的发展依旧是以多样文明的相互吸收与融合为主导，不同文明之间的对话和交流是促进人类文明不断发展的重要原因。正如罗素所谈及的：“不同文明之间的交流过去已经多次证明是人类文明的里程碑，希腊学习罗马、罗马借鉴埃及，阿拉伯参照罗马帝国，中世纪的欧洲又模仿阿拉伯，而文艺复兴时期的欧洲则仿效拜占庭帝国。”[③] 不同文明之间由于文明差异引起的冲突总是暂时性的，而多样文明之间的相互沟通和融合才是占主导地位的。即使文明之间产生冲突，最终也往往可能产生更先进的文化混合物，形成两种或多种文明在冲击中的交流、融合和生长。

---

① 史蒂芬·罗：《再看西方》，林泽铨译，上海译文出版社 1998 年版，第 92—97 页。

② 中村元：《比较思想论》，吴震译，浙江人民出版社 1987 年版，第 144—145 页。

③ 王学：《解读当代中国教育改革的独特路径》，《当代教育科学》2007 年第 16 期，第 63—64 页。

中国文化的发展历程就是在不断吸收外来文化的过程中延续、壮大和成熟的，并形成自己独特的精神气质和风格。中国文化曾经受惠于印度佛教，近代又借鉴和吸收了西方的民主与科学，虽然在借鉴和吸收的过程中始终伴随着文化自我与他者间的冲突甚至兵戎相见，但冲突之后必将是文化自我的重建。由是可见，不同文明碰撞的主导趋势是“冲突—重构—融合”。冲突也好，重构也罢，都是以不同的方式变相地演绎着文明间的共存，相互激荡中竞相生长，促使诸种文明的重新整合和建构，不断推动人类文明向更高方向发展。

4. 对话商谈的必要与可能

纵观人类文明发展史，各种文化传统不可消弭的差异性并没有阻断它们与文化他者的对话、交流、分享和认同。人类社会任何一种文明或文化传统从来就未曾放弃与文化他者的相互对话和相互理解的努力。历史上曾经出现过像马可·波罗、利玛窦、玄奘等探索异域文化、了解“文化他者”的文化探险家或使者。

首先，文化自我与文化他者的“重叠共识”使商谈成为必要。在“诸神论战”的多元文化和价值体系共生的当今时代，存在着“一”与“多”的两种立场，也就是美国著名学者沃兹尔在其《厚与薄：道德论证的内与外》一书中所指称的“薄的普遍主义”（the thin universalism）和“厚的特殊主义”（the thick particularism）。“薄的普遍主义”有两种形式：一种是以某一既定的社会理想或价值系统为前提预制的单极化或一元化普遍主义；另一种是多元互补或“公共商谈”基础上的观念共识和成果共享。“厚的特殊主义”也有两种形式：一种是由文化多元论走向公共理性基础上的“重叠共识”[1]，另一种是固执于文化异质性的特殊申认而坚持不同文明类型或文化传统之间的“文明冲突”或“无可公度性”[2]。相比较之下，哈贝马斯的“商谈伦理”（discursive ethics）所言述的伦理学方法，才是多元文化平等对话与竞相生长的基本方式，才是我们人类真正期

---

① John Rawls, *A Theory of Justice*, Cambridge, The Belknap Press of Harvard University Press, 1971, pp. 387 - 388.

② 麦金太尔：《不可公度性、真理和儒家及亚里士多德主义者关于德性的对话》，彭国翔译，万俊人校，《孔子研究》1998 年第 4 期。

待的平等对话与交融融合的理性抉择。

在 1981 年发表《交往行为理论》之后，哈贝马斯开始系统地研究交往行为与道德理论的关系，发表了《道德意识与交往行为》、《对商谈伦理学的解释》等著作，在交往行为理论的基础上提出了商谈伦理学。哈贝马斯商谈伦理的鲜明立场是坚持道德认知主义，反对道德非认知主义、怀疑主义；坚持普遍主义，反对相对主义。首先，哈贝马斯是在西方文明面临深刻危机和范式转换的文化背景下提出他的商谈伦理学的。[①] 20 世纪 60 年代以来，西方社会发生了广泛而深刻的文化变迁，由绝对和普遍的准则去评价和规范人类行为的时代似乎已不复存在，多元文化主义和相对主义成为最盛行的两大思潮。多元文化主义和相对主义虽为不同文化群体之间的和睦相处提供了可能，但同样也给西方社会带来了道德标准的迷失、道德抉择的混乱和道德共识的丧失等困扰。再者，哈贝马斯商谈伦理的理论基础是康德主义的，是对当代伦理学进行系统的道德普遍主义辩护。只是哈贝马斯的道德原则普遍有效性是从交往理性中引发的，而康德"绝对命令"的普遍有效性则是从先天的纯粹理性演绎出来的。哈贝马斯商谈伦理有两个基本原则：第一个原则是可普遍化原则（简称"U 原则"），即"一切旨在满足每个参与者的利益的规范，它的普遍遵守所产生的效果和附带后果，必定能够为所有相关者接受，这些结果对于那些知道规则的可选择的可能性的人来说，是他们所偏爱的"；第二是话语伦理学原则（简称"D 原则"），即"一切参与者就他们能够作为一种实践话语者而言，只有这些规定是有效的；它们得到或能够得到相关者的赞同"[②]。就是说，人们可以承受和尊重的行为规范或标准理应能代表全体社会成员的意志，能为大家自愿而非强迫地接受和遵循。因而每个主体都拥有话语权，都有权在商谈中表达自身的意志，表达自己的利益和要求。[③]

其次，文化自我与文化他者的"此在共生"为商谈提供可能。在与

---

① 刘峰：《商谈伦理之维——哈贝马斯的伦理学解决方案及其现实道路》，《社会科学论坛》2010 年第 18 期。

② 宋希仁：《当代外国伦理思想》，中国人民大学出版社 2000 年版，第 584 页。

③ 唐晓燕：《哈贝马斯商谈伦理理论的立场和应用》，《湖州师范学院学报》2008 年第 10 期。

文化他者进行相互对话与理解的过程中，我们逐步认识到，我们与不同于自己的文化他者生活在同一个世界，分享着同一片天空，沐浴着同一缕阳光。人类之所以能够有所交流和共享，其一是因为人类自身的关系性存在。用海德格尔的话说，人类生存和生活方式不仅仅是“此在”（“being - there” or “being - here”）性的，也是“与在”（“being - with”）性或“共在”（“co - being”）性的。人类的这种相互关系性实存，意味着人类绝非生活在“鲁滨孙的荒岛”上或韦伯的“铁笼”里，而是一种多向度的存在。其二是当今人类面临着更多亟待解决的共同课题，如战争与核危机、贫富差距与饥荒、资源匮乏与环境恶化以及现代性道德的合法性危机等。共同的课题需要人类共同寻求解决的办法，而共同的解决办法只能通过各民族、国家、地区的相互协调才能求得。这在一定程度上印证了哈贝马斯的“商谈伦理”的旨趣：通过建立共同的论坛和共同的理想语言，以商谈或辩谈的方式，在人类交往中达成基于公共理性的共识，进而在此基础上建立普遍可以接受的道德规范。[①]此外，人类原本就共享着许多基本相同或相似的价值原则或道德规范，包括基督教在内几乎所有的宗教传统都秉持的“你们愿意人怎样对待你们，你们也要怎样待人”[②]的“黄金法则”即“金规则”，孔子称之为“己所不欲，勿施于人”[③]的“忠恕之道”，康德申辩为“要只按照你同时认为也能够成为普遍规律的准则去行为”[④]的“绝对命令”。

此外，要使多元文化之间的沟通、对话和理解成为可能，还需要各种文化传统对自己作出充分而完整的诠释，以建立各种文化传统间的对话语境。这是因为，一种特殊的文化传统要想进入与文化他者或者多元文化对话和交流的视景，首先得把自己的传统脉络梳理并叙述清楚，否则就会陷入一种茫然和尴尬的境地，那就是既不能对文化他者说出些什么，又不可能听懂文化他者在言说些什么。只有完整而充分地叙述自身文化传统的脉络，才能进一步清晰而连贯地叙事各文化传统间特殊的价值体序或意义系统。在与文化他者进行对话、沟通和理解的过程中，充分表达自身的文化价值观念和要求，

---

① Pauline Johnson, *Romantic and Enlightenment Legacies: Habermas and the Post - Modern Critics*, *Contemporary Political Theory* 5, No. 1, pp. 68 – 70.

② H. T. D. 罗斯特：《黄金法则》，赵稀方译，华夏出版社 2000 年版，第 10 页。

③ 《论语·卫灵公》。

④ 伊曼鲁尔·康德：《道德形而上学原理》，苗力田译，上海人民出版社 2001 年版，第 38 页。

既是每一个对话参与者申言自身文化传统的权利，也是进入文化交融和对话的先决条件。而多元文化的对话和交流的根本目标就是要建立一种多元文化主体交互融合的视景，杜绝任何形式的单一文化的一元主义。① 这就要求参与对话和商谈的双方彼此尊重和自重，就像黑格尔为人与人之间预设的平等交往和交换的基本原则一样，“成为一个人，并且尊重他人为人”。一方面，文化自我的自尊和自信，是对自我的合理定位与文化自觉，这是取得文化他者的信任和尊重的先决条件，也是对文化他者的信任和尊重的心理前提。文化传统的构成性差异和历史性距离，虽然构成了各种文明之间的文化资源及其竞争力强弱差异的客观存在，但并不能因此将其视为是任何形式的文化歧视、文化侵略或霸权以及价值观念输出的充分理由。

黑格尔认为，差异本身是在同一的背景下才能得以显示出来，没有“同一”便无所谓“差异”，一如没有“差异”就无所谓“同一”。要建立一种不同文化传统和价值观念平等对话的交互融合的视景，就必须持守一种价值宽容的开放态度，一种平等参与的文化姿态。这种平等对话要求现代人类在保持和维护自身丰富多彩的个性价值和权利人格，即保持各种文化传统及其价值体系的差异性和特殊性的同时，要保持对人类共同课题及其责任的关切与承诺。异中求同，和而不同。每一个参与对话的对话者在保持和代表自身文化和价值观念的传统特殊性与申言权利外，还必须以积极的姿态来承诺达成必要共识和共享人类共同文明成果的道义责任。不仅要“独善其身”，还得“兼善天下”。从人类文化的多元差异出发，通过平等对话，在多元差异中寻求价值共识，使不同文明及其道德谱系在对话中“握手言和”，而不是从任何单一的意识形态出发，强制性地推行或扩张某种价值观念，并使经济扩张、文明侵犯、军事干预和政治殖民披上文化合法性和道德合理性的外衣。②

反思西方现代性及其道德谋划过程中由经济理性主义、政治理性主义和科学理性主义共同导演的经济掠夺、政治扩张和文化霸权等一元化倾向，揭示哈贝马斯商谈伦理的道德申言之多元实存的现世语境，旨在为我

---

① Peter Dews, *Autonomy and Solidarity—Interview with Jurgen Habermas*, London & New York, Verso, revisited edition, p. 200.

② 童世骏：《关于“重叠共识”的“重叠共识”》，《中国社会科学》2008 年第 6 期。

国社会主义现代化建设提供有益的启思。具体说来，今日之中国，要发展中国特色社会主义的经济，就必须摒弃西方传统经济学有关资源配置模式之非此即彼或你死我活的“一元化倾向”，坚定不移地走“公有制为主体、多种所有制经济共同发展”的经济发展道路；发展中国特色社会主义的政治，就是要摒弃西方世界一直演绎着的知识、权力、财富“三位一体”的政治结构和社会生活范式，充分发挥社会主义制度的优越性，尽可能避免知识、财富和技术对社会生活和民主政治的宰制性或操控性，坚定不移地走“党的领导、人民当家作主和依法治国有机统一”，创造性地走出一条中国式的民主政治建设与发展道路；发展中国特色社会主义的文化，就是要摒弃西方世界文艺复兴以来所一直奉行的不同文化传统及其内在精神间不可消弭的差异性或无可公度性这一传统的、单一的思维模式，走出“自我文化中心主义”的狭隘立场，在文化开放—冲突的大时代背景下，“尊重差异，包容多样”，实现文化自我与文化他者的交互融合与平等对话，求同存异，博采众长，以期实现中国特色社会主义文化的大发展和大繁荣，真正建设融民族性与世界性、传统性与时代性为一体的科学的、大众的社会主义新文化及其内蕴的社会主义核心价值体系。

5. 包容他者：从对话走向包容

“他者”的显现和如何面对“他者”的显现的问题，日益成为当代哲学家及非哲学家们所关注的焦点。20 世纪的哲学家们震惊于战争对人的无名化和人在无名中的沉沦，展开了对自我、他者、生存、责任、死亡等一系列范畴的追问和探讨，萨特、勒维纳斯、布伯、赫舍尔等从自己的切身领会出发直面了这一系列的关于“我”与“他者”的问题。而现时代的我们所面临的仍然是这些切己的永无终结的追问，而且这些追问也在时时刻刻地追问着我们每一个人，迫使我们每一个人从自身出发直面拷问。这里的“他者”是不能被“我”所占有、所把握的无限的存在，“我”只能无限地接近他，却永远不能达到他；“我”与“他者”，既无中介又无融通，绝对的逼近与绝对的距离。① 因此这个“他者”是个“无限的他者”。“在本质上，我们永远不能了解一个人，永远不能结束对一个人的

① 德里达：《书写与差异》，张宁译，生活·读书·新知三联书店 2001 年版，第 152 页。

认识。其原因就在于，另一个人作为人也总是保持着开放性，在于他改变自己行为的创造性能力。”① “我” 自以为操纵或占有的他者已经不再是一个真正的他者，只是一个物；而这种占用只是 “我” 的单方面自以为是，事实上，每一个人都是不可预见，不可真正把握的，即使是卑微的奴隶也会有奇妙不可揣测的思想，即使是再顺服的宠物也会有出乎意料的叛逆。

四　公共理性，敬重规则

1. 理性从个人复归于公共

个人理性或私人理性具有非常宽泛的内涵，它意指理性在个人生活中的整个应用，既可以指个体纯粹私人领域的目标认定与手段选择，也可以指个体在社会某个群体内的态度与行为模式，还可以指个体在整个社会公共生活中的交往原则、价值理念与心智能力；既可以指一种缺乏内在或外在约束的利己主义的工具理性，也可以指一种规则约束下互惠合作的理性观念与行为方式，还可以指一种纯粹利他的价值理性；既可以指个体的理性独白或对内反思，也可以指私人生活的亲密对话与沟通，还可以指公共生活中的交往理性。公共理性不是全盘否定个人理性，两者并非截然对立。高兆明教授认为，公共理性是对个人理性及其行为方式的反思性把握：在承认个人具有合理选择私人生活目标能力的基础上，强调个体公民在公共生活中所应遵循的普遍性原则；在承认个人合理自利基础上，强调平等公民间的互惠性与合作能力；在承认个人反思价值的基础上，强调公共生活中的交流与批判机制。公共理性承认个人理性中合理性、私密性的一面，克制个人理性中纯粹工具性、消极性，高扬个人理性中交往性、普遍性与积极性。“正是在这个上，公共理性源于个人理性又高于个人理性，它摆脱了个人理性所具有的偶然性与主观性，而拥有必然性与客观性。”② 从这个意义上讲，个人理性中公共因素的凸显，公共理性在某种程度上的生成与存在是社会正常发展之必然要求。只有这样，社会生活方

---

① 潘能伯格：《人是什么——从神学看当代人类学》，李秋零等译，香港道风山基督教丛林1994 年版，第 49 页。

② 高兆明：《公共理性 · 市场经济秩序》，《东南大学学报》（社会科学版）2002 年第 3 期。

能保证其秩序与法则，人类社会才能有进步。当然，在漫长的社会发展历程中，由个人理性向公共理性的逐渐升华并非如通常契约论所说的那样简单，而是一个具有历史持续性、在反复博弈中的理性认知与实践过程。

(1) 何谓公共理性?

公共理性的概念是康德在《何为启蒙?》（1784）一文中最先提出来的，直到罗尔斯以后才逐渐被人们广为承认并接受，它是一个民主国家的基本特征，其核心是公共性，其运行的目标是公共的善或社会的公平正义。① 罗尔斯认为，所谓“公共理性”，就是指各种政治主体（包括公民、各类社团和政府组织等）以公正的理念、自由而平等的身份，在政治社会这样一个持久存在的合作体系之中，对公共事务进行充分合作，以产生公共的、可以预期的共治效果的能力。②

罗尔斯指出：“公共理性的价值不仅包含基本的判断、推论和证据之概念的恰当运用，而且也包含着合乎理性、心态公平的美德。”③ 公民正是凭借着这两种能力参与到公共生活的构建之中。一方面，公共理性作为民主制度下各个公民所具有的一种认知与思维的理性能力，故而具有理性的一般特征，即“所有的推理方式——无论是个体的、联合体的、还是政治的——都必须承认某些共同的因素：判断概念、推论原理、证据规则，以及许多其他因素；否则，它们就不是推理的方式，或许只是雄辩或说服的手段。……因之，一种推理方式必须把各种基本的理性观念和原则统合起来，包括正确性的标准和证明标准。掌握这些理念的能力，乃人类共同理性之一部分。”④ 就公共理性而言，它必须在实质性的“正义原则”的基础上，依据公认的推理原则和证据规则——比如透明性原则、相互性标准等——而展开。如果没有这些规则与指南，公共理性是无法想象的，也是根本无法运用的。另一方面，就公共理性作为公民在社会交往和交换实践中的一种道德能力而言，公民不能像处理私人事务那样，只考虑自身、纯粹着眼于私人利益的最大化，而必须从公共利益与公民的权益出发，在理由充足的基础上提出自己认为是最合适的

---

① 罗尔斯：《政治自由主义》，译林出版社 2000 年版，第 225 页。

② 罗尔斯：《公共理性观念再探》，《公共理性与现代学术》，生活·读书·新知三联书店 2000 年版，第 46 页。

③ 罗尔斯：《政治自由主义》，译林出版社 2000 年版，第 147 页。

④ 同上书，第 234 页。

解决问题的方案与观点，进而在相互沟通、协调甚至是批判的基础上予以修正，进而达成共识，借此采取行动。这种依据公共利益与公民权益提出自己的见解，并准备倾听和接受他人意见，与他人进行公平合作的能力就是公共理性作为一种道德能力的体现。

基于劳动分工的细化、社会化大生产和市场经济的基础，现代社会的发展既造成了“私域”与“公域”的分离，又形成了利益与价值的多元化格局。在这样一种背景下，彼此不同的各种力量或因素如何有效解决社会生活中所共同面临的问题、协调多方的立场、化解相互的矛盾、寻求共赢与互惠日益成为现代发展关注之焦点，尤其是在交往与联系越来越密切、频繁与普遍的情况下。而公共理性所要回答的根本问题恰恰就是：在现代社会中，一种理想的公共生活是如何可能的？理想的公共生活需要公共参与。公共理性以个体存在的独特性与不可替代性、公民个体与社群利益需求的多样性与差异性为前提，强调各种社会力量对于公共生活最为普遍与广泛的平等参与，因为只有如此，公共生活才真正具有公共性。公共参与不仅是广泛而普遍的，同时亦应是自由而平等的。

“公共理性并不是一种超越个人的道德‘大我’，它仅仅是在个人的道德能力和理性能力基础上形成的能够保证公共生活的合作正常展开的一种方式。这种方式是由个人的理性和道德在自由发展中而构成的，它不排斥公民个人在追求个人的美好生活的观念和道德价值的取向中的自由。”①现代社会在打破传统交往的封闭性与孤立性同时，也在逐渐培育一种平等自主、普遍参与的理性精神，塑造一种时代性的公民理念与制度规则，奠定一种共识的价值基础。

一是作为现代民主理念系统的公共理性。作为一个具有规范性质的理想类型，公共理性只有在一个民主政治和文化积淀深厚、制度约束健全的政治语境中方能有效运作。“公共理性的观念属于秩序良好之宪政民主社会的一种构想。这种理性的形式与内容——其为公民所理解的方式及其对于公民之间政治关系的阐释如何——是民主观念自身的组成部分。”②

① 金生鈜：《德性与教化》，湖南大学出版社2003年版，第306页。

② 哈佛燕京学社、三联书店主编：《公共理性与现代学术》，生活·读书·新知三联书店2000年版，第1页。

二是作为个人理性或私人理性的“扬弃”基础上的公共理性。以个人理性为基础，同时又对个人理性进行选择与反思，进而得以进一步升华。如果个人理性没有在某种程度上升华到公共理性，那么，私欲的流行与协调的缺位必然使得社会失序、冲突尖锐、矛盾丛生。

三是个人作为理想的公民所应具有的公共理性。经过升华与提升的公共理性，与一种公民的身份与理念相对应，这是因为，“公共理性观念缘起于宪政民主制当中民主公民资格的概念”①。对于公共理性的践行而言，公民不仅要具有一种认知与思维的理性能力，还要具有一种交往与合作的道德能力。公共理性自身意味着特定认知能力与道德能力的统一。

四是在社会公共生活中的公开运用的公共理性。公共理性力图在多元语境下，通过公民的多种社会与政治力量的参与，生成公共生活的基本规则，寻求关于社会基本结构与基本制度的正当性的共识。作为处理社会公共生活的一种理念和能力，公共理性通过公众参与所形成的并不是基于某种最高理想原则之上的绝对真理，而是一种公共的规则、合作的理念与协商的共识。

五是公共利益得以保障与实现的公共理性。公共理性运用于公共生活，寻求与实现公共利益，保障与实现每一个公民个体的合法权益，在利益共享中体现平等。公共利益既具有非排他性，即这种利益原则上为社会的全体成员所共有，而不是只为某些个人或某些群体所独享；又具有不可分性，即“公共利益所具有的数量不能像私人利益那样被划分，不能由个人按照他们的偏爱多要一点或少要一点”②。

（2）公共理性的功能

第一，公共理性是现代民主社会和谐共生的价值基础。公共理性以合理的价值多元为基础，反对将各种合理而有分歧的价值取向简单粗暴地统合为一，反对那些钟情于将多元化的美德与特性简约化为一种美德或个性的论调和做法，主张任何公民都不应该以强力对另一种思想进行压制，国家也不应该对任何一种合理的价值观念给以歧视，除非某种价值观念有违

---

① 哈佛燕京学社、三联书店主编：《公共理性与现代学术》，生活·读书·新知三联书店2000年版，第5页。

② 罗尔斯：《正义论》，中国社会科学出版社1988年版，第266—267页。

社会普遍的道德伦理与民主政治的理想信念。各种理性的价值学说应在宽容的基础上，通过平等的对话寻求共识以解决问题。这种宽容表明，公共理性相对明确地区分了私人生活与公共生活。在秉持公共理性的前提下，公民个体的私人领域与自由空间是别人不能随意干涉的，公民相互之间对于彼此的价值理念与生活方式应当予以宽容与尊重，国家对于公民亦是如此。以集体主义为例，在倡导和强调个人对社会、对集体、对国家应尽的义务的同时，也应该反向倡导和强调集体对个人应尽的义务，包括个人正当利益的保障与实现。由是可见，公共理性秉持一种宽容的美德，而这样一种宽容精神是现代民主社会和谐共生的价值基础。

第二，公共理性为人们交往和交换提供正当性共识。现代民主社会和市场经济架构下，人们交往和交换是以正当性共识为基础的。积极构建社会交往与交换的合作性制度框架、发展社会的信任机制，有利于和谐、良序社会之形成。公共理性在一定程序条件下为公众确立起基于共识的合作规则、机制与制度框架。自愿服从、稳定预期、机会均等、共享互惠等价值共识，使得每个成员都能够在充分自律的基础上发展出相互间的彼此信任，这既是一个深刻的心理学事实，也是一个日常的伦理学基础。希尔斯将这种“成员个体”对“社会共体”的归属称之为“市民认同”，并将这种基于共同体内部的“共同善”视为是市民社会的美德基础。这样一种归属与认同作为稀缺的社会资本，协调着共同体内部各方的利益矛盾，制约着社会的离心倾向，保持着社会的稳定与秩序，实现着多元力量间的“和而不同”，这才是和谐共同体、和谐社会构建的心理和道德基础。

第三，公共理性能调动和汇集全社会的知识和力量。公共理性主张言论自由与普遍参与，有利于广泛调动社会的智识，克服有限理性的弊端，集思而广益。在共同体内部成员之间、不同共同体之间基于公共理性的相互间的充分协商与论辩，使得个体成员能够养成站在“一般化他人”的立场思考问题，使得公民可以切实了解他人的立场，从而能够更为全面地考虑问题，以达纠偏补漏之功效。这是因为，每一个成员或公民的理性都是不完全的，都会受到信息不完备与预见困难性的制约，不可能掌握全部的公共生活。只有普遍的个体参与方能表达每个公民基于自己生活所形成的个体知识与体验，方能全面而具体地展示公共生活的完整内容，从而提高集体决策的合理化水平与有效性程度。

第四，公共理性是现代社会民主善治的前提条件。“善治就是使公共利益最大化的社会管理过程。善治的本质特征，就在于它是政府与公民对公共生活的合作管理，是政治国家与市民社会的一种新颖关系，是两者的最佳状态。”① 公共理性的有效运作，有利于实现民主政治国家与市民社会间的积极的功能互补与消极性因素的相互克服，推进社会治理与善治。在公共领域中，市民社会中的公民个体与社团组织按照公共理性展开辩论与批判并进行相关活动，这种辩论、批判与活动在整合市民社会内部分歧的基础上形成了对政治权力的强大制约力量，有利于控制与克服权力的异化。这样一种制约方式，既可以加强公共权力系统对民意的即时回应功能，亦可以在一定程度上防范政治精英对民意的垄断和扭曲，进而将其侵害公民正当权益的可能和机会降至最低。公共理性运作的这两个领域——国家与市民社会——相互结合、功能互补，实现着对社会公共事务的共同参与与协同管理。公共权力机关与市民社会管理的协同，是创新社会管理、达致“善治”——协同治理达到的理想状态——的标本兼治的根本途径。

第五，公共理性能够防止市民社会的异化倾向。在公共政治生活领域，相比于政治体制上“以权力制约权力”和法律制度上以“权利制约权力”这两种消极的权力制约方式，“以社会制约权力”则要积极主动得多。这是一种自下而上的、汇聚式的制约，它强调具有传感器与预警系统功能、充满活力与生机的公共领域对国家权力的持续性外在刺激与监督。就市民社会而言，按照公共理性而行为的公共权力同样有其积极意义。正如黑格尔与马克思早已指出的，市民社会本身就具有异化性，存在着利益的多元冲突。秉持中立性与公正性理念、以社会公益与公民权益为重的公共权力系统能够程度不同地协调市民社会的利益冲突、以监督者和裁判者的身份为社会主体利益的表达、博弈与维护制定规则和程序，并以再分配的手段实现社会资源的合理配置以奠定公民民主自治与真正平等参与的基本社会经济条件。

（3）个体与公共理性的互融

人类自从摆脱了神的控制后，就无时无刻不在接受着理性的指导，沐

① 俞可平：《权利政治与公益政治》，社会科学文献出版社2003年版，第136—137页。

浴着理性的光辉。我们很难想象一个人人利己、各自为战的混沌世界，也很难相信一个人除了公共利益以外，别无他求。洞悉人性的哲学家休谟指出：人类在很大程度上是被利益所支配的，并且甚至当他们把关切扩展到自身以外时，也不会扩展得很远；在平常生活中，他们所关怀的往往也不超出最接近的亲友和相识。这一点是最为确切的。但同样确切的是：人类若非借着普遍而不变的遵守正义规则，便不能那样有效地达到这种利益，因为他们只有借这些规则才能保存社会，才能不至于堕入人们通常所谓的自然状态的那种可怜的野蛮状态中。[①] 简单概括地说，人们的日常行为是受个体理性指引的，但只有在有效地遵循公共理性的前提下，个体理性所想要达到的目标才有实现的可能。民主发展到今天，可谓一波未平，一波又起。基于个体理性的选举民主虽然还不可能放弃，但其明显的弊病已让众人为之焦虑；基于公共理性的协商民主要从理论走向实践，也还有相当长的路程要走。选举民主与协商民主要想能够在实践中相互调适并各取所长，还有赖于个体理性与公共理性的相互融通。[②]

首先，个体理性目标的实现有赖于公共理性的指导。

政治思想需要激情，但政治生活更需要理性。一方面，我们不得不承认人类天生就是政治动物；另一方面，我们也不得不承认追求个体的发展与解放是每个人的愿望。古典契约论者早就认为，是人的理性使得国家和政府成为必要。这种理性既是一种个人求得生存的个体理性，也是一种公共理性。在自然状态下，维护自身的生存是人性首要的准则，人们订立契约组成政治社会也是每个个人理性选择的结果。洛克认为，“我们是生而自由的，也是生而具有理性的。”而人的理性告诉我们，虽然自然状态是“一种完备无缺的自由状态”“一种平等的状态”，[③] 但自然状态还是存在着种种不便：缺少一种确定的、规定了的、众所周知的法律，为共同接受和承认为是非的标准和裁判他们之间一切纠纷的尺度；缺少一个有权依照既定的法律来裁判一切争执的知名的和公正的裁判者；缺少权力来支持正确的判决，使它得到应有的执行。为了弥补这些缺陷，避免人类社会进入

① 休谟：《人性论》，商务印书馆1982年版，第574页。

② 王蔚：《个体理性与公共理性的互融：选举民主与协商民主互动的基础》，《当代世界与社会主义》2010年第4期。

③ 洛克：《政府论》（下篇），商务印书馆1964年版，第38页。

战争状态，人们必须进行理性的选择。正是因为人是理性的，任何人都不会加入一个将自身置于专制统治下的政治社会。要维护个体理性的要求——安身立命或求得生存，就必须求助于公共理性，通过集体选择来达成共识或共同目标。

个体理性目标的实现有赖于公共理性的指导。因为无论是在选举还是在协商过程中，公民们参与的都是公共事务。公共事务的公共性要求每个参与者不仅享有这种参与的权利，而且应当承担相应的义务，不能违背公共伦理和道德。在任何一个民主国家，出售选票都是不道德的，剥夺个人的选举权和被选举权也是不被法律和道德允许的。以选举民主为例。选举民主是以个体理性或个体的意志自由为前提条件的。但众所周知，政治生活不同于经济生活，它的最突出特点就在于其公共性。自由主义论者认为，每一个选民都有权按照自己的意志决定自己的选票，这是选民的基本权利，选举的最终结果只能是由多数决定来代替全体一致。然而，这种选举民主极容易导致波普所说的“民主悖论”——多数完全有可能选择一个专制者来统治，而一旦多数人同意把公共权力交给这个专制者，却又否定了大多数人统治的自身价值和初衷。因此，选举民主中的个体理性有可能被其自身所毁灭。在选举民主中，一个政治领导人要想通过竞争成为国家领导人，实现自己的个体理性目标，他必须求助于公共理性，并在实践中切实履行公共责任。在协商民主中，公共协商的参与者要想实现自己的目标，他也必须努力说服公众承认自己的观点、意见具有公共理性的品质，否则就不会被认可。因此，无论是在选举民主还是在协商民主中，个体理性的要求都有赖于公共理性的指导。换句话说，选举民主与协商民主要想在实践中有机地互动，既离不开个体理性的要求，也离不开公共理性的指导。

其次，公共理性的形成与发挥有赖于个体理性的成长与培育。

说人类是一种理性的动物，我想任何人可能都不会提出怀疑。可是，如果说人类社会天生就有足够的理性，那么人类历史为什么不会有如此之多的战争与贫困呢？构建一种公共的“善”是自古以来人类共同执着追求的目标。然而，在人类历史的发展进程中，对这样一种公共的“善”的追求往往表现为一种公共激情，而不是一种公共理性。要防止公共激情——惨绝人寰的战争、类似“文革”的政治运动等诸如此类的灾难发生及其内驱力往往都缘起于所谓的“群情激奋”——湮灭公共理性，就必须依赖于每个公民个体理性的成长与培育。

政治生活需要公共理性的指导，然而，这种公共理性来自何处？选举民主理论认为，个体的理性通过选举实现自身偏好的聚合而达致公共理性，公共理性存在于多数人的意志当中。协商民主理论认为，公共理性既不存在于多数人的意志，也不是存在于共和主义所认为的那种本来就存在的伦理主义的政治共识之中，而是存在于人们的相互交往与话语理解当中。“根据商谈论，商议性政治的成功并不取决于一个有集体行动能力的全体公民，而取决于相应的交往程序和交往预设的建制化，以及建制化商议过程与非正式地形成的公共舆论之间的共同作用。”① 但无论是选举民主强调个人偏好的聚合，还是协商民主强调个人偏好的转换，公共理性的形成与发挥都离不开个体理性的成长与培育。罗尔斯认为，公共理性的“公共”主要体现在三个方面：一是作为自身的理性，它是公共的理性；二是它的目标是公共的善和根本性的正义；三是它的本性和内容是公共的，这一点由社会之政治正义观念表达的理想和原则所给定。② 然而，我们也不能将这种公共理性看成是卢梭的“公意”的化身。它不是从来就有的，它是在人们的相互交往行为与商谈话语理解中才实现的。

要想促进公共理性的成长，就必须促进人们的相互交往与话语理解。而在这种交往与理解过程中，首要的是个人意志的自由表达，没有个人意志的自由表达，就谈不上商谈与理解。无论是选举民主还是协商民主，都不否认个体意志的自由表达，而这种个体意志的自由表达恰是个体理性的表现，只是它在与公共理性的一致性上有着程度的差别。因此，个体意志的表达越是自由、充分与理性，就越有利于公共理性的成长与发挥。我们很难想象由一个完全离开个体理性的公共理性来指导政治生活，因为公共理性的形成恰恰在于个体理性的充分成长与培育，否则所谓的公共理性要么被公共激情所湮灭，要么被专制者所利用。这也正是协商民主不能完全替代选举民主，只能是选举民主的进一步完善并在实践中与之有机互动的

---

① 洛克：《政府论》（下篇），商务印书馆 1964 年版，第 77—78 页。

② 哈贝马斯：《在事实与规范之间——关于法律和民主法治国的商谈理论》，生活·读书·新知三联书店 2003 年版，第 371 页。

根本原因之一。

总之，公共理性不是一个空洞无物的政治话语，其功用的发挥还依赖于个体理性的成长与培育。离开了个体理性，也就无所谓公共理性。进一步说，人类政治生活需要公共理性，人类政治生活也还有许多公共理性所不及的领域。当一种公共理性被无限扩大时，政治生活中可能会出现大量的非理性。选举民主与协商民主分别从不同的理性角度，提出了不同的要求。但我们始终都应该相信，人类的理性是有限的，因而无论是选举民主还是协商民主，都有其力所不及的时候。在人类政治生活实践中，只有将二者有机地结合起来，真正意义上的更加民主自由的空间才有可能达致。

最后，从“经济人”走向“公共人”，从个体理性走向公共理性。

个体理性谋求的是私人利益，私人利益得以承认和保护是现代社会发展的一个重要特征。没有个体利益，也就无所谓公共理性的提出。公共理性“克制个人理性中纯粹工具性、消极性的一面，高扬个人理性中交往性、普遍性与积极性的一面”①。当个体理性得以极致和极端发展，就会威胁和伤害他人利益，甚至公共利益。因此，只有公共理性才能在自身利益、他人利益和公共利益中寻到平衡。“正是在这个意义上，公共理性源于个人理性又高于个人理性，它摆脱了个人理性所具有的偶然性与主观性，而拥有必然性与客观性。”②

就社会中的个体和各种组织来说，从个体理性走向公共理性，在某种意义上讲，就是从“经济人”走向“公共人”。“经济人”假设的理论深刻地影响社会的每个领域，是指“一个人，无论他处于什么地位，其人的本性都是一样的，都以追求个人利益，使个人的满足程度极大化为最基本的动机”③，而不顾或较少顾及他人的感受和利益。这正是“经济人”或者个体理性的表现。个体理性有其一定的合理性，在某种程度上每个人的幸福相加导致全社会的幸福。但“经济人”假设的无限膨胀，必将导致每个人的理性导致整体的不理性，造成冲突。其结果是：社会中的成员和组织漠视他人的幸福，对他人的福利和感受无动于衷，以自身利益的获

---

① 李海青：《理想的公共生活如何可能——对“公共理性”的一种政治伦理学阐释》，《伦理学研究》2008 年第 5 期。

② 高兆明：《多元社会的价值冲突与政治正义》，《江苏社会科学》2000 年第 6 期。

③ 张康之：《寻找公共行政的伦理视角》，中国人民大学出版社 2002 年版，第 385 页。

得为判断标准和衡量尺度。

“公共人”的提出，无疑在个体理性和公共理性中找到了最佳平衡点。个体离不开社会，它只有在与他人的交互中，在一个共同体中才能找寻出其存在的根本意义和价值，易言之，是他人和共同体决定了“我是谁”。因此，“公共人”就要关心他人的幸福，以自己的感受去体验他人的困难和悲苦，互助友爱，互相帮扶，追求公共的善。“公共人”凸显了作为现代意义上的个体的道德因素，张扬了人性中“真善美”的一面，它是人的美德，是现代社会中人的积极义务的体现。“一个共同体的存在，并不是因为有了一定的法律制度设置、共同的文化传承和宗教信仰就足够了，而是那种在每一个人那里都存在着的”公共人“的特性决定了一个共同体的存在”①。“公共人”的培育，有赖于公共意识、公共精神的生成。首先，它需要社会的积极倡导和熏陶，仰仗社会中良善的风气和普遍的伦理道德，这些包括积极、良善的价值理念、伦理规范、道德观念、风俗习惯和意识形态等。其次，是自身内在的修养和养成。公共意识、公共精神和利他主义涉及的是个体自身内在主动的思维和行为，它没有强制力的保证，它靠个体自身去感受、体验，因此，内在修养和自觉是“公共人”形成的关键。

2. 敬重规则的美德

契约和规则就好比是一道道“篱笆墙”，如果寄生于墙内共同体的人们惯常性地过着彼此开诚布公、相互信任的道德生活，他们约定成俗地过活着，那么，这一道道“篱笆墙”不也就没有存在的必要了吗？如果寄生于墙内共同体的某个或所有的成员都试图为了自己的私利而背信弃义，越“墙”而出，并侵犯其他类似共同体及其成员的利益，那么，这一道道“篱笆墙”不也就形同虚设了吗？不过，从另一个角度来看，往往正是这么一道看似形同虚设的“篱笆墙”，为寄生于墙内共同体的每一个成员提供了明辨是非善恶的事由或理据。这一道道“篱笆墙”确保了不同的共同体（也包括游离于任何一个共同体之外的“自由人”）互不侵犯。

---

① 张康之：《寻找公共行政的伦理视角》，中国人民大学出版社2002年版，第383页。

(1) 美德需要规则的住入

亚里士多德以“正义”为例来诠解规则和美德之间的关键性联系的。在他那里，与“优秀善”与“有效性善”相对应，“正义”可基本区分为“应得的正义”即“正义美德”与“有效的正义”即“正义规则”。基于“优秀善”和美德目的论的正义概念，是按照“功绩”（merit）和“应得”（desert）来定义的，即每一个人和每一种实践履行都必须与他或她的应得相符合，都必须与其功绩相符合。作为美德的正义的概念的给出唯一可能性，是基于这样一种社会历史情境的，那就是一个社会或共同体的成员是按照这样一种形式的活动来构建他们的生活的，这种活动的特殊目标是，在它自身内部尽可能地把它所有成员的实践活动整合起来，以便创造和维持作为其特殊目标的那种生活形式。在这样一种形式的生活里，“人们可以在最大可能的程度上享受每个人的实践之善和那些作为优秀之外部奖赏的善。……享受最善的生活即是享受繁荣，享受幸福；而宪法和这种特殊的政治政体所表达的，都是一种关于什么样的生活方式是最善的和人类繁荣究竟何在的判断。”①

在与优秀善和有效性善的关系中，遵守正义规则的品性将被看作是一种美德。正义规则或有效性正义所必须规定的是“相互性”（reciprocity），而所谓相互性或相互交换，将依赖于各方给那种以正义规则为其结果的交易境况所带来的东西。但是，这些规则——假如它们是正义的或公正的——必须至少在最起码的程度上可以为差不多所有能正常发挥其作用的人接受，就像正义的规则能在任何延伸的时间或空间里可以发挥作用一样；而这一点又在本质上意味着，对那些相对富裕和强大的人和那些相对贫困和弱小的人——也就是我们今天所说的社会强势群体和弱势群体——应给予某些同等的约束。一种按照优秀善来定义的正义即一种应得的正义，与一种按照有效性善来定义的正义即规则的正义是两种迥然不同的品格。但是人们如果设想，对其中一种善的忠诚必然排除对另一种善的忠诚，那就大谬不然了。因为一方面，有效性善为优秀善、有效性正义为应得的正义即正义规则为正义美德提供制度化的背景——即具体的历史情

---

① 麦金太尔：《谁之正义？何种合理性?》，万俊人等译，当代中国出版社1996年版，第49页。

景。具体地说就是，处于某种具体的历史情境中的人们的那些活动形式——只有在这些活动内，人们才有可能获得优秀的善——只有通过提供制度化的背景，才能够得以维持。而且，相关的制度化和组织化形式的维持，总是要求获得并保留某种程度的权力和某种程度的财富。因此，只有在人们至少也追求某些有效性善的情况下，优秀的善才能系统地培养起来。而另一方面，优秀善为有效性善、应得的正义为有效性正义即正义美德为正义规则提供原因性或前提。具体地说来，在绝大多数社会情景中，如果不在某种起码的程度上培养优秀的善，人们就很难追求有效性的善。①

（2）规则要以美德为基础

"正义"的词源学意义也告诉我们，对正义的理解绝不只是一种对外部客观的秩序或规则的了解，而且更重要的是对其背后所隐含的人之主体内在因素的了解。正义的秩序是由人来制定并由人去践行的，它只是人"借以预设宇宙秩序之本性的一种方式"。没有"我"和"人们"的内在基础，也就是说，没有人的正义美德或没有具备正义美德的人，正义的秩序或规则就只能是一纸空文，一如仅有严格系统的交通规则并不能杜绝因闯红灯等违章驾驶而造成交通事故一样。所以在古希腊，正义原本有着两种不同却又相互联系的概念，即作为美德的正义概念与作为规则的正义概念。而且它首先是作为美德的概念而出现的。作为一种社会的道德规则，正义既表示一种社会理想，如柏拉图在其《理想国》中所设想的使公民服从严格的社会等级秩序并充分践行各自的社会角色且互不僭越，从而达到社会的理想正义一样；同时也表示对一种社会合作的有效性规则的服从和践行。作为一种个人的道德美德，正义若按照优秀或完美来定义，则表示一种个人的美德品质，即给予包括自己在内的每一个个人以"应得"的善或按照每个人的"功德"来给予善的回应的品质。这也就是个体的人和人类社会的公道、正直的品质；而如果按照有效性来定义正义，则正义的美德是指个人遵守正义规则的品质。但是，麦金太尔时刻提醒人们：一个"遵守正义规则的人"也可能是一个"不正义的人"，因为他可能只

① 麦金太尔：《谁之正义？何种合理性?》，万俊人译，当代中国出版社 1996 年版，第 50 页。

是由于惧怕惩罚而遵守正义的规则。亚里士多德在其《尼各马可伦理学》等书中，不仅意识到了人们的实践行为必须有规则的引导，而且也认识到，对人们实践行动的解释还必须求助于其对特殊行动境况的了解。对于这些特殊的境况，哪怕是最有效、最系统的规则，也是无法把握的。因为，无论规则是多么系统周全，任何一套规则都无法给所有可能的偶然事件提供指导。柏拉图在《理想国》中把正义看作是一种秩序的善，但他也把正义看作是个人美德中的一种关键因素。而亚里士多德则更注重从社会化的人性角度去解释正义美德，即在城邦生活的实践情景中解释正义美德。“在一个由自由公民组成的城邦里，好公民必须既有关于规则的和受规则支配的知识，也必须有关于规则和受规则支配的能力”，“公民之为公民，不仅要求他遵守法律，而且也要求他尊重法律”①。为了拥有正义的美德，既要做到把属于每一个人的东西都给予每一个人，又要达到一种知识：关于如何应用能使各得其所的秩序免遭侵害的规则的知识。

(3) 敬重规则也是一种美德

在康德看来，道德法则要求我们敬重，我们的义务就是由于敬重道德法则而产生的行为必要性。对义务就只能产生敬重之感，而不能产生热爱或者愉悦之情。

敬重，从消极意义上说，只是对自爱和自负的贬抑；从积极意义上说，则成为按照道德法则行动的动机。敬重是一种情感，也有感性性质，但它与来自本能的情感有本质的不同：

一方面，“敬重”不是来自本能，我们的本能中没有敬重情感，它是后起的，即领会到了道德法则的崇高与庄严，从而引起了敬重。

另一方面，“敬重”这种情感可以命令，它是“应该”产生的；而一般的本能情感如快乐、痛苦是不能命令的。要产生这种情感，就需要做“减”的功夫，也就是说，要把一切来自本能的情感统统清除出去，不让它们成为我们行为的动机。我们越是理解到道德法则的崇高性和庄严性，就越是感受到本能情感的卑下，这时，我们对法则的敬重就会越发纯粹，越发具有决定自己意志的分量。康德强调每个人都有善的动机，“这种存

① 麦金太尔：《谁之正义？何种合理性？》，万俊人译，当代中国出版社 1996 年版，第 103 页。

在于对道德法则的敬重之中的动机，我们永远也不会丧失”。所以，要想在我们身上重建向善的原初禀赋，“仅仅是建立道德原则作为我们所有准则的最高根据的纯粹性。按照这种纯粹性，道德法则不是仅仅与其他动机结合在一起，或者甚至把这些动机（偏好）当作条件来服从，而是应该以其全然的纯粹性，作为规定任性的自身充足的动机，而被纳入准则”。①

把对规则的应用作为美德实践之一理解成“规则—遵从”的美德实践部分来理解，这仅仅是因为，一个人除非了解美德实践在构成全心追求人类终极目的的生活中扮演什么角色，否则他便无法理解这种美德实践。如果将“规则”仅仅视为是自然法的消极戒律，仅仅起着对某种类型的生活划定边界的作用，而这么做的话，只能部分地定义所追求的善的种类。“将规则从定义和构成一整套生活方式的位置上挪开，规则将一无是处，只是一大堆武断任意的禁令而已，正如它们在后来的时代中常常表现的那样。”② 在亚里士多德那里，法律与道德并非如现代社会那样是两个分离的领域。一方面，虽然有意作恶与未能行善不是一回事，但是这两类过失是紧密相关的。因为两者都在某种程度上损害了共同体，使其共同体的筹划更难以成功。违法行为破坏了那些使得对善的共同追求成为可能的关系；有缺陷的品格，一方面可能使有的人更易于违法，同时又使他不能够对那种善的获得做出贡献，而没有这种善，共同体的共同生活就毫无意义。这两者都是恶，因为它们都是对善的剥夺，但却是两种截然不同的剥夺。而且，对于按照优秀善来定的正义即正义美德来说，每个破坏正义美德的人首先伤害的是他或她自己，不管他们是否伤害到他人；而对于按照有效性善来定义的正义即正义规则来说，每个破坏正义规则的人首先是伤害他人，而不是伤害自己。对这两类过失行为的限制或惩戒的依据也就截然不同，对有意作恶者的惩戒是法律的实践，而对未能行善者的训诫则是美德的践行。由此可见，如果一种美德理论同时又是有关这样一种共同体的道德生活之说明的本质部分，那么仅靠其自身永远不能是完整的。而我们已经看到，亚里士多德承认，他的美德理论必须由对那些被绝对禁止的

---

① 卢风：《现代人为什么不重视美德》，《道德与文明》2010 年第 2 期。

② 麦金太尔：《三种对立的道德探究观》，万俊人等译，中国社会科学出版社 1999 年版，第 140 页。

行为的某种说明来予以补充，哪怕是很简明的说明。不过，美德与法律还有另一种至关重要的联系，因为只有那些拥有正义美德的人才有可能知道如何运用法律。“所谓公正也就是给予每一个人其应得的东西；从而正义美德在一个共同体里兴盛的社会前提是双重的：关于应得赏罚有合理的标准，同时关于这些标准是什么也存在着社会性地建构起来的认同。而与应得相符合的赏罚分配绝大部分显然是由规则来支配的。”① 在试图理解美德伦理与法则伦理的关系的过程中，麦金太尔就已经指出，为使这种关系可以理解所需提供的语境，是一个由为获得共同的善的共同筹划所构成的共同体，因此，必须同时承认一类有助于获得这种善的品质（亦即美德）和另一类破坏这种共同体形成所必需的关系的行为（亦即应由共同体法律提起公诉的违法行为）。

不止如此，对于亚里士多德来说，有关于规则和遵守规则的知识是一个方面，而有认识规则和遵守规则的能力又是另一方面。具有前一个方面或能力的人，可能会遵守正义的规则，但不一定能成为正义的人，只有当人们不单有关于正义的知识，而且也有自觉遵守正义规则的能力，也就是不仅能认识到这一规则而且也从内心自觉地尊重正义时，人们才能成为一个既自觉遵守正义规则又具有正义品质的人，即成为一个真正的具有正义美德的人。所以在麦金太尔看来，亚里士多德关于正义和实践合理性的解释始终包含着这样两个方面：首先，正义和合理性不仅是外在的规则和秩序，而且更重要的是人的一种内在的能力和品质或美德。因此它需要以人的内在本性和人对善生活目的的追求（终极性的目的因）概念为理解基础。人的本性和他对善生活目的的追求乃是一个由潜能向现实的生成过程，而不只是某种理想式的理念（这是柏拉图的理论盲点）。其次，正如人的本质（一种现实生成了的本性）需要从它生成的具体社会情景（城邦生活，尤其是政治生活）中来加以理解一样，对人的美德（以正义为基本范例）的理解也必须诉诸这种社会的历史性情景。所以，这样理解的美德既是人格内在化的品德，也是社会实践性的品德；而这样理解的人既是个体的人，也是且更为根本地是具有社会品格角色（character）的人（城邦公民），而不是今天的自由主义思想家们所理解的“独立个体”（individual）。

---

① 麦金太尔：《追寻美德——伦理学理论研究》，宋继杰译，译林出版社2003年版，第192页。

(4) 美德对规则的优先

在理论和实践方面，美德对规则的优先性，不仅是因为外在规则的有限性需要内在的美德予以支持与培源，也不仅是因为敬重和应用规则也是一种美德，而是因为伦理学始终就是以道德尤其是美德或人的道德品格作为自己思考的对象的，而且从伦理学的本义来说，规则不仅仅是为美德实践提供制度化的背景，而且规则原本就是美德，是外在化、形式化了的美德。

从伦理学的学科特性来看，伦理学绝不是一门只制定规则或制定标准的学问，相反，它的首要的任务是告诉人们如何认识自己生活的目的，并为实现一种善生活的内在目的而培植自我的内在品格和美德。即便说遵守规则也是一种美德，但是，一个受正义规则约束的人，仅仅在他无法在不受惩罚的情况下做不正义行为这一范围内才是合乎理性的，才能成为一种美德。"道德"的原始本义固然含有"行为规则或实践训诫"的意义，但它首要的基本的涵义则是关于"品格"或美德的。还是以正义美德与正义规则为例，对于按照优秀善来定义的正义来说，作为一种个体美德的正义，是在撇开并先于强制性正义规则的确立的情况下被定义的。正义是给每个人——包括给予者本人——应得的本分，并且是不用一种与他们的应得不相容的方式来对待任何人的一种品质。而对于按照有效性善来定义的正义来说，作为一种社会规则的正义，假如人人都遵守它们的话，某个人可能会遵守正义规则，但却可能是一个仅仅是出于害怕惩罚而遵守这些规则的不正义的人。因此，对于那种被设计用以服务于有效性善的正义来说，一个完全正义的人恰恰只不过是一个永远遵守正义规则的人；但是在一组强制性地规定了每一个人在追求其特殊利益时不得损害他人正当利益的规则之前，这种正义概念缺乏任何内容。更进一步地说，作为美德的正义不仅是整个美德范畴的基础，而且，无论是在社会秩序中树立正义，还是在个体身上把正义作为一种美德树立起来，都要求人们实践各种美德，而不是实践正义。

从日常的道德生活来看，不可否认的是，契约与规则的存在，为现代人尤其是陌生人之间进行人际互动或商业上的合作，为保障每一人的正当利益或权利提供了明确的依据，为规制每一个人的行为提供了范型。但是这种规制的行为范型只有在欲图或已经打破它的那个人身上才会将它的功能体现出来，否则的话，它将永远都是一种摆设。但是这种摆设又是不可或缺的，因为它会使那些欲图破坏它的人们，一俟看到它的威慑力，就会望而却步。不过有一点不得不提，那就是，无论一份契约是多么周全，一项规则制度是多么完善，它都不可能考虑到所有可能的例外；而且，不仅如此，契约的规则的威慑力不论有多么强大，但是它对于一个鲁莽的或胆大妄为的人来说，永远都有可能被打破。因此，如果没有一个有道德的人组成的秩序良好的有道德的社会的存在，这些契约和规则的确是形同虚设。另外，正如麦金太尔所担忧的那样，这种对外在性强制规则的过分依赖，又使得规则逐渐远离了人，远离了人格，远离了人的德性，以信用为例，它也就从人性之固有美德变成了纯工具的或手段的抽象的躯壳，没有了内涵丰富的真实德性，没有了真实生活着的人和他的人格，信用、信用的契约机制及其背后的社会制度和律法体系成了普遍的形式的抽象。事实上，任何契约及其背后的社会制度和律法体系，不仅本身是不可能完备和周详的，而且基于它们的信用关系及其行为过程也会因为缔约和履约当事人双方不可能对他们的约定所依赖的规则有充分（更不用说完备）了解、认知和认同，以及当事人双方更是不可能绝对地站在对方的立场上考虑问题并达成有关约定的共同合意的一致，所以基于契约或规则的信用关系的生成以及它的运动都是很成问题的。概而言之，一项规则如果没有有德之人对它敬重和遵守，规则只能是一纸空文而已。更何况，契约和规则以及其背后的律法本身也难逃某种程度的主观任性，如立法者的立法偏好，执法者的行为自利以及司法者的武断裁定。

小 结

理性从个人复归公共，使“我”走向“我们”，学会与自我对话、与他性对话，在共同体内部以、一般化他人的立场来培育着自己的美德，践行共同体的善，实现个人理想型和公共理性的互融互释，从个体理性走向公共理性，从“经济人”走向“公共人”，做一个有德性的人。伦理的目的最终是实现“经济人”与“道德人”的成双入对，携手同行，践行真实意义上的“德得相通”。失去了相对封闭和稳定的熟人生活共同体，传统中国人的诸多美德都失去了生活依托。美德的培养不能再过多地受制于效用或有用，理应复归并紧紧依赖于个体的自觉，道德或伦理的自觉，复归并紧紧依赖于亲人、朋友、师生、邻里间的亲密接触和相互促进。《诗》云："有斐君子，如切如磋，如琢如磨"，此之谓也。美德是人的内在品质，表现于外时就是一个人的习惯性行为方式。例如，仁者必内心好生，他绝不会滥杀无辜。如果我们摈弃了先验论，就不得不认为，养成美德的过程是道德规范内化的过程。一个人出生之后就不断受到教导：要孝敬父母！久而久之，"孝敬父母"的规范便内化于他的心性。这样，他就能自然而然地、习惯性地、由衷地孝敬父母。

第七章　当代中国青年和谐人格重构的八路径（上）

作为个体的人，其本质属性是一种“关系的存在”，只有在“关系的存在”中，一个有理性的人才会意识和思考自己生命存在的真实性及其意义、自我与他者关系的真实性及其意义、自我和他者寄身于其中的人类社会整体与外在于人类同时又为人类的生产和生活提供人居条件和物质资料的自然生态系统之间关系的真实性及其意义。以“自我”为原点的这种真实的“关系的存在”，构设了“道德自我”的社会实存及其型塑的伦理实体生态，进而悬设这一伦理实体生态中的“我”的道德人格的价值生态，即人与自然和谐共生、人与人和谐共存、身与心和谐共进，以期走出麦金太尔教授所隐忧的“认识论危机”，实现现代人生命体认与安顿、道德认知与建构、人性提升与人格完善的伦理学突破。从“自我”为圆点出发自发或自觉形成的或寄身于其中的各种“关系”，型构了一个人的生命存在及其意义的价值体认、人性提升及其人格的光明完善、生产和生活实践的价值判断及其行为规范等赖以生成、维系和发展的真实背景，这个真实性存在的“关系实体”就是人们经常所称谓的“伦理实体”。就当代中国青年和谐人格形塑而言，这个“伦理实体”生态涵盖如下八个层级递进的关系维度，它们分别是：加强个体品德建设，构筑以身心关系为纽带的个体命运共同体；加强家庭美德建设，构筑以生活关系为纽带的家庭命运共同体；加强社会公德建设，构筑以生活关系为纽带的社区命运共同体；加强职业道德建设，构筑以职业关系为纽带的职场命运共同体；加强公民意识教育，构筑以文化认同为纽带的国家命运共同体；加强生态文明建设，构筑以生命关系为纽带的生态命运共同体；培育世界公民意识，构筑以主权关系为纽带的人类命运共同体；强化“互联网＋”思维，构筑以安全共享为纽带的网络空间命运共同体。

一　加强个体品德建设，构筑以身心关系为纽带的和谐人格共同体

人的本质属性是社会人，每个人都具有某种特殊的社会规定性，都有某种特定的身份和位置。在特定社会关系中，每个人都担当着特定的社会角色，每一个社会角色都享有一定的权利，承担着某种义务，并且被寄予某种社会期待和道德要求。如果每个人都能正确地进行角色定位，明确自己特性角色内在的权利和义务，承担起角色责任，各司其职，各负其责，也就是每个社会成员都能够守住自己，安伦尽分，互不僭越，那么作为整个社会也就和谐有序了，个人也会在成功地扮演社会角色中提升自己的品德，实现自身的价值。早在中共十七大报告中就把“个人品德”与社会公德、职业道德、家庭美德一同作为社会主义道德建设的基本内容，这凸显出“个人品德”在社会主义道德建设中的重要地位，丰富了社会主义道德建设的内涵。

1. 个人品德的概念厘定

个人品德，是一定社会或阶级的道德原则和规范在个人思想和行为中的体现，是一个人在一系列的道德行为中所表现出来的比较稳定的特征和倾向。个人品德通过社会的思想道德教育和个人的自觉修养逐步养成，表现为个体对某种道德要求的强烈认同、对道德情感的充分表达、对社会道德规范的执着践履。①

知、情、意、行是品德的四大心理结构。品德的心理结构，是指品德这种个体心理现象的组成成分，是指个体心理现象的形式和结构。儒家传统伦理精神尤其重视和强调个人品德的知、情、意、行的统一。“知”，指道德知识的学习。通过道德规范的学习，形成一定的道德认识，是思想品德形成过程的基本发端，是道德情感、道德意志形成的依据，是一定社会道德原则规范转化为社会成员道德行为的基础和前提。离开了基础的道

① 王易、刘致丞：《试析儒家的个人品德养成论》，《伦理学研究》2009 年第 5 期。

德认识，是不可能形成品德的。孔子认为，道德品质的形成首先在于道德知识、道德规范的学习。他说“弗学何以行”，“盖有不知而作者，我无是也”。[①] 他十分强调学习的重要性，明确把“学”作为做“君子”和自立的先决条件。同时，他又认为“学”是化民成俗的必经之路，是个人得以立身社会的基础。通过道德知识、规范的学习，可以提高道德行为的评价能力，也就是提高对于是非善恶的辨别能力。“情”，即道德情感的培养。道德情感是人们按照一定社会的道德原则、规范去理解、评价周围人和事时产生的一种情绪体验，它对个人品德的形成、发展起催化、强化的作用，是加强道德认识、坚定道德信念、锤炼道德意志的催化剂，是道德行为的推动力。孔子很重视道德情感教育，他认为道德情感是个人品德的重要组成部分。他说，“兴于诗，立于礼，成于乐”[②]。“兴于诗”是说诗可以激发道德情感，“成于乐”是说音乐可以陶冶道德情感。“意”，即道德意志的坚守。道德意志是人们在践履道德原则、规范的过程中表现出的自觉克服一切困难和障碍的毅力。一定的道德意志是促使一定的品德行为反复出现并持之以恒的精神力量。只有在顽强的道德意志的作用下，道德行为才能体现出恒久性。孔子说“知及之，仁不能守之，虽得之，必失之”[③]，即是说道德观念虽然具有了，若不能守住它、保持它，即使认识了也会丧失。这就是说，道德如果停留在认识阶段，而不转化为信念，道德就会失去规范行为的作用。换言之，道德规范必须由道德认识转化为道德信念，才能对道德行为发生指导和约束作用。注重道德意志的锻炼，强调道德意志于品德结构中的重要性，孟子特别强调道德意志的锻炼。他说：“天将降大任于斯人也，必先苦其心志，劳其筋骨，饿其体肤，空乏其身，行拂乱其所为，所以动心忍性，曾益其所不能。”[④] 他认为，只有加强道德意志的锻炼，才能把人培养成为“富贵不能淫，贫贱不能移，威武不能屈”[⑤] 的人。“行”，即道德行为的践履。道德行为是人们在一定的道德认识、情感和意志的支配下，在实践活动中履行一定的道德原则、

---

① 《论语·述而》。

② 《论语·泰伯》。

③ 《论语·卫灵公》。

④ 《孟子·告子下》。

⑤ 《孟子·滕文公下》。

规范的实际行动。只有从知，经过情、意，转化为行，并上升为品德习惯，道德认识、情感、意志才能得以巩固，才能形成真正的具有稳定倾向的道德品质。孔子十分注重“行”。“子以四教：文、行、忠、信。”① 他把行列为教育弟子的重要科目。道德并非空谈虚言，它首先是实际行动。孝敬父母、尊敬兄长、谨慎守信、爱人亲仁，这些就是有道德的表现。道德通过人的行为表现出来，是人在现实行为中表达的对客体的价值判断和价值认识。“行”与“言”相比较，“行”比“言”更重要、更可靠。他说，“君子耻其言而过其行”，“君子欲讷于言而敏于行”，“古者言之不出，耻躬之不逮也”。② 他认为一个人要言行一致，这是对人的品德的基本要求。“始吾于人也，听其言而信其行；今吾于人也，听其言而观其行。”③

教育学和心理学认为，个人品德就是个人道德品质，是社会道德在个体身上的体现，即个人按社会规范行动时所表现出来的稳定特性和倾向。伦理学认为，个人品德即道德个人品质，是反映一定社会关系的特定社会道德原则、规范表现在社会个体的思想行为整体中的稳定特征和一贯倾向。作为普遍意义上的个人品德，我们一般将其定义为一定的社会道德在个体思想和行为中的表现，包括个体的道德认识、道德情感、道德意志、道德信念、道德行为等，它是客观内容和主观形式相结合的产物，是社会道德文化的个体化特性。一方面，个人品德与现实社会实践息息相关。马克思、恩格斯说：“像国家、宗教、道德等等这些一般的名字，决不会使我们感到迷惑，因为这些名字只是许多个人的现实关系的抽象。”④ 恩格斯还指出：“人们自觉地或不自觉地，归根到底总是从他们阶级地位所依据的关系中——从他们进行生产和交换的经济关系中，吸取自己的道德观念。”⑤ 另一方面，个人品德是社会道德内化到个体的人的结果。黑格尔也曾对品德作了深刻的论述，他说：“一个人做了这样或那样一件合乎伦理的事，这不能说它是有德的；只有当这种行为方式成为他性格中的固定

① 《论语·述而》。

② 《论语·里仁》。

③ 《论语·公冶长》。

④ 《马克思恩格斯全集》（第 3 卷），人民出版社 1960 年版，第 320 页。

⑤ 《马克思恩格斯选集》（第 3 卷），人民出版社 1972 年版，第 133 页。

要素时，他才可以说是有德的。”①

2. 个体品德修养的情境背景

第一是基础性因素，即社会环境。

环境是人的活动赖以进行的各种条件的总和。根据环境内容的不同，可以分为自然环境和社会环境两大部分。自然环境，包括阳光、大气、水、动植物、矿藏等。社会环境是指人为环境，主要包括经济、政治、法律、伦理、道德等因素，以及各种性质的社会关系。当今人类生活于其中的自然环境，已经不是纯粹的自然界，而是打上了人的意识烙印的自然，是人化了的自然。可以说，环境对人的作用，本质上就是社会环境对人的作用，其中最主要的就是社会关系对人的作用。

人的道德素质养成和发展，本质上具有社会性，正如马克思所说："观念的东西不外是移入人的头脑并在人的头脑中改造过的物质的东西而已。"② 社会学的研究成果表明，个人社会化是由人所处的社会关系决定的。社会环境作为人类赖以生存和发展的各种外部条件的总和，通过人际交往、群体活动等社会实践形式，逐步渗透到人的意识和行为中，促使知与行从个质到新质循环发展，从而形成相对稳定的心理特征、思想倾向和行为习惯。

在影响个体道德养成的社会环境系统中，制度规定、法律环境和教育起着基础性作用。对一个社会的运行来说，制度是最基本的规则。制度安排是否适度，是其他所有社会规则是否适度的前提。良好的制度规范会鼓励人们自觉地"抑恶从善"，而不健全的社会制度则为"从恶"提供方便，甚至会在一定程度上抑制"行善"的愿望和动机。

正如前文所述，作为个体的公民，社会性生活是其不可避免的生活方式，对社群的依赖和对政府制度规定的遵守，是其基本的也是本质的要求，正如当代美国公共行政学者库柏所分析的，"公民的品德的总则是'正确理解的自我利益'。广泛的公共精神和公民品德不可能仅仅是一种道德境界的倡导，也不是对自我利益的简单超越和否定，而是一种在恰当

---

① 周辅成：《西方伦理学名著选辑》（下卷），商务印书馆1964年版，第428页。

② 马克思、恩格斯：《马克思恩格斯选集》（第2卷），人民出版社1972年版，第217页。

的机制下达成的公共和个人的‘双赢’”①。同时，“我们业已发现，不道德行为往往是由于体制的因素所致，而不能简单地归咎于处于木桶中的烂苹果。在一个不道德的组织中，讲道德的人会受到影响，正像不诚实的人在有明晰价值观的组织中其行为也会提升一样，或者至少处于中性”②。个体道德素质的提高，在很大程度上取决于政府和社会为其所提供的社会结构方式，以及社会调控手段的内容和方式。这不仅需要有善的价值引导与精神塑造，更需要有合理的社会结构及其在整个社会，尤其是公共领域建立公正有效的社会行为规范，并在制度中体现道德的精神、伦理的价值。

第二是关键性环节，即个体内化。

就人的思想道德素质形成来说，个体遗传基因和个体智力水平，既为个体思想道德素质形成发展提供自然前提和发展的可能性，也是思想道德素质发展的潜在因素，但它不能决定素质的内容和发展水平。个体道德素质的提高过程，实际是他们的知、情、信、意、行五个要素均衡发展的过程。③

知、情、信、意、行五个要素相互联系、相互影响、相互制约、相互渗透和相互促进，呈阶梯式递进，并构成了一个内在的循环系统。从前文的论述中我们得知，知，思想认知，是人们对一定社会思想品德的原则、规范的认知，是思想道德素质形成的开始，也是道德情感、信念和意志形成的根据，是个体道德行为的基础；情，即情感，是基于对周围人和事物进行评价时的一种情绪体验，是知、信、意的催化剂，也是个体行为的推动力；意，即道德意志，是人们在履行思想道德原则和规范的过程中，表现出的自觉克服一切困难的毅力与持之以恒的精神，它在思想道德形成和发展中起调节作用；行，即行为，是基于以上诸因素而表现出的实际行动，也是思想素质形成过程的目的。而知、情、意、行能否真正被个体内化，关键是“信”，即信仰，它是对一定社会思想品德原则和规范的内心

---

① 王云萍：《库柏对公民品德的研究及启示》，《厦门大学学报》（哲学社会科学版）2002年第3期。

② 唐玛丽·德里斯科尔、迈克·霍夫曼：《价值观驱动管理》，徐大建等译，上海人民出版社2005年版，第1页。

③ 张耀灿、陈万柏：《思想政治教育学原理》，高等教育出版社2001年版，第83页。

信仰，是思想道德素质形成的关键，是个体道德行为的精神支撑和动力。知、情、信、意、行五个要素的内在循环系统中，个体不同素质的形成，取决于个体认识和改造自身及外部世界的能动性。正如马克思所说："一个种的全部特性、种的类特性就在于生命活动的性质，而人的类特性恰恰就是自由的自觉的活动。"①

任何个体都是按照自身的认识图式去对外部环境做出反应的，因而不同的个体会对同一个环境做出不同的理解和评价。个体的认识图式既包括知识要素，又有意志要素和情感要素的参与，"既有理论层次，又有经验层次和心态层次"②。这种认知能力不是先天产生的，而是实践活动的结果和人类已有知识在主体头脑中的沉淀，是无数次重复实践活动在人的大脑中观念内化的结果；但它们一经形成，就具有相对的独立性，并成为接受、理解和改造外部环境的基础。

在辩证唯物主义认识论看来，人的心灵并非是一块"白板"，认识并不是消极被动地接受，而是认识主体用既有的认识图式去"同化"外部事物的过程，作为认识结果的"反映"不可避免地要受到主体认识图式的影响。不同的主体，由于其认识图式的不同，也因为不同的道德水准所产生的认知不同，对同一个环境会产生不同的理解和反映。在现实生活中，我们也不难发现，在"顺境"和成功面前，有的人骄傲自满、裹足不前，有的人则戒骄戒躁、继续努力；在"逆境"和失败面前，有的人一蹶不振、丧失斗志，有的人则愈挫愈坚、奋斗不止。可见，在同一环境中，既可产生自强不息的强者，也可出现腐败堕落的罪犯；既可衍生热血沸腾的爱国者，也可出现奴颜婢膝的叛徒。

第三是重要媒介，即社会实践。

个体思想道德素质的高低既不是与社会环境的简单联结，也不是接受教育的单一过程，更不仅仅依赖于个人的主观思索，而是多种内外因素长期合力作用和长期积淀的结果。"人的社会实践活动是左右和影响个体思想道德素质形成发展的影响因素的关键，也可以说个体是通过其社会实践活动来实现其思想道德素质形成发展的，而不同广度和深度的社会实践活

① 马克思、恩格斯：《马克思恩格斯选集》（第42卷），人民出版社1979年版，第90页。

② 张道全：《略论人的素质的形成》，《安徽工业大学学报》2002年第3期。

动决定人的思想道德素质形成发展的水平”①。因此，社会实践活动是潜在的素质外化的途径，也是个体思想道德素质不断提升的载体。

个体在社会性活动中学习或接受的知识和道德观念，通过心理的中介作用内化，并通过长期的社会反复实践，才能转化为思想道德素质结构的组成部分。只有在个体的一生中持久发挥作用的品质，才是真正意义的素质。社会学家吉登斯认为，在个体的意识中，存在着指导个体行为举止的“实践意识”，因为个人受着“实践意识”的潜移默化，久而久之，使自己和他人达成一种默认的共识，使人在社会中定位及社会这棵大树在个人心目中生根成为可能。②

个体思想道德的提升是一个动态的过程，需要在社会实践中不断验证和调整。马克思指出：“人是有意识的类存在物。”③ 在多层次、多向度、多属性的社会性实践中，作为“社会化”的个体，要使自己的活动本身变成自己意识的对象，通过进行认识、评价、审美等复杂的心理文化活动，把社会需求和主体需要结合起来，不断刺激个体产生新的需要，激发起向更高层次发展的欲望，从而使其思想道德在原有基础上向更高更完善的水平发展。正如毛泽东深刻地指出的那样：你要有知识，就得参加变革现实的实践，你要知道梨子的滋味就得亲口尝一尝。行为教育学的研究也有力地证明了这一点。需要指出的是，提升个体道德水平的社会实践必须注意以下两点：一是社会实践必须尊重社会发展的客观规律，同社会发展的趋势相适应；二是个体社会实践是有“意识”的社会实践，注重实践的实效性，避免盲目性并要及时地加以总结。④

3. 个人品德修养的价值原则

道德教育的目的在于促使个体道德品质的养成。增强自身道德修养，

---

① 张加明：《个体思想道德素质形成发展规律新探》，《学校党建与思想教育》2005 年第 9 期。

② 安东尼·吉登斯：《社会的构成》，李康、李猛译，生活·读书·新知三联书店 1998 年版，第 8 页。

③ 马克思、恩格斯：《马克思恩格斯选集》（第 42 卷），人民出版社 1979 年版，第 90 页。

④ 朱金瑞：《提升个人品德应注重的几个关键环节》，《黄河科技大学学报》2009 年第 4 期。

将外在的伦理道德规范通过学习，实际体验，内化为自身的道德品质和习惯是个体道德品质养成的关键。儒家站在齐家、治国、平天下的高度，强调修身为本，提出了一系列行之有效的修养理论和方法。

一是重学慎思。修身首先必须重学，学习是修身的基础。不学习，就不懂得为人的规矩，就不懂得善恶是非。孔子非常强调学习的重要性，他指出："好仁不好学，起蔽也愚；好知不好学，其蔽也荡；好信不好学，其蔽也贼；好直不好学，其蔽也绞；好勇不好学，其蔽也乱；好刚不好学，其蔽也狂。"[①] 在孔子看来一个人如果爱好仁义却不好好学习，那么他就容易被人愚弄；如果爱要点小聪明却不知道好好学习，那么他的弊端就是轻浮而无根基；如果讲信用重义气却不好好学习，那么他就容易被人利用反而伤害自己；如果脾气直爽而不好好学习，那么他说话就会尖刻容易刺痛别人；如果性子勇猛却不知好好学习，那么他就容易作乱闯祸；同样，如果性格刚烈而不善于学习，那么这种人就容易莽撞妄为。"君子有九思：视思明，听思聪，色思温，貌思恭，言思忠，事思敬，疑思问，愤思难，见得思义。"[②] 孔子认为，君子有九种要思考的事：看的时候，要思考看清与否；听的时候，要思考是否听清楚；自己的脸色，要思考是否温和，容貌要思考是否谦恭；言谈的时候，要思考是否忠诚；办事要思考是否谨慎严肃；遇到疑问，要思考是否应该向别人询问；愤怒时，要思考是否有后患；获取财利时，要思考是否合乎义的准则。

二是克己自省。在个人品德的形成上，儒家不但强调学习，更强调自省。自省是指从思想意识、情感态度、言论行动等各个方面去深刻认识自己、剖析自己。从而及时发现和改正自己的缺点错误，提高自己遵守道德准则和规范的自觉性。"吾日三省吾身：为人谋而不忠乎？与朋友交而不信乎？传不习乎？"[③] "见贤而思齐焉，见不贤而内自省也。"[④] 见有贤于我者，就向他学习；而见到不好的人或事时，就要特别注意内心的反省，检查自己是否也有类似的毛病，从而改之。在孔子看来，思、内自省都是联系自己道德修养的精神性反思或反省活动。倘若只有学习，而没有联系

① 《论语·阳货》。

② 《论语·季氏》。

③ 《论语·里仁》。

④ 《论语·里仁》。

自身品行的反省，是无意义而不会使自己品德提高的。对此，孟子也说过："万物皆备于我矣，反身而诚，乐莫大焉。"[1] 这里的"诚"也就是反省自责而达到为己之善。

"自省"的高境界可视为"慎独"。"慎独"是中国伦理思想史上一个古老的、特有的修养方法，是儒家对个人内心深处比较隐蔽的意识、情绪进行管理和自律的一种修养方式。"道也者，不可须臾离也，可离非道也。是故君子戒慎乎其所不睹，恐惧乎其所不闻。莫见乎隐，莫显乎微，故君子慎其独也。"[2] "慎独"，指不要在暗地里做不道德的事，也不要在细小事上违背道德。在独处无人注意的情况下，自觉按一定政治、道德准则思考行动，不做坏事。可见，慎独是在个人独处、无人监督的情况下依然严格要求自己，警惕内心深处尚处于萌芽状态、尚未引起旁人注意的错误意识、不正当的私欲或不正常的情绪，并自觉地用礼（社会道德规范）加以约束，或者说是在有可能做坏事而又不为人知的情况下，不仅不放松对自己的要求，反而更加小心谨慎，在隐和微上下功夫，做到防微杜渐，防患于未然。"慎独"强调了道德主体内心信念的作用，体现了严格要求自己的道德自律的精神，指出了一个人自觉实践道德行为的意义。如果说，自省是通过外在规范来约束个体行为的话，那么慎独则是依靠主体的道德自觉性来达到修身的目的。

三是知行合一。强调知行合一是儒家修身思想的重要特征。孔孟荀等所主张的自我修养，并非脱离实践的"闭门思过"，而是崇尚力行，主张以行为本，在躬行践履中锻炼成长、完善人格。《论语》开宗明义第一句话就是：子曰："学而时习之，不亦说（悦）乎？""时习"就是经常练习、经常实践的意思。孔子一贯重"行"，在言与行的关系上，他明确主张要"听其言而观其行"。他告诫学生，衡量人的品德不能只听其言论，而应看其实际行动。他认为学习的目的在于"行道"，"君子学以致远"[3]，"行义以达其道"[4]。

只有"行"才能使"道"变为现实。孔子所说的"道"就是他的仁

① 《孟子·尽心上》。
② 《礼记·中庸》。
③ 《论语·子张》。
④ 《论语·季氏》。

学或称仁道（即通过向全社会传播仁爱思想来实现人人相互敬爱的天下为公的大同世界）。为了做到躬行践履，孔子要求学生要做到言行一致，“言必信，行必果”①，要以“言过其实”及“躬之不逮”为耻。孟子继承和发扬孔子的“力行”思想，强调要想获得卓越的才能，形成完善的人格，达到崇高的道德境界，就必须自觉地接受各种严酷环境的磨炼和艰难挫折的考验。同样，荀子说过“学至于行而止矣”，认为“学”的最终目的在于“行”。三者均把道德实践看作是道德修养的基本功和审评标准。《中庸》有“力行近乎仁”，同样也是强调道德实践的重要性，强调道德学问不是外在的知识，道德学问必须同道德实践相结合，同自身为人处世相结合，才是真学问。儒家认为，道德修养不仅仅是道德思想的培养，更是对社会道德原则和规范的实行；也只有通过对社会道德原则和规范的实行，道德修养才可能真正落实。

四是积善成德。道德品质的形成是一个循序渐进、积少成多的积累过程，同时，它又是一个长期曲折的过程。儒家思想家特别强调在个体道德修养上应该有持之以恒的精神、顽强的意志，在艰难困顿中体现道德精神，锤炼人格素质。孔子曾说：“有能一日用其力于仁矣乎？我未见力不足者。善之有矣，我未之见也。”② 可见，道德修养是一个持之以恒的主观努力过程。同时，道德修养过程不是单纯循环往复，而是一个循序上升的过程。孔子在回顾自己的一生时曾说：“吾十有五而志于学，三十而立，四十而不惑，五十而知天命，六十而耳顺，七十而从心所欲，不逾矩。”③ 这就是孔子活到老、学到老、修养到老的过程。孟子也十分重视在道德修养过程中对锲而不舍精神的培养。他认为在个体道德修养过程中最忌讳的便是“一曝十寒”。对此，他解释为：天下最易生长的植物，若是“一日曝之，十日寒之”，是不可能生长起来的。他又说：山间小径，经常走就变成一条路；隔了若干时间不去走，就被茅草堵塞住了。孟子特别强调恒心，强调做事要坚持到底，决不能间断停顿，中道而废。他以掘井取水为例，说“有为者辟若掘井，掘井九仞而不及泉，犹为弃井也。”④

---

① 《论语·子路》。

② 《论语·里仁》。

③ 《论语·为政》。

④ 《孟子·尽心上》。

荀子在其性恶论的基础上，阐述了“积善成德”的思想。在荀子看来，人性本是恶的，但是通过后天的教育、学习，可以转恶为善。这个转化过程是自觉学习优良品德并不断积累善的结果。所谓“积善”，就是不断行善积德。

荀子认为，圣人高尚的品德并非一夜之间生长出来的，而是长期积累的结果。他说：“积土成山，风雨兴焉；积水成渊，蛟龙生焉；积善成德，而神明自得，圣心备焉。”① 依据“积善成德”，荀子相信即使是“涂之人”，也可通过“积学”的过程成为圣人。他说：“涂之人，伏（服）术为学，专心一志，思索熟察，加日县久，积学而不息，则通于神明，参于天地矣。故圣人者，人之所积而致矣。”② 又说：“涂之人，百姓积善而全尽，谓之圣人。彼求之而后得，为之而后成，积之而后高，尽之而后圣，故圣人也，人之所积也。”“人积耨耕而为农夫，积斲削而为工匠，积反货而为商贾，积礼仪而为君子。”③ 可见，荀子把品德修养建立在了“积学而不息”的基础上。

4. 个人品德与社会公德、家庭美德、职业道德之间的关系

个人品德是一定的社会道德在个体思想和行为中的表现，是社会道德文化个体化的产物；个人品德建设是指以不断提高个人品德素质为核心的系统实践活动。个人品德是社会公德、职业道德、家庭美德的基础，社会公德、职业道德、家庭美德又是个人品德的外在表现形式。

一方面，个人品德是社会公德、职业道德、家庭美德的基础。

首先，个人品德是社会公德、职业道德、家庭美德建设的“原动力”。“群体活动是个体活动的综合，个体活动是伦理有序化的原动力。”④ 但我们必须认识和高度重视的是：个人品德又是社会公德、职业道德、家庭美德的起点。从一定意义上讲，社会个体品德的状况决定了社会公德、职业道德、家庭美德的实践状况。加强个人品德建设，有利于奠定全社会道德建设的基石，良好的个人品德形成又从根本上夯实了社会公德、家庭

① 《荀子·劝学》。

② 《荀子·性恶》。

③ 《荀子·儒效》。

④ 鄯爱红：《品德论》，同心出版社1999年版，第1页。

美德、职业道德的基础。德国大哲学家康德指出："法律管行为的结果"，而"道德管行为的动机"。因而，法律属于他律，带强制性；道德属于自律，带自觉性。道德既然属于自律、自觉，那就是以每个人的自我约束为基础的。试想若离开个人品德建设这个前提和基础，社会公德、职业道德、家庭美德又从何而来呢？今天社会上出现的一些不道德的行为，往往都是社会个体的个人品德出了问题，从而影响了其所在生活领域的道德问题。因此，要倡导社会公德、职业道德、家庭美德，就必须首先提高社会成员的个人品德。也只有抓好了每个公民的个人品德建设，才能使社会公德得以张扬、职业道德得以遵守、家庭美德得以提倡。

其次，个体道德对社会公德、职业道德、家庭美德具有重要的影响作用。马克思在论述个人同社会不可分割的联系时指出，个体能够通过道德活动"改变自身也就改变自己的社会"。[①] 实践证明，公民的个人品德对社会公德、职业道德、家庭美德具有重要影响和能动作用。一方面，每一社会群体都是由不同的个人组成的，社会公德、职业道德、家庭美德是由处于社会交往、公共生活、职业活动和家庭生活的各个个体的品德有机结合而成的。个人品德特别是占群体多数的人的个人品德对社会公德、职业道德、家庭美德的形成具有直接影响作用。《纲要》指出："通过每个成员良好的言行举止，相互影响，共同提高，形成好的家风。"很难想象在一个个人品德不高尚的家庭里会形成家庭美德，社会公德、职业道德亦然。另一方面，个体道德对社会公德、职业道德、家庭美德具有导向作用。德国伦理学家费里德里希·包尔生曾说："某一个人的良心可能超越他的时代，感到对将来要采用的行为类型负有义务。每一个因自己的良心而受到困扰的伟大的道德改革家，都是走在他的时代的前面的。"[②] 个人品德总是有某些部分、某些方面甚至是其本质方面反映着其所属群体的道德状况。因而，那些表现在个体身上的反映社会前进方向的个人品德常常引领高尚社会道德的形成。相反，某个社会生活领域出现的不道德现象也会对社会道德产生负面影响。

另一方面，社会公德、职业道德、家庭美德是个人品德的外在表现。

---

① 马克思、恩格斯：《马克思恩格斯全集》（第3卷），人民出版社1960年版，第235页。

② 鄯爱红：《品德论》，同心出版社1999年版，第218页。

马克思说："人们奋斗所争取的一切，都同他们的利益有关。"① 就个体而言，人之所以要有品德，是出于人的各种需要。但是"人的本质并不是单个人所固有的抽象物。在其现实性上，它是一切社会关系的总和。"② 人的各种需要的满足并不是单纯个人的事，他必须在特定的社会生活中进行。个人品德要转化为现实的社会道德实践，也必须要以一定的形式表现在现实生活中。在人类社会丰富多彩的生活中，公共生活、职业生活、家庭生活无疑是最主要的三大领域，这三大社会生活领域几乎是人们一天也不能离开的，调节好这些领域人们间的道德关系直接关系到每个社会个体的切身利益，因而需要有社会公德、职业道德、家庭美德来调节人们之间的关系，保证人们生产生活正常有序进行。因此，个人品德也必然表现为社会公德、职业道德、家庭美德。

从个人与社会的关系来看，人作为"社会关系的总和"，个人的生存发展离不开社会，个人只能存在于社会关系之中，其不同需要也只有通过社会才能得到满足。同时，社会的发展又是通过所有个人的努力而实现的，一切个人活动的总和构成社会整体运动。斯宾诺莎说："凡受理性指导的人，也即以理性作指针而寻求自己利益的人，他们所追求的东西，也就是他们为别人而追求的东西。所以他们都公正、忠诚而高尚。"③

列宁多次强调，在阶级社会里，存在着"数百年来人们就知道的、数千年来在一切处世格言上反复谈到的、起码的公共生活规则"④。因而，为了保证整个社会健康运转与和谐发展，在社会交往和公共生活领域，公民的个人品德必然要表现为对社会公共道德的遵守和实践。

二　加强家庭美德建设，构筑以血缘关系为纽带的和谐家庭共同体

家庭美德是每个公民在家庭生活中应该遵循的行为准则，涵盖了夫妻、长幼、邻里之间的关系。家庭是社会的细胞，是人类社会生活的基础

① 《马克思恩格斯全集》（第1卷），人民出版社1956年版，第82页。
② 同上书，第18页。
③ 斯宾诺莎：《伦理学》，商务印书馆1983年版，第184页。
④ 《列宁选集》（第3卷），人民出版社1972年版，第247页。

组织形式。家庭道德的内容渗透在家庭生活的各个方面。自觉用社会主义的家庭伦理道德来调整家庭成员之间、家庭成员与社会之间的关系，不仅涉及每个家庭成员的切身利益，而且关系到整个国家的安定团结，以及整个社会的道德风尚和社会主义精神文明建设。

1. 家庭是其他一切社会关系的养成所

事实上，家庭生活曾经是，也依然是道德的核心。那么，家庭道德究竟是怎样演化的呢？对于家庭内部道德的生成与演化，涂尔干是这样描述的："家庭是忠诚、无私和道德交流的大学校：我们赋予家庭很高的地位，使我们倾向于去寻找那些可以特别归结为家庭的解释，而非其他。……家庭是一种囊括一切存在条件的群体；什么也摆脱不掉它，任何事物都能在家庭中找到回声。家庭是微型的政治社会。不仅如此，家庭还是塑造社会新群体的模型。"① 在传统社会里，家庭存在就意味着，各个个体以整体的形式生活在彼此隔离的、神圣的小"岛"上，这些小"岛"构成了特定的地域。法律把个体约束在他们从事耕作的这块神圣的土地上，从而将他们本身统一起来。一般而言，那些把家庭领地或财产当作对象的仪式就是这样产生的，这种仪式也是这样在人们的心灵中唤起神圣的荣誉感和敬畏感的。事实上，家庭中共同生活经验不仅唤起了人们心灵深处神圣的荣誉感和敬畏感，而且还为我们营造了宁静安康、和谐友爱的道德氛围。家庭成员和家人间的亲密感情是从长期的接触和深刻的了解过程中演化而来的。家庭是最早的也是最基本的生活集团，因之，它是所有其他社会生活关系和共同体生活的"养成所"。家庭生活中所养成的基本关系，在生活向外推广时，被利用到较广的社会场合上去。在传统社会里，个人在家庭之外去建立社会关系最方便的路线主要是利用原有的家庭关系。这是亲属路线。亲属是一种社会关系，家庭和氏族是两种根据亲属而组成的团体。

现代中国与中国人虽然是被迫或者不情愿地走出传统，走出家门的，但是毕竟我们已经从传统、从家庭、从单位中走了出来，也就是说，我们

---

① 涂尔干：《职业伦理与公民道德》，渠东、付德根译，上海人民出版社 2001 年版，第 171 页。

已经被带入到现代社会，已经过上了现代生活。因此，一方面，我们要尽可能地创造并享受现代化带来的一切文明成果，我们已经一刻也离不开现代化所带来的方便；另一方面，也要尽可能地避免在社会角色获致、人才选拔、出入市场的机会平等以及市场的公平竞争等等方面出现的任人唯亲、徇私枉法。

其实，传统意义上的家庭及其功能只是被弱化了，只是衰微了；家庭和家庭的功能并没有丧失殆尽，它仍是我们和我们所处的这个时代不可或缺的伦理和道德的基始。家庭及其伦理的和道德的“养成所”功能已经沉淀为我们文化土壤的有机成分。一旦对文化土壤进行挖掘或翻新，或者是，传统意义上的家庭环境或土壤能够被重新创制或复制的话，那些被削弱或丧失殆尽的美德的东西就会在新的土壤里获得重生，并且总有一天会枝繁叶茂的。

家庭是社会的细胞，也是社会文明发展的基础。传统的中国家庭伦理因其与社会结构和制度的匹配，不仅维护了家庭的稳定而且强化了既定的社会秩序。然而，现代化带来的社会变迁使家庭及家庭伦理受到了猛烈冲击，发生了历史的嬗变。家庭伦理该何去何从？我们要在市场经济的背景下重新审视它的合理内核，对其进行科学分析，并建构以人为本的符合时代特色的现代家庭伦理。

2. 中国传统家庭伦理

在两千多年的漫长岁月里，家庭伦理在维系家庭以及社会的稳定中发挥了举足轻重的作用。根源在于家庭与社会的互动与整合，即与社会经济结构，政治结构的融合，使家庭伦理有了其存在的合理性。从经济结构来看，自给自足的农业经济使家庭成为最基本的生产单位，在完成物质资料再生产的同时还要承担人口的再生产。低下的生产力水平使得人口的再生产必须服从于物质资料的再生产。因此，不论是家庭的人际关系还是构成家庭的婚姻关系都必然具有农业生产所要求的稳定性，封闭性，伦理性。从政治结构来看，集体协作的需要使氏族制发展成为具有相当程度群体意识的宗法制，从而将血缘关系外推至整个社会，呈现家国同构，家是国的范本，国是家的延伸，国有家的神圣性，家有国的政治性。君权至上与家长权威相辅相成，形成治家式政治统治，从而强化了父权的至上性。

传统家庭伦理的内在体系：内在体系是以血缘关系为依据，以家或家族为本位，以五伦为基础，以三纲为原则，以孝为核心的伦理系统。我国古代是由氏族公社组织进入国家社会的，以血缘关系为纽带有利于进行集体协作，从事农业活动，男子作为农业生产的主要劳动力取得了经济上的支配权，建立在血缘亲属关系之上的祖先崇拜观念得以保留并发展，强化了血缘观念，从血缘上区分了人际关系的亲疏。传统家庭伦理的基本精神是家庭本位，一切以家族利益为重，个人利益必须服从家庭利益，增强了家庭的凝聚力和家庭成员的认同心理，从而维护了传统家庭的稳定。传统自然经济的狭隘性、封闭性使社会的大部分活动局限在家庭的范围之内，限制了人们的交往。家族中的成员不思进取，安于现状，形成对家庭的过度依赖。家庭作为每个人安全的避风港，是人们情感和精神的支柱。传统家庭伦理是建构在以五伦为一般人伦关系的基础之上的。伦理关系体现的是特定时空中的人伦关系，伦不明则理不立。因此，人伦是伦理的逻辑起点，也是伦理建构的基础。中国传统文化中将这种有差序的人伦关系概括为："父子有亲、君臣有义、夫妇有别、长幼有序、朋友有信。"这五种关系的设计把家庭中最基本的父子、兄弟、夫妇三伦作为社会伦理关系的原形。五伦又进一步发展为"三纲"："君为臣纲""父为子纲""夫为妻纲"，用传统礼教的权威手段将家庭伦理与社会伦理中的差序格局进一步稳固下来。

近现代以来，机器大生产和社会主义市场经济使中国人逐步摆脱依附性的人格。一方面，近代以大机器生产为特征的工业社会在很大程度上使人们摆脱了对自然的完全依赖，人的主体性和创造性在工具理性的驱策下得到了极大的发挥。特别是社会主义市场经济的确立消除了计划经济条件下变相的人身依附关系，使每个商品生产者、经营者都成了独立的经济主体，自主地决定自己的经济行为，并对自己的活动承担责任，从而形成了独立的人格。由于人们的经济生活不再完全依赖传统意义上的大家庭，这使得封建家庭失去了对家庭成员的经济控制权。另一方面，市场经济赋予人以平等、自由的主体地位。人们在市场中的自主劳动必然导致平等自由的交换，全面开放的市场日益强化着横向的各种联系以及人与人之间的交往与合作，使人在平等的多层次的交往中形成丰富的社会关系，同时获得自由发展的机会。市场经济还有利于道德领域独立人格的形成。因为它将利益与代价集中于个人，赋予个人以自我决策、自主行动与自我负责的主体地位，从而使个人形成了道德主体意识和道德主体能力。

3. 多元开放的现代家庭及其伦理

一是家庭模式的多样化。家庭结构由传统的大家庭向核心家庭和小家庭转换，家庭的代际关系也越来越简单了。当前，社会中主要的家庭形式有三种：一是由夫妻二人组成的家庭；二是一对夫妻与未成年子女组成的两代人家庭；三是一对夫妻和他们的父母子女组成的三代人家庭。传统的几代同堂的大家庭已经不复存在了，个人从传统的大家族的关系中解放出来，原来基于血缘和地缘关系的社会联系在不断缩小，而基于职业、社区的社会联系在逐渐扩大，婚姻家庭生活已经成为个人的私生活而由个人自己自由自主地安排。家庭小型化是现代化大生产和城市化的必然产物，是生产力发展社会进步的反映。小家庭人口少、规模小、人际关系简单，父母和子女构成家庭关系中的稳定三角，比起复杂的大家庭来是较为稳定的理想家庭类型，家庭小型化应该是家庭发展的趋势。但是随着我国进入老龄化社会，小型家庭不利于解决养老问题也不利于独生子女的健全人格培育，这一点国家必须予以足够重视。除核心家庭外，还有 AA 制家庭——就是夫妻双方将各自收入的一部分拿出来，作为抚养孩子、应付家庭日常开支的共有资金，余下的则由夫妻两人自由支配的家庭模式；无子女的丁克家庭——由未婚或不婚成年男女组成的单身家庭；平时各自生活，周末聚在一起的周末家庭、青壮年夫妻外出打工，独留老人和孩子在家的空巢家庭；合同家庭——指男女双方不按照有关法律规定办理结婚手续，而是根据双方意愿同居，结成“同居伙伴”或“协议夫妻”；群居家庭——一类是同性群居，与同性恋家庭所不同的是若干同性居住一处；另一类是异性群居，若干男子与若干女子群居。

二是家庭功能的社会化。传统家庭包含了社会的一切事物，而如今，在愈来愈市场化的背景下，社会分工的细化，社会服务体系的丰富，许多在过去都归属家庭完成的功能均可以由服务性组织来完成。

第一，生产功能的社会性转变。在传统的农耕社会，家庭作为社会的生产单位在社会发展中占有重要的地位，但自改革开放以来，随着社会主义市场经济体制改革的不断深入，家庭的生成功能逐渐从社会生产中分离出来，回归于社会。在城市，家庭的生成功能基本上已自然消失，在农村，农业生产也逐步被纳入到社会化大生产过程中，成为市场经济的一部分。甚至连人类自身的生产，都能在家庭之外实现。家庭生成功能的变迁对家庭结构和家庭其他功能都会产生不可忽视的影响。

第二，赡养功能的社会化。“养儿防老”这是传统中国人的观念，所以在过去，赡养老人一般都是由家庭来承担，这一方面是观念的使然，更重要的是过去生产力发展水平相对低下，社会福利水平不发达的必然结果。而如今，随着改革开放带来的经济社会的发展，人们观念的转变，以及人口老龄化趋势日益明显，赡养老人这一家庭功能已经逐渐由国家的社会保障制度所代替。目前，国家正在大力发展社会保障制度和养老保险制度，由国家、企业或个人创办的养老院、敬老院、老年公寓、老年人康复中心等各种养老机构纷纷出现，也一方面为功能衰弱的家庭伸出援助之手，缓解了人口老龄化给家庭带来繁重的赡养经济负担，同时更说明了社会养老已是势在必行，大势所趋。

第三，教育功能的部分外化。在传统社会，家庭的教育功能是全面而强大的，孩子可以在家庭中学习到基本的社会规范、谋生技能和生产生活经验。但是在现代社会，家庭的教育功能日益向社会转移，出现了部分外化的现象。现代社会要求劳动者具有较高的科学文化素质，具有专门的生产知识和职业技能，而这些教育家庭无力承担，必须由社会来完成。而且如今学校已经成为人们全面接受科学文化知识和职业教育的主要场所，再加上电视网络等媒体以及朋辈群体、社区人文环境对儿童和青少年的影响，使得家庭的教育功能日渐趋于弱化。

第四，家庭情感需求功能的增强。在封建家长制社会里，家庭注重经济政治生活，人们把家庭利益和对家庭的义务放在首位，个人的情感需求处于次要位置。对于现代家庭，特别是对于核心家庭来说，对情感满足的追求日益突出，已经成为维系家庭的重要因素，使得家庭由传统的“经济政治共同体”变为“心理文化共同体”。那些不能给家庭成员带来爱和快乐，不能满足成员情感需求的家庭则有潜藏着婚姻危机，亲子、赡养等问题的可能。

三是家庭成员地位关系趋于平等化。现代社会家庭成员关系日益平等化，主要表现在男女平等和代际平等两个方面。

向开放互动式“社会人”演化。这一时期被认为既是“黄金发展期”，又是“矛盾突发期”。[①] 反映在家庭领域，主要表现为家庭功能的式微和随之而来的矛盾和困惑。家庭是社会的细胞，是其他一切社会关系的养成所，它具有生产、教化和关怀及赡养功能，可是在社会转型期，实际的婚姻与家庭生活应有的一些功能正在弱化甚至在单个家庭内部消失。

一是生产功能弱化。家庭的生产功能包括两个方面：一方面是生活资料即食物、衣服、住房以及因此所必需的工具的生产；另一方面是人类自身的生产，即生育功能，又称种的繁衍。如今，家庭的生产功能正在弱化，对于物质资料的生产来说，由于现代化的工业生产取代了传统的家庭手工作坊，社会资源的合理配置效率的提高，通过社会化大生产就能够满足人们日益增长的物质需求，所以家庭的这一生产功能就慢慢外化到社会中去了。另外，对于生育功能——人类自身的生产，也随着生活资料生产功能的外化和人们思想观点的转变而不再受重视，很多家庭不再愿意多生育，之所以如此，除了与过去自给自足的农耕社会相比，现代社会养育子女的成本非常昂贵和借助现代生物技术和医疗设施与服务使婴幼儿死亡率降低这一原因之外，更在于婚姻主体之生活理念与生活方式的变化。从经济学的角度看，放弃生育的安排，恰是说明了，婚姻主体试图将用于养育子女所需的成本转移到其他方面，至于这种被“节约”下来的投入派上何种用场，则视婚姻主体的偏好而定。同时也意味着，婚姻主体放弃了通过生育所获得的收益：多子多福、养儿防老，为家庭增加新的劳动力以创造更多的生活资本。当婚姻主体不再有这种需求时，生育功能便从以往居于家庭的首要地位而退居到边缘。生育理念与热情的隐匿与剔除，造成了丁克家庭的出现，没有子女也就没有了血缘关系，意味着基于婚姻之上的家庭变成了纯粹的社会关系，它靠着契约与自治而维系着。同时也意味着，作为家庭所独有的天伦之乐也不复存在。当然这种感受当下已变成了见仁见智的价值观问题，而不再是生活的丰富性和生活意义的饱满度问题。

二是关怀功能错位。家庭是家庭成员获得爱与归属的伦理实体。[②] 现

---

① 何爱国：《传统“孝道”的演变与迷失》，《晚清》2010 年第 9 期。

② 黑格尔：《法哲学原理》，范扬、张企泰译，商务印书馆 1979 年版，第 175 页。

代化过程在人学方面所造成的重要结果就是：人的欲望被放大。关怀需要是任何一个人的心理和精神需求。来自家庭的关怀不同于其他社会成员的关怀，其间的不可替代性决定了家庭成员之间的关怀构成了家庭凝聚力最为重要的情感基础。关怀作为婚姻与家庭的一个重要内容，既是家庭成员体味人间温暖，又是婚姻与家庭能够存续、抵御各种诱惑与危险，战胜各种困难的情感基础。家庭中的关怀功能主要表现在代与代之间，其对等性是无法分别和计量的。传统的代与代之间的关怀，一方面是年老父母与其子女之间照顾和敬爱之情；另一方面是年轻子女与成年父母之间的相互理解和情感沟通。但是在现代，关怀这一职能从子女这一代开始却发生了错位，出现了“敬老不足，爱幼有余”的倾向。

首先是无论社会价值观念和人们的生活方式如何变化，长辈对晚辈的情感的倾注总在，而且关爱、思念会随着岁月的累积，特别是当长辈逐渐退出职业领域而回归家庭之后更加强烈。甚至这种情感还要延续到第二代身上，可以说老年人在其晚年是把其全部的时间和精力倾注在祖孙的照顾之中，也不管晚辈是否对等地给以关怀回报。现在的成年子女对长辈们的关爱却不一定都买账，新闻媒体就常有年轻人不敬老、不养老的报道，特别在农村，成年女子常年在外打工，独留老人和小孩在家相依为命，使得祖孙两代情感孤寂。另外还有人以各种途径向父母索取，在其年老父母还能劳作，为其创造价值的情况下还愿意赡养之，一旦老人生病，失去劳作能力就将他们踢到一边不闻不问地弃老，虐老事件都常有发生。本应该是子女回报和孝敬老人，让老人安享晚年，却被视为包袱，遭到子女的厌恶和抛弃，这既违背人性，又为中华民族“尊老爱幼”的传统美德所不容。

其次，与对待老人的态度相反，成年父母对其子女可谓倾注大量的时间和心血，这可能与我国的计划生育政策有关，现在的年轻夫妇大多只能生养一胎，使得家长们不惜一切代价满足孩子的要求，事事顺着孩子，使孩子养成自私、骄纵、霸道的性格；有的父母望子成龙、望女成凤，对孩子管教过严，使得孩子从小就承受很大的心理压力，很少与人交流，养成孤僻的性格，独立能力差等等。同样，与父母过度溺爱子女的又一相悖事实是亲子关系的疏离，尤其是处于青春期的孩子与处于中年的父母之间的关系紧张。原因在于现在的父母要不就是对孩子过分顺从，娇惯；要不就是对孩子管得过严，要不就是忙于工作，无暇照顾孩子，亲子之间缺乏有效的沟通，互不理解对方，这些都导致孩子与父母之间产生隔膜，尤其不利于处于青春期孩子的身心健康发展，并对家庭的稳定造成巨大的冲击。

三是道德教育功能弱化。中国自古就重视对子女的家庭教育，强调“立成于幼”。俗话说：“三岁看小、七岁看老”，中国古代很早就注意对儿童内心善良、为人谦和、勤俭节约等优秀品质的培养，以使这些情感与品质随着儿童的成长而成为他们践行的生活习惯。对于家庭教育的重要性，台湾学者林安梧有个形象的比喻，他把家庭教育比作阳光、社会教育则是空气、学校教育看作水，如同植物的生长一样，这三个方面都非常重要。如果没有阳光，作物就不能健康生长，同样，少了良好家庭教育，势必不利于儿童身心的健康发展。

良好的家庭教育氛围，有利于培养出身心健康发展的下一代。然而在这个物欲横流，个人主义、享乐主义、拜金主义盛行的社会，人们的占有欲、表现欲、金钱欲等被极大限度地激发出来，其后果直接波及婚姻、家庭、子女的教养领域。在完全市场化的条件下，交往的普遍化与经常性，使每一个个体无法摆脱相互之间的依存和影响，个体的个性化生活理念和个性化生活方式的边界已然变得模糊不清。社会的激烈竞争，使得每个人都被卷入物质世界无休止的生产和消费的恶性循环之中，为了更好地生活，大人们奔波于一个又一个职场间，从而能够留给自己和家人团聚的时间十分有限，也就更抽不出时间来教化孩子。而教子于学，是为人父母的第一天职，可他们却以各种理由未能很好地行使这一天职，于是这一职责就更多地被扔给爷爷奶奶或者雇用的保姆，要知道父母的关怀与亲子之间的交流是其他任何人代替不了的，良好的亲子关系是家庭教育成功的基础，而祖辈或是外人都无法完成这一任务。由此，来源于家庭这一作为个体之原始家园的伦理教化功能必然弱化以至消失。

四是人口老年化及赡养功能弱化。从 1999 年 10 月开始，我国正式进入老年社会，据预测，我国老年人口到 2015 年将达到 1.63 亿，2040 年达到 3.74 亿，2050 年达到 4.6 亿，占总人口的 27.4%，并将在这一高峰期停留一段时间。人口老年化对我国是个严重的挑战，与西方发达国家在完成工业化之后才进入老人化相比，我国是“未富先老”的发展中国家。

老年人特别是农村老年人在精神和物质上缺少依靠和保障的问题比较突出。目前我国的老年赡养方式仍是家庭自筹养老，但长期的计划生育政策使家庭养育结构倒悬，一对年轻夫妇要照顾四位老人，由于社会竞争压力的加大以及家庭结构的小型化，使现代青年人没有足够的时间和精力去照顾老人，特别是精神上的照顾，而同时这也是老人最为需要的。另一现实是，目前我国的社会保障体制建设还落后于人口老年化的进程，尤其在农村社会保障体制问题更突出。加上代际之间、个体之间在价值观念、生活习惯等方面存在较大差异，造成“空巢家庭”“留守老人”和“留守儿童”现象和问题越来越多。另一方面，一些人受社会不良风气的影响，个人享乐主义的膨胀，导致敬老、养老意识淡薄，视老人为包袱的观念在道德氛围不浓厚的情况下蔓延滋长，甚至出现虐老、遗老的现象，子女的无心让老人心痛甚至不得已将儿女告上法庭。如2010年11月，北京有位老汉将自己的6个儿女起诉到法庭，原因是子女所给的每人每月100元赡养费根本不够老人看病和日常花销，他要求儿女给足赡养费，并每周回来看望他。其实像这样的例子很多，可见家庭养老问题困难重重。

5. 以人为本，加快家庭美德建设，实现中国传统家庭伦理的现代转型

一个懂得自新的社会，不仅仅是在政治领域追求自由民主，在经济领域追求发展，而更应该是一个能在精神上不断追求革新的社会。然而，在走向现代化的过程中，我们的精神建设远远赶不上物质的建设，我们还欠缺自觉的、主动的、普遍的精神革命。再加上中国传统的伦理生活在现代化浪潮的冲击下已经发生了巨大而复杂的变化，传统的伦理已经不能适应现代社会发展的需求了，伦理学必须在原有的基础上加以突破，革新，使伦理理论跟上不断更新的社会，给濒危中的家庭及其伦理生活带来新的活力。

第一，走出“五伦”的片面性。今日之中国正在由传统社会向现代社会转型中，不仅经济、政治、文化在变迁，人与人的关系上也早已突破传统的以血缘和地缘为纽带的五伦关系。所以需要在五伦关系的基础上对家庭伦理注入新的血液，很多学者提出在“五伦”的基础上建立新的伦理。第一个提出新伦理观点的是台湾学者李国鼎。他应“中国社会学社”

之邀，分析了中国台湾地区三十年来因经济发展，使传统“五伦”道德在工业社会中遭遇种种困难，从而提出了“第六伦”的观念。随后，李国鼎先生又发表了《经济发展与伦理建设——第六伦的倡立与国家现代化》的专文，把第六伦的构想做了更完整的陈述。此观点一出，立即引起了社会的广泛讨论，有的表示支持，有的予以补充，有的提出批评，有的从不同的角度提出不同的看法，意见虽然不同，但是对于建立新伦理的重要性和迫切性，大多表示赞同。

所谓“第六伦”，就是个人与大众的关系，也就是群己关系。它是针对传统“五伦”的不足而倡立的，具体做法包括：对公共财物应节俭廉洁，以消除浪费与贪污；对公共环境应维护，以消除污染；对公共秩序应遵守，以消除紊乱；对不确定的第三者之权益，亦应善加维护和尊重；对素昧平生的陌生人，亦应给予公正的机会，而不加以歧视。对倡立“第六伦”的目的：“不是要求人人为圣贤，只是要求人人守本分；不是要求牺牲自身的利益，只是要求不侵犯别人的利益，不论此别人是和我们有特殊关系的对象，抑或是陌生的社会大众。”① 在传统的社会，“第六伦”之所以没有得到重视，主要原因在于落后的经济，如今，我国经济在飞速发展中，人与人之间的联系越来越密切，而传统的“五伦”只是私德范畴，人们普遍缺乏公德心，这就迫切需要建立“第六伦”，指导人们建立公德心。倡立“第六伦”，并不是说传统的“五伦”没有价值了，而是因为在经济高速发展的现代化社会，我们对于个人与陌生人之间的关系，缺乏适当的伦理规范，而给予弥补不足。传统的“五伦”我们要重视，它规范熟人之间关系的伦理；新的“第六伦”我们同样要重视，它适应时代需要，规范的是个人与社会大众之间的关系。

第二，尊重家庭成员的人格和个性。市场经济赋予人以平等、自由的主体地位，社会由封闭走向开放，这些都使现实的家庭伦理显示出个性化特征。每个人之所以称为个人，正是因为每个人在世界上都是唯一的、个别的存在方式。任何个人都是首先作为单个心理、生理的个体生命的独立存在，任何他人和群体都不能无视他的存在，应该尊重个体的人格和权

---

① 李国鼎：《经济发展与伦理建设——第六伦的倡立与国家现代化》，《联合报》，1981 年 3 月 28 日，第二版。

力，满足个体的利益。婚姻家庭生活本质上是一种私人生活，它不应该受到政治因素和其他人为因素的干预和影响。婚姻家庭更多的是一个男女双方互相信任、相互理解、互相支持，使身心得到有效慰藉的个人化场所，它不可能承担起过去由国家、政府和社会强加在它身上的种种义务。传统家庭伦理建立在单极的权力结构中，男权、夫权、父权是单极的主体性，家庭本位的思想和等级服从的价值观念，剥夺了个人的独立人格，取消了个体自由选择和实现自我生命价值的正当权利和主体能力。现代家庭伦理建立在个体独立、自由和平等的基础上，强调承认与尊重每个成员的个性，因而现代家庭伦理关系是一种交互主体性关系，家庭成员之间彼此相互尊重、相互理解，家庭人际关系愈来愈呈现平等、民主化趋势，家庭尽其可能尊重和满足每个成员的需要和利益。

第三，强调权利义务的双向性。传统家庭中，个人权利边界模糊不清晰，在温良恭俭让的外衣下，掩盖的是双重道德标准，是权利与义务在家庭成员间的不均衡分布。家长对家庭成员的支配权、控制权是绝对的、至高无上的。尽管早期的儒家也曾讲过“父慈子孝、夫义妇顺”等主张，但实际生活中都是父权、夫权至上、长者为贵，而贱者、卑者、幼者只能俯首听命。今天在构建新的家庭伦理时必须建立在权利与义务相统一的平等基础之上。在家庭鼓励发扬利他精神时，强调相互关怀、双向奉献、彼此忠诚式的互爱。家庭成员之间是平等互助式的关系，双方在权利与义务上是双向性的。如作为子女尊重父母、敬养父母，同时也希望获得父母给予的一定形式的回报，以满足自身的情感需要。作为父母，不仅仅要求子女的关心体贴、精心照料，而同时也应该对子女施慈、讲爱心。夫妻关系也应该如此，双方在享受权利与承担义务上应该平等，如果一方只享受权利，而不承担任何义务，将导致夫妻关系的失和。只有家庭成员各自都能正确处理好权利和义务的关系，履行自己应尽的义务，才能建立和睦、亲善的家庭人伦关系。

第四，保持家庭与家庭伦理的相对独立性。尽管人类社会历经沧桑巨变，家庭伦理在其发展过程中深深地打上了社会的烙印，但人类的血缘亲情和家庭关系始终是存在的，家庭伦理在发展中有其相对独立的价值体系。因而在封建礼教发展到极致的宋明时期，仍然有梁山伯与祝英台式的爱情，市场经济极为发达的西方社会也到处洋溢着母子亲情。市场的道德信条是公平竞争的原则，而家庭伦理则应突出关怀原则，关心家庭成员的物质、精神和心理需求，强调合作、协调和情感的交流。使每个人在家庭中得到照料、支持、温情与愉悦。尤其是要使家庭中的弱势群体利益能得到满足。家庭生活与经济生活家庭生活与政治生活是两对相互联系又相对独立、各不相同的领域。不同的领域也有不同的轴心原则。因而市场的价值原则不适用于家庭。在家庭中我们实行的是“按需分配”，而不能搞“按劳分配”，家庭必须发挥它自身独特的救助、保障功能。今天市场经济发展迅速，社会竞争越来越激烈，家庭的心理慰藉和精神安抚的功能在不断强化。而家庭情感功能的实现就在于家庭本身拥有某种核心精神即家庭道德，人们只有生活在一个充满民主平等、亲切和谐、长慈幼孝、夫妻恩爱的家庭中，才能真正享受到家庭提供的情感功能，在这样的环境中，个体才能培养健康的人格。家庭在它的发展中深深地打上了时代的烙印。但家庭之所以为家庭，人们之所以还需要以家庭的形式组织人的生活，家庭道德是提供这种功能的源泉性保障，家庭伦理有其独立的不可替代的价值。

概而言之，家庭是其他一切社会关系的养成所。以血缘为纽带的家庭生活共同体的伦理自觉和自足，既是其他一切社会关系的原型和出发点，也为个体人格的培育及美德的践行提供了伦理实体背景。在当下中国急速社会转型时期，以血缘为纽带的家庭共同体这一基本社会细胞和组织正在被以地缘为纽带的社区生活共同体、以职业为纽带的职场共同体所取代，进而重置了当代中国人的社会交往和交往模式。现代家庭日益呈现出结构形态的多样化、内部功能的社会化、成员关系的平等化、权利义务的对等化以及利益格局的复杂化等特质属性。传统意义上家庭所具有的生产功能、关怀功能、道德教育功能、赡养功能正逐渐式微。在社会人伦关系的这种新旧体制变革过程中，要求我们每一个独立的生命个体必须重新定位我与自然的关系、我与社会或他人的关系、我与自身的关系，以“物我、人我、我我”关系的“三重架构”为视域，实现伦理学的新突破，重新体认个体生命存在的意义，重塑自我以生命为纽带、以家庭为根基、以社会为舞台的健全品格或和谐人格。加强家庭美德建设，重构以血缘为纽带的家庭共同体，复归家庭作为其他一切社会关系的养成所具有的生产所功能、关怀功能、道德教育功能和赡养功能，形塑“以人为本”的新型家庭伦理关系，使其更好地服务于社会主义和谐社会建设，将当代中国道德建设基础路径重新拽回到以家庭建设为根基的轨道上来。

三　加强社会公德建设，构筑以生活关系为纽带的和谐社区共同体

社会公德是人类在长期社会实践中逐渐积累起来的最简单、最起码的社会公共生活道德要求，是社会道德体系的基础层次。它涵盖了人与人、人与社会、人与自然之间的关系，涉及社会公共生活的各个层面。人们只有遵守社会公德，才能建立安定的生活秩序，使人们正常生活、学习与工作，保证社会的正常运转。

1. 社会公德的概念及其历史演进

学术界对社会公德的理解，不外乎三种主要观点：其一，是指千百年来逐步积淀下来的、为社会公共生活所必需的、最起码的简单的道德规范；其二，是指由国家权力机构所倡导的、全体社会成员应当遵守的基本道德要求，如新中国的“五爱”国民公德；其三，凡属与个人道德品质以及婚姻、家庭中的道德等私德相对应的，就是社会公德，它牵涉与国家、集体、社会有关的道德规范或准则。上述三种理解无论就基本规范、适用范围还是具体要求，都存在较大差别。为避免不必要的误解与混乱，有必要对“社会公德”加以严格地辨析和准确地阐释。①

梁启超首次提出公德概念，并对公德研究最多、最深刻的近代思想家。梁启超将新民德置于核心。他认为：“公德者，诸德之源也。有益于群者为善，无益于群者为恶。此理放诸四海而准，俟诸百世而不惑者也。”② 所以，在梁启超看来，是否利群就成为区别道德的主要标准。“利群”归根到底在于利国。那么，如何增进公德呢？梁启超认为要实行“道德革命”，也就是要用新道德代替旧道德，其要义在于由尚私德转变为重公德，其途径在于“一曰淬厉其所本有而新之；二曰采补其所本无

① 程立涛：《“社会公德”及其相关概念辨析》，《保定学院学报》2009 年第 2 期。

② 李华兴、吴嘉勋编：《梁启超选集》，上海人民出版社 1984 年版，第 213 页。

而新之；二者缺一，实乃无功。”[①] 也就是说，在增进公德的途径上，梁启超既反对“全盘西化”的道德虚无论，又反对故步自封的道德优越论，而是要革故纳新，使之逐步趋于完善。

据考证，1949 年 9 月，毛泽东在新创刊的《新华日报》扉页上题词：“爱祖国、爱人民、爱劳动、爱护公共财产为全体国民的公德。”在同期发表的由毛泽东亲自起草并经中国人民政治协商会议第一次全体会议通过的《中国人民政治协商会议共同纲领》第 42 条规定：“提倡爱祖国、爱人民、爱劳动、爱科学、爱护公共财物为中华人民共和国全体国民的公德。”[②] 这是我国历史上第一次明确提出的、以人民为主体的社会主义公德建设纲领，具有鲜明的中国特色和时代特色。1954 年 9 月 20 日通过的新中国第一部《宪法》第 100 条指出：“中华人民共和国公民必须遵守宪法和法律，遵守劳动纪律，遵守公共秩序，尊重社会公德。”[③] 这是我国历史文献中关于“社会公德”一词的最早表述。新中国成立初期，毛泽东提出“五爱”国民公德，并且“五爱”的内容已经载入《宪法》，受到法律保护。此外，再没有其他人提出过类似的说法。所以，我们认定，《宪法》中使用的“社会公德”应当指的是“五爱”国民公德。

“五爱”国民公德是全社会普遍使用的道德要求，是新中国全体公民认同的价值基础，它突出了国民公德的凝聚和导向功能，在社会主义建设中发挥着无可替代的作用。从基本内涵和性质看，国民公德是与阶级道德相对应的全民性道德。[④] 1950 年，徐特立撰写并发表《论国民公德》一文，科学阐释了“五爱”公德的完整内涵及当代意义。

1982 年 12 月，五届人大五次会议通过的《中华人民共和国宪法》，提出“爱祖国、爱人民、爱劳动、爱科学、爱社会主义”的公德，把“爱护公共财物”改为“爱社会主义”。1986 年 9 月的《中共中央关于社会主义精神文明建设的指导方针的决议》，把《宪法》中提出的“五爱”

① 李华兴、吴嘉勋编：《梁启超选集》，上海人民出版社 1984 年版，第 216 页。

② 中共中央文献研究室：《建国以来重要文献选编》（第 1 册），中央文献出版社 1992 年版，第 11 页。

③ 中共中央文献研究室：《建国以来重要文献选编》（第 5 册），中央文献出版社 1993 年版，第 542 页。

④ 周原冰：《共产主义道德通论》，上海人民出版社 1986 年版，第 558 页。

首先，男女平等观念的确立。在封建社会，女子社会地位远低于男子，儒家思想强调女子要守妇道，遵从“三从四德”，在家要扮演“贤妻良母”“相夫教子”的角色，这就是她们存在的价值。而随着新中国的到来，妇女的解放，男女平等的婚姻制度的实行，为提高妇女在家庭中的地位提供了法律保障。如今，妇女已经走出家庭，她们在受教育程度和经济收入方面与男子的差距逐渐缩小，独立性和自信心也愈来愈强，社会经济地位也随之提高，价值观念也与以往日益不同。现代女性在婚姻家庭和生育观念上变得更加自主和理性，由于日益丰富的职业实践以及公共生活，使得她们在欲望和需求上都较过去更加强烈，也为她们择偶提供了更多的空间和机会。这一切都昭示着家庭权力结构日趋平等，男女两性在家庭中的地位日趋平等。

其次，家庭代际关系平等化。代际关系是指具有血缘关系或收养关系的成员间的纵向关系，其核心是亲子关系。在传统社会，家庭代际关系是父为子纲，父令子从。现代家庭成员之间讲求的是相互间思想、情感的沟通交流和理解、支持，父子之间强调的是相互尊重和彼此宽容，父母对子女的爱，不再是一种独断的、自私的爱，而是正朝着一种爱而不溺、严而不过的健康之爱发展，在现代，很多旧家庭中父子之间的距离已经缩短，做父母的已经认识到自己的权威有限；认识到现代社会倡导的是开放、民主的家庭形式，父母所能运用的权力，只有感情和阅历做后盾。只有在这种爱的家庭氛围中，才有利于培养下一代独立自主的性格，使代际关系从传统的服从转化到现代的平等对话上，使父母与子女的关系由疏离到越来越亲。《中国青年报》曾刊登过一封母亲的道歉信。母亲不让女儿看电视，女儿在盛怒之下说：“我讨厌你！”母亲在震惊的同时，也陷入冷静的思考。她公开道歉，希望做女儿的朋友。晚上，女儿面带愧色地说：“妈妈，其实我是最最爱你的！”可见，现在有很多父母意识到社会变迁对家庭代际关系的影响，改变传统观念并积极地创建民主的家庭关系，以实现相对和睦的代际沟通。

4. 现代家庭功能式微及其影响

当代中国逐渐进入一个经济市场化、政治民主化、社会法治化、人际关系平等化、个人自主化的新时期。个人角色认同从封闭式“单位人”

规定为“社会主义道德建设的基本要求”。

1996年党的十四届六中全会通过的《中共中央关于加强社会主义精神文明建设若干重要问题的决议》中，首次提出社会主义道德建设的科学体系和总体要求，即以为人民服务为核心、集体主义为原则，“五爱”为基本要求，开展社会公德、职业道德和家庭美德教育。这是新中国成立以来，首次明确将社会主义道德的调节范围确立为公共生活、职业生活和家庭生活，与之相对应，形成社会公德、职业道德和家庭美德三个基本的道德生活领域。

2001年9月20日，中共中央正式颁布《公民道德建设实施纲要》(以下简称《纲要》)。《纲要》立足于社会主义初级阶段的基本国情，充分反映发展社会主义市场经济的道德要求，站在先进文化建设、以德治国和依法治国相统一的高度，论证了加强公民道德建设的现实意义和历史意义。《纲要》在继承优良道德传统基础上，对社会公德理论进行了扩充和完善，增加了富于时代特色的新内涵。《纲要》明确指出：社会公德是全体公民在社会交往和公共生活中应该遵循的行为准则，涵盖了人与人、人与社会、人与自然之间的关系。在现代社会，公共生活领域不断扩大，人们相互交往日益频繁，社会公德在维护公众利益、公共秩序，保持社会稳定方面的作用更加突出，成为公民个人道德修养和社会文明程度的重要表现。要大力倡导以文明礼貌、助人为乐、爱护公物、保护环境、遵纪守法为主要内容的社会公德，鼓励人们在社会上做一个好公民。这是改革开放新时期对社会公德做出的完整而深刻的阐释。

2. 社会公德是公共生活的道德准则

公共生活规则是维持社会秩序的最基本、最简单的道德要求，如礼貌待人、遵守纪律、爱护公物等。它是人们公共生活实践的产物，社会共同体存在的道德基石。例如，马克思在《国际工人协会共同章程》中就曾说过，“加入协会的一切团体和个人，承认真理、正义和道德是他们彼此间和对一切人的关系的基础，而不分肤色、信仰或民族”①。马克思还指

① 马克思、恩格斯：《马克思恩格斯选集》(第2卷)，人民出版社1995年版，第610页。

出，要“努力做到使私人关系间应该遵循的那种简单的道德和正义的准则，成为各民族之间的关系中的至高无上的准则”[①]。在《反杜林论》中，恩格斯也说过：“从动产的私有制发展起来的时候起，在一切存在着这种私有制的社会里，道德戒律一定是共同的：切勿偷盗。”[②]

关于公共生活准则，列宁曾有过一段著名的论述，他说：“只有在共产主义社会中，当资本家的反抗已经彻底粉碎，当资本家已经消失，当阶级已经不存在（即社会各个成员在同社会生产资料的关系上已经没有差别）的时候，——只有在那个时候，人们既然摆脱了资本主义奴隶制，摆脱了资本主义剥削制所造成的无数残暴、野蛮、荒谬和丑恶的现象，也就会逐渐习惯于遵守多少世纪以来人们就知道的、千百年来在一切行为守则上反复谈到的、起码的公共生活规则，而不需要暴力，不需要强制，不需要服从，不需要所谓国家这种实行强制的特殊机构。”[③] 这些“起码的”或“必需的”公共生活规则，就是关于社会公德的最早界说。公共生活准则是人们公共交往的基本要求，维持社会秩序的重要保障。从列宁的一系列文章中可以发现，公共生活准则主要包括讲礼貌、守纪律、珍惜时间等道德要求。遵守公共生活准则被看作是文明生活的根本。因此，公共生活准则是全社会最低限度的道德共识。

公共生活准则是人类公共生活发展的道德反映。尽管在历史发展的不同阶段上，特别是在阶级社会中，由于各个阶级的利益关系不同，对公共生活的理解存在差异，表现在人们的道德行为中也各不相同。但是，“社会既然有共同利益，必然也有反映社会共同利益的道德观念，这种道德可以称为共同的道德，即不同阶级共同承认的道德”[④]。无论社会生活怎样变迁，公共生活准则都是规范公共交往、协调社会秩序、维系社会稳定的重要力量。在现代文明社会中，加强社会公德建设，对于提高人们遵守公共生活准则的自觉性，改善社会道德风气，增强社会和国家的凝聚力，倡导文明新风以及促进社会和谐都有重要意义。

---

① 马克思、恩格斯：《马克思恩格斯全集》（第17卷），人民出版社1963年版，第3页。

② 马克思、恩格斯：《马克思恩格斯选集》（第3卷），人民出版社1995年版，第434—435页。

③ 列宁：《列宁选集》（第3卷），人民出版社1995年版，第191页。

④ 同上书，第41页。

一言蔽之，社会公德就是人们在公共生活中应当遵守的最简单、最起码的行为规范体系。它可以是共同的生活惯例和传统心理，或者某种箴言、戒条、章程、公约、守则，还可以由法律表示认可。社会公德主要有三个方面：（1）人与人的关系，如礼貌待人、尊老爱幼、救死扶伤等；(2)人与自然的关系，如不要随地吐痰、不要乱扔垃圾、保护环境卫生等；(3)人与公共物品的关系，如爱护公物、保护公共设施等。由于人类实践和公共生活领域的发展，反映公共生活要求的社会公德规范也在不断更新。

3. 社会公德建设的功能地位

综合前文的概念界定与历史考辨，我们可以得出：社会公德是指人类在长期社会实践中逐渐形成的、要求每个社会公民在履行社会义务或涉及社会公众利益的活动中应当遵循的道德准则，是人类在长期社会生活实践中逐渐积累起来的、为社会公共生活所必需的公共生活规则。社会公德对维系社会公共生活和调整人与人之间的关系具有重要作用。它不仅对于培养人们高尚的道德品质，养成良好的道德习惯，而且对于树立良好的社会道德风尚，创造安定团结的社会环境，都具有十分重要的意义。特别对于构建社会主义和谐社会、深入贯彻落实科学发展观、建立社会主义核心价值体系，更要加强对社会公德的重视。①

社会公德建设是公民道德建设的重要基石。社会公德作为社会公共生活所必须共同遵守的行为准则，对于维护人们日常生活秩序、保障社会物质生产的正常进行、促进人们道德水平的提高，以及改善社会风气具有十分重要的作用。在现代社会，公共生活领域不断扩大，人们相互交往日益频繁，社会公德的作用更加突出，成为公民个人道德修养和社会文明程度的重要表现。宣传和教育人民群众自觉遵守社会公德，是我国社会主义精神文明建设的迫切需要，也是我们建设社会主义和谐社会的本质要求。

首先，加强社会公德建设是提高社会文明程度的内在要求。社会公德的突出特点是它的社会公共性质，即它作为一种行为规范的社会普遍性质，在一定的社会中，它对大多数成员，是一种一般的道德要求。社会公

---

① 赵旭：《当前我国社会公德缺失的原因及其解决对策》，《中国商界》2010 年第 3 期。

德的基本要素，往往是通过历史发展而继承下来的那些一般人的共同的道德因素，它是最稳定、最基本的道德因素，是整个社会中最基本的道德层次，这就决定了社会公德在社会公共生活中的特殊调节作用。因此，我们只有大力倡导以文明礼貌、助人为乐、爱护公物、保护环境、遵纪守法为主要内容的社会公德，鼓励人们在社会上做一个好公民，才能使社会公德在维护公众利益、公共秩序、保持社会稳定方面发挥重要作用。

其次，加强社会公德建设是提高公民个人道德境界的重要选择。一个社会的风气如何，直接体现在人们日常生活的交往过程中。每个人都有许多的社会关系，人们在这种人与人的交往和联系中，能否做到文明礼貌、互相尊重、诚实守信、言行一致，是衡量公民道德修养和社会文明程度的一面镜子。如果人们都不去遵守这些小节、小德，将会给整个社会生活带来严重的危害，甚至会导致人类社会的毁灭。因此，我们只有通过提高公民的道德意识，增强公民履行道德义务的责任感和自觉性，才能提高公民的道德修养和道德素质。

再次，加强社会公德建设是提高人们社会生活质量的前提条件。社会公德的调节作用在于，它能够规范和制约妨碍人们社会生活质量的种种不文明、不道德行为，是人们社会生活水平、质量改善和提高的重要保障。随着社会主义市场经济的不断发展，人们生活的公共空间越来越大，参与公共生活的机会越来越多，社会公共生活成为人们实现普遍联系的场合和相互交往的纽带。因此，人们在社会公共生活中所展现出来的情操、行为品性和礼仪风尚，便成为一定社会道德水准和文明进步的标志，这是社会公民素质的体现，反映着这一时代人们社会生活的水平和质量。

最后，加强社会公德建设是和谐人与自然关系的关键因素。社会现代化水平越高，社会越是全面进步，公共活动空间就越广阔，人们的社会公德意识和要求就越强烈，对社会公德水平的要求也就越高。因此，加强社会公德建设的意义是显而易见的。维护生态平衡、保护自然环境、热爱自然生命、防治污染、倡导文明消费是调节人与自然关系的基本道德规范，是社会公德建设的重要组成部分。人作为道德活动的主体，享受权利和履行义务是相统一的。如果说人对自然的占有、开发、利用、享受是人对自然所享受的权利，那么维护自然的平衡和再生能力，则是人对自然所应履行的义务，它体现着人对自然的前途命运的责任与对人自身的前途命运的责任的一致性。从这意义上说，加强社会公德建设，有助于协调、改善人与自然的关系，促进社会和谐。①

4. 当下我国社会公德缺失的现状表征

第一，社会正义感的缺失。所谓正义感，是指人们对正义观念、正义价值、正义制度源自内心的认同尊重以及做出正义行为，反对非正义行为时所产生的深刻情感体验，是一种按照正义原则来采取有效行动的能力。在现代化的转型时期，价值取向不断趋向多元化，新旧道德体系发生着激烈的碰撞和摩擦，个人主义倾向逐渐抬头，以自我为中心的价值取向日益突出，而传统的公共价值取向却受到抵制和歧视，功利主义色彩不断加强，人们社会交往中最珍贵的情感、友谊等因素被贴上了商业标识。这一切使得制度正义、社会正义失去了社会土壤和内部动力，导致社会公德的价值合法性逐渐受到人们的质疑，这种现象已经波及我国政治、经济、文化和社会生活的各个层面，所带来的危害极其恶劣。如，政治上的失义，直接表现为政府公职人员的失义，这种失义严重损害了政府的形象，对社会造成极大的危害；经济上的失义，不仅严重影响了社会经济关系的和谐，而且加剧了社会矛盾，威胁着社会稳定和可持续发展；文化上的失义，使青年一代的思想浮躁空虚，低俗的文化风越刮越猛，侵占了主流文化地位；社会生活上的失义，导致“道德滑坡”现象日趋严重，出现了将道德、文化、良心世俗化的不良倾向。

第二，对优秀传统文化的抛弃。中华民族曾经创造了辉煌灿烂、丰富多彩的传统文化，为世界文明的发展和进步做出了重大贡献。其中，在中国伦理道德思想中，儒家思想始终处于核心地位，它在政治上起着重要的支配和调节作用，在思想上熏陶和培育了历史上众多的仁人志士和杰出英才，有力地推动了中华文明的进步和繁荣。现今，传统文化中蕴含的民族精神和诸多道德理念，在很多人的思想意识里仍然具有强大的生命力，毋庸置疑，它是新时期进行公民道德建设的重要思想养分。但令人不安的是，这些传统文化的精髓正越来越多地被遗忘，被遗弃，因此，加强社会公德建设，充分发挥传统道德的资源优势，建设具有中国特色的社会主义

① 谢晶莹：《对社会公德建设若干问题的理性透析》，《学习与实践》2008 年第 8 期。

道德体系，已迫在眉睫。①

第三，有些社会成员的“规则意识”淡漠。“规则意识”是人们对规则或规范的知悉以及对规则或规范的内在精神支持，是人们对规则价值合法性的内在认可，这种内在情感体验一旦形成，将会影响到人一生的道德涵养和道德行为。我国社会公德问题的频频出现，主要原因就是公众对“规则意识”的漠视。目前，公众反应最为强烈的是职业道德的丧失。很多人认为，职业道德一再被违反和抛弃的主要原因是，有些人受世俗化和商业化的侵蚀，内在道德防线经受不住现实利益的诱惑而产生的不可自控行为，而究其深层次原因，则是社会环境和社会监督防范机制的缺失。

第四，网络对社会公德体系的冲击。网络是一把“双刃剑”，既给人们的工作、学习和生活带来便捷，也给不法分子危害社会秩序提供了便利。在网络普及化的今天，网络道德问题已日渐突出。一方面，公共道德规范作用被削弱。由于网络的便捷性和虚幻性，网络越来越成为人们利益表达的途径，但同时，网络也逐渐成为少数人发泄对社会不满情绪的平台，这就为少数不法分子提供了可乘之机。不少网民在网络上为所欲为，社会公德的规范作用因网络的冲击而遇到重大挑战。另一方面，传统道德规范受到强有力冲击。不可否认，网络的产生确实为监督人们的道德行为提供了公共平台，但网络在带给人们便捷的同时，也为个人主义的泛滥提供了场所。尤为突出的是，网络为以个人为中心，从个人利益出发的道德相对主义提供了滋生的土壤和环境，这种道德相对主义否认道德的普遍适用性，将个人视为自己道德行为的唯一评判者，对历史上的优秀道德传统与他人高尚的品德不屑一顾。当前，有不少人认为人们可以在网络上随心所欲，导致了忽视社会公德的普遍性并最终走向极端的个人主义。此外，网络上充斥着大量不健康信息。一些丧失社会基本道德准则的不法之徒借助网络的快捷传播色情信息，造成了不良信息的泛滥，严重危害了青少年的身心健康，也使社会环境受到了严重污染。②

5. 加强社会公德建设的根本要求或举措

社会公德是社会主义道德建设的基础。社会公德是社会公共生活的道

---

① 罗荣渠：《现代化新论》，北京大学出版社 1993 年版，第 126 页。

② 杨曦：《我国社会公德领域存在的问题及对策》，《中州学刊》2010 年第 4 期。

德准则，是全体公民在社会交往和公共生活中应遵循的基本行为准则，它涵盖了人与人、人与社会、人与自然之间的关系。在社会道德生活中，除了每一个社会都会有一个占主导地位的总体道德之外，依据人们不同的公共生活领域，可以大体划分为社会公共生活领域中的道德、职业活动领域中的道德和家庭生活领域中的道德，即社会公德、职业道德、家庭美德，它们互为作用。社会公德是社会主义道德建设的基础，职业道德是社会主义道德建设的重点，家庭美德是公民个体道德化的摇篮。因此，加强社会公德建设必须坚持以下三个基本原则或要求：

第一，培育平等精神。中国传统社会是一个以血缘关系为纽带的宗法制社会，家庭伦理被引申为社会伦理和国家统治的政治原则。因此，重人伦关系，轻个人价值，强调纵向等级关系，讲究论资排辈。但是，现代社会是一个既注重个人价值实现又强调保障集体权益的时代。所以，在现代公德建设中，要突出地培育平等精神，使它成为公德规范的内在支撑。只有社会成员做到平等相处，消除恃强凌弱、以势压人的现象，社会公德精神才能走进人们内心。

第二，养成尊重态度。现代社会不仅需要平等的精神，更需要尊重的态度。尊重建立在平等的基础上，是平等精神的深化和延伸。尊重源于对他人拥有和自我同等的权利的认同。只有相信对方拥有和自己相同的权利，并且主动去维护这种权利，才会产生对对方的尊重感。例如，在公共场所禁止吸烟，就是维护普遍公众的权利。而破坏这种规范的行为就是无视别人的权利，就是不尊重别人。尊重的心态，作为社会成员应普遍具有的一种公德精神，应该成为每个社会成员都具备的基本意识。如此，才能使社会生活更健康、良性地运行。

第三，练就责任意识。如果说，平等精神的确立，使人们能以同等的眼光相待，做到“公德面前，人人平等”，尊重的心态能使人们和谐相处，使人与人间的权利和义务得到应有的认可与分担；那么，责任精神则使人们积极、自觉地承担自己应担负的责任，关心他人、奉献社会。从这个意义上说，责任意识是体现公德精神的核心品质和最终落脚点。在现代社会，社会成员之间的联系日益广泛，各种关系错综复杂，责任意识在维护公众利益、公共秩序，保持社会稳定方面的作用更加突出。①

四　加强职业道德建设，构筑以职业关系为纽带的和谐职场共同体

1. 职业道德的概念内涵

职业道德是同人们的职业活动紧密联系的、具有自身职业特征的道德准则和规范。由于从事某种特定职业的人们，有着共同的劳动方式，经受着共同的职业训练，因而往往具有共同的职业兴趣、爱好、习惯和心理传统，结成某些特殊关系，形成特殊的职业责任和职业纪律，从而产生特殊的行为规范和道德要求。②

职业道德的重要特征就是“热爱本职”和“忠于职守”。这两个方面，既互相联系，又各有所侧重。一般说来，职业道德要调整两个方面的关系，一是从事同一职业的人们内部的关系，一是他们同所接触的对象之间的关系。在私有制社会中，由于生产资料是私有的，政权是由剥削阶级所掌握的，利己主义的道德原则在社会上占据着统治地位，各种职业道德因受到剥削阶级思想的影响，带有不同程度的小团体主义和行会主义的烙印。社会主义社会的职业道德，是建立在社会主义公有制基础之上的。各种职业都是整个社会主义事业的一个有机的组成部分，因此，各行各业可以形成普遍的道德要求，其显著的特点，就是为人民服务。社会主义社会的职业道德，把从事各种职业的人的利益同广大人民群众的利益有机地统一起来，使职业利益服从于人民的利益，从而使职业道德在调整人与人之间的关系上，发挥了其前所未有的更加重要的作用。

职业道德的精神内核是敬业精神。敬业精神是人们在高度认知职业的价值、意义与使命的基础上而形成的一种对职业的崇敬、虔诚、敬畏、专心、积极主动、开拓创新、忠于职守、精益求精的心理和精神状态，是一个国家、民族文化精神和民族精神的集中体现。其要求具体表现为：对职

---

① 杜思晗：《论社会公德良性运行机制的构建》，《中共云南省委党校学报》2009年第6期。

② 罗国杰：《论职业道德》，《红旗》1983年第4期。

业价值与意义的高度认同；热爱职业的情感态度；积极主动的意志品质；勤业敬业的行为意向等等。还有学者指出，现代市场经济的快速发展，特别是现代的大分工和现代的合作，使人类行为发生的因果环节的链条加长了，由此给现代职场道德建设带来诸多新问题：如现代岗位意识遮蔽了以往人们对职业本身的天职感和神圣感、自豪感；最大化的利润目标遮蔽了职业本身所应有的道德目标；职业工具化的形式化的追求遮蔽了人们对职业的德性追求。因此，如何突破职业道德教育的限阈，建设适应现代社会的职业德性，是当前我国社会主义职业道德教育领域面临的重要课题。确立组织自身的管理机制和伦理教育的机制，健全组织的伦理监督机制、保障机制以及组织的伦理奖赏机制是建设职业德性的基本途径。

2. 职业道德的核心价值是责任意识

韦伯是西方社会较早进行现代职业道德理论研究的学者，他的职业道德思想集中表现为一种责任意识。韦伯利用“天职”的概念，将世俗责任与宗教信仰集合起来，将责任意识上升到信仰层面，并且通过对这一概念的理解进一步强调了一种积极的责任意识。韦伯的思想启示我们在当代的职业道德建设中要重视责任意识的培养和道德情感的培育。①

职业道德是指一定的从业人员在职业活动中应该遵守的，主要依靠社会舆论、传统习惯和内心信念来维持的行为规范的总和。马克斯·韦伯是现代以来较早重视职业道德研究的一名学者，他的职业道德思想集中表现为一种责任意识。韦伯利用“天职”概念，将个人的世俗责任与宗教信仰结合，将责任意识上升到个人信仰层面，并且通过对“天职”的理解，将职业道德表达为一种积极的责任信仰。对韦伯的思想进行研究，有利于促进当前我国的职业道德建设。

韦伯的职业道德思想主要集中在责任意识上。所谓职业责任，韦伯认为“它是个人对其职业的内容应当感觉的而且确实感觉着的义务，无论这个内容包括着什么，特别不管它在表面上是利用个人的力量，还仅仅是

① 张海辉：《韦伯的职业道德思想及其当代启示》，《现代教育管理》2010 年第 2 期。

利用个人的物质财产”①。韦伯的这段话包含两层含义：首先，人们在职业中将面临特定的义务，而且义务的具体内容与形式是不完全相同的；其次，个人应认知（感觉）到自己的职业义务。所以，韦伯强调的职业责任就是个体在职业中应有的义务意识。

从社会角度看，韦伯认为责任意识是资本主义生产兴起的巨大推动力。在分析资本主义兴起时，韦伯认为：“虽然经济理性主义的发展部分地依赖理性的技术和理性的法律，但与此同时，采取某些类型的实际理性行为却要取决于人的能力和气质。如果这些理性行为的类型受到精神保障的妨害，那么理性的经济行为的发展必然会遭到严惩的、内在的阻滞。各种神秘的和宗教的力量，以及以它们为基础的关于责任的伦理观念，在以往一直都对行为发生着至关重要的和决定性的影响。”②

在上述这段话中，“理性的经济行为”是韦伯所特指的资本主义的生产方式。韦伯明确指出“有关职业责任的伦理观念”对于“理性的经济行为”的决定性作用，实际上就肯定了责任意识对资本主义生产方式的发展和资本主义社会形成所起到的作用。

从个人角度来看，职业责任所包含的义务意识也有利于解答个人的职业困惑，提高职业的认同。韦伯曾以科学工作为例，说明了责任意识在提高职业认同上的作用。他指出，“科学工作是受进步过程的约束……从原则上讲，这样的进步是无止境的”，“我们每一位科学家都知道，一个人所取得的成就，在 10 年、20 年或 50 年内就会过时……任何希望投身科学的人，都必须面对这一事实”。③

以科学家的职业道德为例。韦伯在回答科学家们“为什么要做这种现实中没止境也绝不可能有止境的事情呢?”④ 这一问题时，否认了实用主义的观点，他认为“一位科学家……自己是‘为科学而科学’，而不仅仅是为了别人可借此取得商业或技术上成功，或者仅仅为了能够吃得更

---

① 韦伯：《新教伦理与资本主义精神》，彭强、黄晓京译，陕西师范大学出版社 2002 年版，第 26 页。

② 同上。

③ 韦伯：《学术与政治》，冯克利译，生活 · 读书 · 新知三联书店 2005 年版，第 27—28 页。

④ 同上。

好、穿得更好，更为开明、更善于治理自己”①。在回答有关科学家的职业困惑或职业倦怠时，韦伯则认为，他们之所以如此，“不但是因为这样的知识可以促进技术的进步，而且当获取这样的知识被视为一种‘天职’时，它也是‘为了自身的目的’”②。韦伯认为正是由于“天职”，使得科学工作者能够从个人义不容辞的责任角度认同科学的意义，放弃认识上的职业困惑。而“天职”实际上就是一种责任意识，所以实际上韦伯在这里表达了责任意识有助于个人职业认同的观点。

正是由于责任意识如此重要，韦伯将其上升到至高无上的地位，他指出：“实际上，职业责任这一独特观念，是我们今天非常熟悉的……它是资本主义文化的社会伦理的最重要特征，而现在，一定意义上也是资本主义文化的根本基础。”③ 这样，通过不断的重视和宣扬，责任意识成了韦伯职业道德思想的重要内容。

在分析资本主义社会的兴起时，韦伯一再强调了个人责任意识的重要性，但同时他也认识到，责任意味着要求，而有些责任要求“从个人幸福或对个人效用的观点看，显然是完全超然和绝对不合理的……我们称之为自然关系的这种颠倒，虽然从自然情感出发是不合理的，但却显然是资本主义的一项主导原则，这是没有处在资本主义影响之下的一切民族所不具备的”④。

韦伯借助了宗教信仰，通过对职业的理解，将责任意识上升到了信仰层面。在“职业”的理解上，韦伯接受了路德的“天职”观点，认为“个人的道德活动所能采取的最高形式，应是对其履行世俗事务的义务进行评价。正是这一点必然使日常的世俗活动具有了宗教意义，并在此基础上首次提出了职业思想。这样，职业思想便引出了所有新教教派的核心教理：上帝应许的唯一存在方式，不是要人们以苦修的禁欲主义超越世俗道德，而是要人完成个人在现世里所处地位赋予他的责任和义务。这是他的

---

① 韦伯：《学术与政治》，冯克利译，生活·读书·新知三联书店 2005 年版，第 27—28 页。

② 同上书，第 34—35 页。

③ 同上书，第 26 页。

④ 韦伯：《新教伦理与资本主义精神》，彭强、黄晓京译，陕西师范大学出版社 2002 年版，第 25 页。

天职”①。

韦伯赞同路德关于“职业”的理解，将职业等同于“天职”。这样，职业本身既具有世俗的工作职业或工作劳动的意义，也具有了神圣化的宗教含义。借助于宗教，完成世俗事务中的工作，也具有了一种“道德信仰”的超经济理性的价值意义。同时，责任意识也上升到个人的信仰层面（或与信仰紧密结合）。这样，做好世俗中的职业工作、具有责任意识，已不仅仅是出于“个人效用”的原因，更是人的“唯一存在方式”，最终，在“天职”的概念下，“责任意识的合理性”问题也就自然迎刃而解了。

韦伯认为，路德的这种上升到“天职”层面的责任意识并不彻底，真正的责任信念应当是一种积极的信念。而路德的“天职”依旧把完成世俗职业中的责任看作是人（具体地说是职业者）接受上帝安排的受命行为，是个人的被动应付，这种观点与圣·托马斯·阿奎那将劳动或职业的分工视为神意安排的直接结果的观点相比并无新颖之处，所以韦伯认为，“对于路德来说，职业概念仍然是传统主义性质的。他所谓的职业，是某种人类必须作为神明旨意而接受、顺从的东西”②。韦伯认为，路德虽然将世俗的责任意识上升到信仰层面，但这是一种被动式的信仰，还未转化为个人的主动信仰。言下之意，韦伯认为责任意识应是一种包含着主动性的信仰。这也是韦伯与路德的不同之处，即韦伯强调劳动中的责任意识除了从性质上是为了上帝的荣耀，在表现上还应包含为社会和人类创造物质财富，正是这种个人积极地对财富的追求，才能体现责任信念的主动性，而这种信仰层面的积极责任意识才是真正的责任意识。

最终，韦伯提出：“一种职业是否有用，也就是能否博得上帝的青睐，主要的衡量尺度是道德标准，换句话说，必须根据它为社会提供的财富的多寡来衡量。不过，另一条而且是最重要的标准乃是私人获利的程度。在清教徒的心目中，一切生活现象皆是由上帝设定的，而如果他赐予某个选民获利的机缘，那么他必定抱有某种目的，所以虔信的基督徒理应服膺上帝的召唤，要尽可能地利用这天赐良机。要是上帝为你指明了一条

---

① 韦伯：《新教伦理与资本主义精神》，彭强、黄晓京译，陕西师范大学出版社 2002 年版，第 59 页。

② 同上书，第 63 页。

路，沿循它你可以合法地谋取更多的利益（而不会损害你自己的灵魂或者他人），而你拒绝它并选择不那么容易获利的途径，那么你会背离从事职业的目的之一，也就是拒绝成为上帝的仆人，拒绝接受他的馈赠并遵照他的训令而使用它们。他的圣训是：你须为上帝辛劳致富，但不可为肉体、罪孽而如此。"①

在这段话里，韦伯超越了路德，将个人对物质财富的追求也上升到"天职"的层面，认为个人创造的财富也成为衡量个人是否是上帝"选民"的标准。这样，为了得到救赎、为了证明自己是上帝的选民，上升到信仰层面的责任意识不再仅仅是被动地完成现实的任务，而是个人积极地去主动创造。这正体现了韦伯对职业中的责任意识的理解——责任意识应是一种上升到信仰层面的积极的意识。

3. 职业道德的基本范畴

职业道德的基本范畴是职业道德体系的重要组成部分。它是反映行业与行业之间、行业与社会之间、行业内部从业人员之间、从业人员与社会之间的最本质、最重要、最普遍的道德关系的概念。职业道德范畴虽然还未形成一个完整的体系，有些概念的使用还在借助于一般道德范畴，几乎所有的行业都在用"善""恶""义务""良心"等概念来评价职业行为、职业道德生活的优劣，但应该看到，不同行业在使用相同概念时，已经根据其行业特点，赋予了它们以特有的涵义。不仅如此，职业道德在长期的发展过程中，已经或明或暗地产生着自己的范畴概念，并与一般道德范畴一起共同作用于职业道德生活。这就为我们深入研究职业道德，逐渐形成完整统一的职业道德范畴体系，提供了充分的现实依据。

第一，职业义务

在各类职业生活中，职业义务是一种普遍存在的道德要求，是职业道德关系的客观反映。在人类社会这个有机整体中，任何行业都不能孤立地存在和发展，任何个人也离不开职业而独自生活。这就是说，任何行业和个人都必须与社会各方面保持各种联系，才能生存和发展。职业义务正是

---

① 韦伯：《新教伦理与资本主义精神》，于晓、陈维纲译，陕西师范大学出版社2006年版，第58页。

从行业与行业之间、从业人员彼此之间的关系中产生出来的，它既表明从业人员对本职、社会、他人所承担的道德上的使命和职责，也表明社会、本职、他人对从业人员的职业行为提出的道德要求，以及行业与行业、行业与社会之间彼此所承担的道德使命和职责。

职业义务是由职业环境、职业实践和各种职业在整个社会中的地位所决定的。人们一旦从事某种职业，就必然处于一定的职业环境之中，担负起一定的职业使命、职责、任务，职业义务感便是对于职业使命、职责、任务的理解和体验。职业义务不是来源于上帝的启示、人们的善良愿望或自然本能的需要，而是来源于社会对各种职业的客观要求和各种职业自身发展的客观要求。职业环境、职业实践、社会要求等因素决定着职业义务的不同类型抑或是对顾客、患者的义务，或是对学生、家长的义务，或是对同行和社会的义务。所有这些类型的职业义务，都不是与他人和社会的利益无关的。

职业责任是职业义务的核心，它与职业使命和任务共同构成职业义务的整体。而从经常作用于从业人员的道德意识、调节从业人员的职业行为这一角度看，职业责任则比职业使命和任务更具有重要意义。因为它在职业实践中具有更为具体的性质。它揭示并规定了从业人员职业行为的确切内容（他究竟应该做什么）。从业人员一旦了解并掌握了这些内容，便可以此为依据，自觉地践行职业义务，并深化义务感和使命感。

深刻理解职业贵任、职业义务，对于正确处理个人与国家、与民族、与家庭、与朋友的关系会起到良好的作用。一般说来，在社会主义条件下，履行各职业义务与履行对国家、对民族、对家庭、亲属、朋友的各种义务并不矛盾，履行哪一种义务，都是共产主义道德所肯定的。但是，如果它们之间发生了矛盾，就要分清层次，摆正关系，妥善处理。职业义务要无条件地让位于对国家、民族的义务，而家庭义务、朋友义务、亲属义务则要服从于职业义务和国家、民族的义务。以任何借口颠倒它们之间的关系，都要受到道德舆论的谴责。前不久发生中国游轮在韩国被扣押一事就突出表现了某些组织或某些人为了自己的利益而致国家尊严和国人基本权利与不顾。

职业道德修养水平的高低，就表现在从业人员能否通过自己的主观努力正确地处理这一矛盾，把职业义务与个人愿望和兄弟行业的正当利益统一起来，使履行职业义务成为一种自觉的行动。如果说职业义务对从业人员的职业行为是一种约束，那么，这种约束只是针对各种不负责任的职业行为而言的。因为职业义务就主观方面来说，它是在从业人员理解和认识了职业要求、职业使命、职责、任务的基础上而形成的一种内心信念和意志，因而履行职业义务的道德行为又是自由的。正像黑格尔所说的："在义务中个人毋宁说是获得了解放"，"义务所限制的并不是自由，而只是自由的抽象，即不自由。义务就是达到本质、获得肯定的自由"。[①] 当从业人员真正认识到各种职业生活都需要道德时，履行职业义务就不会感到是一种约束，而会感到一种道德上的满足和愉快。

第二，职业良心

职业良心是与职业义务密切联系的职业道德范畴。从业人员在履行职业义务的过程中，把应负的职业道德责任变为内心的道德情感、道德信念，就形成了自己的职业良心。职业良心并不是不可捉摸的神秘的东西，也不是个人"自然情感"的简单表现，在本质上，它不过是从业人员在职业生活中，在履行对他人、同行和社会的职业义务过程中形成的一种道德意识，它既是从业人员的一种强烈的职业道德责任感，也是他们依据一定的职业道德准则进行自我评价的能力。

职业良心在人们的职业行为过程和职业行为整体中有着不可忽视的重要作用。

首先，在从业人员做出某种职业行为之前，职业良心依据履行职业义务的道德要求来对职业行为的动机进行自我检查，对符合职业道德要求的职业动机予以肯定，对不符合职业道德要隶的职业动机进行抑制和否定，从而做出正确的动机决定。当前，在许多行业中开展的"假如我是一名顾客，会要求售货员怎样做""假如我是一名患者，将希望医生怎样做""假如我是一名学生，将要求教师如何做"等将心比心的职业道德教育，以及从业人员经常的自我反省。尤其是在人们选择职业行为和避免不道德行为的抉择中，突出地表现出职业良心的能动作用。

其次，职业良心作为从业人员的自我评价的生动机制，能够在人的职业行为的进行过程中，起到监督作用。对符合职业道德要求的情感、意念

---

① 黑格尔：《法哲学原理》，范扬、张企泰译，商务印书馆1964年版，第167页。

和信念予以支持和激励，对不符合道德要求的情感、欲念或冲动予以克服。特别是在职业行为进行过程中，职业良心的裁判或谴责可以帮助从业人员在复杂的职业环境中，引起对道德过错的自我感觉，从而纠正自己的某种自私欲念和偏颇情感，避免不良行为的产生，自觉地保持自己的正直人格和职业荣誉。

再次，在职业行为之后，职业良心能够以道德法庭的形式对从业人员的行为后果和影响做出评价，对履行了职业义务的良好后果和影响给予肯定，并感到一种道德上的满足和欣慰。而对没有践行职业义务的不良后果和影响，则促使从业人员深深地感到内疚和惭愧。这种道德法庭式的裁判完全是发自内心深处的隐蔽的呼唤，而不是出自别人的指责或社会舆论的压力。但是，这种自我评价不仅不否认舆论的作用，而且应该用社会、同行、他人对从业人员提出的职业道德要求和评价来补充。因为职业良心作为个人的一种道德情感和道德信念是主观的，难免有偏颇和不当之处，而社会集体的舆论则是客观的，并且一般说来是正常和准确无误的。

最后，职业良心不仅具有调整从业人员职业行为的作用，而且具有广泛的社会意义。在服务于全社会的各种职业义务和道德准则转化为从业人员的内心职业责任感和职业行为准则以后，职业良心就会使从业人员积极地、热情地去履行各自的职业义务，在社会生活的各个领域发挥作用，促进整个社会道德风貌向着良好方向变化。因此，唤醒和培养从业人员高尚的职业良心感应该成为社会主义职业道德教育中的重要内客。

第三，职业荣誉

职业荣誉包含着两方面的含义：一方面是指一定社会和一定阶级用以评价各种职业的社会价值的尺度，即对各种职业的社会价值和道德价值的公认或褒奖；另一方面是指从业人员对履行职业义务的社会价值的自我意识，即在职业良心中所包含的耻辱感和尊严感的意向。换而言之，所谓职业荣誉就是对职业行为的社会价值、道德价值所作出的公认的客观评价和主观意向。这种客观评价既包括了个人的职业荣誉，也包括全行业的集体荣誉。

职业荣誉范畴如同职业义务、职业良心范畴一样，也不是永恒的、抽象的，而是历史的、具体的。不同的时代，不同的阶级、阶层，对各种职业的荣辱评价是不同的，甚至对同一职业也看法各异，对其从业人员的评价也是如此。以往一切剥削阶级对职业荣誉的评价均以金钱、特权的多寡和社会地位的尊卑为依据。哪一行占据金钱、特权多，所居等级高，哪一行业就有荣誉，这些行业的从业人员也就有荣誉，反之则没有荣誉。社会主义条件下的职业荣誉观，一扫剥削阶级的陈腐观念，所有尽到社会义务的行业和履行职业义务的个人都是光荣的，不论是评价行业的整体荣誉，还是评价从业人员的个人荣誉，均以履行所应履行的社会义务和职业义务的好坏为主要内容。可见，只有社会主义的职业荣辱观念才是真正公正的、科学的。处理好职业荣誉中的个人荣誉和职业整体荣誉之间的关系具有重要的意义。社会主义职业道德一向重视鼓励从业人员争取个人荣誉，启发他们深刻认识本职工作的社会价值，培养具有行业特点的自尊心、自爱心和知耻心，并逐渐发展成荣誉感和自豪感，增强履行职业义务的自觉性，促进各项事业的发展。①

第四，职业信誉

职业信誉是包含着职业信用和职业名誉双重概念的职业道德范畴，它是调整职业关系的一个重要方面。一方面，它体现出社会承认一个行业过去职业活动的价值；另一方面，它影响着该行业在以后的活动中的地位和作用。构成职业信誉范畴的职业信用和名誉，乃是一定行业履行社会所赋予的职业义务而取得的社会信任的一种肯定的社会舆论。职业荣誉与职业信誉不同。职业荣誉既包含社区对某职业的客观评价，又包含从业人员对该职业社会价值的主观意识。职业信誉则不然，它仅有前者而无后者。

职业信誉是物质因素和道义因素高度的统一。以律师业为例，如果某厂因经济纠纷要求某法律顾问处予以帮助，而该法律顾问处的律师们空有为当事人服务的良好愿望，而无律师应具备的辩护才能，未能依法胜诉，给当事人造成不应有的经济损失，那么该法律顾问处是不易建立自己的职业信誉的。这就提醒各行业在建立和维护自己职业信誉的过程中，要始终把物质因素和道义因素统一起来。

强调职业信誉中的道义因素，其原因在于职业信誉可以有效地激发广大从业人员的自豪感和责任感，这种自豪感和责任感的被激发对维护职业

---

① 宗王杰：《职业道德的基本范畴》（上），《道德与文明》（曾用名《伦理学与精神文明》）1984 年第 4 期。

信誉、更好地履行职业义务有着不可忽视的作用。因为自豪感和责任感是一种积极的行为动机，它以一定的方式指导和调整人们的行为，它要求人们做出符合社会舆论对自己所从事的职业的客观评价的职业行为，而不允许人们做出有损于这种评价的事情来。①

第五，职业尊严

尊严是个人自我意识和自我控制的一种形式。职业尊严是在个人意识基础之上所建立而来的行业的群体意识，是对本行业的社会价值和道德价值的自我意识和自我评价的综合体。以个人的情感和心理为基础，职业情感和心理在确认本行业的社会价值的基础之上而产生的职业尊严感也是职业道德范畴所包含的重要内容。

职业尊严是在千百种职业中无数从业人员的长期实践中产生的。因为只有实践才能验证本行业的社会价值及其存在于人类社会的理由，只有在社会实线中才能使逐渐培养起从业人员的职业尊严感，发展成为其所在群体的职业情感和心理，这种职业尊严感是各行各业相互独立、竞相发展并且共同为社会进步发挥各自特殊作用的不可缺少的职业心理条件，这种条件的作用首先表现在促进各行各业的发展上。因为每个从业人员对自身职业行为的严格要求往往就建立在这种职业心理条件之上。作为一种重要的调节机制，尊严感要求从业人员做出与职业尊严相适应的职业行为，而不允许做出违背职业尊严的职业行为。从这个意义上，对职业尊严的理解，同职业良心、职业荣誉一样，是从业人员认识职业责任的一种重要方式，它促使人们在职业实践中表现出正直无私、忠于职守、勇于负责、献身事业等优良品质，从而推动各行各业的健康发展。

其次，职业尊严对于完善本行业并使行业之间相互尊重、相互促进有着不可小觑的作用。具有浓厚的职业尊严意识的群体，最能体会到职业尊严之珍贵，也要求其他行业尊重本行业的这种职业尊严。同时，这个职业群体在处理行业之间关系时，也承认其他行业中具有相应的尊严和权利，并适应其他行业对此提出的严格要求，尊重各行各业。不仅如此，具有这种自尊意识的从业人员，能够在本行遭到社会或外行不公正待遇时，以坚

① 宗王杰：《职业道德的基本范畴》（上），《道德与文明》（曾用名《伦理学与精神文明》）1984年第4期。

韧不拔的意志奋起捍卫自己行业的尊严，以赢得社会的广泛同情和支持，而不会妄自菲薄，甚至迎合不公正的舆论自暴自弃。

再次，职业尊严还具有最大限度地激发从业人员的自豪感，从而激励从业人员发挥才能、献身事业的巨大作用。自豪感是更多地体现个性的个人情感，从某种意义上来讲更具有能动作用。尤其是在具体的职业环境中，如果注重调动、激发这种情感，从业人员会积极地寻找自己在职业活动中的最佳方位，并力图在这最佳方位上发挥聪明才智，为发展本行业，使之最大限度地体现其社会价值，以赢得全社会道义上的赞扬。并从中体验职业尊严的快感和确认自己在职业实践中不可缺少的良好作用，从而进一步激发自豪感和职业尊严感，更加勤奋地全身心地投入职业实践中去，形成一个良性循环。我们要教育广大从业人员，无论从事何种职业都应严于律己，用忠于职守、尊重职业对象和同行，尊重兄弟行业的最佳维护手段来维护职业尊严。①

第六，职业纪律

职业纪律是调整职业实践中的行为方式，保证行业内部行为一致并履行业已确定的职业道德规范的一种调节机制。它兼有法制、行政规范的强制性和道德规范的感召性的双重特征，它是在社会主义条件下完善各行各业的科学管理和提倡职业道德，最终在职业范围内，并扩展到全社会——实现由法制调节过渡到道德调节的一个必要的中间环节。这是我们确认职业纪律应当成为职业道德范畴之一的重要理由。

不仅如此，我们还认为，职业纪律作为对从业人员的职业行为进行监督的一种手段，本身就反映着该社会中占统治地位的道德关系，它是这些道德关系的维护者。当然，其作用范围也是有限度的，它的作用对象大多是各行各业从业人员道德觉悟处于低层次的那个范畴，这是由其中双重性质所决定的。但我们绝不能仅仅根据这点就取消其参与道德调节的资格。因为，“社会纪律的形式往往是各式各样的——从直接的国家暴力到社会舆论和人们的个人觉悟。纪律的各种形式是：风俗、风尚、传统、规范、社会习惯、趣味、权威，这些都为国家的和社会的组织、某些社会活动

① 宗王杰：《职业道德的基本范畴》（下），《道德与文明》（曾用名《伦理学与精神文明》）1984 年第 6 期。

家、人们的社会教育（道德教育、共产主义教育）、各种形式的说服和强迫所利用。整个说来，道德也是社会纪律的一种形式。”① 这里，关于纪律同道德相互联系的论说，是有一定道理的。

社会主义的职业纪律，按照列宁的说法，就是“联合起来的自觉的工作者的纪律，这些工作者除了他们的联合体的权力以外……是不承认任何束缚和任何权力的。”② 即它是建立在社会舆论力量和每个从业人员的深刻的职业信念之上的，是根本区别于资本主义社会那种经济上的强迫手段——“饥饿的纪律”，它更多地体现着道德调节作用，而非经济制裁作用。

当然，我们在探讨职业纪律这一范畴时，还是应当严格根据其特征，妥善处理好它与职业良心、职业义务等范畴的关索，使其在被提倡的过程中按照自己的特殊规律巧妙地作用于职业生活实践之中，使其确实起到推动社会各行业的各种关系由法制调节向道德调节的阶段过渡的特殊作用。这就要求我们更多地注重发挥职业纪律中的道义因素，并最大限度地调动广大从业人员的创造性和积极性，使从业人员通过职业纪律的领会和掌握使其向更高的道德境界前进。也就是说，使每个从业人员由作为道德低级阶段的职业纪律开始循序渐进地认识各自职业的社会价值和社会的需要，从而使人们从遵守职业纪律到养成良好的职业习惯，并形成牢固的良心感和尊严感，创造性地发挥自己的聪明才智，为全面履行职业义务而尽职尽责。③

4. 职业道德作用

职业道德是社会主义道德建设的重点。依据马克思主义的观点，既然人们的生产活动是人类最基本的实践活动，因此，人们的职业生活当然也应该是人类最主要的社会生活领域。与此相联系，社会职业生活领域中的道德当然也就成为各个具体生活领域的道德的主体部分。职业道德是所有从业人员在职业活动中应该遵循的基本行为准则，涵盖了从业人员的服务对象、职业

---

① 转引自宗王杰：《职业道德的基本范畴》（下），《道德与文明》（曾用名《伦理学与精神文明》）1984 年第 6 期。

② 中央编译局：《列宁全集》第 29 卷，人民出版社 1956 年版，第 384 页。

③ 宗王杰：《职业道德的基本范畴》（下），《道德与文明》（曾用名《伦理学与精神文明》）1984 年第 6 期。

与职工、职业与职业之间的联系。职业道德在职业领域的作用是一般道德或公德、家庭道德等无法替代的。当一个人步入社会，进入社会分工行业领域，职业道德的教育使人形成职业道德观念和意识，从而认识了集体以及个人的行为在集体中的作用，在与职业活动共生存、共命运的同时走向成熟，在树立起职业信念和理想、养成好的职业道德和习惯的同时，不断逐渐成熟了。可见，职业道德可以促进人的社会化，使人走向成熟。职业道德还具有协调社会关系、促进社会风气向文明方向发展的作用。一方面，就行业内部关系而言，人与人的关系起支配作用的是利益关系，通过职业道德将统一到为了正当利益而和谐劳动的同一目标下，其内部的关系就能够不断和谐融洽，就会形成各部门之间互相配合、彼此兼顾、顾全大局、避免纠纷、减少矛盾；同事之间团结互助、礼貌相待、和睦共处、增进感情，既积极竞争又互相协作；上下级之间相互沟通、理解、尊重，形成健康的、人人努力向上的、文明礼让的和谐局面。另一方面，就行业外部关系而言，包括行业与服务对象和职工家庭的关系。在行业与服务对象关系上，如果从业者具有高尚的职业道德，在工作中尽职尽责，急群众之所急，想群众之所想，用优质的服务满足社会需求，就能达到与社会成员关系的和谐。同样，有高尚的职业道德，也会在处理家庭成员的关系中发挥积极的作用，例如吃苦耐劳、勤奋好学、宽和忍让、热情待人等优良品质，为处理好家庭成员之间的关系创造了良好条件。我们要以职业道德建设为重点，带动社会公德和家庭美德建设，大力倡导以“爱岗敬业、诚实守信、办事公道、服务群众、奉献社会”为主要内容的职业道德，鼓励人们在工作中做一个好的建设者。[①]

---

①　马奇柯：《社会公德、职业道德、家庭美德、个人品德关系论析》，2008 年第 2 期。

第八章　当代中国青年和谐人格重构的八路径（下）

一　加强公民意识教育，构筑以价值认同为纽带的和谐国家共同体

1. 公民意识的内涵界定

概念的清晰厘定离不开对概念核心要义的把握。“公民”的概念和内涵主要体现在它的政治要义上，强调的是公民在人格上的独立性和平等性，在权利义务上的对等性和统一性以及在公共政治参与中的真实性和有效性，其主要反映的是公民和国家之间的关系。“意识”则是指一个有理性的人的觉知状态，即对他自身、对外界的环境事件以及自己与外界环境事件关系的觉知状态。因是，“公民意识”是指现代社会成员对于公民角色及其价值的自觉反映，它主要体现在公民对于自身在政治和法律上的地位、自身的权利和义务以及公共政治参与的感受、认知和评价。

首先，公民意识是以公民主体身份为前提和基础公民主体身份促使公民意识到主体的权利和义务以及政治参与的必要性，这是公民意识形成的前提。公民主体身份表达了公民之间独立、自由、平等的社会关系，即公民在人格上是独立自由的，在身份上是普遍平等的，在权利和义务方面是对等的。独立性是公民最基本的价值规定，“当个人在政治中不具有自主性时，作为臣民而存在；当个人在政治中获得了自主性时，作为公民而存在，因此，公民就是参与公共事务从而在政治国家中具有自主性的个人”。[①] 正是通过对公民独立性和主体性的确认和尊重，才使公民真正成

① 陈振明：《政治学》，中国社会科学出版社1999年版，第179—182页。

为行使权利和履行义务的主体。“公民身份是平等的表述。”[①] 其本质就是要保证每位公民都能作为平等的社会成员而受到公平的对待。正如政治学家罗尔斯所指出的，“任何文明社会的成员都需要这样一种观念，这种观念能够使他们把自己理解成为具有某种政治地位的成员——在一个民主社会中，就是平等的公民身份的政治地位，以及了解这种政治地位如何影响他们与社会之间的关系。”[②] 平等的公民身份是对历史上曾经存在的身份差别和政治歧视的消除，它超越了性别、肤色、财富、职业、宗教、文化等方面差异，成为社会成员平等互惠与合作的纽带。而公民平等身份的实现是通过统一的权利义务体系来实现的。也就是说，一个社会体系中的任何一个位置都具有与之相应的权利和义务，处于该位置的个体必须按照其他社会成员认为在这个位置上的人所应该有的行为模式来表现自己，而平等的公民身份就体现在由法律规定并得到保护的对权利的享有和对义务的履行这两个方面的对等性上。

其次，公民意识主要反映的是公民和国家之间的权责关系公民的政治和法律地位、自身的权利和义务体系以及公共政治参与都是在公民与国家之间结构关系的框架下确立的，因而公民意识主要反映的是公民和国家的关系。《牛津法律大辞典》认为，公民指“个人同某一个特定国家或政治实体间的法律上的联系；根据这种联系，享有某些权利！特权以及因其效忠国家而享有受保护的权利，同时也承担各种义务”。[③] 公民身份本身关系到公民和国家的关系，尤其是有关权利和权力的关系。应该说公民和国家、权力和权利之间既是密切相关的，同时也是有一定距离和张力的。普遍公民身份的设定本身就明确了国家权力归属的全民性，公民和国家是本源性权利和派生性权力之间的关系。公民支配国家，国家权力来源于公民权利，在根本上应该归属于公民全体。同时公民作为与国家相对应的主体性存在，无论在法律上还是在政治上都应该具有被充分肯定的权利和自

---

① 托马斯·雅诺斯基：《公民与文明社会》，柯雄译，辽宁教育出版社 2000 年版，第 13 页。

② 约翰·罗尔斯：《作为公平的正义——正义新论》，姚大志译，上海三联书店 2002 年版，第 5 页。

③ 沃克：《牛津法律大辞典》，北京社会与科技发展研究所译，光明日报出版社 1988 年版，第 161 页。

由，国家权力要以尊重和保障公民权利作为自己的职责，而公民要以对国家权威的认同和维护作为回馈。公民和国家之间结构性关系的真正确立是通过公民的公共政治参与并对国家权力进行有效的监督和制衡来实现的。“公民对公权力进行有效制约的秘密就是在对国家权力制约的同时也保证了权力的实施，使权力与责任达到平衡，使国家即受到制约，又能保障公民的权利；而不是简单的对国家权力的约束，从而实现积极保障与消极防范、超前能动引导与滞后被动制约的有机统一。”①

最后，公民意识是以公民的公共政治参与为其基本表征。公民在公共生活中对公共性事务的积极参与、理解和维护的过程中所表现出来的人性品质和价值追求让我们看到了公民与“私民”、“臣民”，以及“市民”等角色的区别。在现代社会，公民主要是指平等、自由而理性地参与公共政治生活并影响公共权力的人。西方学者曾经评论说：“一个具有公民意识的人，不仅是一个传统意义上的‘好公民’，即一个具有爱国、忠诚及服从国家品质的人；而且还是一个对国家评头论足，有能力并愿意参与其改进的人。”② 从政治和法律的维度来看，公民是存在于政治国家中作为一种政治身份的人，政治国家通过法律赋予了公民公共参与的权利，这种权利既关系到公民政治自由的实现，同时它作为一种监督性力量更关系到公民与国家之间相互依存和制约状态的平衡。从道德维度来讲，公共参与体现了公共精神这一公民道德人格的价值蕴含。“人的世界是共同的世界，人在世界中就是与他人共同存在。”③ 这一公共性向度决定了人们总是要以某种共同体的形态存在着，而社会公共性的维护有赖于每个成员对公共活动的参与和分担，尤其随着现代社会中公共领域的不断扩展，公共精神的彰显也日益成为对现代公民的必然要求。“所谓公共精神是指孕育于人类公共生活之中的、以公共性作为价值皈依的、位于人类心灵深处的基本道德与政治秩序观念、态度和行为取向。”④ “公共精神关注整体的福祉或

---

① 斯蒂芬·L. 埃尔金：《新宪政论：为美好的社会设计政治制度》，周叶谦译，生活·读书·新知三联书店 1997 年版，第 39 页。

② H. Engle and Anna S. Ochoa, *Edueation for Democracy Citizenship*, Teacher College Press, Columbia University, 1998.

③ 海德格尔：《存在与时间》，陈嘉映等译，生活·读书·新知三联书店 1987 年版，第 146 页。

④ 刘鑫森：《公共精神：现代公民的核心品质》，《经济与社会发展》2007 年第 6 期。

较大的利益，更为重要的是，公共精神是个人的自我意识被他的集体性自我意识部分取代时的一种行为，他的集体性自我意识的对象是一个整体的社会以及公民社会的制度或机构。”① 公共精神以公共理性作为核心，以公共关怀作为价值追求，以公共参与作为实践载体，只有当公民在公共理性的指引下参与到公共生活中去实现对公共善的践履时，公共精神才能展现，公民意识的公共性要义才能得以真实地表达。

2. 公民意识的内在构成

公民意识的概念揭示了公民意识的内在规定及其外延。但我们对公民意识的研究不能仅仅停留在对概念的界定上，还需要对公民意识的内在结构进行深入的分析。而要研究公民意识的结构，我们有必要先从有关“结构”的理论中去找寻其对于公民意识研究的启示。现代科学已经证明，任何事物都有其内在的组成要素，而要素之间不同的组合方式又形成了不同的结构形式，事物的存在从某种意义上说是由其内在的结构决定的。

从现代系统论的观点来看，任何一种社会现象都可以看作是一个有机的系统。系统是内部各要素按照特定的结构形式所形成的有机整体，而系统的结构是指构成事物各要素之间的关系模式或组合方式，也就是说，结构表征的是系统整体性及其各组成部分之间相对稳定的关系。正如美国著名人类学家克鲁克洪所说：“结构关系的根本特点，是各部分之间相对固定的关系而不是各部分或各要素本身。”② 同样的要素如果按照不同的结构组合就会产生性质不同的事物。从这个意义上可以说，结构的意义表现在它具有决定事物性质的功能和作用。

著名心理学家皮亚杰就曾将结构概念界定为：“由具有整体性的若干转换规律组成的一个有自身调整性质的图式体系，也就是说，作为一个有机的结构整合体，它具有自身的调整性和转换性；或者说，结构在外部环境或者系统要素发生变化的情况下，能够实现系统自身的结构和功能转换，以适应新的环境的要求，创建新的系统。”③ 系统整体性质和功能的

---

① 爱德华·希尔斯：《市民社会的美德》，参见邓正来：《国家与公民社会：一种社会理论研究的路径》，中央编译出版社 2002 年版，第 41 页。

② 克鲁克洪：《文化与个》，高佳译，浙江人民出版社 1987 年版，第 10 页。

③ 刘旺洪：《法律意识论》，法律出版社 2001 年版，第 56 页。

变化是建立在系统结构的转换基础上，甚至可以说，系统的全部意义都体现在它的结构之中。因而研究事物的内在结构对于分析事物的内部联系，认识和把握事物存在和发展的客观规律具有重要意义。公民意识结构的研究正是基于这种结构主义的视角，把公民意识看成一个具有内在要素和层次的整体性结构，通过剖析公民意识的构成要素和层次，进而在理论上架构公民意识的结构模型来深化我们对于公民意识结构内容的认识。公民意识的结构是指公民意识体系内部各构成要素之间、诸层次之间相对稳定的联结形态和作用方式。

具体来说，公民意识的结构研究需要涉及“公民意识所包括的要素和层次、要素之间的逻辑关系、层次之间的逻辑关系以及不同要素或层次对于公民意识整体性质的意义和影响等问题”①。公民意识作为现代社会成员对于公民角色及其价值的自觉反映，它主要是指公民对于自身在政治和法律上的地位、自身的权利和义务以及公共政治参与的感受、认知和评价，它主要侧重于公民的主体人格、公民的权利、公民的责任以及公民政治参与这四个方面。

首先，公民意识主要表现为公民主体意识的觉醒。黑格尔曾经将现代性的核心原则界定为主体性，而公民角色的价值蕴含就在于其对人的主体性颂扬，它是要实现传统依附性人格的现代性转变，塑造公民的主体性人格，培养公民的主体意识。公民的主体意识主要以公民的自觉性和自主性为主要的价值涵摄，自觉性和自主性是公民意识形成的前提和基础。没有自觉性和自主性，公民主体意识就无法形成，公民意识更是无从谈起。“那些不感到自己是人的人，就像繁殖出来的奴隶和马匹一样，完全成了他们主人的附属品。”② 自我意识是人作为主体而对自身与客体关系的自觉意识，它使个体由自发的存在发展到自觉的存在。理性自觉是对自我与客体本身以及相互之间关系的理性把握。正是在个体自觉的基础上才会产生个人的自主性，而自主性主要是指自我主张、自我行动与自我制约。正如科恩所说：“自主有两个尺度，第一个尺度描述个体的客观状况、生活

① 张健：《公民意识内涵：公民现象的反思与公民特质的认同》，《人文杂志》2009年第1期。

② 《马克思恩格斯全集》第1卷，人民出版社1995年版，第409页。

环境，是指相对于外部强迫、外部控制的独立、自由、自决和自主支配生活的权利与可能；第二个尺度是对主观现实而言，是指能够合理地利用自己的选择权利，有明确目标，坚忍不拔和有进取心；自主的人能够认识并且善于确定自己的目标，不仅能够成功地控制外部环境，而且能够控制自己的冲动。”①

其次，权利意识是人的主体意识发展到一定阶段的必然产物。就现实性而言，“人实质上不同于主体，因为主体只是人格的可能性，所有的生物一般来说都是主体；所以，人是意识到这种主体性的主体，因为在人里面我完全意识到我自己，人就是意识到他的纯自为存在的那种自由的单一性”。② 就是说，人首先要在思维中把握自己的存在，认识到自己是一个具有自由选择能力的主体，有了主体的意识之后才能产生自由自觉的活动。在活动的过程中，人通过人的本质力量的客体化进一步确证了自身的主体价值，同时也产生了自我存在和发展的内在需求，而正是这种需求最后凝结为主体的权利。因此，权利是对人的主体性的现实肯定，更是人的主体性价值的本质体现。权利是主体的权利，权利表征着个人是作为独立自主的人而存在的。卢梭曾说过：“放弃自己的自由，就是放弃自己做人的资格，就是放弃人类的权利。”③ 同时这种自由权利需要取得他人和社会的承认，就是要求他人和社会承认自己的主体地位，承认自身作为主体所具有的自由。而由于主体自由之间是会产生冲突的，所以权利不仅仅意味着主体自身自由，它还是一种对主体自由做出限制的社会规范。康德认为权利的普遍法则可以“外在地要这样去行动：你的意志的自由行使，根据一条普遍法则，能够和所有其他人的自由并存”④。也正如罗尔斯在其《正义论》中对平等的自由原则所做的阐述：“每个人对其他人所拥有的最广泛的基本自由体系相容的类似自由体系都应有一种平等的权利。”⑤

---

① 伊·谢·科恩：《自我论：个人与个人自我意识》，佟景韩译，生活·读书·新知三联书店1986年版，第407页。

② 黑格尔：《法哲学原理》，范扬、张企泰译，商务印书馆1961年版，第46页。

③ 卢梭：《社会契约论》，商务印书馆1997年版，第16页。

④ 伊曼努尔·康德：《法的形而上学原理——权利的科学》，沈叔平译，商务印书馆1991年版，第41页。

⑤ 罗尔斯《正义论》，何怀宏译，中国社会科学出版社1988年版，第56页。

所以说，权利作为人类主体价值的确证方式还必须体现对普遍正义准则与价值的追求。正是从这个意义上来说，“权利意识是一种特殊的意识，其特殊之点在于，它是主体对自身主体性的肯定意识，是对主体间自由方式的规则意识，同时也是对主体间交往规则的正义意识；因此，概括说来，权利意识是主体对自身在主体间交往中根据正义的规则所应当享有的自由的意识；从具体的表现形式来说，权利意识主要指公民对于自身权利、权利间的正义规则体系以及维护自身权利有效方式的认知、理解和态度”①。

再次，责任意识是权利意识的内在规定。康德认为：“不论做什么，总应该做到使你的意志所遵循的准则永远同时能够成为一条普遍的立法原理。”② 在康德心目中，这个普遍的准则就是“绝对命令”，它是最高的法律准则并以深厚的道德自律为基础，因而是人类行为的普遍法则。权利现象作为一种调节人类行为的社会规范也必定以“绝对命令”为内在依据。康德指出，“严格的权利也可以表示为这样一种可能性：根据普遍的法则，普遍的相互强制，能够与所有人的自由相协调”③。而主体之间相互的强制就意味着权利绝不仅仅是单纯的自由意志，而是表明意志的“自律”，因而它还与一定的责任相联系。可以说，权利本身就内在地包含着责任的要素，这也是“绝对命令”的内在要求。从来就不存在不需要承担责任的抽象的主体权利，任何一种行为既要遵循权利法则，同时也要遵循责任法则。而责任的法则按照康德的理解主要是指理性地、客观地和普遍地以命令的形式向个人提出他应该如何行动，它意味着对行为的一种正当性与应当性的约束。按照责任的形式，我们可以把它主要分为法律责任和伦理责任，其他一些责任形式都可以说是这两种责任外延的逻辑延伸。法律责任具体来说就是法律上与权利相对应的义务，它主要由外在的立法机关以契约正义为基点而确立的强制性约束，而伦理责任主要是指依靠内在良知和自觉而表现出来的对他人、社会和国家负有责任的精神。综上所

① 常健：《当代中国权利规范的转型》，天津人民出版社 2000 年版，第 43 页。

② 伊曼努尔·康德：《法的形而上学原理——权利的科学》，沈叔平译，商务印书馆 1991 年版，第 38 页。

③ 伊曼努尔·康德：《法的形而上学原理——权利的科学》，沈叔平译，商务印书馆 1991 年版，第 42 页。

述，责任意识就是指对强制性义务的认知、理解和态度以及对于人性价值和公共价值内在的精神追求。具体来说，公民责任意识是指公民对于自身在政治上和法律上的义务有明确的认识，表现为公民履行其对于其他公民和国家的义务，同时对于人性和公共生活持有的一种信念和承诺，并表现为对他人价值的尊重以及具有对公共事务积极关注、理解和勇于承担的心理倾向。

最后，参与意识是公民意识实现的内在要求。伴随着政治民主化潮流的推动，传统排他性、等级性的贵族政治逐渐被为大众参与的民主政治所取代。而民主的价值内核就在于让全体公民真正平等地、普遍地参与国家事务来主导或影响政治过程。这意味着从事政治活动不再是少数阶级、阶层或集团的特权，而是成为政治体系中任何政治主体的一项普遍的权利。正如达尔在《现代政治分析》一书中所说："民主是一种政治体系，其中所有成年公民可以广泛分享参与决策的机会。"① 在现代社会，公民对公共事务的参与已经成为法律赋予公民的权利，公民有权依据宪法和法律来参与国家政治生活并影响政治过程。从某种意义上说，公民政治参与的水平已经成为衡量政治民主化的重要标志。正如亨廷顿所说："现代政治体系与传统政治体系的不同之处，在某种程度上即在于参政水平的不同。"②公民参与既可以为政治体系的合法性提供必要的心理认同，同时也可以有效地监督公共权力并保证其运行的规范化，因而政治体系的运作离不开公民有效的政治参与。密尔在《代议制政府》中曾指出："政治机器不会自行运转，它需要的不是人们单纯的默从，而是人们积极的参与。"③ 对于公民自身来说，政治参与不仅仅意味着权利的行使和义务的履行，更为重要的是，公民需要通过监督和制约公共权力来有效地维护自身的权利。如果层次结构的角度出发，公民意识还可以区分为公民对于公民角色的政治认知、公民对于公民角色的政治情感、公民对公民角色的政治价值观等三

① ［美］罗伯特·A. 达尔：《现代政治分析》，王沪宁译，上海译文出版社1987年版，第21页。

② ［美］塞缪尔·P. 亨廷顿：《变化社会中的政治秩序》，张岱云译，上海译文出版社1989年版，第85—86页。

③ ［英］J. S. 密尔：《代议制政府》，汪暄译，商务印书馆2007年版，第7页。

个层级递进的阶梯状态。①

3. 公民身份与国家认同

何为公民身份？首先提出现代的“公民身份”概念并对其进行系统化分析的是英国著名社会学家 T. H. 马歇尔，他在题为《公民身份与社会阶级》的学术报告中系统分析了公民身份的理论要素、演化历程及其与国家的关系。他认为：“公民身份是一种地位（status），一种共同体的所有成员都享有的地位，所有拥有这种地位的人，在这一地位所赋予的权利和义务上都是平等的。……沿着这种方式所计划的道路前进，就是要实现更加充分的平等，公民地位之内容的扩展，获得该地位的人数的增加。”②并提出了组成公民身份的“三要素说”即公民的要素、政治的要素和社会的要素，以及与之相对应的公民权利、政治权利和社会权利是公民身份权利的主要组成部分。马歇尔的公民身份学说成为此后诸多学者分析公民身份问题的蓝本，影响深远。③

公民身份的认同。认同，是一个哲学、心理学、社会学、政治学等领域都颇为关注和研究的问题。认同这一概念具有丰富的内涵，认同理论也经历了逐步完善的发展过程。要了解公民身份对于认同的意义，首先需要深入分析认同的内涵以及认同理论的发展过程。

“认同”译自英语中的“identity”一词。英语中“identity”一词主要包括三层含义：一是某人是谁或某物是什么（who or what sb/sth is）；二是将某一人群同其他人群区别开来的特征、感情或信仰（the characteristics，feelings or beliefs that distinguish people from others）；三是使某人或某物相似或能够被理解的一种感觉或状态（the state or feeling of being very similar to and able to understand sb/sth）。④ 这三层含义揭示了认同的核心

---

① 曲丽涛：《当代中国公民意识发育问题研究》，山东大学博士学位论文，2011 年 3 月，第 33—44 页。

② ［英］托马斯·雅诺斯基：《公民与文明社会》，柯雄译，辽宁教育出版社 2000 年版，第 11 页。

③ 赵颖：《基于公民身份的国家认同与民族认同》，郑州大学硕士学位论文，2011 年 4 月，第 11—26 页。

④ 转译自《牛津高阶英语辞典》（第 7 版），商务印书馆 2007 年版，“Identity”词条。

要素——使人或物与其他类属区别开来的某种特性，这种特性是一种能够表明人或物的存在性和意义性的基本属性，足以解答“我是谁?”这一人的社会化过程中的根本问题。这表明“认同”一词指涉的是一种社会性的关系，它是物体或人群的类属性在人们心理上和感情上的集中表现，是“物以类聚，人以群分”这一社会关系原则的生动体现。

“‘认同’在汉语中主要有三种含义：其一是同一、等同（oneness、sameness），指不同时空条件下某物与另一物为同一事物的现象，描述事物的一贯性；其二是确认、归属（identification、belongingness），指个体或群体辨识自己的特色、确定自己属于哪一种类属、不属于哪一种类属的活动，表达个体或群体的归属性；其三是赞同、同意（approval、agreement），指主体对某个组织！团体或观点持支持、赞同或肯定的态度或判断，如‘政党认同’、‘我认同你的观点’之类，表达个体或群体对事物或观点的肯定性。”①《辞海》中从心理学和社会学两方面阐释了认同的内涵：①在心理学上，指认识与感情的一致性。认为经过认同，形成人的自我观念。②在社会学上泛指个人与他人有共同的想法。在人们交往活动过程中，为他人的感情和经验所同化，或者自己的感情和经验足以同化他人，彼此间产生内心的默契。② 由此可见，认同的过程是一个认识和感情交替作用、互相影响的过程，也是人们在社会交往中相互影响从而产生共同体验和彼此同化的过程。

认同理论的发展是一个逐步渐进、不断完善的过程。最初的认同是哲学意义上的，它表示变化中的同态或同一问题。弗洛伊德最早提出心理学中的认同理论，他认为认同是个人与他人、群体或模仿人物在情感上、心理上趋同的过程。埃克里森在这一观点的基础上进一步提出自我同一性理论，将“自我同一性”描述为一种发展的过程，它或指个体对自我身份的自觉意识，或指个体在自我综合过程中的自我塑造行为，或指个体对自身性格连续性统一性的无意识追求，抑或是某一群体为了塑造其整体特征的心理趋同。

---

① 江宜桦：《自由主义！民族主义与国家认同》，扬智文化事业股份有限公司 1998 年版，第 8—11 页。

② 辞海编辑委员会编：《辞海》（上），上海辞书出版社 1989 年版，第 1004 页。

公民的国家认同。国家认同是指民族国家的公民对国家政权、公共利益分配、统治者和国家法律认可、接纳、服从的心理过程。“国家通过颁布法律和制定政策保证公民的权利，公民则履行相应的义务。”① 贺金瑞与燕继荣教授认为：“国家认同是指一个国家的公民对自己祖国的历史文化传统、道德价值观、理想信念、国家主权等的认同，即国民认同。人对国家的认同是随着人出生时被赋予的国家身份而具备前提的。”② 高文兵认为，“国家认同是指一个国家的公民对自己国家成员身份的知悉和接受。国家认同是由认知系统和情感系统构成的复杂的心理结构系统。从认知成分来看，国家认同感包含着一系列的知识和观念。例如有关国家的地理知识、国家文化和社会历史的知识、对于共同的祖先的认识、对国民性的认识。从情感成分来看，国家认同包括人们对国家的归属感、忠诚感和自豪感”③。综上所述，国家认同是个人或群体确认自己属于某个国家，认同国家的政权，与爱国主义相联系。国家认同的特征则表现在：第一，国家认同强调整个国家；第二，国家认同强调建立在以宪法为核心的公民身份基础上；第三，国家认同具有稳定性，表现在各民族成员遵守法律、道德规范。④

4. 公民意识教育的主要内容

第一，培育公民主体意识，实现人的全面发展。

公民主体意识是实现人的全面发展的基石。主体是马克思主义哲学里的一个重要的范畴，用以指从事着认识和实践活动的人。在人的活动中，人属于能动的主导方面，是自己活动的发动者、组织者和承担者。人作为主体的属性并不是与生俱来的，没有思维能力和实践能力的人则不具备主体的性质。因此，人和主体是不能完全画等号的，主体意识需要在社会实践活动中培养。

---

① 陈茂荣：《论民族认同与国家认同》，《学术界》2011 年第 4 期。

② 贺金瑞、燕继荣：《论从民族认同到国家认同》，《中央民族大学学报》（哲学社会科学版）2008 年第 3 期。

③ 高文兵：《现代性语境中的民族认同与国家认同》，《文史哲》2010 年第 6 期。

④ 王婧琳：《“中华民族多元一体格局”视角下民族认同与国家认同关系研究》，中国青年政治学院硕士学位论文，2012 年 5 月，第 11—13 页。

公民的主体意识，是指公民对自身是社会政治生活和公共生活的主体而不是无足轻重的客体的认知，这一主体是具有独立意识和平等地位的公民而不是具有强烈依附性的臣民，即具有公民资格或公民身份的人。主体意识是区别一个人是“公民”还是“臣民”的重要尺度，公民对于其公民身份的确认是形成其他公民意识的前提和基础。公民在确认自身的共同体成员资格的同时，也就应该意识到自身的合法权利和应尽义务，权利意识和义务或责任意识是公民主体意识的两个重要方面。

公民权利是国家法律所规定的公民应该享有的同时也受到国家政府和法律保障的权利。公民的权利意识是指公民为满足其生存和发展的需要而对其应当享有的权利的认知与诉求。公民的权利意识体现了公民主体人格的独立和尊严，公民保护自身政治、人身、财产等方面的权利不受侵犯，实际上就是维护了自己人格的独立与尊严。公民身份是权利与义务的统一，因此在公民主张权利的同时，还应该了解并自觉履行应尽的义务。人是社会动物，故人们为了更好地生存和发展，一定会建立起各种不同的社会关系，而这所有的社会关系的核心内容都是一种利益关系或价值关系。义务就是人在相应的社会关系中在政治、法律或道义上应该进行的价值付出。

与公民义务意识密切相关的是公民的责任意识。责任是社会发展的产物，它既包括处于一定社会关系中的公民主体应尽的社会义务，也用来指公民主体对自身所实施的行为承担后果。在人们的社会化过程之中，伴随着各种社会关系的建立，公民所扮演的社会角色也越来越多，这就意味着公民要担负着与各种各样不同的社会角色相对应的责任。责任感或公民的责任意识是一种内心的信念，自觉地履行责任是公民人格完善的重要标志，是公民人生价值的体现。公民只有按照一定的社会要求，根据自己在社会生活中所处的独立、自由、平等的地位，处理好公民权利与义务之间的平衡问题，不仅要了解并维护自己的合法权利，还要自觉地、积极地履行对他人、集体、国家、社会以及对全人类的义务和责任，只有这样，人自身的价值和对社会的贡献才能得到充分的体现，人和人之间的关系才会更加和谐，社会才能和谐稳定地发展。

第二，培育公民国家认同意识，提升全民族的归属感。

培育公民国家认同意识是提高民族归属感的重要前提。“国家”一词，在我国早已出现。在封建社会中，诸侯统治的疆域称“国”，大夫统治的疆域称“家”，后来统称为“国家”。但长期以来，在中国国民的眼里却把国家、天下，以及其他一些相关概念混淆纠缠在一起，使得人们心里难以产生明晰的国家观念。同时，在很多时候人们又把“国”和“家”分而视之。故而在中国，“国家”之说法虽早已有之，但人们的国家概念却模糊而混淆，当然也就难以产生国家认同意识。

国家是一个历史范畴，国家非常重要的职能之一就是要保护公民安全，并根据国情进行经济、政治、文化和社会建设，通过不断解放和发展生产力以增强国家综合国力和提高广大人民的物质和精神生活水平。国家是维系该国公民物质生活和精神生活的社群，每一个民族国家的公民都从他所在的国家获得最重要也是最基本的身份，即公民身份或公民资格(citizenship)。这种公民资格也是公民个人最重要的社会政治地位，它规定了公民在国家范围内依据国家的法律所享有的平等的公民权利，包括政治权利、社会权利等等。在享有这些公民权利的同时，公民也会意识到自己对于维护他人、集体、社会、国家的利益负有不可推卸的责任。这种公民资格是公民个人权利实现的保证，没有这种公民资格，所有的个人权利都无从谈起。反过来，正是这种公民资格，在公民的社会实践活动中对于公民的国民性的形成起到了非常重要的作用，使公民产生对于国家的凝聚力和向心力，进而产生一种对于国家的认同感，以及对整个中华民族的认同意识。①

国家认同意识是公民在长期共同的生活和生产中所形成的对于自己所属国家的历史传统、社会文化、信仰习惯、法律法规以及行为规范等所产生的自觉认知和遵从的意识，是联系公民和国家的精神纽带。中华民族自古以来就是一个统一的多民族的大家庭，对于整个中华民族的认同实际上就是对于我们国家的认同。国家认同会使人产生自豪感、自尊心和自信心，而公民内心的自豪感、自尊心和自信心反过来又会强化公民的国家认同意识，进而在公民身上体现出一种崇高的祖国主义或爱国主义精神。在当今的世界现代化潮流和全球化趋势中，爱国主义和民族主义却产生了一

---

① 童华胜：《现代化视域下中国公民意识教育研究》，西安交通大学博士学位论文，2012年10月，第89—109页。

种难以厘清的关系。一般认为，爱国主义和民族主义之间是有区分的，前者指履行国民义务，后者可以理解为从意识形态上突出其自身的民族优越性而将其他民族贬到从属地位。①

第三，培育公民政治意识，实现政治生活社会化。

培育公民政治意识是实现国家政治生活向社会生活沉淀的重要条件。“政治”（politics）最早起源于古希腊的“polis”（意指作为古希腊政治共同体主要形式的“城邦”）一词，是城邦中公民参与统治、管理等各种公共生活行为的总称。它从一开始就与“城邦”有着紧密的联系，“政治之于城邦犹如竞技之于运动员。”② 因此，亚里士多德说，“人类在本性上，也正是一个政治动物”③。在中国，自先秦就开始使用“政治”这一概念。在很多的情况下，“政”与“治”分开使用，“政”常指国家的权力、制度、秩序和法令，而“治”则主要指管理和教化人民。马克思指出，政治是以经济为基础的上层建筑，是以政治权力为核心而展开的各种社会活动以及社会关系的总和。政治活动就是人们在一定的经济基础上，借助于社会公共权力来规定和实现特定权利的活动。公民是通过国家这样一个政治共同体来获取到自己的公民身份或公民资格的，国家的政治活动和公共事务与他们自身的利益密切相关。因此，公民应该努力提高自身的政治意识，自觉学习政治知识和技能，使自己顺利实现政治社会化，成为一个具有一定政治认知、政治情感、政治态度的社会政治人。

政治意识是社会政治现象中的一个特殊方面，是公民所持的政治立场、态度和看法，是公民在社会生活中政治觉悟的体现，是“政治生活与政治活动的心理反应和精神现象，是人们在特定的社会形成的政治态度、政治情感、政治认知、政治信念、政治习俗、政治价值的复合存在形式”④。一个具有政治意识的公民不仅要在了解国家政治制度以及党和国家路线、方针、政策的基础上自觉行使政治权利、履行政治义务，而且还要自觉关心国家大事、依法参与管理国家和社会事务、通过合法途径表达

① 雅诺斯基：《公民与文明社会》，柯雄译，辽宁教育出版社2000年版，第292页。

② Darity Jr.，William A.（ed.），*International Encyclopedia of the Social Sciences*（2nd edition）（Volume 6）Farmington Hills，2008 MI：The Gale Group，p. 319.

③ 亚里士多德：《政治学》，吴寿彭译，商务印书馆2009年版，第7页。

④ 杨海蛟：《政治意识论》，山西教育出版社2001年版，第1页。

自己的政治意愿。

公民的政治社会化过程就是公民由一个自然人转变为一个社会政治人的过程。人具有作为动物的天生的自然属性，但是马克思主义认为，人的本质是各种社会关系的总和，人与动物的最根本的区别在于人的社会性。因此，人在其成长过程之中又必然会建立起一系列的社会关系，成为政治共同体中的一员，学习政治知识，形成政治态度，或多或少地、自觉或不自觉地参与到社会政治事务之中。作为一个政治共同体中的公民，要具有政治敏锐性，在纷繁复杂的现代政治生活中的多种价值选择面前保持清醒的头脑、立场坚定、旗帜鲜明；要自觉关心、理性认识国内外发生的重大事件，了解国家的各项路线、方针、政策和国家现代化建设的进程，关注国家在国际政治活动中的政治地位和民族发展的前途，为维护国家政治利益和国际形象做出公民自身的贡献。政治作为人类社会文明发展过程之中的一种社会现象和经济的集中体现，是人类社会生活中维护社会共同利益和协调社会利益矛盾的重要手段，其核心问题是公共权力的分配。因此，政治活动离不开公众的参与，这也是人的社会属性所决定的。公民的政治参与意识是公民政治意识中非常重要的一个方面，也是实现公民政治社会化的一个重要条件。公民参与意识的加强促使人们在行动上更积极自觉地参与到社会和公共事务之中。“作为一名公民，如果他只顾贪图个人安逸，无视自己有意识地参与公共事务所能为其他公民、共同体和国家带来的利益，他也就背叛了作为社会动物的天性。”① 卢梭说，“作为主权权威的参与者，就叫公民；作为国家法律的服从者，就叫臣民。”② 他强调的是具有独立身份的公民的积极参与之重要性。

公民的政治参与是公民作为政治共同体的一员参与其政治事务管理的重要方式，是现代社会民主制度赖以存在的基础和民主政治的基本特征之一，因此，公民参与意识的加强必将推动现代民主制度的发展和公民社会的形成。公民参与社会生活、公共事务、政治活动，将有利于各种重大决策为普通公民尤其是越来越为中下层的广大民众所控制，使各利益主体能

① 德里克：《何谓公民身份》，郭忠华译，吉林出版集团有限责任公司 2007 年版，第 46 页。

② 卢梭：《社会契约论》，何兆武译，商务印书馆 1994 年版，第 26 页。

在预定的政治规则下展开多元竞争。当然，在公民的政治参与活动中要有明确的目的，即通过公民积极的参政议政，提出符合大多数人利益的合理建议与对策，为党和国家在制定科学决策时提供参考依据；同时，公民的政治参与活动要通过正当的途径去实现，要严格按照宪法和法律的规定通过有序合法的渠道参与政治活动。

第四，培育公民法治意识，加快推进依法治国。

培育公民法治意识是加快推进依法治国的关键环节。公民的法律意识是其社会意识形式之一，是公民对于法律的知识、心理和观念的总和。公民的法律意识包括积极的法律意识和消极的法律意识。积极的法律意识是指公民相信法律、敬畏法律并严格遵守法律；而消极的法律意识则是指公民不相信法律甚至反对法律。法治（the rule of law）通常是指以依法办事为原则、以制约权力为关键，在民主的前提下，统治者通过强制性的法律法规来治理国政、管理社会的过程，是一种治国的方法和原则。法治意识属于法律意识的一部分，是积极的法律意识。法治意识是公民作为独立主体在实践中所形成的关于法治的知识、心态和观念的总称，是符合建设法治社会的法律意识，表现为公民对于法律制度规范的自觉认同并在此基础上按照法治精神来行为。公民的法治意识是构建法治社会的思想基础，是推进依法治国的关键。公民的法治意识包括公民对于法律制度的了解和公民对于法治精神的理解，具体来说应该是公民要做到知法、守法、护法。

法律出于契约式的利益和信用的考虑，应该是公正和无私的，体现了对人的尊严的维护，因此，遵守法律、维护法律的公正性是法治社会中每个公民应尽的义务。公民的守法程度与立法、执法、司法以及法律监督等状况有着密切的关系，因此，合理立法、严格执法、公正司法对于公民的守法行为有着极大的正面影响作用。同时，一个国家的政治状况和经济状况也会影响到公民的守法行为。我国是一个社会主义国家，广大人民群众是国家的主人，法律法规反映了广大人民的意志和利益，在正常情况下，公民应该能够自觉地遵守法律。目前我国的社会主义市场经济是典型的法治经济，在诸多情况下都需要采用法律的手段和权威来对市场经济行为进行调整和规制，这也为广大公民守法营造了一个良好的环境。守法的主体不仅包括普通的公民，还包括国家机关、武装力量、政党团体、企事业组织等。公民守法的范围包括作为基本法的宪法、法律法规、部门规章、单行条例、规范性法律文件等等。当然，守法不仅仅等于尽义务，公民守法的内容应该是包括履行法律义务和行使法律权利两个方面，两者密切联系，不可分割。

法治精神是“社会主体对法以及法治的理性认知和价值确信，是法治价值观；它是法律意识、法制观念、法律素质、法律信仰等的集合形态，是法治实践的指导思想和精神源泉，也是尊崇法治和尊重法律权威的一种理性的精神状态”①。法治精神首先表现为一种潜在的观念体系，没有法治观念在公民心中的确立并进一步内化为公民的自觉意识就难以实现一个国家真正的法治。法治观念首先是要意识到法治大于人治，表现在行动上就是要尊重和遵守法律规则、抵制和监督违法行为。具体来说，法治观念包括平等观、公平观、民主观等等，这些观念对于社会主体的行为具有重要的导引作用。法治精神的另一个重要方面是公民对于法律制度的忠诚和信仰以及在此基础上所形成的对法律制度的敬畏感。伯尔曼说，“法律必须被信仰，否则它将形同虚设”②。人们信仰法律，对法律产生敬畏感，并主动守法、护法，是因为法律作为一种强制性的公共权威，是解决纠纷和实现社会公正的手段。

第五，培育公民道德意识，全方位提高我国社会文明程度。

培育公民道德意识是全方位提高我国社会文明程度的基本要求。对不管是作为政治动物还是社会动物③的人来说，道德意识都是其公民意识中很重要的一个方面。“一切道德思辨的目的都是教给我们以我们的义务，并通过对于恶行的丑和德性的美的适当描述而培养我们以相应的习惯，使我们规避前者、接受后者。”④ 西方最早提及“善”这一概念的柏拉图在《理想国》中指出，“善”是万物之本源，一切理念都从它那里取得实在

① 郝耀武、孙长存：《论现代法治精神》，《行政与法》2009 年第 9 期。

② 伯尔曼：《法律与宗教》，梁治平译，生活 · 读书 · 新知三联书店 1991 年版，第 14 页。

③ 亚里士多德认为，“人类在本性上，也正是一个政治动物。”（亚里士多德：《政治学》，吴寿彭译，商务印书馆 2009 年版，第 7 页）他强调的是基于公民资格的公民政治权利。而阿奎那认为人不是天生的政治动物，人是社会动物，人只有在社会中才能实现各自的利益。然而，无论是政治动物还是社会动物，人都具有社会性。在终其一生的社会化进程中，如何调整个人、国家以及社会等之间的关系，这正是道德伦理所关注和规范的问题。

④ 大卫 · 休谟：《道德原则研究》，曾晓平译，商务印书馆 2001 年版，第 23 页。

性。马克思主义伦理学也认为，道德是由一定社会的经济关系所决定的特殊意识形态，是以善恶评价为标准，依靠社会舆论、传统习惯和内心信念所维系的，调整人们相互之间以及个人与社会和自然之间关系的行为规范的总和。

恩格斯在《反杜林论》中也指出："如果把善恶混淆起来，那么一切道德都将完结，而每个人都将可以为所欲为了。"① 可见，道德理想是对至善的追求，"善"是每一个道德主体所要追求的终极目标。道德主体首先从意识上去人性之"恶"而扬人性之"善"，并表现在对已、对人、对社会的行动之中，这样，每一个道德主体就会是幸福、快乐的，整个社会也将变得更加文明而和谐。"道德凝结的是一定社会的价值内容，是社会法律的立法依据，也是社会政治思想合理性的基础。"② 在复杂的社会生活中，公民不仅是经济主体、政治主体，也是道德主体，扮演着随时代变迁的、体现一定社会价值内容的道德角色。道德是生活于社会之中的个体发展的需要。康德认为，具有道德的人格才是有尊严的，道德使人的存在获得高贵的价值。道德是人的最为基本的人格构成要素，如果缺少了这一要素，人存在于社会之中就失去了意义。只有具备一定道德素质的人，才能在社会中安身立足，才能得到他人的关心，才能使其潜能得到最大程度的发挥，实现自身的自由而全面的发展。

公民道德意识包括道德认知、道德情感和道德信念。苏格拉底的"美德即知识"这一著名命题指出了最高的知识就是对于"善"的认知。道德认知是道德意识最为基础的方面，是公民对于自身道德角色的认知以及对于社会普遍认同的道德规范的认知。个体需要明白，一定要以一个道德主体生活于社会之中，才能正确而理性地处理好自身与自然的关系以及复杂的社会关系，也才能自觉履行社会责任并实现其社会价值。另一方面，虽然没有人故意去做邪恶的事情或者他认为是邪恶的事情，但一切恶行都是来源于人的愚昧无知，因此，一个人要成为理性的道德主体，首先必须知道什么是善、什么是恶，即了解社会普遍认同的道德规范，这样才

---

① 中共中央马克思恩格斯列宁斯大林著作编译局编译：《马克思恩格斯文集》（第9卷），人民出版社2009年版，第98页。

② 肖平：《理工科高校职业道德教育研究》，西南交通大学出版社2011年版，第2页。

能以德性指导其行为，为塑造一个道德高尚的公民奠定基础。

道德信念是基于人们对自身道德角色和社会道德规范的认知，在自身道德情感的驱动之下，对于道德原则、道德理想和道德规范等的信任感以及对道德义务和道德责任的确认。道德信念首先是一种信仰，是公民对于道德原则和道德规范的一以贯之的信服和尊崇，用这种虔诚的信仰去净化心灵，就会表现为与这种信仰相一致的行为。个体的道德信念一旦形成，就会较为稳定而持久地以强烈的责任感履行对他人和社会的道德义务，同时还会在复杂多变的道德冲突情景中去区分善恶、辨明是非，以坚强的毅力按照自己的道德信仰做出合理的行为选择并加以执行。坚定、正确的道德信念不仅是公民实施合理道德行为的强大动力，而且还促使公民自我监督、自我反省，在社会公共生活中自觉地践行公民道德。

二　加强生态文明建设，构筑以生命关系为纽带的和谐生态共同体

伦理走向生态是社会发展的客观要求，也是道德发展的内在要求，人们对生态意义的理解以及对当代生态伦理的认可最终都要体现在人的道德规范中，尊重生命、热爱自然是生态伦理的首要规范，保护环境、节约资源、实现资源与环境的可持续发展是实现生态安全的基本途径。①

1. 自然的异化及“生态人”的提出

现代社会尤其是西方现代性及其道德谋划以来，人与自然关系的本质是以人为中心的主体性，它是主客二元对立的思维模式，也是造成人与自然相异化的哲学本体论根源。克服人与自然的异化、复归人与自然的和谐统一，需要在“生态人”的理论图景中给予前提性关照。“还自然之魅”需要在观念形态上重建人与自然的本真关系，在思维方式上创建人与自然“主客一体化”的研究范式，在实践向度上用法制和生态道德来巩固人们的“生态人”理论信仰。②

---

① 杨峻岭、王智海：《德性伦理与个人品德建设前沿问题——“全国德性伦理与个人品德建设与实践学术讨论会综述”》，《齐鲁学刊》2009 年第 2 期。

② 陈廷：《“还自然之魅”的“生态人”理论重构》，《淮阴师范学院学报》（哲学社会科学版），2006 年第 4 期。

首先是人对自然界的“祛魅”。近代以来，科学技术的伟力给人类带来福祉，使人类找到了控制自然的有效方法。人类一改过去那种屈从于自然的被动局面，用理性的、技术的力量创造生产技术秩序。在变得强大的人类面前，自然开始隐退。人对自然的神圣感、敬畏感随着闪耀在自然之上的灵光一起荡然无存。人们由对自然的膜拜转向对科学技术的“崇拜”，形成在现实生活中独占鳌头的工具理性。工具理性就此将精神性的一切价值从我们生活中的各种领域排除出去，并成功地用可计算的手段取代了不可量化的目的和伦理。工具理性的实用性和应用性被强调到极端之后，便出现了人对技术的盲目崇拜和对人的全面发展的漠视，其结果变成“随着人类愈控制自然，个人却似乎愈成为别人的奴隶或自身的卑劣行为的奴隶。甚至科学的纯洁的光辉仿佛也只能在愚昧无知的黑暗上闪耀。我们的一切发现和进步，似乎结果是使物质力量具有理智生命，而人的生命则化为愚钝的物质力量”①。现代化使一代又一代人学会了对自然的冷漠和蔑视，自然就这样被解除其巫魅。

其次是人与自然关系的异化。人类在享受给自然界祛魅的胜利喜悦的同时，也给自身留下了两大遗产：一是文化的胜利，二是自然的失败。人类现代史描绘了这样一幅图景：人类一方面以科学技术猎取、控制自然，另一方面又深深陷入自然因生态危机、能源短缺所布下的陷阱而不能自拔。正如霍克海默所言，“每一个企图摧毁自然界强制的尝试，都只会在自然界受到摧毁时，更加严重地陷入自然界的强制中”②。这是自然为人类设下的迷局。这一迷局也即是人与自然关系的异化：人对自然的猎取、控制程度越加深入，自然环境作为人类的异己存在对人的制约力量也越加强大。科学技术对自然界祛魅及其所导致的人与自然关系的异化，使我们今天面临的时代问题是：如何释放人与自然之间对抗性的张力，挽救自然的“异化”，实现人与自然的和谐共生？

最后是“生态人”假设的提出。众所周知，传统的经济发展观是一种单纯的经济增长观，即物质财富的增长被视为衡量人类一切经济活动的

---

① 马克思、恩格斯：《马克思恩格斯选集》（第4卷），人民出版社1972年版，第173页。

② 马克斯·霍克海姆、西奥多·阿多诺：《启蒙的辩证法》，重庆出版社1990年版，第11页。

价值判断标准。这种发展观的理论前提是自然资源的供给能力具有无限性，自然资源的自净能力具有无限性。这种发展观，对主体的经济行为不加干涉，听之任之，以牺牲生态环境为代价换取经济的发展，在促进了经济的短暂快速发展后，使经济陷于周期性衰退和危机中，并造成了生态、经济与社会的严重对立和不协调。这种发展观的理论前提是“经济人”的人性假设，它已无法对自然资源进行代际配置，不能维护实现人与自然的可持续发展的目标，不能适应世界资源、信息、经济等全球化趋势的冲击。

国内最早提出“生态人”假设的是中国社会科学院环境与发展研究中心的徐嵩龄先生。所谓“生态人”，也称“理性生态人”，就是顺应生态发展规律，与自然环境和谐共存的人。相对于“经济人”假设以及相应的“社会人”假设，当代经济哲学家提出“生态人”假设及其相关理论，认为“当代严峻的环境问题，其实质都是生态问题。生态可解读为生命的存在状态”①。人类生态有自然生态、社会生态和生命生态三种存在形式，所以，生态人假设中具有人与人之间关系、人与自然之间关系、当代人与后代人之间关系的丰富内涵。“经济人”是对自身经济利益最大化的单一、盲目追求，对社会利益与自身经济利益的破坏已危及人类自身；而“生态人”则顺应生态发展规律，与自然环境互养、互助、和谐共存。

“生态人”假设实现了对“经济人”、“社会人”假设的超越。“生态人”假设是对“经济人”假设和“社会人”假设的深化和超越，它引导人们珍惜生态、爱护自然，有利于自然资源的节约、有效和合理使用，为可持续发展创造自然资源供给条件。“经济人”将人类站在自然界的对立面，引导人们追求自身经济利益，有利于社会财富增加，为可持续发展创造物质基础；“社会人”仍旧站在人类中心主义的立场上，引导人们追求社会目标，有利于提高社会安全、社会福利、社会公平的程度和水平，以及增加人力资源的供给，为可持续发展创造社会环境。突出表现为如下两个方面：

一方面，“生态人”假设理论旨在复归“自然界本真之魅”。

---

① 黄志斌：《绿色和谐管理理论》，中国社会科学出版社2004年版，第37页。

首先，用“生态人”理论复归人与自然的本真关系。我们可以通过“生态人”假设建立生态伦理、生命伦理从而改变人类单纯的经济理性与技术理性，实现理性与价值的整合，复归人与自然的本真关系。自然并非仅仅只是人类认识的客体，更不是人类可以征服的物件；“人是自然的产物，是自然界的一部分”①；自然是人类生命之源，人离开了自然界便无所谓人；自然是人类价值之源，人创造价值或实现自身价值，都必须以自然界作为物件或者手段。人与自然的关系是内在的，目的性的；不是外在的，因果性的。

另一方面，“生态人”理论重新创建人与自然的“主客一体化”的研究范式。从“经济人”、“社会人”到“生态人”，从人类中心主义向生态中心主义价值观念的转变是解决环境问题、实现生态整体利益价值的根本出路。要真正地转变这种观念，首先必须转变人与自然主客二分的思维模式，建立“主客一体化”的研究范式，即整体论世界观或生态世界观范式。它是一种“人与自然关系和人与人关系相结合”的生态学研究范式。所谓“主客一体化”，是指综合（全面、辩证）地考虑主体（主观）与客体（客观）问题以及它们之间的关系，即“既关注人，又关注物，并且将人与物联系起来；既研究人与人的关系，又研究人与自然的关系，并且将研究人与人的关系和研究人与自然的关系结合起来”。② 这种由主客二分向主客互融的研究范式转变将对正确处理人与自然的关系具有深远的意义。

2. “生态人”的基本特征

徐嵩龄先生认为，“生态人”有如下特征：一是有限理性。生态人是存在理性思考的主体，他能看到社会条件等外在因素对人的行为的限制，防止因为对理性的不切实际的崇拜，导致整个方法论落入另一种形式的人类中心主义。二是追求生态的整体利益。理性生态人也有自利、自私的内涵，可这种自私自利已不再是绝对的目的，而必须受制于生态体系和谐、

---

① 胡军、蔡学英：《“经济人”与“生态人”的统一》，《湘潭大学社会科学学报》2002 年第 5 期。

② 林娅：《未来与选择》，中国环境科学出版社 1998 年版，第 153—154 页。

公正的需求。主体不仅能够追求社会整体的利益，还可以追求跳出人类整体之外的生态整体利益。这里的生态整体利益应该看成是人类利益和自然利益的一种协调和融合，而不是非此即彼的一种相互否定。三是追求物质获得与精神享受的统一。“生态人”不仅能追求利益的最大化以维持生命的基本状态，而且能追求道德生命的终极价值。①

首先，从“生态人”的思维方式看。“生态人”的思维是有机整体思维，他把整个世界（人、社会、自然）看作一个大系统，摒弃人在整个世界中的先验的绝对的主宰地位；同时，坚持有机性原则，将整个世界都看成有机的生命体，看成由“人—社会—自然”多种因素构成的复合生态系统整体，看到人（社会）与自然是相互依赖和相互作用的。因此，他反对极端人类中心主义，反对分析还原、机械拼凑思维。“生态人”的思维是均衡协调思维，注重事物内部各要素、事物之间各种有机内在联系的关系相匹配、相协调，反对一维独进思维，强调经济、政治、文化、社会协调发展，强调经济效益、社会效益、生态效益的统一。“生态人”的思维是人本重生思维，强调全面看待自然对人的实践价值、认识价值、审美价值等，强调自然是“人的精神的无机界”、“人的无机身体”，强调把人类自身的发展整合到自然的普遍的进化过程中去，重生命轻物质、重生存轻占有，不断开拓人类生活的深远意义。总之，“生态人”特有的思维为解决生态危机提供了思想前提、智力支持，有助于导向符合生态规律的生产、生活行为。

其次，从“生态人”的生产方式看。“生态人”的生产是生态化的生产。生态化生产是既吸收资本主义高水平生产力，又注意克服它造成的人与自然之间物质变换断裂的弊端，以维持人与自然之间可持续物质变换。这是通过三个环节体现出来的。一是劳动对象利用的永续化。“自然资源只有节约才能持久利用”②，节约资源、能源，提高资源、能源的利用效益，是劳动对象利用永续化的必要手段。同时，通过技术进步，提高资源、能源的利用效益，不断发现和利用周围自然界物体的许多新的有用属

① 徐嵩龄：《论理性生态人：一种生态伦理学意义上的人类行为模式》，社会科学文献出版社 1999 年版，第 419—421 页。

② 胡锦涛：《在中央人口资源环境工作座谈会上的讲话》，《人民日报》，2004 年 4 月 5 日。

性，寻求非可再生资源、能源的替代物，使劳动对象的种类越来越多样化等，都是实现劳动对象利用永续化的有效途径。二是劳动资料应用的生态化。实现劳动资料生态化的关键是发展生态化的科学技术，将生态化的科学技术运用于生产、运用于环境保护，起到有效降耗、减排、防污、治污的作用，从而有利于摆脱先污染后治理的老路，走新型工业化道路。三是劳动者生态活动的正当化。这就是人类在生态活动中享受自然获取生活资料的权利的同时，应承担起相应的责任，在生态资源开发利用活动中确立代内公平原则、代际公平原则、种际公平原则。总之，“生态人”的生产最终要合理地调节他们和自然之间的物质变换。

最后，从“生态人”的生活方式看。“生态人”的生活方式是“生态人”思维方式、生产方式在人的生活领域的映射和延伸，包括尚需、尚俭、尚绿三方面的取向。尚需，就是要肯定人的基本需要的满足，摒弃“剩余需要”；同时，即使是满足人类正当、合理的基本需要，也应该按照可持续的方式进行。尚俭，就是崇尚“取之有节，用之有度”的生活方式。尚绿，就是克服资本主义条件下的异化消费模式，崇尚绿色的消费模式，也就是做到健康消费、环保消费、延续性消费。①

3. 培育生态文明意识，促进人类可持续发展

培育生态文明意识是促进人类可持续发展的重要保证。马克思在其《1844年经济学哲学手稿》中提出：“社会是人与自然的完整统一体”的思想。老子说，“人法地，地法天，天法道，道法自然。”②“道生一，一生二，二生三，三生万物。”③ 同时他还说，“知常曰明。不知常，妄作，凶”。④“常”是事物由静而动、由动而静的不可抗拒的周而复始的过程，人们必须把握自然规律，做到心中分明，而不能够仅凭主观的妄断，盲目行事，那将是非常危险的。所有这些思想，不管是西方的还是中国的，都指出了人作为自然界的产物和大自然的一部分，必须敬畏自然、顺应自然、保护自然，这才是天地万物和谐共生、持续发展之道。同时，这些思

① 蔡文：《“生态人”：人的发展的生态向度》，《理论界》2010年第8期。

② 《道德经·第二十五章》。

③ 《道德经·第四十二章》。

④ 《道德经·第十六章》。

想也都或多或少地包含着现代生态文明意识之内容。

生态是一切生物的生存状态，包含各种生物之间、生物与环境之间的关系。人只不过是生态系统中具有思维的一种高级生物，因此，要抛弃高高在上的人类中心主义，树立人与自然和谐发展的生态文明意识。“人类中心主义”认为人类可以利用自然为人类服务，它将人类自身的利益作为评判的依据；而在科学技术迅猛发展背景下的“新人类中心主义”认为人类自身拥有对于自然的特权，人类可以用智慧战胜自然。而生态意识就是对传统人类中心主义的反思，以重新认识人与自然的关系。在苏联科学院哲学研究所《全球生态学的哲学问题》（1983）中收录的B. 基鲁索夫的文章中就明确提出了“生态意识”的概念，认为“生态意识是根据社会和自然的具体可能性，最优解决社会和自然关系问题方面反映社会和自然相互关系问题的诸观点、理论和情感的总和”。[①] 而在生态哲学家余谋昌看来，生态意识实际上是“反映人与自然和谐发展的一种新的价值观”[②]。自然的先在性决定了它对人类行为具有一定的制约性，因此，人类对于自然的改造应该限制在一定的范围内和一定的程度上，这是生态文明意识存在的理论前提。

人类与自然是一种相互依存、相互促进的关系。虽然生产力发展和科学技术的进步对于改造自然起到了非常重要的作用，但是人类首先是依靠大自然而生存的。我们必须清醒地认识到，自然资源是有限的，一部分人通过破坏生态环境和过度地消耗自然界有限的资源来满足无节制的、眼前的需求的时候，其他人和我们的子孙后代所处的生态环境和使用同类自然资源的权益就受到了影响。这表面上看是涉及人和自然的关系问题，实际上是一种损害他人和子孙后代利益的不道德行为。1982 年 10 月 28 日联合国大会通过的《世界自然宪章》指出：“每种生命形式都是独特的，无论对人类的价值如何，都应得到尊重，为了给予其他有机体这样的承认，人类的行为必须受到道德的约束。”[③] 生态伦理学主张人们要自觉树立生

---

① 基鲁索夫：《生态意识是社会和自然最优相互作用的条件》，《哲学译丛》1986 年第 4 期。

② 余谋昌：《生态哲学》，陕西人民教育出版社 2000 年版，第 237 页。

③ World Charter for Nature［EB/OL］，［2012 - 08 - 10］. http：//www. un. org/documents/ga/res/37/a37r007. htm.

态伦理意识，将人与自然视为处于同一空间内不可或缺的组成部分，人与自然不存在统治与被统治、征服与被征服的关系，而是相互依存、和谐共生的关系，人类的发展不仅要讲究代内公平，而且还要考虑代际公平，强调人们在改造自然以发展生产力和不断提高人们物质生活水平的同时，要约束自己的行动，尊重和保护自然生态环境，而不是盲目蛮干、为所欲为。

人类对于自然界的征服改造实际上是要开发自然资源为人所用，所以，人与自然的关系问题最终可以归结到人类的消费意识上。今天我们倡导的消费观念应该是一种绿色消费意识，即人们在生活中所形成的一种既满足生活需要又不浪费资源和不污染环境的消费意识。绿色消费崇尚自然和追求健康，人们在生活中应该选择未被污染或者有益于人们健康的和有益于环境的绿色产品；绿色消费倡导资源节约和循环利用，要减少不必要的消费和过度消费，尽量少用或不用一次性的餐具或其他产品，建立起个人消费行为与履行环境责任相结合的机制；绿色消费讲求理性消费和适度消费，这将促使人们从对自然掠夺式的开发方式转向保护性开发，同时承认人与自然以及人与人之间复杂而又不断变化的关系并能敏感地、适时地对这些关系做出反应，这样也就可以最大限度地减少人类对于生态环境的不良影响。绿色消费意识以人为核心，倡导一种健康、理性的消费观念和消费行为，强调人与自然的和谐关系，是建设资源节约型和环境友好型的“两型社会”和可持续发展的生态空间的重要条件。

4. 生态文明建设的具体路径

在当代中国，“生态人”的塑造只能在建设物质文明、政治文明、精神文明和社会文明的现实“感性活动”中逐步推进；将生态文明建设融入经济建设、政治建设、文化建设和社会建设的各领域、各环节和全过程。

首先，建设高度的物质文明是塑造“生态人”的物质前提和现实基础。首先要把实施科教兴国战略、可持续发展战略和建设创新型国家统一起来，大力发展生态科学技术。生态科学技术在某种意义上就是基于技术的生态影响而采取的一种技术选择对策。生态科学技术在注重传统的效率标准外，还必须以生态价值和人性价值标准来选择技术模式和技术发展方向。即：(1)技术进步不应以破坏生态平衡为代价，或者说不应以对自然的暴力形式来实现；(2)技术方式应与自然生态相协调；(3)技术方式应符合人性。其次，建设高度的物质文明应促使产业结构优化升级和经济增长方式根本转变，完善绿色产业体系。为此，必须大力发展绿色农业，在社会主义新农村建设总体布局中大力加强农村生态文明建设；必须重点发展绿色工业，运用生态规律、经济规律和系统工程的方法经营和管理，形成一种“资源—产品—再生资源”的物质能量闭路循环的综合工业发展模式；必须加快发展绿色服务业，在管理和服务等方面做到生态化管理和服务，形成绿色信息业和绿色服务业，加快体育、旅游、休闲等文化类产业的发展等。此外，转变经济增长方式，树立科学发展观和科学政绩观，运行绿色核算体系等，也是建设高度物质文明、塑造“生态人”的必需。

其次，建设高度政治文明是塑造“生态人”的政治体制、机制保障。建设高度政治文明，就是要坚持党的领导、人民当家作主、依法治国的有机统一，强化政府绿色管理职能，建立绿色综合决策机制，加大绿色法律法规，政策执行力度。绿色管理的实施主体是政府，但进行绿色管理的事业“都是涉及人民群众切身利益的工作，一定要把最广大人民的根本利益作为出发点和落脚点”，政府实施绿色管理“要着眼于充分调动人民群众的积极性、主动性和创造性”①；要建立并逐步完善动员、引导、支持公众参与环境保护的有效机制；要扩大公众对环境的知情权，为公众关注环保，参与重大项目决策的环境监督和咨询提供必要的条件。

再次，精神文明通过其包含的生态文化实现着对“生态人”的精神、心理、智能的塑造，为其提供思想保证、精神动力、智力支持。加强精神文明建设，塑造具有生态向度的人，必须坚持马克思主义在生态文化建设中的指导地位，防止生态中心主义、生态无政府主义、生态殖民主义等“绿色陷阱”；必须着力推动企业生态文化建设，通过对企业家进行生态环境保护教育，提高企业家生态文化素质；同时应通过将精英教育与大众教育统一起来，将学校教育与家庭教育、社会教育统一起来，把平面教育与立体教育、传统技术手段与通信网络等现代技术手段结合起来等方式，

---

① 胡锦涛：《在中央人口资源环境工作座谈会上的讲话》，《人民日报》，2004年4月5日。

加强对公众的生态教育，提高公众的生态意识。

最后，社会文明是塑造“生态人”的社会条件、社会环境。人们的生活世界是由物质生活、政治生活、精神生活与社会生活相互渗透、相互制约而构成的总体世界。所谓“社会文明”，简而言之，就是社会成员在社会生活中自发形成的和社会组织通过社会建设自觉创造的一切积极、进步的成果的总和。对于“生态人”塑造与社会文明建设的良性互动而言，最重要的是着眼于：(1)促进社会和谐；(2)弘扬自治、志愿、合作等现代公民精神；(3)促进传统公民向新公民（生态公民）转型；(4)构建利他、互惠和共荣的新人道主义价值体系。

总之，只有坚持人的发展的生态向度，社会的全面协调可持续发展同人的全面发展，社会主义物质文明、精神文明和政治文明建设同生态文明建设，才能相互促进、相互协调。这个过程也是人类由必然王国走向自由王国的历史过程。

概而言之，“生态人”是现代人应该回归的合理生存状态，但它的前提却是需要人人收敛自己的欲望才能实现的状态。如果没有每个人在社会生活中从“我”开始的奉行节俭、适度消费、减少污染、拒食野味、珍爱自然、理性节欲，就永远无法进入“生态人”的和谐状态。在充满恶性欲望的现代社会，“生态人”的觉悟无疑是一个艰难的人性变革过程。18 世纪的欧洲有一句名言：“人是什么？一半野兽，一半天使。”人自从打开了潘多拉魔盒以后，野兽的本性从人性的魔盒中释放出来，理性的天使却常常被关在人性的魔盒里沉睡。即使道德的教育和崇善的法律不断设法唤醒人性的天使出来主宰，结果却往往应了中国一句古话：“道高一尺，魔高一丈。”由此造成了阶级社会中“恶是推动历史发展的动力”的现象。今天，“自然”以层出不穷的愤怒的报复，站出来迫使“人”改变这样的现状。人只有充分释放自己天使的本性，主宰野兽的欲望，从“我”做起，从内心天使的“我”行动，从自己争当“生态人”开始，整个人类与自然的和谐才会真正出现。①

---

① 夏国美：《“生态人”：自然的回归》，《检察风云》2004 年第 5 期。

三　增强世界公民意识，构筑以主权尊重为纽带的人类命运共同体

当中国人的生活从温饱不足跃升到总体小康水平，以更加开放的姿态、更加宽阔的眼界、更加平和的心胸大步向前之时，开始呼唤自觉的世界公民意识。

1. 做一个对世界负责任的人

有一则故事，泰国曼谷一家五星级酒店为了吸引顾客，突发奇招，举办一场超顶级的宴会，赴宴者必须每人交纳 2.9 万美元。想不到的是，法国三位大厨集体拒绝制作，认为这是“奢侈的”，对地球上有限的资源将造成极大的浪费。超豪华盛宴的烹饪费肯定高昂，并且办宴会花的不是法国人的钱，消耗的不是法国的资源。大厨们的抵制看似匪夷所思，表现出的却是世界公民意识。他们把他国的事，当作了本国的事，当作了全球的事。还有一则故事，几个中国游客在德国旅游，用餐时还是像在国内一样，大手大脚，点一桌的菜，吃不了几口全都倒掉，结果遭到在同一餐馆用餐的德国人的抗议，几个中国游客觉得令人费解，心想，“我花自己的钱，关你什么事？”而在这几个德国人看来，资源是人类共有的，并且在一天天减少，虽然你花的是自己的钱，却不可以对人类共有的资源肆意糟蹋和浪费。这种“多管闲事”的人，就是世界公民。

我们有过一句很响亮的口号：胸怀祖国，放眼世界。要积极融入世界，泱泱大国不能“夜郎自大”，不能“唯我独尊”，不能“各自只扫门前雪，哪管他人瓦上霜”，不仅做一个对自己国家负责的人，还要做一个对世界负责的人。当下，国人的世界公民意识已经越来越强。每当世界性的灾难降临，不仅中国政府会在第一时间以国家的名义向受害国、受害人群展开救援，普通百姓也正在成为国际救援和国际救助的主角。第 29 届奥运会上，韩国举重运动员李培勇带着脚伤试举倒地，中国观众起立鼓掌为他鼓劲；郎平率领的美国排球队参赛时，中国观众直呼“郎平加油”，使郎平感觉“受到的是主场待遇”。观众跨越国界和民族的观赛举止，正

是世界公民意识的一种体现。

现代社会的价值取向，是做世界公民，不做“小国寡民”，把人的责任和义务，摆放在世界的天平上。一个国际组织曾把一项大奖授予了一群“无国界医生”，这群年轻的医生要求自己，必须在一昼夜之内开动，前往世界上任何发生危机的地方，因此成为世界公民的一个标杆。现今世界，交通的极大便利，早已使得距离不是问题，“千里江陵一日还”已是现实；而信息的快捷和通畅，让人真真切切有了“天涯若比邻”之感。地球越来越“小”，人们生活在“地球村”里。既然我们和世界的距离如此之近，和世界的沟通如此频繁，这就不仅要求中国成为一个负责任的大国，也要求中国人成为一个对世界负责的人。这是中国经济总量跃居世界第二后，我们应该具有的担当。

2. 培育世界公民意识，积极适应全球化发展趋势的条件

通常意义上的“公民”既是一个法律概念，同时又是一个政治概念，它从“国家”那里得到了身份确认，体现了个人与国家特定的权利与义务关系。然而，自20世纪末以来，随着科学技术的发展特别是信息技术的巨大进步，在世界范围内已经越来越呈现出一种“以全球意识为基础，以人类共同利益、共生发展为目标，以科技进步和经济发展为动力，在全球范围内展现的涉及政治、经济、文化、社会等各个领域的人类社会整体化、多样化、依存化、关联化的客观历史进程和趋势”①。这种“全球化”趋势正试图全方位打破民族国家所设的壁垒，使得人们的经济行为、政治运作、文化交流和社会关系网络的建立等等方面都出现了与以往大不相同的新现象。这些变化，使得民族国家不再是政治活动合法性的唯一来源，也不再是公民资格话语的主导者，公民资格越来越趋向于剥离民族国家的特征。② 传统意义上的与民族国家紧密相连的“定型的公民资格（fixed citizenship）”受到了包容国家和超越国家认同和权利义务的“弹性的公民

① 文军：《承传与创新：现代性、全球化与社会学理论的变革》，华东师范大学出版社2004年版，第89页。

② Wing - Wah Law, Globalization and Citizenship Education in Hong Kong and Taiwan, *Comparative Education Review*, 2004, 48 (3).

资格”（Hexible Citizenship）的严重挑战。① 民族国家一方面要维持国内公民对于国家或民族的认同，同时又要对抗全球化趋势下超越国家的新势力的影响，这就导致了“全球化”与“本地化”之间的紧张关系，使得民族国家在维护国家的领土完整和意识形态统一的基础上尽可能求得一种认同和差异的平衡。

在此背景下，经济全球化和政治格局多极化趋势明显加快，各国和各地区之间的经济、政治、文化等方面的联系越来越紧密，人们的交往愈来愈多地突破国家和民族的界限，公民不仅仅生活在赋予自己身份的国度里，同时也生活在“天涯若比邻”的“地球村”中。越来越多的公民与世界其他国家的公民一样，不仅是自己国家的公民，也变成了“跨国的群体”，成了“世界公民”。哈贝马斯在20世纪就对世界公民身份作了一番论述：“只有一种民主的公民身份——它不是特殊主义地封闭的——才能也会成为一种世界公民地位准备条件，这种世界公民地位已经在全世界范围的政治交往形式中形成起来。……世界公民状态不再是一种纯粹的幻想，即使我们离它还相距甚远。国家公民身份和世界公民身份构成一个连续统，这个连续统现在至少已经显出轮廓来了。”②

在人类漫长的历史中，各个国家的经济、政治、文化等基本上都是在一个封闭的体系内发展，就算有一些国家之间存在着一些交往，却要么是不平等的交往，要么是影响甚微的。在这种情况下，人们普遍存在着一种民族情怀和以自我为中心的意识。然而在当今的全球化趋势下，迅猛发展的科学技术和以信息技术为核心的“信息革命”已经深刻地改变着我们的生活，以至于在很多时候、在很多领域，我们都会感受到“蝴蝶效应”的存在，哪怕发生在万里之外的一件小事，也很可能对我们的日常生活或工作造成影响。因此，我们要以一种开放的心态和国际视野，来应对我们身边的事情、分析国际形势，这样才能自觉地、迅速地、深入地融入国际社会，按照国际化的需求来调整自己的生活和工作方式，适应全球化急剧的变化，使自己不仅是一名中国公民，更是世界公民的一分子。职是之

---

① Cogan, J., Morris, P. & Print M. (eds.), *Civic Education in the Asia - Pacific Region: Case Studies across Six Societies*, 2002, New York: Routledge Falmer, pp. 185 - 187.

② 哈贝马斯：《在事实与规范之间：关于法律和民主法治国的商谈理论》，童世骏译，生活·读书·新知三联书店2003年版，第680页。

故，培育世界公民意识是积极适应全球化发展趋势的前提条件。

世界公民意识的培养，实质是一种现代生存理念的培育，它着眼于“世界公民人格”与全球“公共价值”意识的养成，表现为一种普世但非同质的价值理想。所谓世界公民意识，就是将个体的行为与责任，放大到全球去考量。因此，需要对这个世界熟悉和理解，才能更好地增强世界公民意识。将一代又一代中国青年培养成为具有国际视野、通晓国际规则、能直接参与国际合作与竞争以及有社会责任感的世界公民。

3. 当代中国青年世界公民意识培育的实践路径

众所周知，青年群体是社会最活跃的团体，具有最活跃的思想、最高昂的热情。然部分青年由于阅历不足、学识有限、心智发育尚未成熟，往往容易片面对待事物，要么故步自封，要么崇洋媚外。做好一个国家的公民，需要我们正确认识国家、处理好个人与国家的关系。而要成为一个世界公民，需要我们正确认识世界，处理好个人、国家（或民族）与人类整体的关系。因是，个人与国家的双向关系转变为个人、国家和人类之间的三角关系。一个合格的世界公民就应该能够正确认识、协调和处理好三者的关系。

第一，培养当代中国青年全球的视野和开放的心态。

今天的世界越来越像一个“地球村”。在经济全球化、文化多元化的背景下，重视培养学生的跨文化知识、扩展学生的全球化视野是非常重要的。“走出去”与“走进来”相结合，创造更多的机会让来自不同国度、不同文化背景的青年人聚集在一起，进行文化的交流和沟通，不仅有利于促进世界的融合，也有助于提升当代中国青年的综合素养，崇洋但不会媚外，国际化但又不会只盯着国外，把中国问题放到世界的视景下去考虑，研究世界性问题积极融入中国因素，讲好中国故事，发出中国声音，发挥中国智慧，提出中国方案，研究中国就是研究世界，关注世界命运就是聚焦中国问题。

第二，培养当代中国青年爱人类与爱和平的情怀。

要培养青年人类之爱，就要消除各种偏见和歧视。世界上有各种各样的人群，由于特定的生活环境和历史发展，使每个族群都形成了自己生理上和文化上的特征，但不论他们与别人有多大的不同，他们最基本的特征，就在于他们是人类大家庭的成员，都应该得到人类之爱。他们可能有不同的肤色，但各种肤色并没有优劣之分，因为肤色只是外表，不涉及人的内在精神世界。他们可能信奉不同的宗教，但各种宗教都有其存在的合理性。他们没有真假正邪之分。他们可能有不同的生活方式、风俗习惯，有的在我们看来有些怪异、不可思议，但我们应该学会换位思考：我们的一些生活方式和风俗习惯在他们看来同样是怪异的、不可思议的。爱人类就是要以爱心对待所有的人，不分民族、种族、宗教、性别，它是一种无差别的爱，是对每一个个体和人类整体的爱。爱人类的具体表现就是爱和平。出于对人类的爱心，必然追求世界和平。而侵略战争、大规模的种族屠杀行为、大规模的侵犯人权行为、恐怖主义，都是反人类的行为。文明的人类应该消除这种反人类行为，以和平的方式，即通过谈判、协商、妥协来解决国际社会的分歧和冲突，而不是动辄诉诸威胁、强迫和暴力。

第三，培养当代中国青年宽容的态度和理性的方式。

我们这个世界不仅是由个人构成的，还是由不同的民族和国家构成的。每个国家都有自己的利益，国家间就不可避免地产生利益的冲突：领土冲突、资源争夺、贸易争端等，这是国际社会的家常便饭。面对其他国家间的冲突，我们要能够主持正义，支持受压迫者、受侵犯者，促进冲突双方的和解。在我们与其他国家利益发生冲突的场合，我们要能够以理性的方式来处理，在维护国家正当利益的基础上，尽量化解冲突而不是使其升级，不要受冲动和情绪所左右，避免走极端。商业谈判中人们经常说的“双赢”，应该是处理大多数国际争端的目标。国家间还会出现意识形态和价值观念的冲突，这也是不可避免的。化解这种冲突的方式，就是相互尊重与宽容。一个国家的人民选择什么样的意识形态，服膺何种价值准则，都是那个国家人民的自由，别国无权干预。一个国家做出某种选择，往往与其历史传统、生活环境、民族性格等因素有关，各国的国情不同，不能将一个标准强加给所有的国家。那种以自己的意识形态为唯一真理、以自己的价值观念为唯一标准，并将其强加于人的做法，包括各种霸权主义、以推广某种价值体系为目的的对外扩张、宗教狂热、原教旨主义等，都是十分愚昧和不合时宜的。

第四，培养当代中国青年民族主义与世界主义相统一的意识。

我们生来注定具有双重身份。我们属于某个民族，某个国家，但同时也是人类的一员。所以，现代公民承担着双重义务：一个是对自己的民族或国家；一个是对人类。世界公民需正确把握这两者的关系。在殖民主义时代，民族主义曾经代表着人的觉醒，各族人民在民族主义旗帜下，争取独立、自由、尊严和人的解放。人们将个人的解放寄托于民族的解放，将民族的解放视为个人的解放。但民族主义是一把双刃剑，专制统治者往往以民族代表自居，利用人民的民族感情，煽动排外仇外情绪。他们借助狭隘的民族主义的力量，一方面对内实行极权统治；另一方面对外制造冲突和战争，危害世界和平。二战期间，德国纳粹主义和日本的军国主义就是典型。所以，民族主义既可以成为压迫个人的帮凶，也能够成为危害人类的祸首。冷战结束之后，民族主义的负面影响明显上升。中华民族是世界上最庞大的族群，所以世界能否变得更和平、更人道、更美好与我们的关系最大，与此同时，也意味着赋予我们的责任也最大。我们每个人都应该意识到自己对人类应尽的义务，发扬我们儒家传统中“以天下为己任”的精神，在维护中华民族根本利益的基础上，忠实履行自己的国际义务，做一个合格的世界公民。

4. 积极构建“你中有我、我中有你”的人类命运共同体

2012 年 12 月 5 日，习近平总书记在北京人民大会堂同在华工作的外国专家代表座谈时，首次鲜明地提出了“人类命运共同体”的思想，他说：“国际社会日益成为一个你中有我、我中有你的命运共同体。”

第一，“人类命运共同体”是一个重要的科学判断。

首先，世界各国相互联系、相互依存的程度空前加深。人类生活在同一个地球村里，生活在历史和现实交汇的同一个时空里。在经济全球化背景下，各经济体一荣俱荣、一损俱损，各国经济，相通则共进，相闭则各退，只有在经济上相互合作、互通有无、优势互补，加强利益融合，在追求本国利益时兼顾他国合理关切，在谋求自身发展中促进各国共同发展，不断扩大共同利益汇合点，才能共享发展机遇，实现共同发展。其次，当前世界经济面临诸多不稳定，需要共同迎接挑战。世界经济形势总体朝好的方向发展，但是依然面临诸多难题和挑战。国际金融危机深层次影响继续显现，形形色色的保护主义明显升温，地区热点此起彼伏，霸权主义、强权政治和新干涉主义有所上升，军备竞争、恐怖主义、网络安全等传统

安全威胁和非传统安全威胁相互交织，维护世界和平、促进共同发展依然任重道远。越是面临全球性挑战，越要合作应对。①

第二，“人类命运共同体”已经上升为国家行动。

世界那么大，问题那么多，国际社会期待听到中国声音、看到中国方案，中国不能缺席。十八大以来，以习近平为总书记的党中央站在新的历史起点上，观大势、谋大事，不认同“国强必霸”的“修昔底德陷阱”，积极倡导构建以合作共赢为核心价值观的“人类命运共同体”。2013 年 3 月，习近平在俄罗斯演讲时表示：“人类生活在同一个地球村里，生活在历史和现实交汇的同一个时空里，越来越成为你中有我、我中有你的命运共同体。”2015 年 9 月，在第 70 届联合国大会上再次强调指出，构建以合作共赢为核心的新型国际关系，打造人类命运共同体，建立平等相待、互商互谅的伙伴关系，营造公道正义、共建共享的安全格局，谋求开放创新、包容互惠的发展前景，促进和而不同、兼收并蓄的文明交流，构筑尊崇自然、绿色发展的生态体系。在博鳌亚洲论坛 2015 年年会上习近平主席提出构建“人类命运共同体”的四项原则：各国相互尊重、平等相待；坚持合作共赢、共同发展；坚持实现共同、综合、合作、可持续的安全；坚持不同文明兼容并蓄、交流互鉴。从双边命运共同体，到地区命运共同体，再到人类命运共同体，习近平从时代潮流的大视野审视中国、亚洲和世界，全面阐述了“人类命运共同体”的具体内涵，并勾画出了如何建设这一共同体的路线图。②

第三，人类命运共同体的价值观基础。

既然人类命运共同体已经成为当今世界发展的大趋势，人类理应正视这种趋势的存在，不断强化人类命运共同体意识。所谓人类命运共同体意识，是指思考和认识世界的一种观念，其要义在于顺应世界潮流变化，跳出单个国家生存和发展的认识局限，把全人类视为一个不可分割的整体，立足世界整体性发展的开阔视野，认识和处理复杂的世界事务和国际关系，强调以国家、民族、宗教或其他集合体为表现形式的人类活动应谋求全人类的共同福祉。相对于以自我利益为中心的传统国际关系旧观念，人

---

① 杜正艾：《习近平总书记关于命运共同体思想评述》，《人民公仆》2014 年 10 月刊。

② 阮宗泽：《人类命运共同体：中国的“世界梦”》，《国际问题研究》2016 年第 1 期。

类命运共同体意识是人类认识世界在观念上的一次突破和创新，倡导的是一种开创人类美好未来、应对人类共同挑战的新理念。包括：和平权力观，国家间有可能通过这些体系和机制来分配、维持、规范各国间权力关系，缓和彼此间的利益矛盾和冲突，以实现权力在国际关系中的和平分配和使用；共同利益观，世界各国要“互通有无、优势互补”，在追求本国利益时兼顾他国合理关切，在谋求自身发展中促进各国共同发展，不断扩大共同利益汇合点；全球治理观，通过具有约束力的国际规制来解决全球性的冲突、生态、人权、移民、毒品、走私、传染病等问题，以维持正常的国际政治经济秩序；国际责任观，客观上要求国家行为体履行双重使命，既维护国家利益，又承担国际责任，只有世界各国切实担负起自己的责任，才能“同舟共济”“共克时艰”；文明互鉴观，推动不同文明相互尊重、和谐共处，让文明交流互鉴成为增进各国人民友谊的桥梁，推动人类社会进步的动力，维护世界和平的纽带。①

八　健全“互联网+”思维，构筑安全共享为纽带的网络命运共同体

当今时代，以信息技术为核心的新一轮科技革命正在孕育兴起，互联网日益成为创新驱动发展的先导力量，深刻改变着人们的生产生活，有力推动着社会发展。互联网真正让世界变成了地球村，让国际社会越来越成为你中有我、我中有你的命运共同体。同时，互联网发展对国家主权、安全、发展利益提出了新的挑战，迫切需要国际社会认真应对、谋求共治、实现共赢。

1. 互联网思维

互联网思维就是由众多点相互连接起来的，非平面、立体化的，无中心、无边缘的网状结构。它是类似于人的大脑神经和血管组织的一种思维结构。比如传统的写作和解读，常采用线性顺序。由于受稿纸和书本有限

---

① 王公龙、韩旭：《人类命运共同体思想的四重维度探析》，《上海行政学院学报》2016 年第 3 期。

空间的影响，人们必须按一定的时空和逻辑顺序，来书写或解读某种信息。而电脑写作和解读，信息载体几乎没有空间限制，完全可以突破时间和逻辑的线性轨道，自由翱翔于思维的广阔天地，进行随意的跳跃和生发。它可以在文本的任何一个节点上，增加和补充新的思想内容，删除不合主题的冗余材料，不同的部分可以任意调换先后次序，进行自由组合。因此思维不再被强制地运行在一个线性维面上，而是允许在四通八达的网络中穿梭往来。传统文本的定位，常常靠页码的前后顺序，其修改也是从前往后逐句逐字地进行。而电子文本利用“查找”或“定位”功能，可以超越时空顺序瞬间到达具体目标，尤其是相同问题的修改，可以利用“替代”功能一次性同时完成。另外，传统文本属于线性叙事，事件的发展顺序都是精心安排的，就是有插叙、倒叙、补叙等，其叙事流程也不可更改。由于电脑超文本的链接功能，作者能随意地从电子文本的一点跳到另一点，从而打破了线性叙事的神圣规律。

2. “互联网+”国家行动计划

党的十八大以来，习近平总书记十分关心互联网发展和安全，不仅亲自担任中央网络安全和信息化领导小组组长，而且提出了一系列新观点、新论断、新要求——“没有网络安全就没有国家安全，没有信息化就没有现代化”“互联网这块‘新疆域’不是‘法外之地’”“互联网发展迫切需要国际社会认真应对、谋求共治、实现共赢”“让互联网发展成果惠及13亿中国人民”“总体布局，统筹各方，创新发展，努力把我国建设成为网络强国”，等等。2012年11月，易观国际董事长兼首席执行官于扬首次提出“互联网+”理念。2014年11月，李克强总理在首届世界互联网大会上指出，互联网是“大众创业、万众创新”的新工具，中国经济提质增效升级的“新引擎”。“互联网+”是指利用互联网的平台、信息通信技术把互联网和包括传统行业在内的各行各业结合起来，从而在新领域创造一种新生态。2015年政府工作报告，李克强总理首次提出“互联网+”行动计划，标志着“互联网+”被国家采纳，成为国家战略。同年7月，国务院印发《关于积极推进“互联网+”行动的指导意见》，12月第二届世界互联网大会上，中国互联网发展基金会联合百度、阿里巴巴、腾讯共同发起倡议，成立“中国互联网+联盟”。

3. “互联网＋”的几个主要特征

一是跨界融合。“＋”就是跨界，就是变革，就是开放，就是重塑融合。敢于跨界了，创新的基础就更坚实；融合协同了，群体智能才会实现，从研发到产业化的路径才会更垂直。融合本身也指代身份的融合，客户消费转化为投资，伙伴参与创新，等等，不一而足。二是创新驱动。中国粗放的资源驱动型增长方式早就难以为继，必须转变到创新驱动发展这条正确的道路上来。这正是互联网的特质，用所谓的互联网思维来求变、自我革命，也更能发挥创新的力量。三是重塑结构。信息革命、全球化、互联网业已打破了原有的社会结构、经济结构、地缘结构、文化结构。权力、议事规则、话语权不断在发生变化。互联网＋社会治理、虚拟社会治理会是很大的不同。四是尊重人性。人性的光辉是推动科技进步、经济增长、社会进步、文化繁荣的最根本的力量，互联网的力量之强大最根本地也来源于对人性的最大限度的尊重、对人体验的敬畏、对人的创造性发挥的重视。五是开放生态。生态是非常重要的特征，而生态的本身就是开放的。我们推进“互联网＋”，其中一个重要的方向就是要把过去制约创新的环节化解掉，把孤岛式创新连接起来，让研发由人性决定的市场驱动，让创业并努力者有机会实现价值。六是连接一切。连接是有层次的，可连接性是有差异的，连接的价值是相差很大的，但是连接一切是“互联网＋”的目标。

4. 共建“互联互通、共享共治”的网络命运共同体

第一，互联网使地球变成宇宙的小村落。以互联网为代表的信息技术日新月异，引领了社会生产新变革，创造了人类生活新空间，拓展了国家治理新领域，极大提高了人类认识水平，认识世界、改造世界的能力得到了极大提高。互联网让世界变成了“鸡犬之声相闻”的地球村，相隔万里的人们不再“老死不相往来”。可以说，世界因互联网而更多彩，生活因互联网而更丰富。“鸡犬之声相闻，老死不相往来”只是人们的一种理想，但是这种理想无论是在古代，还是当代都是不符合社会发展趋势的。社会生产力越发达，社会分工就会越细，人与人直接的交流合作就会越强。无论是地区、还是国家间人们的交流与联系都会越来越密切，而不可能做到“鸡犬之声相闻，老死不相往来”。现代社会，科技的迅速发展，

缩小了地球上的时空距离，国际交往日益频繁便利，整个地球越来越像宇宙中的一个小村落。电视、广播、互联网、“信息高速公路”的发展，人们可以即时地接触到各种各样的世界任何一个角落的信息，整个地球就好像一个村庄，人们可以对世界各地发生的事情做出即时的反应。这也正如习近平所言，互联网让世界变成了“鸡犬之声相闻”的“地球村”，相隔万里的人们不再“老死不相往来”。互联网时代，距离的远近不再成为国家之间交往的障碍，也不再是人民间交流的屏障。这正是互联网带给全世界人民最直接的便利。我们要利用好互联网，引领社会生产新变革，创造人类生活新空间，拓展国家治理新领域，让世界因互联网而更多彩，生活因互联网而更丰富。

第二，互联网促进开放合作。“天下兼相爱则治，交相恶则乱。”完善全球互联网治理体系，维护网络空间秩序，必须坚持同舟共济、互信互利的理念，摈弃零和博弈、赢者通吃的旧观念。各国应该推进互联网领域开放合作，丰富开放内涵，提高开放水平，搭建更多沟通合作平台，创造更多利益契合点、合作增长点、共赢新亮点，推动彼此在网络空间优势互补、共同发展，让更多国家和人民搭乘信息时代的快车、共享互联网发展成果。和平与发展是当今时代的主题。在经济全球化的形势下，国与国之间既有竞争，也有合作，各国在竞争中合作。进入21世纪以来，国家间共同利益越来越多，国家间面临的共同挑战和危险也越来越多，诸如战争与和平、南北关系、生态失衡、环境污染、人口爆炸、资源短缺、国际恐怖主义、跨国犯罪、网络安全等。这需要各个国家摒弃成见，携手合作，共同应对。当前，网络空间安全是各国都共同面临的一个难题和挑战。境外非法、不良信息、病毒的涌入是最常见的网络威胁，若不加强管理，不仅会扰乱国内社会、毒害未成年人，还会给网络恐怖主义提供可乘之机。网络空间安全领域，也是超级大国支撑其全球利益和对潜在对手进行遏制的主要发力点，如若处理不好，就会给国家安全带来极大的隐患。网络空间是虚拟的，但是运用网络空间的主体是现实的。面对威胁和挑战，网络空间的运用主体间应该携手合作，同心同德为解决网络空间面临的威胁献计献策，以谋求全人类的共同福祉。习近平在第二届世界互联网大会开幕式上的主旨演讲中引用“天下兼相爱则治，交相恶则乱”，意在希望各国能够在全球互联网治理方面加强合作，坚持同舟共济、互信互利的理念，摈弃零和博弈、赢者通吃的旧观念，树立各方合作的新理念，推动彼此在网络空间优势互补、共同发展，让更多国家和人民搭乘信息时代的快车、共享互联网发展成果。①

第三，互联网是人类的共同家园。“凡益之道，与时偕行。”互联网虽然是无形的，但运用互联网的人们都是有形的，互联网是人类的共同家园。让这个家园更美丽、更干净、更安全，是国际社会的共同责任。让我们携起手来，共同推动互联网空间互联互通、共享共治，为开创人类发展更加美好的未来助力！“与时偕行”就意味着与时代同步，就是我们今天所说的“与时俱进”。从哲学上看，世界上的一切事物都是不断运动和变化的，只有把握现实脉搏、跟上时代发展，才能始终走在前列，立于不败之地。从当前国际社会发展变化看，进入 21 世纪以来，各国都面临着许多的新形势、新矛盾、新机遇、新挑战，综合国力竞争日益激烈，这也需要各个国家不断根据形势的变化调整对外关系，以期做出对本国最有利的选择。当今社会，互联网已经完全影响到了人们生活的方方面面。互联网是一把“双刃剑”，带给人们生活各种便利的同时，也带来了许多隐患和不安全因素，这些都已经严重地影响到了人们的工作和生活，影响到了各个国家的安全。网络安全面临的挑战是当下各国共同面对的难题，需要各国携手合作，共商解决之道。习近平在讲话中引用“凡益之道，与时偕行”，旨在呼吁国际社会应当早日承担起建设美丽、干净、安全的互联网的责任，各国携手并行，共同推动互联网空间互联互通、共享共治，为开创人类发展更加美好的未来助力！

---

① 习近平：《构建网络空间命运共同体》，《思想政治工作研究》2016 年第 1 期。

结语与展望

“成为一个人，并尊重他人为人。”① 如果一个人珍惜自己的生命，把自己当人看，懂得尊重和关爱自己，他就会珍惜别人的生命，懂得尊重他人，关爱他人和社会；反过来说，一个懂得尊重他人、关爱他人和社会的人，也会因此获得他人或社会的尊重与关爱。他人或社会的尊重，让我们找到了自尊；他人和社会的关爱，让我们找到了自爱；他人和社会的信任，让我们找到了自信，进而体味到了生命的意义、做人的价值、前进的力量，获得自己独立的人格及其意义的认同。

人格是由性格、位格和品格构成。“性格”虽有与生俱来的先天性或遗传性，但更多的是后天成长的过程和生存的环境养成的。“位格”是社会或他人成就所赋予的，每个人都是社会关系网的关节点，决定个人的社会关系中的角色、身份、地位以及与之相对应的权利和义务。“品格”是人格的最高层次，是一个人的德性或德行。“人之初，性本善。性相近，习相远。”“品格”虽是人性固有的“善”（孟子），是人性中的“好”或“优秀”（亚里士多德），如果缺乏良好的教育，未能“三省吾身”，没有养成良好的习惯，再好的品性，再优秀的纯良，都会堕落，被污染。

一个人良好的品格从何而来？“天命之谓性，率性之谓道，修道之谓教”（《中庸》）。良好的品格是教化得来的，是修习得来的。“三人行必有吾师”。在与他人交往和交换的过程中，在劳动和社会实践的过程中，我们学会了按照“己所不欲，勿施于人”的“忠恕之道”、“按照你认为可以成为普遍行为准则的那个准则去行事”的绝对命令、“你希望别人怎样对待你，你就怎样对待别人”的黄金法则去行动。善待自己，善待他

① 黑格尔：《法哲学原理》，范扬、张企泰译，商务印书馆1964年版，第38页。

人，善待大自然，实现人与自然的和谐共生，人与人的和谐共存，身与心的和谐共进。

而人们能否按照一定的社会行为规范或道德原则去行动的前提条件则是这个社会的社会关系保持相对的稳定，过去、现在和未来的历史链条的相对完整。一个相对良性运行的社会，应该具有先进的理想信念，可持续的经济发展方式，稳定的政治制度，有序的道德生活，充满活力、积极健康向上的文化精神，有明确的、自足的核心价值观。

当下中国正处在急速转型时期，经济体制深刻变革，社会结构深刻变动，利益关系深刻调整，思想观念深刻变化。传统的理想信念与信仰、经济发展和消费方式、政治和道德生活、文化精神与核心价值观等所依赖的相对稳定的社会关系和利益格局正在被打破，导致人们理想信念缺失，文化流俗恶俗，行为道德失范，核心价值观被消解，以及因为对网络新媒体的欲罢不能而出现的人格裂变和错位。伴随着改革开放成长起来的“80后”、“90后”当代中青年出现了前所未有的价值困惑。

选择的困惑。随着经济的发展，外来文化的冲击，大众传播的膨胀，社会分层的加剧，使得原本相对单一的价值体系逐渐被多元的价值体系所取代，传统的价值观念与现代价值理念、社会主义价值体系与西方价值观念正发生着激烈的碰撞与冲突。社会价值体系的分化使当代青年的价值观正经历着选择、重构甚至蜕变的痛苦历程。西方历时性出现的传统、现代、后现代，在当代中国被超时空压缩成一个共时性存在。对于当下中国社会和中国人来说，传统是我们的“根”，不容割舍；现代是我们的“生”，是被历史和现实证明了的正确选择，不容放弃；后现代是一面“镜子”，告诉人们在前进的路上要不时地驻足回望自己来时的路。

时空的错位。虚拟世界与现实世界频繁切换，很容易造成生存方式或生存境遇的幻觉或幻视现象，经常出没在虚拟与现实的频道切换之中，现实世界和现实生活的虚拟化与虚拟世界和虚拟生活的现实化，势必导致网络信息时代的人们尤其是青少年生活的不适、情绪的茫然、精神的错觉、行为的失范、情境的错位。虚拟世界实现了人们跨时空互动，使人们摆脱了现实世界交往的时空障碍，可以任意设计时空的界限，实现不同区域的人在同一时间共同工作、娱乐，形成“近在咫尺”和“远在天边”的空间错位；可以实现现在人与自己虚拟的过去或未来之间的交流，跨越时空，实现时空的二维交错。游离在虚拟和现实之间的自我与社会脱离；对网络的过度依赖性导致人格的异化；方向感的迷茫和自我定位的偏差，使得价值追求从崇高滑向流俗甚至恶俗。

认同的困难。“一切固定的古老关系以及与之相适应的素被尊崇的观念和见解都被消除了，一切新形成的关系等不到固定下来就陈旧了。一切固定的东西都烟消云散了，一切神圣的东西都被亵渎了。”①过去服务于我们的那些可靠的、持久的、总是意味深长的东西，正在让位于那些堆积在我们周围的快捷的、廉价的、可替换的商品。旧秩序被扫荡一空之后，人们又开始重新设计它们，目的也只是为了增进个人的福祉安康。平庸、狭隘、浅薄和自由放任的人们缺乏真实性的道德理想，有一种“严重的无方向感”，缺乏一种确切的框架或视景以确定自己到底是谁，什么值得做，什么不值得做，什么是有意义的，什么是无意义的。

异化的危机。秉持传统的“非此即彼”或“主客二分”的价值立场，以自我为中心，漠视“他者”的存在及意义，使得“自我”与“他者”出现分离，标榜着“自我”对“他者”的征服、侵略和掠夺。为了“追求自我利益最大化”，资本家和现代主流经济学家们习惯于将自然环境简化为“自然资本”，不见生态的多样性；将社会关系简化为“社会资本”，不见生活的真实性；将人简化为“人力资本”，不见人性的善性良心；将伦理价值简化为“道德资本”，不见美德的纯洁性。“天人”不再“合一”，僭越“名分”，行为出“格”，其结果是：人与自然的分离导致前所未有的“生态危机”；人与人、人与社会的分离导致前所未有的“人态危机”；身与心的分离导致前所未有的“心态危机”。

作为个体的人，其本质属性是一种“关系的存在”，只有在“关系的存在”中，一个有理性的人才会意识和思考自己生命存在的真实性及其意义、自我与他者关系的真实性及其意义、自我和他者寄身于其中的人类社会整体与外在于人类同时又为人类的生产和生活提供人居条件和物质资料的自然生态系统之间关系的真实性及其意义。以“自我”为圆点出发自发或自觉形成的或寄身于其中的各种“关系”，型构了一个人的生命存

① 马克思、恩格斯：《共产党宣言》，《马克思恩格斯选集》（第1卷），人民出版社1972年版，第254页。

在及其意义的价值体认、人性提升及其人格的光明完善、生产和生活实践的价值判断及其行为规范等赖以生成、维系和发展的真实背景，这个真实性存在的“关系实体”就是人们经常所称谓的“伦理实体”。

当代中国青年走出选择的困惑、时空的错位、认同的困难、异化的危机等价值困惑以及和谐人格型塑的具体路径就是：加强个体品德建设，构筑以身心关系为纽带的和谐人格共同体；加强家庭美德建设，构筑以血缘关系为纽带的和谐家庭共同体；加强社会公德建设，构筑以地缘关系为纽带的和谐生活共同体；加强职业道德建设，构筑以职业关系为纽带的和谐职场共同体；加强公民意识教育，构筑以文化认同为纽带的国家命运共同体；加强生态文明建设，构筑以生命关系为纽带的生态命运共同体；培育世界公民意识，构筑以主权关系为纽带的人类命运共同体；强化“互联网＋”思维，构筑以安全共享为纽带的网络空间命运共同体。

“互联网＋”时代伦理学的使命。以“互联网＋”为核心的智能技术革命从纵深两个维度对人类的生产和生活正在产生深刻的影响和变革，这种影响和变革无死角，全天候。探究“互联网＋”背景下人格型塑与意义认同，亟待伦理学的新突破。“互联网＋”正在使得上述这些传统意义上的伦理实体的边界逐渐消弭，壁垒逐渐消逝。“互联网＋”不仅使得“实体”虚拟化，更重要的是那些因为“互联网＋”而边界逐渐消弭、壁垒逐渐消逝的传统的伦理实体背景业已生成一个全新的伦理实体背景——网络命运共同体。“互联网＋”正在由虚变实。“互联网＋”时代已经到来，人类的生产方式、生活方式、思维方式、人际关系、社会结构甚至话语体系等已经悄悄改变或正在发生深刻变革。“互联网＋”给伦理学或道德哲学提出了全新的课题。

在历史的生存链条、现世的生存境遇、生命的存续意义、人生的价值关怀等四个维度基础上，探究“互联网＋”（第五个维度）背景下当代人尤其是青年人的人格同一性认同，使其形塑并拥有健全的道德人格，过上有意义的和谐生活。研究内容涉及“互联网＋”·个体·身心；“互联网＋”·家庭·血缘；“互联网＋”·社区·生活；“互联网＋”·职场·职业；“互联网＋”·国家·文化；“互联网＋”·世界·主权；“互联网＋”·生态·生命；“互联网＋”·网络·共享；“互联网＋”·历史·人·链条·历史观·纵向；“互联网＋”·现实·人·实存·世界观·横向；“互联网+”·意义·人·认知·人生观·自我；“互联网+”·价值·人·认同·价值观·他者。由于篇幅和主题的原因，“互联网+”时代伦理学的变革在此不做赘述，并将其列为下一个研究目标和主题，独立成书，系统诠释。

参考文献

一　经典著作

马克思、恩格斯：《马克思恩格斯选集》（第1卷），人民出版社1972年版。

马克思、恩格斯：《马克思恩格斯全集》（第2卷），人民出版社1962年版。

马克思、恩格斯：《马克思恩格斯选集》（第3卷），人民出版社1972年版。

马克思、恩格斯：《马克思恩格斯选集》（第1、2、4卷），人民出版社1995年版。

马克思、恩格斯：《马克思恩格斯全集》（第22卷），人民出版社1972年版。

马克思、恩格斯：《马克思恩格斯全集》（第23卷），人民出版社1972年版。

马克思、恩格斯：《共产党宣言》，人民出版社2010年版。

马克思：《1844年经济学哲学手稿》，人民出版社2000年版。

马克思：《资本论》（第1卷），人民出版社2000年版。

马克思：《资本论》（第3卷），人民出版社1975年版。

列宁：《列宁选集》（第2卷），人民出版社1995年版。

邓小平：《邓小平文选》（第2卷），人民出版社1995年版。

二　中文著作类

罗晓明：《大思想：人格本位》，中国社会出版社2004年版。

罗国杰：《伦理学》，人民出版社1989年版。

唐凯麟：《伦理学》，高等教育出版社2001年版。

余潇枫、张彦：《人格之境——类伦理学引论》，浙江大学出版社2006年版。

宋希仁：《道德观通论》，高等教育出版社2000年版。

余谋昌：《生态哲学》，陕西人民教育出版社2000年版。

肖平：《理工科高校职业道德教育研究》，西南交通大学出版社2011年版。

李华兴、吴嘉勋编：《梁启超选集》，上海人民出版社1984年版。

邹广文：《人类文化的流变与整合》，吉林人民出版社1998年版。

顾彬：《关于“异”的研究》，北京大学出版社1997年版。

潘忠岐：《世界秩序：结构、机制与模式》，上海人民出版社2004年版。

苏国勋：《理性化及其限制》，上海人民出版社1988年版。

李伦：《鼠标下的德性》，江西人民出版社2002年版。

余英时：《士与中国文化》，上海人民出版社1987年版。

许纪霖：《共和、社群与公民》，江苏人民出版社2004年版。

陈根法：《德性论》，世纪出版集团、上海人民出版社2004年版。

李蜀人：《道德王国的重建》，中国社会科学出版社2005年版。

樊浩：《伦理精神的价值生态》，中国社会科学出版社2001年版。

樊浩：《文化撞击与文化战略——中西比较文化原理》，河北人民出版社1994年版。

樊浩：《中国伦理精神的历史建构》，江苏人民出版社1993年版。

茅于轼：《中国人的道德前景》，中国社会科学出版社2003年版。

张静：《身份认同研究》，上海人民出版社2006年版。

王成兵：《当代文化认同的人学解读》，中国社会科学出版社2004年版。

刘昶：《人心目中的历史》，四川人民出版社1987年版。

孙本文：《社会心理学》，商务印书馆1946年版。

沙莲香：《社会心理学》，中国人民大学出版社1987年版。

张春兴：《现代心理学》，上海人民出版社1994年版。

周晓虹：《现代社会心理学》，南京师范大学出版社2002年版。

黄志斌：《绿色和谐管理理论》，中国社会科学出版社 2004 年版。

杨晖、彭国梁、江堤主编：《千年论坛——思想无疆》，湖南大学出版社 2002 年版。

蔡元培：《中国伦理学史》，商务印书馆 2000 年版。

张岱年：《中国哲学大纲》，中国社会科学出版社 1982 年版。

万俊人：《现代西方伦理思想史》上下卷，北京大学出版社 1990 年版。

费孝通：《乡土中国》，北京大学出版社 2003 年版。

陈绪新：《信用伦理及其道德哲学传统研究》，中国社会科学出版社 2008 年版。

蔡元培：《中国伦理学史》，商务印书馆 2000 年版。

万中航：《哲学小辞典》，上海辞书出版社 2003 年版。

三　中文译著类

德里达：《书写与差异》，张宁译，生活·读书·新知三联书店 2001 年版。

布伯：《人与人》，张健、韦海英译，作家出版社 1992 年版。

赫舍尔：《人是谁》，隗仁莲译，贵州人民出版社 1994 年版。

托马斯·雅诺斯基：《公民与文明社会》，柯雄译，辽宁教育出版社 2000 年版。

海德格尔：《存在与时间》，陈嘉映等译，生活·读书·新知三联书店 1987 年版。

克鲁克洪：《文化与个人》，高佳译，浙江人民出版社 1987 年版。

汤因比：《历史研究》（上、中、下），上海人民出版社 1959 年版。

洛克：《论宗教宽容——致友人的一封信》，吴云贵译，商务印书馆 2002 年版。

亨廷顿：《我们是谁？——美国国家特性面临的挑战》，新华出版社 2005 年版。

亨廷顿、哈里森：《文化的重要作用——价值观如何影响人类进步》，新华出版社 2002 年版。

亨廷顿：《文明的冲突与世界秩序的重建》，周琪、刘绯等译，新华出版社 2002 年版。

萨特:《存在与虚无》,陈宣良译,生活·读书·新知三联书店 1987 年版。

H. T. D. 罗斯特:《黄金法则》,赵稀方译,华夏出版社 2000 年版。

黑格尔:《精神现象学》,贺麟、王玖兴译,商务印书馆 1979 年版。

黑格尔:《法哲学原理》,张企泰译,商务印书馆 1962 年版。

斯宾格勒:《西方的没落》,商务印书馆 1963 年版。

霍克海默、阿多诺:《启蒙辩证法》,渠敬东、曹卫东译,上海人民出版社 2003 年版。

阿多诺:《否定的辩证法》,重庆出版社 1993 年版。

马尔库塞:《单向度的人》,张峰、吕世平译,重庆出版社 1988 年版。

拉彼德、克拉托赫维尔:《文化和认同:国际关系回归理论》,浙江人民出版社 2003 年版。

戴维·米勒:《文明的共存——对塞缪尔·亨廷顿“文明冲突论”的批判》,新华出版社 2002 年版。

马克斯·韦伯:《新教伦理与资本主义精神》,彭强、黄晓京译,陕西师范大学出版社 2002 年版。

马克斯·韦伯:《韦伯作品集》,康乐等译,广西师范大学出版社 2004 年版。

马克斯·韦伯:《学术与政治》,冯克利译,生活·读书·新知三联书店 1998 年版。

维特根斯坦:《哲学研究》,上海人民出版社 2001 年版。

罗蒂:《哲学与自然之镜》,生活·读书·新知三联书店 1986 年版。

迈克尔·海姆:《从界面到网络空间虚拟实在的形而上学》,上海科技教育出版社 2000 年版。

罗斯扎克:《信息崇拜——计算机神话与真正的思维艺术》,中国对外翻译出版公司 1994 年版。

约翰·罗尔斯:《正义论》,何怀宏等译,中国社会科学出版社 1988 年版。

伊曼努尔·康德:《实践理性批判》,关文运译,广西师范大学出版社 2002 年版。

伊曼努尔·康德：《道德形而上学原理》，苗立田译，上海人民出版社 2002 年版。

尤尔根·哈贝马斯：《交往与社会进化》，重庆出版社 1989 年版。

尤尔根·哈贝马斯：《包容他者》，上海人民出版社 2002 年版。

尤尔根·哈贝马斯：《公共领域的结构转型》，曹卫东等译，学林出版社 2004 年版。

乔纳森·弗里德曼：《文化认同与全球性过程》，郭建如译，商务印书馆 2003 年版。

柏拉图：《理想国》，商务印书馆 1986 年版。

亚里士多德：《政治学》，吴寿彭译，商务印书馆 1983 年版。

图海纳：《我们能否共同生存：既彼此平等又互有差异》，狄玉明等译，商务印书馆 2003 年版。

德夏里特：《社群主义与个人主义》，中国社会科学出版社 1998 年版。

阿马蒂亚·森：《经济学和伦理学之间》，王宁、王文玉译，商务印书馆 2001 年版。

密尔：《代议制政府》，商务印书馆 1982 年版。

尼布尔莱：《道德的人与不道德的社会》，贵州人民出版社 1998 年版。

亚当·斯密：《国民财富的性质和原因的研究》，商务印书馆 1996 年版。

亚当·斯密：《道德情操论》，蒋自强等译，商务印书馆 1997 年版。

亚当·斯密：《亚当·斯密关于法律、警察、岁入及军备的演讲》，商务印书馆 1977 年版。

派卡·海曼：《黑客伦理与信息时代精神》，李伦等译，中信出版社 2002 年版。

艾伦·布坎南：《伦理学、效率和市场》，廖申白、谢大京译，中国社会科学出版社 1991 年版。

布坎南：《规则的理由：宪政的政治经济学》，冯克利等译，中国社会科学出版社 2004 年版。

约瑟夫·弗莱彻：《境遇伦理学》，中国社会科学出版社 1989 年版。

彼得·毕尔格：《主体的隐退》，南京大学出版社 2004 年版。

包尔生：《伦理学体系》，何怀宏等译，中国社会科学出版社 1988 年版。

梯利：《伦理学导论》，何意译，广西师范大学出版社 2002 年版。

西季威克：《伦理学方法》，廖申白译，中国社会科学出版社 1993 年版。

麦金太尔：《德性之后》，龚群等译，中国社会科学出版社 1995 年版。

麦金太尔：《谁之正义？何种合理性？》，万俊人等译，当代中国出版社 1996 年版。

米塞斯：《自由与繁荣的国度》，韩光明等译，中国社会科学出版社 1995 年版。

李普塞特：《政治人》，张绍宗译，商务印书馆 1993 年版。

波普尔：《开放社会及其敌人》（第 2 卷），郑一明等译，中国社会科学出版社 1999 年版。

卢梭：《社会契约论》，何兆武译，商务印书馆 2003 年版。

查尔斯·泰勒：《现代性之隐忧》，中央编译出版社 2001 年版。

理查·罗蒂：《哲学和自然之镜》，生活·读书·新知三联书店 1987 年版。

丹尼尔·贝尔：《资本主义文化矛盾》，严蓓雯译，江苏人民出版社 2007 年版。

麦金太尔：《三种对立的道德探究观》，万俊人等译，中国社会科学出版社 1999 年版。

哈贝马斯：《交往行为理论》，曹卫东译，世纪出版集团、上海人民出版社 2004 年版。

大卫·休谟：《道德原则研究》，商务印书馆 2000 年版。

大卫·休谟：《人性的断裂》，马援译，光明日报出版社 1996 年版。

亚里士多德：《尼各马可伦理学》，廖申白译，商务印书馆 2003 年版。

爱弥儿·涂尔干：《职业伦理与公民道德》，渠东、付德根译，上海人民出版社 2001 年版。

弗朗西斯·福山：《大分裂——人类本性与社会秩序重建》，刘榜离译，中国社会科学出版社 2002 年版。

安东尼·吉登斯：《现代性与自我认同》，生活·读书·新知三联书店 1998 年版。

约翰·贝拉米·福斯特：《生态位机与资本主义》，耿建新、宋兴元译，上海译文出版社 2006 年版。

C. D. 布劳德：《五种伦理学理论》，田永胜译，中国社会科学出版社 2002 年版。

尼布尔：《道德的人与不道德的社会》，蒋庆、王守昌等译，贵州人民出版社 1998 年版。

伯恩斯等：《结构主义的视野——经济与社会变迁》，周长城译，社会科学文献出版社 2000 年版。

科恩：《自我论：个人与个人自我意识》，佟景韩等译，生活·读书·新知三联书店 1987 年版。

乔治·赫伯特·米德：《心灵、自我与社会》，霍桂桓译，华夏出版社 1999 年版。

乌尔里希·贝克：《风险社会》，何博闻译，译林出版社 2004 年版。

叔本华：《伦理学的两个基本问题》，商务印书馆 2002 年版。

马斯洛等：《人的潜能与价值》，林方主译，华夏出版社 1987 年版。

边沁：《道德与立法原理导论》，时殷弘译，商务印书馆 2000 年版。

西里尔·E. 布莱克：《比较现代化》，杨豫、陈祖洲译，上海译文出版社 1996 年版。

阿瑟·奥肯：《平等与效率》，王奔洲译，华夏出版社 1999 年版。

弗里德里希·尼采：《善恶之彼岸——未来的一个哲学序曲》，程志明译，华夏出版社 2000 年版。

莫里茨·石里克：《伦理学问题》，孙美堂译，华夏出版社 2001 年版。

克鲁泡特金：《互助论》，李平沤译，商务印书馆 1997 年版。

弗洛伊德：《日常生活的心理奥秘》，林克明译，甘肃人民出版社 1986 年版。

胡塞尔：《伦理学与价值论的基本问题》，艾四林、安仕侗译，中国城市出版社 2002 年版。

四 中文期刊类

陈祖楠：《心有他人：人际和谐的道德基础》，《绍兴文理学院学报》2009 年第 9 期。

余逸群：《"80 后"青年群体特征的解读》，《山东省青年管理干部学院学报》2009 年第 3 期。

于家明：《"90 后"青年群体的思想行为特点》，《思想政治工作研究》2010 年第 4 期。

祝耸立、闫峰：《当代青年的思想特征及其社会原因》，《乐山师范学院学报》2006 年第 8 期。

莫飞平：《当代青年价值观的二重性及导引机制探略》，《中国青年研究》2009 年第 12 期。

王雯娜：《当代青年价值取向与行为选择的脱节及其对策》，《广东青年干部学院学报》2009 年第 6 期。

高国希：《道德理论形态：视角与会通》，《哲学动态》2007 年第 8 期。

杨铮铮：《传统"五伦"的现代建构》，《湖南师范大学社会科学学报》2009 年第 3 期。

陈绪新：《后金融危机时代必须究诘的几个伦理问题》，《马克思主义研究》2010 年第 8 期。

全哲君、张静：《从自我中心主义到他者的伦理认同》，《河南广播电视大学学报》2011 年第 3 期。

万俊人：《政治如何进入哲学?》，《中国社会科学》2008 年第 2 期。

万俊人：《关于美德伦理学研究的几个理论问题》，《道德与文明》2008 年第 3 期。

刘峰：《商谈伦理之维——哈贝马斯的伦理学解决方案及其现实道路》，《社会科学论坛》2010 年第 18 期。

唐晓燕：《哈贝马斯商谈伦理理论的立场和应用》，《湖州师范学院学报》2008 年第 10 期。

卢风：《现代人为什么不重视美德》，《道德与文明》2010 年第 2 期。

王易、刘致丞：《试析儒家的个人品德养成论》，《伦理学研究》2009 年第 5 期。

朱金瑞：《提升个人品德应注重的几个关键环节》，《黄河科技大学学报》2009 年第 4 期。

程立涛：《“社会公德”及其相关概念辨析》，《保定学院学报》2009 年第 2 期。

赵旭：《当前我国社会公德缺失的原因及其解决对策》，《中国商界》2010 年第 3 期。

谢晶莹：《对社会公德建设若干问题的理性透析》，《学习与实践》2008 年第 8 期。

张海辉：《韦伯的职业道德思想及其当代启示》，《现代教育管理》2010 年第 2 期。

刘鑫森：《公共精神：现代公民的核心品质》，《经济与社会发展》2007 年第 6 期。

张健：《公民意识内涵：公民现象的反思与公民特质的认同》，《人文杂志》2009 年第 1 期。

陈茂荣：《论民族认同与国家认同》，《学术界》2011 年第 4 期。

贺金瑞、燕继荣：《论从民族认同到国家认同》，《中央民族大学学报》（哲学社会科学版）2008 年第 3 期。

高文兵：《现代性语境中的民族认同与国家认同》，《文史哲》2010 年第 6 期。

陈廷：《“还自然之魅”的“生态人”理论重构》，《淮阴师范学院学报》（哲学社会科学版）2006 年第 4 期。

胡军、蔡学英：《“经济人”与“生态人”的统一》，《湘潭大学社会科学学报》2002 年第 5 期。

蔡文：《“生态人”：人的发展的生态向度》，《理论界》2010 年第 8 期。

基鲁索夫：《生态意识是社会和自然最优相互作用的条件》，《哲学译丛》1986 年第 4 期。

何新华：《韦伯命题与东亚资本主义的发展》，《东南亚研究》2005

年第1期。

左秋明：《论韦伯的新教伦理》，《西南政法大学学报》2006年第3期。

孙业成：《谈〈新教伦理〉与儒学》，《黑龙江社会科学》2005年第1期。

阳勇：《论韦伯"新教伦理"与"和谐社会"》，《船山学刊》2006年第1期。

邢岩：《马克斯·韦伯"天职"思想探析》，《黑龙江教育学院学报》2005年第5期。

曾凡远：《新教伦理的超越性及其借鉴》，《南方论刊》2007年第11期。

牛庆燕：《和谐社会运作的道德信念启示》，《中国石油大学学报》2007年第6期。

吴舒屏：《对宗教的超越——论加尔文宗教改革的社会功能》，《兰州学刊》2005年第3期。

马君：《论新教伦理中的职业精神》，《山西社会主义学院学报》2007年第2期。

李会军、王罡：《加尔文的新教伦理及其启蒙意义》，《西南交通大学学报》2006年第4期。

张审娜：《从路德宗、加尔文教的新教伦理到"入世禁欲主义"的历史、逻辑考察》，《学术论坛》2007年第7期。

林少敏：《价值多元论及其悖论：对自由主义理论前提的一种检讨》，《哲学研究》2008年第8期。

李海青：《理想的公共生活如何可能：对"公共理性"的一种政治伦理学阐释》，《伦理学研究》2008年第7期。

刘金文、刘然：《构建和谐社会的新视角：从个体理性走向公共理性》，《湖北社会科学》2006年第3期。

王结发：《论公共理性及其生成——一个公民文化的视角》，《甘肃理论学刊》2009年第9期。

贺汉魂、廖鸿冰：《人本和谐经济学论纲》，《求索》2008年第1期。

焦君红、孙万国：《从"经济人"走向"生态理性经济人"》，《理论探索》2007 年第 6 期。

吴锋刚：《“东方经济学”构想——竞争与合作共生的社会主义市场经济理论》，《江西社会科学》2007 年第 2 期。

樊浩：《伦理—经济生态：一种道德哲学范式的转换》，《江苏社会科学》2005 年第 4 期。

樊浩：《道德体系与市场经济“相适应”的价值资源难题》，《东南大学学报》（哲学社会科学版）2005 年第 1 期。

杨春学：《经济人的“再生”：对一种新综合的探讨与辩护》，《经济研究》2005 年第 11 期。

叶航：《利他行为的经济学解释》，《经济学家》2005 年第 3 期。

陈慧雄：《经济人假说的理论机理与利己一致性行为模式》，《社会科学战线》2006 年第 7 期。

齐良书：《利他行为及其经济学意义》，《经济评论》2006 年第 3 期。

吕保军：《行为经济人的三个基本特征》，《经济学家》2006 年第 5 期。

陈美衍：《“经济人”假设与人的有限理性》，《经济评论》2006 年第 5 期。

陈文科：《超越“经济人”的批判》，《经济评论》2005 年第 3 期。

刘娟：《“经济人”假设的多角度分析》，《生产力研究》2006 年第 5 期。

唐晓燕：《哈贝马斯商谈伦理理论的立场和应用》，《湖州师范学院学报》2008 年第 10 期。

童世骏：《关于“重叠共识”的“重叠共识”》，《中国社会科学》2008 年第 6 期。

吴晓明：《文明的冲突与现代性批判——一个哲学上的考察》，《哲学研究》2005 年第 4 期。

俞吾金：《马克思对现代性的诊断及其启示》，《中国社会科学》2005 年第 1 期。

高兆明：《多元社会的价值冲突与政治正义》，《江苏社会科学》2000 年第 6 期。

詹世友：《从信用到信任——从公共管理学的角度看》，《社会科学》

2003 年第 7 期。

程承坪：《信誉生成机理及其对我国加强信誉建设的启示》，《社会科学辑刊》2003 年第 4 期。

鄯爱红：《儒家诚信道德的现代转化》，《孔子研究》2002 年第 5 期。

姜正冬：《论社会诚信》，《山东师范大学学报》（人文社科版）2003 年第 2 期。

夏伟东：《重新认识中华民族传统的诚信道德素质》，《郑州大学学报》（哲学社会科学版）2003 年第 3 期。

万俊人：《信用伦理及其现代解释》，《孔子研究》2002 年第 5 期。

董辅礽：《信用是一种交易方式》，《企业文化》2003 年第 8 期。

万俊人：《论道德目的论与伦理道义论》，《学术月刊》2003 年第 1 期。

王珏：《政府如何帮助企业建立诚信信用》，《道德与文明》2002 年第 5 期。

韩琪：《市场经济要求尽快建立个人信用体系》，《国际贸易论坛》2002 年第 5 期。

卢风：《当代中国的诚信危机》，《孔子研究》2002 年第 5 期。

盛洪：《信用的基础是制度》，《改革内参》2002 年第 13 期。

刘雪梅：《我国诚信缺失的根源及其对策》，《武汉交通管理干部学院学报》2002 年第 2 期。

解明贵：《信任如金》，《新安晚报》2004 年 5 月 4 日第 15 版。

程承坪：《信誉生成机理及其对我国加强信誉建设的启示》，《社会科学辑刊》2003 年第 4 期。

陈潭：《政府信用与政府自觉》，《伦理学研究》2003 年第 4 期。

龙静云：《诚信：市场经济健康发展道德灵魂》，《哲学研究》2002 年第 8 期。

乔法容、朱金瑞：《论诚信为重点的市场经济道德建设》，《高校理论战线》2003 年第 2 期。

吴汉东：《论信用权》，《法学》2002 年第 1 期。

唐贤秋、张登巧：《〈论语〉中的诚信思想及其现代意义》，《齐鲁学刊》2003 年第 2 期。

石淑华、李建平：《论现代信用文化建设》，《福建论坛》（人文社科版）2003 年第 1 期。

陈文玲：《中美信用制度的比较和建设》，《经济社会体制比较》2003 年第 2 期。

赵士辉：《中国传统诚信观特点及其现代意义》，《道德与文明》2003 年第 1 期。

邓郁松：《借鉴国外经验，构筑信用基础》，《求是》2002 年第 14 期。

李翔海：《中国文化现代化历程的哲学省思》，《中国社会科学》2001 年第 6 期。

侯庆双：《共生："为我而存在"的当代阐释》，《吉林广播电视大学学报》2008 年第 2 期。

李茂平、彭月英：《人与自然和谐共生：环保民间组织的价值诉求》，《社会科学家》2008 年第 9 期。

钟翔：《"和谐共生"：论梭罗人与自然和谐相处伦理思想》，《吉林省教育学院学报》2008 年第 11 期。

陈祖楠：《心有他人：人际和谐的道德基础》，《绍兴文理学院学报》2009 年第 9 期。

张洪民：《浅谈影响人际关系和谐的因素及对策》，《人才资源开发》2009 年第 8 期。

赵洁：《自我和谐是和谐社会的基点》，《山东社会科学》2009 年第 7 期。

张曙光：《"类哲学"与"人类命运共同体"》，《吉林大学社会科学学报》2015 年第 1 期。

臧峰宇：《马克思的共同体思想与人类命运共同体意识》，《中国社会科学报》2016 年 2 月 25 日。

徐艳玲、李聪：《"人类命运共同体"价值意蕴的三重维度》，《科学社会主义》2016 年第 3 期。

丛占修：《人类命运共同体：历史、现实与意蕴》，《理论与改革》2016 年第 3 期。

饶世权、林伯海：《习近平的人类命运共同体思想及其时代价值》，

《学校党建与思想教育》2016 年第 4 期。

曲星:《人类命运共同体的价值观基础》,《求是》2013 年第 4 期。

杜正艾:《习近平总书记关于命运共同体思想评述》,《人民公仆》2014 年 10 月刊。

阮宗泽:《人类命运共同体:中国的“世界梦”》,《国际问题研究》2016 年第 1 期。

王公龙、韩旭:《人类命运共同体思想的四重维度探析》,《上海行政学院学报》2016 年第 3 期。

学习中国:《构建网络空间命运共同体》,《思想政治工作研究》2016 年第 1 期。

五　硕博士论文

刘娟:《人格尊严及其实现——道德与法的双重考量》,河北师范大学博士学位论文,2010 年。

蔡春:《德性与品格教育论》,复旦大学博士学位论文,2010 年。

曲丽涛:《当代中国公民意识发育问题研究》,山东大学博士学位论文,2011 年。

赵颖:《基于公民身份的国家认同与民族认同》,郑州大学硕士学位论文,2011 年。

王婧琳:《“中华民族多元一体格局”视角下民族认同与国家认同关系研究》,中国青年政治学院硕士学位论文,2012 年。

童华胜:《现代化视域下中国公民意识教育研究》,西安交通大学博士学位论文,2012 年。

六　英文原著类

Becker, T. E., Integrity in Organizations: Beyond Honesty and conscientiousness, *Academy of Management Review* (23), 1998.

Sackett, P. R. and Callahan, C., Integrity Testing for Personnel Selection: An Update, *Personnel Psychology* (42), 1989.

Gerald McCool, S. J., The Theology of John Paul II, In The Thought of John Paul II, Ed., John McDermott, S. J., Rome: The Pontical Gregorian University, 1993.

Wayne and Schneider, Dianne, Integrity Test – Facts and Unresolved Issues, *America Psychologist* (49), 1989.

Kaptein, Muel, Integrity Management, *Eisevier Science*, Ltd., 1999.

Hans – Georg Gadamer, *Truth and Method*, 2nd revised ed., English translation revised by Joel Weinshemer and Donald G. Marshall, New York: Crossroad, 1989.

Peter, F., Drucker, *The Practice of Management*, New York: Harper Collins Publishers Inc., 1993.

Giesch H., Economic Morality as a Competitive Asset in A Hamlin, H. Ciesch and A. Norton, *Markets, Morals and Community*, Sydney: Centre for Independent Studies, 1996.

Hegel, *Elements of the Philosophy of Right*, edited by Allen W. Wood, Professor of Philosophy, Cornell University, translated by H. B. Nisbet, Professoer of Modern Languages, University of Cambridge and Fellow of Sidney Sussex College, 1991.

Manual G. Velasquez, *Business Ethic Concepts and Cases*, 5th ed., Prentice Hall, Inc., a Pearson Education Company, 2002.

Peter L. Danner, *A Personalist Economic Morality*, In Teaching the Social Economics Way of Thinking: Selected Papers From the Ninth World Congress of Social Economics Ed. Edward J. O'Boyle, New York: Edwin Mellen, 1999.

Robert A. Sirico, *Economics, Faith and Moral Responsibility*, Australia: The Center for Independent Studies, 1993.

Eve M. Caudill and Patrick E. Murphy, Consumer Online Privercy: Legal and Ethical Issues, *Journal of Public Policy & Marketing*, 19 (1), Spring 2000.

James R. Rest, *Moral Development Advances in Research and Theory*, New York: Praeger, 1986.

Korten, *The Post – Corporate World Life After Capitalism*, Kumarian Press, West Hartford and Berett – Koehler Publishers, San Francisco, 1998.

Alan E. Donant, Science and Ethics, *Sunrise magazine*, Theosophical University Press, April/May 2003.

Morris Altman, *Worker Satisfaction and Economic Performance*: *Microfoundations of Success and Failure*, *Armonk*, New York: M. E. Sharpe, 2001.

John Searle, *The Construction of Social Reality*, New York: The Free Press, 1995.

Dallas Willard, *Knowledge in The Cambridge Companion to Husserl*, eds., Barry Smith and David Woodruff, Cambridge: Cambridge University Press, 1995.

James E. Alvey, A Short History of Economics As a Moral Science, *Journal of Markets & Morality* 2, Spring 1999.

Mark W. Hendrickson, ed., *The Morality of Capitalism*, Hudson, Foundation for Economic Education, Inc., 1996.

Daniel Jonah Goldhaben, *Hitle's Willing Executioners*: *Ordinary Germans and the Holocaust*, New York: Vintage, 1997.

Edward J. O'Boyle, *Personalist Economics*: *Moral Convictions*, *Economic Realitie and Social Action*, Boston: Kluwer Academic Publishers, 1998.

James Alvey, A Short History of Economics As a Moral Science, *Journal of Markets and Morality* 2, Spring, 1999.

F. Schneider and D. H. Enste, Shadow Economies: Size, Causes, Consequences, *Journal of Economic Literature* 38, 2000.

T. R. Tybout, Manufacturing Firms in Developing Countries: How Well Do They Do, and Why? *Journal of Economic Literature* 38, 2000.

Baker, C. E., *Media*, *Markets*, *and Democracy*, Cambridge: Cambridge University Press, 2002.

Benhabib, S., *The Claims of Culture*: *Equality and Diversity in the Global Era*, Princeton: Princeton University Press, 2002.

Cohen, J., For a Democratic Society, in S. Freeman ed., *The Cambridge Companion to Rawls*, Cambridge: Cambridge University Press, 2003.

Dean, J., Cybersalons and Civil Society: Rethinking the Public Sphere in Transnational Technoculture, *Public Culture*, Vol. 13, No. 2, 243-265, Spring, 2001.

Fraser, N., Honneth, A., *Redistribution or Recognition*? *A Political –*

Philosophical Exchange, London: New York, 2003.

Gutmann, A., *Rawls on the Relationship between Liberalism and Democracy*, in S. Freeman (ed.), The Cambridge Companion to Rawls, Cambridge: Cambridge University Press, 2003.

Hrubec, M., *Mezinarodni versus globaln is pravedlnost An International versus Global Justice*, in M. Hru – bec (Ed.), Globalni spravedlnost a demokracie Global Justice and Democracy, Prague: Filosofia, 2004.

Moon, J., *Donald Rawls and Habermas on Public Reason: Human Rights and Global Justice*, Annual Review of Political Science, Vol. 6, 257 – 274, June, 2003.

Rawls, J., *Justice as Fairness*, Cambridge, Mass: Harvard University Press, 2001.

Schwartzman, M., The Completeness of Public Reason, Politics, Philosophy& Economics, Vol. 3, No. 2, 191 – 220, 2004.

Sparks, C., *The Internet and the Global Public Sphere*, in L. Benneth, R. Entman (eds.), Mediated Politics: Communication in the Future of Democracy, Cambridge: Cambridge University Press, 2001.

Wei Xiaoping, From Principle to Context: Marx versus Nozick and Rawls on Distributive Justice, *Re – thinking Marxism*, Vol. 20, Issue 3 July 2008.

Charles Larmore, *Public Reason*, in S. Freeman, ed., The Cambridge Companion to Rawls, Cambridge University Press, 2002.

Jurgen Habermas, Religion in the Public Sphere, *European Journal of Philosophy*, Polity Press, 14: 1, 2006.

Frederick Liu and Stephen Macedo, *The Federal Marriage Amendment and the Strange Evolution of the Conservative Case Against Gay Marriage*, Political Science and Politics, April, 2005.

Henry S. Richardson, *Democratic Autonomy: Public Reasoning About the Ends of Policy*, New York: Oxford University Press, 2002.

Christopher May, The Information Society As Mega – Machine, *Information Communication & Society* 3: 2, 2000.

Jürgen Habermas, Political Communication in Media Society: Does Democracy Still Enjoy an Epistemic Dimension? The Impact of Normative Theory on

Empirical Research, *Communication Theory*, Vol. 16 Issue 4, Nov., 2006.

Anna Elisabatta, Galeott, *Toleration As Recognition*, Cambridge University Press, 2001.

Ferber, Marianne A. and Nelson, Julie A., Introduction: Beyond Economic Man, Ten Years Later, in Ferber, Marianne A. and Nelson, Julie A., eds., *Feminist Economics Today: Beyond Economic Man*, Chicago: University of Chicago Press, 2003.

Donna Janet Schroeder, Morality De – Kanted or the Biological Roots of Moral Behavior, *International Journal of Value – Based Management*, 2000.

Shaw, B. and F. R. Post, A Moral Basis for Corporate Philanthropy, *Journal of Business Ethics*, 1993, 12 (10).

Rust, K. G. and W. McKinley, Managerial Ideologies as Rationalizers: How Managerial Ideologies Moderate the Relationship Between Change in Profitability and Downsizing, *Journal of Behavioral and Applied Management*, 2002, 3 (2).

Darity Jr., William A. (Ed.), *International Encyclopedia of the Social Sciences*, Vol. 6, Farmington Hills, MI: The Gale Group, 2008.

Cogan, J. J., Morris, P. & Print M. (Eds.), *Civic Education in the Asia – Pacific Region: Case Studies across Sixsocieties*, New York: Routledge Falmer, 2002.

Jennifer Welchman, Hume, Callicott, and the Land Ethic, Prospects and Problems, *The Journal of Value Inquiry*, 2009.

Hau – siu, C. I., The Impact of Institutional Context on Human Resource Management in Three Chinese Societies, *Employee Relations*, 2004, (26).

LeClair, M. S., Fighting Back: The Growth of Alternative Trade, *Development*, 2003 (46).

Pauline Johnson, Romantic and Enlightenment Legacies: Habermas and the Post – Modern Critics, in *Contemporary Political Theory* 5, No. 1, 2006.

后　记

每当一部书稿行将付梓出版之际，总觉得应该有几句话是对未来的读者有所交代，哪怕只言片语，似乎成了一个不成文的“规定”。人，就免不了俗套，就应该学会和懂得感恩。作为一种“关系的存在”，我们每个人都寄身于不同层次或不同类型的命运共同体，一方面，作为个体的我的所作所为、所思所想、一言一行、一举一动都会关乎着另外一个人或者另一些人的利益或感受；另一方面，作为个体的我的自我意识的确立、人格的型塑与完善、人性的提升与发展、做人的尊严的获得、人生目标与价值的实现等都是命运共同体成就或者赋予我们的。因此，在这个美其名曰的“后记”里，感激、致谢自然是不能或缺的。

这本拙著是在我的国家社科基金“和谐人格的价值生态及其路径选择：以当代中国青年为怀”的最终研究成果基础上修葺而成的。且不说“日新月异”的“当代中国”，有关“青年”的话题常论常新。课题申报时，“青年”还是“70、80后”；课题结项时，“青年”变成“80、90后”；付梓出版之际，“00后”正走向“青年”。后期的修葺创作适逢笔者接受了镇江船舶电器有限责任公司委托项目“企业中高层管理者心理咨询与培训”，有机会与青年面对面交流，使我的研究成果有了脚踏实地的着落，变成了“现实生产力”。

本书的出版发行得到了江南大学学术出版基金、江南大学马克思主义理论一级学科博士点培育基金、江苏省中国特色社会主义理论体系研究基地（江南大学）学术出版基金以及江南大学自主科研基金的资助。东南大学樊和平教授、王珏教授，合肥工业大学钟玉海教授、黄志斌教授、王志红教授、吴丽兵教授，江南大学张云霞教授、刘焕明教授、徐玉生教授，以及中国社会科学出版社冯春凤和王莎莎两位编辑，为课题研究、学术创作，以及书稿的修改完善贡献了灵感和智慧，提供了无私的帮助，提出了宝贵的意见，在此一并表达我最诚挚的谢意！

2015年春夏之交，举家迁往无锡，对于人到中年的我来说，对于我的家庭来说，做出这样的选择，无疑是一种挑战。对于我个人来说，从合肥工业大学来到江南大学，环境本来就没有什么大的改变，毕竟还是在“体制内”。对于妻子韩冬女士来说，工作性质、工作环境和生活环境都是全新的。对于女儿陈卓雅同学来说，学习的环境是崭新的，竞争的压力更是无形的。中考后直接从合肥转学到无锡的她，不仅要实现从初中向高中的转变，还要实现从安徽到江苏的转变。因为安徽和江苏在义务教育阶段使用的是不同教材体系、教学体系和考试体系。每每想到这，心头总是有那么一点酸楚和愧疚，总是担心因为自己的工作调动影响了孩子的前程。妻子的宽容、大度和默默无闻的奉献，孩子的乐观、坚强和点点滴滴的努力着实让我感动和倍感欣慰！

致谢之余，我想借用江南大学马克思主义学院研究生会微信公共平台“师韵如兰”栏目的一次专访，来个现身说法，希冀对青年朋友们有所启迪。人的一生，忙忙碌碌，在来去匆匆中，无论忙什么，做什么，都是经历，体会的都是生存的滋味，获取的都是人生的成果。风风雨雨是人生，酸甜苦辣是生活。有丰富的经历，才有丰满的人生。所有的经历都是人生旅途中的足迹，都是生命过程，都是一种财富。如果说人生是一本书，那么每一次经历就是书中的一段故事或一个篇章，它既可以自己翻看，又可供别人参阅。

1970年3月，革命老区大别山深处，一个四面环山的小村庄，一个幼小的生命降临了。大山深处，农历正月末，仍是春寒料峭。母亲说我是夜里子时出生，当时父亲不在家，可谓是叫天天不应，叫地地不灵，只能眼看着幼小脆弱的生命愣是在冰冷的地上躺了近一个小时。谢天谢地，被我三婶及时发现，她便充当了一次接生婆。直到今天，每次三婶见到我都要嘀咕上一句“你的小命是我给捡回来哒”，要是遇到公众场合，三婶还会有意地提高嗓门说“是我捡了一个大学生噻”。毕竟在我们那个年代，穷乡僻壤，深山老林，走出一个大学生实属不易。感谢三婶帮我捡回一条命，感谢父母含辛茹苦把我培养成人。

我的求学经历是坎坷的，也是幸福的，更是幸运的。记得小时候，家里穷得叮当响，兄弟姐妹又多，所以冬天光脚在雪地里赶路那是常有的事。也是因为家境贫寒，父亲几次想让我辍学回家务农。有件事至今我还记忆犹新。就是我当年的小学校长亲自登门和我父亲商量说：“这个孩子学习这么好，不让他读书实在是太可惜了，交不起学费不打紧。好歹也没有几个大钱，我们学校全免了。”这也激励我更加努力学习。上了初中以后，学校离家很远，初一的时候经常半夜就要起床往学校赶。当时没有钟表可以对时，完全靠夜里的月光和天上的星斗来估摸时间。经常走到镇里天还没有亮，就又躺在路边草垛里补上一觉。一年冬天因为受了风寒生了将近一个月的病。生病期间，我的班主任蔡虹老师请示校领导让我临时住到学校食堂隔壁的大草棚里。这也算是我平生第一次住校。在这一个月的时间里，蔡老师用自己微薄的工资，为我看病抓药，给予我母亲般的照料。记得有几服中药，蔡老师在家里熬好后送到我住的大草棚，一口药一口糖地喂我。病好了之后，蔡老师干脆把我接到了她家里，安排我住在她家的厨房。不仅管吃管住，还经常给我辅导功课，那种温暖和温馨我此生难忘。可以这么说，今天我所拥有的一切，都离不开成长过程中像蔡虹老师那样许许多多给予我无私帮助的人。所以，我的人生信条就是“一个人一定要懂得感恩”。

初中毕业顺利地进入到六安市毛坦厂中学，就是“地球人”都知道的那个号称“亚洲最大的高考工厂”。毛坦厂中学坐落于六安市最南端的千年古镇——毛坦厂镇。小镇四面环山，山清水秀，人文气息特别浓厚，堪称是修身养性、求学上进的世外桃源。高中毕业顺利考入合肥工业大学。对于一个来自大别山深处的农村娃，大学生活是艰难的。记得从我们那一年开始上大学需要交学费，虽然只有 375 元，但对于我的父母来说，那就是个天文数字。东挪西借，东拼西凑，第一年的学费总算有了着落。但接下来的四年该怎么办？为了讨生活，所以从大一开始，每逢周末和节假日，我就去勤工俭学。建筑工地里打过工，饭店里托过盘，马路上练过摊，校园里摆跳蚤市场，中小学带过课，更是风雨无阻地在菜市场卖了四年的菜（凌晨 3、4 点到合肥的坝上街菜市场批发蔬菜，然后再用板车拉到几公里外省政府后门的舒城路去卖。一到夏天，坝上街蔬菜批发市场到处弥漫着辣椒腐烂后散发的呛人气味，现在回想起来，简直令人窒息）。四年里，我不仅自己交了学费，养活了自己，还经常贴补家里。虽然饱受人间冷暖，但也体尝五味人生，也使自己懂得了什么叫“知足常乐”。

人们常说“山难改性难移”，其实山不仅可以移，性格也是可以改变的。记得刚上大学那会儿，我是一个不善言辞的人，加上生活所迫，很少参加集体活动，就连在公共场合说话都会支支吾吾。我暗下决心一定要彻底改变自己。日常学习和勤工俭学之余，我充分利用各种场合，抓住各种机会来锻炼自己。和同学们一起创办了当年的合肥工业大学“毛泽东思想研究会”和“演讲与口才协会”，极大地提高了自己的口头表达能力、与人沟通能力和组织协调能力。大学四年的变化可以用“脱胎换骨”来形容，也让我深刻地体悟到一个简单的道理，那就是“很多事情做起来比想起来要简单得多”。

大学毕业后留校任教，先是在合肥工业大学机械与汽车工程学院担任学生政治辅导员。有人说我走了一条弯路，其实不然。正是这六年的学生辅导员工作，使我真正懂得一个大学老师的岗位职责和对学生无私的关爱。学生是我此生最大的一笔精神财富。我当辅导员那会儿毕业的学生至今都还和我保持着深厚的感情。1996 年 4 月 23 日，我和另外几个老师联合创办了合肥工业大学大学生心理咨询中心。从这一天起，我一直义务地为广大青年学生开展心理咨询与辅导。很多同学愁眉苦脸甚至是一把鼻涕一把泪地来找我，经过耐心的咨询和辅导之后又能够笑逐颜开地离开。现如今 20 个年头过去了，但每每想起这些过往的人和事，心里还是那样地温暖和幸福。一路走来，许许多多人的无私帮助，使我懂得“感恩”，而“感恩”的最好方式就是把“关爱”继续传递下去，使我进一步懂得“助人为乐才是人生最大的快乐”。

2000 年我做出了工作以后的第一个抉择，辞去学生政治辅导员工作，来到合肥工业大学人文经济学院，成为一名思想政治理论课专任教师。“授人以鱼不如授人以渔。”十六年的教学生涯，我始终认为，一个大学老师尤其是思想政治理论课教师，不仅要传授给学生最新最真的知识，更应该传递思想，教会学生怎么去思考，去判断。我的“开学第一课”始终都是“政治究竟离我们有多远?”让同学们知晓“一个人的事业成功与否，一个人的生活幸福与否，往往取决于对时事的洞察，对价值的判断，对行为的抉择，对自我的准确定位和良好的生活态度”。一名合格的高校思想政治理论课老师应该以思想的魅力引导人，以知识的魅力吸引人，以逻辑的魅力摄动人，以人格的魅力熏陶人，以情感的魅力感化人。

2015 年的工作调动可能是我这辈子做出的最大选择。从安徽到江苏、从合肥工业大学到江南大学，对于人到中年、上有老下有小的我来说，是需要很大勇气的！“采菊东篱下，悠然见南山”一直都是中国人文知识分子的向往。我是大山的儿子，江南大学依山傍水，风景秀丽，不仅是个风景绝佳之地，更能让我找到家乡的感觉和童年的记忆。我很喜欢远足，喜欢漫步，喜欢到一些风景优美的、自然生态保持良好的地方走走，感受人与自然融为一体的感觉。从浮躁的生活中走出来，从喧嚣的尘世中遁出来，宁静方能致远。现代人只知道一味地向前、向前、向前，却不知道适时地驻足回望，回望自己来时的路，回首自己的精神家园。不忘初心，方能始终。我喜欢读书，书是人类最好的伙伴，是最有效的精神食粮。书，能够使人变得充实和有力量。夏天我喜欢一个人端坐在阳台上，翻翻书，听听音乐，不时抬头仰望星空，或又沉静在美妙的旋律之中，用心体悟思想的超越，偶或舒畅一下情怀。

拥有一个健全的人格，形成一个良好的习惯，养成一个良好的性格，对于孩子的教育来说比什么都重要。所以在女儿的教育问题上，我特别注意教育和引导她，要做一个好人，做一个懂得感恩的人，做一个乐观开朗、积极健康的人。从小我就让她多读书读好书。我不赞成看电子书，一是对眼睛不好，二是电子阅读不利于冥思和保存，三是电子阅读容易被别人牵着鼻子走而缺乏独立的思考与判断。书非买不能读也！家里有没有书房，书房里有没有琳琅满目的书籍，有什么样的书籍，对孩子的影响是潜移默化的。在这里我要特别强调一点，那就是一个人孩提时代的记忆会伴随和影响他的一生，无论是男孩还是女孩。心理学研究与实践表明，0—3 岁或者 0—7 岁是一个人人格形成的最为关键的时期，这个时期母爱不可少，父爱更是不可或缺。孩提时代缺少父爱的男孩女孩，长大以后心理或人格或多或少都会有些问题。老祖宗说得好啊！“养不教，父之过”，而不说“母之过”，是不是这个理?!

对于当下中国道德领域出现的问题我们究竟应该怎么看？这个问题不解决或者不能得到正面回答，道路自信、理论自信、制度自信和文化自信又谈何容易？我不认为目前中国的道德是滑坡的，新中国成立以来特别是改革开放以来，中华大地的进步和变化可以说是全方位的。中国正在经历从传统农业社会向现代工业社会转型，更确切地说是“转弯超速”，传统的社会关系和道德规范正在被打破，新的社会关系和道德规范正在确立，在这个急速转型的特殊历史时期，最多也只能说是出现了“道德松弛”现象。从传统农业社会向现代工业社会转型的过程中所出现的道德松弛的现象，不是中国的独善，不是当下中国的独善。历史上任何一个社会转型时期，世界上任何一个国家的现代化转型时期，都曾经出现过道德松弛的现象，甚至比当下的中国还要严重得多。当前中国道德领域出现的各种矛盾和问题，并不表明中国人人性固有的真善美、中国社会原初的真善美有所减损，而是被释放出来的经济冲动力和权力冲动力给暂时遮蔽了，并没有像有些别有用心的人所言说的那样，中国已经到了道德沦丧、一无是处、无可救药的地步了。

改革开放以来，中国共产党带领勤劳勇敢的中国人，几乎用30多年的时间创造出西方世界三四百年的文明成果。与此同时，中国人也必须用30年多年的时间同时应对西方世界三四百年所出现的各种矛盾和问题。今天的成绩来之不易，今天的生活前所未有，我们不应抱怨，我们也没有资格抱怨。外国的月亮并不比中国圆，中国这边的风景独好！矛盾多意味着中国在发展，问题多意味着中国在新生。这是我们每一个有理性的中国人尤其是知识分子必须有的家国情怀！西方历时性存在的传统、现代和后现代，在当下中国被超时空压缩变成了一种共时性的存在。传统是“根”，现代是“生”，后现代是“一面镜子”。正因为如此，现代化过程中出现的任何一个矛盾和问题，到了中国都会变得更加复杂。但是我始终坚信，中国人一定有智慧去直面和应对这些矛盾和问题。

太湖耘者

2016年仲秋于融创熙园驿心阁